阿尔都塞著作集

Être marxiste en philosophie

Louis Althusser

———————

[法] 路易·阿尔都塞 著　吴子枫 译

阿尔都塞著作集·陈越 编

———————

在哲学中
成为马克思主义者

北京出版集团
北京出版社

本译著是国家社会科学基金项目
《阿尔都塞哲学遗著翻译与研究》
(项目号：20BZX010) 阶段性成果

路易·阿尔都塞

本书的翻译在新冠肺炎疫情暴发期间完成

谨以此译作献给

为抗击疫情而默默奉献的无数中华儿女

G. M. 戈什加林（G. M. Goshgarian）谨向纳塔莉·莱热［Nathalie Léger，当代出版纪念研究所（IMEC）所长］和她的整个团队表示感谢，并感谢弗朗索瓦·鲍达埃尔（François Boddaert）、莫里斯·卡韦英（Maurice Caveing）、奥利维耶·科尔佩（Olivier Corpet）、雅姬·埃潘（Jackie Épain）、克里斯蒂纳·加尔东（Christine Gardon）、伊莎贝尔·加罗（Isabelle Garo）、弗兰克·乔吉（Frank Georgi）、米夏埃尔·海因里希（Michael Heinrich）、科尔贾·林德纳（Kolja Lindner）、弗朗索瓦·马特龙（François Matheron）、布鲁诺·凯勒内克（Bruno Quélennec）、帕纳约蒂斯·索蒂里斯（Panagiotis Sotiris）、法比耶纳·特雷维桑（Fabienne Trévisan）、洛里·图勒（Laurie Tuller）和玛丽亚·弗拉舒（Maria Vlachou）。

目　录

中文版阿尔都塞著作集序（艾蒂安·巴利巴尔） / 1

法文版序（若弗鲁瓦·米夏埃尔·戈什加林） / 1

在哲学中成为马克思主义者 / 43

　格鲁乔的驴 / 45

　　一 / 57

　　二 / 62

　　三 / 70

　　四 / 77

　　五 / 83

　　六 / 100

　　七 / 107

　　八 / 116

　　九 / 121

　　十 / 128

　　十一 / 146

十二 / 162

十三 / 186

十四 / 216

十五 / 231

十六 / 234

十七 / 242

十八 / 248

十九 / 257

二十 / 264

二十一 / 271

二十二 / 279

二十三 / 286

二十四 / 290

二十五 / 297

二十六 / 307

附录 / 315

　　人人都能搞哲学吗？（路易·阿尔都塞） / 317

　　作者的目录 / 327

译名对照表 / 334

译后记 / 366

中文版阿尔都塞著作集序

艾蒂安·巴利巴尔

为这套大规模的中文版阿尔都塞著作集作序，是我莫大的荣幸。我从1960年到1965年在巴黎高等师范学校跟随路易·阿尔都塞（1918—1990）学习，后来又成为他的合作者（尤其是《阅读〈资本论〉》的合作者，这部集体著作来源于1964—1965年他指导下的研讨班）①。这份荣幸来自这套中文版著作集的负责人，尤其是吴志峰（吴子枫）先生的一再友好要求。后者去年受邀作为访问学者到尤里姆街的高师专事阿尔都塞研究，并特地去查阅了存于"当代出版纪念研究所"（IMEC）的阿尔都塞资料。他在巴黎找到我，和我进行了几次非常有趣的交谈。我要感谢他们的这份信任，并向他们表达我的友情。当然，我也要向这里出版的这些著作的未来读者表达我的友情。由于这

---

① 路易·阿尔都塞、艾蒂安·巴利巴尔（Etienne Balibar）、罗歇·埃斯塔布莱（Roger Establet）、皮埃尔·马舍雷（Pierre Macherey）、雅克·朗西埃（Jacques Rancière），《阅读〈资本论〉》（*Lire le Capital*, 1965），修订新版，法国大学出版社（PUF），"战车"（«Quadrige»）丛书，1996年。

些著作来自遥远的大陆，长期以来在传播方面存在着种种困难；由于这个大陆与中国有着非常不一样的现代历史（尽管我们现在已经共同进入了"全球化"时代）；由于这些著作可以追溯到一个属于"历史的"过去的时代（只有对于其中一些老人不能这么说），也就是说一个被遗忘的时代——所以对中国读者来说，要重新把握他们将要读到的这些文本的意图和言外之意，可能会有一些困难。我相信编者的介绍和注解会大大降低这项任务的难度。就我而言，我这里只想对阿尔都塞这个人以及他的著作进行一个总体的、介绍性的评述，然后我要指出一些理由，说明为什么阿尔都塞著作的中文译本尤其显得有意义，甚至尤其重要。

路易·阿尔都塞是欧洲20世纪"批判的"马克思主义的伟大人物之一。他的著作在若干年间曾引起世界性的轰动，然后才进入相对被遗忘的状态。然而，这种状态现在似乎正在让位于一种新的兴趣，部分原因在于，这位哲学家大量的未刊稿在身后出版，非常明显地改变并扩展了我们对他的思想的认识；另一部分原因在于这样一个事实：相对于阿尔都塞去世之时（恰逢"冷战"结束），世界形势又发生了新变化，他所提出来的一些问题，或者说他所提出来的一些概念，现在似乎又再次有助于我们对当前的时代进行反思，哪怕那些问题或概念已经有了与先前不一样的意义（这也是必然的）。

阿尔都塞1918年出生于阿尔及尔的一个小资产阶级家庭（确切地说，不能算是一个"侨民"家庭，而是一个在阿尔及利亚工作的公务员和雇员家庭），既受到非常古典的学校教育，又受到非常严格的宗教教育。他似乎在青少年时期就已经是一名非常虔诚的天主教徒,有神秘主义倾向,政治上也偏于保守。1939年,阿尔都塞通过了巴黎高等师范学校(这是法国培养科学、人文学科教师和研究者的主要机构,招收学生的数量非常有限)的入学考试,就在他准备学习哲学时,第二次世界大战突然爆发了。他的生活因此被整个地打乱。他被动员入伍,其后与成千上万溃败的法国士兵一起,被德军俘虏。他被送到一个战俘营(stalag),在那里待了五年。尽管如此,由于他(作为战俘营护士)的关押条件相对来说好一些,所以可以读书、劳动,并建立大量社会联系,其中就包括与一些共产主义青年战士之间的联系。获得自由后,他恢复了在高师的学习,并很快就通过了教师学衔考试(学习结束时的会考),然后又被任命为准备参加教师学衔考试的学生的辅导教师。他在这个职位上一直干到自己职业生涯结束,并且正是在这个职位上指导了几代法国哲学家,其中有一些后来很出名,比如福柯、德里达、塞尔、布尔迪厄、巴迪乌、布弗雷斯、朗西埃等等。有很短一段时期,阿尔都塞继续留在一些天主教战斗团体里(但这次是一些左翼倾向的团体,特别是那些依靠"工人教士"经验、很快就被天主教会谴责并驱逐的团体)①,为它们写了一些短文

---

① 这是一个叫"教会青年"(Jeunesse de l'Eglise)的团体,组织者是蒙蒂克拉尔神父(Père Maurice Montuclard O. P.)和他的女伴玛丽·奥贝坦(Marie Aubertin)。蒂埃里·科克(Thierry Keck)的著作《教会青年(1936—1955):法国进步主义危机的根源》(*Jeunesse de l'Eglise 1936—1955. Aux sources de la crise progressiste en France*)[艾蒂安·富尤(Etienne Fouilloux)作序,巴黎,Karthala 出版社,2004年]为青年阿尔都塞在"教会青年"团体中所发挥的重要作用、为他在团体中与其他成员结下的长久友谊提供了大量细节。关于前者,扬·穆利耶·布唐(Yann Moulier Boutang)在他的传记中也已指出(指布唐的《路易·阿尔都塞传》。——译注)。

章。1948年,阿尔都塞加入了法国共产党,当时法共的领导人是莫里斯·多列士。法共在德占时期的抵抗运动中为自己赢得了荣誉,并依靠苏联(苏联先是在1943年通过第三国际,而后又通过共产党和工人党情报局,掌控着法共的政策和领导人)的威望,在当时成为法国最有力量的政党,与戴高乐主义势均力敌。当时,尽管法共在雅尔塔协定的框架下实际上放弃了夺取政权的努力,但革命的希望依然很大。同一时期,阿尔都塞认识了埃莱娜·里特曼-勒戈蒂安,后者成了他的伴侣,再后来成了他的妻子。埃莱娜比阿尔都塞大将近十岁①,战前就已经是法共党员了,此时还是一个地下党抵抗组织的成员。但在事情并非总是能得到澄清的情况下,她被指控有"托派倾向",并被开除出党。她对阿尔都塞政治观念的形成,尤其是在他对共产主义运动史的表述方面,影响很大。

冷战期间,法国共产党人知识分子即便没有成为镇压②的对象,至少也是怀疑的对象,同时他们本身也因知识上的极端宗派主义态度而变得孤立(这种知识上的宗派主义态度的基础,是日丹诺夫1947年宣布的"两种科学"的哲学教条——这种教条还扩展到了哲学、文学和艺术领域)。这期间阿尔都塞主要在一些教育学杂志发表了几篇文章,他在这些文章中提出了关于"历史唯物主义"和"辩证唯物主义"的一些论点;他还就历

---

① 埃莱娜(1910—1980)比阿尔都塞(1918—1990)实际大八岁。——译注
② "镇压"原文为"répression",在本书中,我们将依据上下文并根据中文表达习惯将它分别译为"镇压"或"压迫",即当它与"剥削"成对出现时,译为"压迫";当它与"意识形态"成对出现时,译为"镇压"。另外值得注意的是,精神分析中的"压抑"也是这个词。——译注

史哲学中一些占统治地位的思潮进行了一次讨论。所以他当时与"战斗的马克思主义"保持着距离①。在教授古典哲学之外，他个人的工作主要涉及政治哲学和启蒙运动时期的唯物主义者，以及帕斯卡尔和斯宾诺莎，后两位作为古典时期"反人道主义"的反命题形象，自始至终都是阿尔都塞获得灵感的源泉。在接下来研究"黑格尔哲学中的内容观念"② 的"高等教育文凭"论文中，阿尔都塞同样在继续深化他对黑格尔和"马克思哲学著作"的认识，尤其是那些当时才刚出版的马克思青年时期的著作。毫无疑问，阿尔都塞的政治观念在当时与共产党内占统治地位的路线是一致的，尤其是在"社会主义阵营"发生危机（如1956年的匈牙利革命）和殖民地发生战争（包括阿尔及利亚战争，法共对起义持有限的支持态度）的时刻③。

接下来的时期具有一种完全不同的特性。随着1956年苏共

---

① 青年阿尔都塞在一篇文章的题铭中以颇具斯大林主义特点的口吻引用了日丹诺夫的话（阿尔都塞引用的话是"黑格尔的问题早已经解决了"。——译注）。这篇《回到黑格尔：大学修正主义的最后废话》（*Le retour à Hegel. Dernier mot du révisionnisme universitaire*）是为了反对让·伊波利特（Jean Hyppolite）而写的，后者不久就成为他在高师的朋友和合作者，并经常以自己对黑格尔的阐释反对科耶夫（Kojève）的阐释。这篇文章1950年发表在《新批评》（*La Nouvelle Critique*）上，后收入《哲学与政治文集》（*Ecrits philosophiques et politiques*）第一卷，Stock/Imec出版社，1994年，第243—260页。

② 1947年10月，阿尔都塞在巴什拉的指导下完成高等教育文凭论文《论G. W. F. 黑格尔思想中的内容》（*Du contenu dans la pensée de G. W. F. Hegel*）。正文中提到的标题与这里的实际标题不同。——译注

③ 从这种观点看，他在1978年的未刊稿《局限中的马克思》（«Marx dans ses limites»）中对戴高乐主义的分析非常具有启发性。参见《哲学与政治文集》第一卷，前引，第428页及以下。

二十大对"斯大林罪行"的披露,以及随后1961年二十二大"去斯大林化"运动的掀起,整个共产主义世界("铁幕"内外)都进入了一个混乱期,再也没有从中恢复过来。但马克思的思想却正在获得巨大声誉,尤其是在那些青年大学生当中——他们受到反帝战争榜样(特别是阿尔及利亚战争和越南战争)和古巴革命成功的激发,从而感受到专制社会结构的危机正在加剧。让-保罗·萨特,当时法国最著名的哲学家,在他1960年的《辩证理性批判》中宣布:马克思主义是"我们时代不可超越的哲学地平线"①。而马克思主义理论的性质问题,无论是对于共产党组织和它的许多战士来说,还是对于大量的知识分子,尤其是哲学家以及人文科学方面的专家、艺术家和作家来说,都成了一个很伤脑筋的问题。阿尔都塞的几次干预——关系到对马克思思想的阐释和对"社会主义人道主义"难题的阐释——产生了预料不到的反响,先是在法国,后来又波及国外。1965年出版《保卫马克思》(由写于1960年至1965年的文章汇编而成)和《阅读〈资本论〉》(和他的学生艾蒂安·巴利巴尔、罗歇·埃斯塔布莱、皮埃尔·马舍雷和雅克·朗西埃合著)之后,阿尔都塞成了著名哲学家,无论在法国还是在海外,无论是在共产党和马克思主义圈子内,还是在那个

---

① "因此,它[马克思主义]仍然是我们时代的哲学:它是不可超越的,因为产生它的环境还没有被超越。[……]但是,只要社会关系的变化和技术进步还未把人从匮乏的桎梏中解放出来,马克思的命题在我看来就是一种不可超越的证明。"参见让-保罗·萨特(Jean-Paul Sartre)《辩证理性批判》[*Critique de la raison dialectique* (1960)],伽利玛出版社(Gallimard),1985年,第36、39页,也参见《辩证理性批判》,林骧华等译,安徽文艺出版社,1998年,第28、32页。译文有修改。——译注

圈子外，都引发了大量争论和论战。他似乎成了他自己后来所说的"人道主义论争"（它搅动了整个法国哲学界）的主角之一。阿尔都塞所捍卫的与基督教的、存在主义的、马克思主义的人道主义相对立的"理论反人道主义"，显然以一种间接的方式，不仅从哲学的层面，而且还从政治的层面，否定了赫鲁晓夫"去斯大林化"运动中占统治地位的倾向。他抨击**经济主义**和**人道主义**的结合，因为在他眼里，这种结合是占统治地位的资产阶级意识形态的特征，但有些人却以此为名，预言两种社会体系即资本主义和社会主义会"合流"。不过，他是通过一些与（列宁去世后被斯大林理论化了的）"辩证唯物主义"毫不相关的理论工具，以一种哲学观的名义来进行抨击的。阿尔都塞提出的哲学观，不顾一些文本上的明显事实，抛弃了马克思主义当中的黑格尔遗产，转而依靠斯宾诺莎的理智主义和唯物主义。在阿尔都塞的哲学观看来，斯宾诺莎是**意识形态理论**的真正奠基人，因为他把意识形态看作是构成个人主体性的社会想象结构——这是一种马克思预示了但同时又"错失了"的理论。正因为如此，阿尔都塞的哲学观强有力地促进了斯宾诺莎研究和斯宾诺莎主义影响的"复兴"——他的这整个时期都打下了这种影响的印记。阿尔都塞的哲学观还同时从卡瓦耶斯（1903—1944）、巴什拉（1884—1962）和康吉莱姆（1904—1995）的"历史的认识论"中借来一种观念，认为"常识"和"科学认识"之间存在着一种非连续性（或"断裂"），所以可以将知识的辩证法思考为一种没有合目的性的过程，这个过程通过概念的要素展开，也并不是服从于意识的优先地位。而在笛卡尔、康德和现象学对真理的理论阐述中，意识的标准是占统治地位的。最后，这种哲学在马克思的思想和弗洛伊德的思想之间寻求一种"联盟"。弗洛伊德作为精神分析的奠基人当时仍然被官方马克思主义忽视甚至拒斥，但另一方面，他的这个地位却被拉康（1901—1981）所复兴。对于阿尔都塞来说，这里关键的是既要指出意识形态与无意识之间的相互构成关系，又要建构一种关于时间性和因果性因而也是关于实践的新观念。

由于所有这些创新，阿尔都塞的哲学话语大大超出了马克思主义者的争论圈子，更确切地说，他将这些争论变成了另一个更普遍的哲学事业的一个方面，那个哲学事业不久就被称为**结构主义**（尽管这个词的含义并不明确）。因此，阿尔都塞成了结构主义和马克思主义的相遇点，得到了双方的滋养。在他的学生看来，他为两者的"融合"带来了希望。像所有结构主义者一样，他发展了一套关于**主体**的理论，这个**主体**实际上不是认识和意志的理想的"起源"①，而是各式各样的社会实践、各种制度、语言和各种想象形态的"后果"，是一种"结构的行动"②。与

---

① "起源"原文"origine"，同时也有"起点"的意思。值得指出的是，阿尔都塞一贯反对"起源论"，在他看来，唯物主义哲学家（比如伊壁鸠鲁）"不谈论世界的起源（origine）这个无意义的问题，而是谈论世界的开始（commencement）"。参见《写给非哲学家的哲学入门》（*Initiation à la philosophie pour les non-philosophes*），法国大学出版社（PUF），2014 年，第 66 页。——译注

② "结构的行动"（action de la structure）这个词是由阿尔都塞和拉康共同的门徒伊夫·迪鲁（Yves Duroux）、雅克-阿兰·米勒（Jacques-Alain Miller）、让-克洛德·米尔内（Jean-Claude Milner）所组成的那个团体发明的。参见再版的《分析手册》（*Cahiers pour l'Analyse*）（这是高等师范学校认识论小组的刊物），金斯顿大学（Université de Kingston）主持编印，第 9 卷（文章只署了 J. A. 米勒的名字）（http：//cahiers.kingston.ac.uk/pdf/cpa9.6.miller.pdf）。

其他结构主义者不同，他试图定义的结构概念不是（像在数学、语言学甚至人类学中那样）以识别形式的**不变式**为基础，而是以多重**社会关系**的"被过度决定的"结合（其具体形象在每种历史**形势**中都会有所改变）为基础。他希望这样能够让结构的概念不但服务于对社会**再生产**现象的分析，而且还首先服务于对**革命**阶段现象的分析（在他看来，当代社会主义革命就是革命的典范）。这样一来，历史就可以被同时思考为（没有主体的）过程和（没有合目的性的）事件。

我一直认为，这种哲学的建构，或更确切地说，由这种哲学建构所确立起来的研究计划，构成了一项伟大的事业，它的全部可能性还没有被穷尽。它身后还留下了好些未完成的难题性，比如对理论和艺术作品进行"症状阅读"的难题性（它肯定影响了德里达的"解构"），还有"有差别的历史时间性"的难题性（时常接近于被阿尔都塞完全忽视了的瓦尔特·本雅明的思想）——这两种难题性都包含在《阅读〈资本论〉》阿尔都塞所写的那部分当中。但在接下来的时期，从1968年五月事件之前开始（虽然阿尔都塞没有参与其中，但这个事件给他带来了创伤性的后果），阿尔都塞对自己的哲学进行了根本的改写。他进入了一个**自我批评**期，然后在新的基础上**重构**了自己的思想，但那些基础从来就没有一劳永逸地确定下来。他没有忘记斯宾诺莎，但通过放弃结构主义和"认识论断裂"，他力图为哲学，并由此为历史理论，赋予一种直接得多的政治性。由于法共官方发言人和他自己一些（成为在五月运动之后建立起来的"毛主义"组织生力军的）青年学生同时指责他低估了阶级斗争以及哲学中的阶级立场的重要性，阿尔都塞开始重新估价这种重要性，虽然是根据他自己的方式。这里不能忘记的是，这种尝试是在一种特别的语境中展开的，这个语境就是，在欧洲，发生了重要的社会运动和社会斗争，同时在"左派"即极端革命派倾向与改良主义倾向之间产生了分裂，改良主义在20世纪70年代的结果是所谓的"欧洲共产主义"的形成，而后者在改变法国、意大利和西班牙的政治博弈方面最终失败，随后被新自由主义浪潮所淹没。当时阿尔都塞似乎通过一种他力图为自己的思想所发明的新配置，撤退到一些更经典的"马克思主义"难题上去了（但另一方面，"后结构主义"哲学家们却越来越远离马克思主义；尽管在这个诊断底下，还需要做更细致的辨别）。然而，他的有些难题还是获得了广泛的共鸣，这一点我们在今天可以更清楚地感觉到。尤其是他关于"意识形态唤问"①"意识形态国家机器"构成的理论就是这样——它

---

① "唤问"原文为"interpellation"，其动词形式为"interpeller"，它的含义有：1.（为询问而）招呼，呼喊；2.（议员向政府）质询，质问；3.［法］督促（当事人回答问题或履行某一行为）；4.（警察）呼喊，追问、质问，检查某人的身份；5. 强使正视，迫使承认；6. 呼唤（命运），造访。詹姆逊把它解释为"社会秩序把我们当作个人来对我们说话并且可以称呼我们名字的方式"，国内最早的《意识形态和意识形态国家机器》译本译为"询唤"，系揉合"询问"和"召唤"的生造词，语感牵强，故不取。我们最初使用了"传唤"的译法（参见《哲学与政治：阿尔都塞读本》，陈越编，吉林人民出版社，2003年），似更通顺，但由于"传唤"在法语中另有专词，与此不同，且"传唤"在汉语中专指"司法机关通知诉讼当事人于指定的时间、地点到案所采取的一种措施"，用法过于狭窄，也不理想。考虑到这个词既是一个带有法律意味的用语，同时又用在并非严格司法的场合，我们把它改译为"唤问"，取其"唤来问讯"之意（清·黄六鸿《福惠全书·编审·立局亲审》有"如审某里某甲，本甲户长，先投户单，逐户唤问"一说）。有的地方也译为"呼唤"。——译注

是1970年从当时一份还没发表的手稿《论社会关系的再生产》①中抽出来的。这一理论对于分析**臣服**和**主体化**过程具有重大贡献。今天，在当时未发表的部分公之于世后，我们会发现，对于他的一些同时代人，例如被他们自己的"象征资本"和"权力关系"问题所纠缠的布尔迪厄和福柯来说，它代表了一种激励和巨大的挑战。它在今天尤其启发着一些法权理论家和强调话语"述行性"的女性主义者（尤其是朱迪斯·巴特勒）②。阿尔都塞关于马基雅维利的遗著《马基雅维利和我们》（写于1972—1976年）出版后，也让我们能更好地了解那些关于意识形态臣服形式再生产的思考，是如何与关于集体政治行动的思考接合在一起的，因为政治行动总要以"挫败"意识形态为前提。这些思考响应着他对哲学的"实用主义的"新定义。哲学不是认识的方法论或对历史概念的辩证考察，而是一种"理论中的阶级斗争"，或更一般地说，是一种思想的**战略**运用，旨在辨别出——哪怕最抽象的——话语之间的"力量对比"，这种力量对比所产生的作用不是保持（葛兰西曾称之为**领导权**作用）就是抵抗和背叛事物的现存状态。

---

① 路易·阿尔都塞，《论再生产》（*Sur la reproduction*），法国大学出版社（Presses Universitaires de France），"今日马克思：交锋"（Collection «Actuel Marx: Confrontations»）丛书，2011年第2版。（中文版已收入"阿尔都塞著作集"，吴子枫译，西北大学出版社，2019年。——译注）

② 见朱迪斯·巴特勒（Judith Butler）《权力的精神生活：臣服的理论》（*The Psychic Life of Power*，*Theories in Subjection*，1997）和《易兴奋的言辞：述行语的政治》（*Excitable Speech. A Politics of the Performative*，1997）。

这一时期阿尔都塞的哲学工作（经常因各种政治论争和他自己不时的躁狂抑郁症的影响而打断和分心），与其说是建立了一个体系，不如说是构成了一片堆放着各种开放性问题的大工地，其中**主体性**和**政治行动**之间关系的难题，以某种方式替代了**社会结构**和**历史形势**之间关系的难题。更确切地说，他是要使这个难题变得复杂化，在某种程度上是要解构它。比起此前的阶段，这个时期更少完整的体系性建构，更少可以被视为"阿尔都塞哲学"原理的结论性"论点"。但这一时期存在着一种"理论实践"，一种时而大胆时而更具防御性的思考的努力，它证明了一种受到马克思主义启发的思想的转化能力，证明了在当下和当下的变化中追问现实性（actualité），也就是说在追问（福柯所说的）"我们之所是的存在论"时，政治与哲学之间的交叉相关性。我们都知道，这种努力被一连串（相互之间可能并非没有联系的）悲剧性事件所打断：首先，在集体方面，是"现实的社会主义"和马克思主义思想在西方的全面化危机开始了（在1977年11月由持不同政见的意大利共产主义团体《宣言报》组织的关于"后革命社会中的权力和对立"威尼斯研讨会上，阿尔都塞本人通过一次著名的发言对这一危机作出了诊断）[1]；其次，

---

[1]《宣言：后革命社会中的权力和对立》(*Il Manifesto : Pouvoir et opposition dans les sociétés postrévolutionnaires*)，色伊出版社（Editions du Seuil），巴黎，1978年。阿尔都塞这次发言的文本现在还收入阿尔都塞另一文集《马基雅维利的孤独》(*Solitude de Machiavel*) 中，伊夫·桑多默（Yves Sintomer）整理并评注，法国大学出版社，"今日马克思：交锋"丛书，1998年（第267—280页）。（阿尔都塞在会议上所作的发言题为《马克思主义终于危机了!》。——译注）

在个人方面，是阿尔都塞1980年11月在躁狂抑郁症发作时杀死了自己的妻子埃莱娜（这导致他被关入精神病院，直到20世纪80年代中期才从那里离开过几年）。

　　一些重要的同时也比以前更为片段式的文稿（虽然其中有几篇比较长）恰好产生于接下来的时期。首先是一部自传文本《来日方长》（写于1984年），其中披露了和他的生活、思想变化有关的一些珍贵资料——这部著作的中文版已经先于这套阿尔都塞著作集出版了①。正如通常在自传写作中也会有"辩护的"一面那样，因为阿尔都塞的这部自传受到他自我批评倾向甚或自我惩罚倾向的过度决定，所以最好不要把它所包含的那些"披露"或"忏悔"全部当真。我们仍缺少一部完整的阿尔都塞传记（扬·穆利耶·布唐早就开始写的《路易·阿尔都塞传》至今没有完成）②。大家尤其会注意到这一时期专门围绕"偶然唯物主义"这个观念所写的那些断章残篇。"偶然唯物主义"是阿尔都塞为了反对"辩证唯物主义"而造的一个词，他用它来命名一条看不见的线索。这条线把古代希腊-拉丁原子论哲学家（德谟克利特、伊壁鸠鲁、卢克莱修）与一些经典然而又异类的思想

---

　　①　阿尔都塞《来日方长》，蔡鸿滨译，陈越校，上海人民出版社，2013年。——译注

　　②　扬·穆利耶·布唐（Yann Moulier Boutang），《路易·阿尔都塞传（第一部分）》[*Louis Althusser: une biographie* (1re partie)]［即《路易·阿尔都塞传：神话的形成（1918—1956）》。——译注］，格拉塞出版社（Grasset），1992年（2002年再版袖珍本）。

家，如马基雅维利（因为他关于"能力"和"幸运"统治着政治事件的理论）、斯宾诺莎（因为他对自然和历史中合目的性观念的坚决反对）、卢梭（因为他在《论人与人之间不平等的起源和基础》中把人类文明的开始描绘为一系列偶然事件）、阿尔都塞所阐释的马克思（阿尔都塞把马克思从其黑格尔主义中"拯了"出来），乃至与当代哲学的某些方面，比如德里达（因为他对起源观念的批判和他关于踪迹"播撒"的理论）连接了起来。说实话，关于偶然唯物主义的那些主题在阿尔都塞思想中算不上是全新的，它们只是以一种新的哲学"代码"重新表述了那些从一开始就存在的立场，并使之变得更激进了（尤其是由于阿尔都塞强调，在对历史进行概念化的过程中，"形势"具有优先性）——这一点已经由最近一些评论者明确地指了出来①。与那些主题共存的是一种对共产主义的表述：共产主义不是人类发展的一个未来"阶段"，而是一种"生活方式"，或一些在资产阶级社会"空隙"中就**已经存在**的、逃避各种商品形式统治的实践的集合。这个隐喻可以远溯到伊壁鸠鲁，中间还经过马克思（关于商品交换在传统共同体"缝隙"或"边缘"

---

① 尤其见爱米利奥·德·伊波拉（Emilio de Ipola）的著作《阿尔都塞：无尽的永别》(*Althusser, El infinito adios*), Siglo XXI Editores, 2007 年（法文译本 *Althusser. L'adieu infini*，艾蒂安·巴利巴尔序，法国大学出版社, 2012 年），以及沃伦·蒙塔格（Warren Montag）的著作《阿尔都塞及其同时代人：哲学的永久战争》(*Althusser and His Contemporaries; Philosophy's Perpetual War*)，杜克大学出版社（Duke University Press), 2013 年。

发展）的一些提法①。这些主题的未完成性、片段性，与一个时代（我们的时代）的精神是相一致的。这个时代的特点就是，一方面，各种权力关系和统治关系是否能持久，还具有很大的不确定性；另一方面，文化和社会的变化正在成倍增加，它们是不是会"结合"成某种独特的文化形式（同时也更是政

---

① 参见马克思《资本论》，《马克思恩格斯文集》第五卷，人民出版社，2009年，第97页："在商品生产者的社会里，一般的社会生产关系是这样的：生产者把他们的产品当作商品，从而当作价值来对待，而且通过这种物的形式，把他们的私人劳动当作等同的人类劳动来互相发生关系。对于这种社会来说，崇拜抽象人的基督教，特别是资产阶级发展阶段的基督教，如新教、自然神教等等，是最适当的宗教形式。在古亚细亚的、古希腊罗马的等等生产方式下，产品变为商品，从而人作为商品生产者而存在的现象，处于从属地位，但是共同体越是走向没落阶段，这种现象就越是重要。真正的商业民族只存在于古代世界的空隙中，就像伊壁鸠鲁的神只存在于世界的空隙中，或者犹太人只存在于波兰社会的缝隙中一样。这些古老的社会生产机体比资产阶级的社会生产机体简单明了得多，但它们或者以个人尚未成熟，尚未脱掉同其他人的自然血缘联系的脐带为基础，或者以直接的统治和服从的关系为基础。它们存在的条件是：劳动生产力处于低级发展阶段，与此相应，人们在物质生活生产过程内部的关系，即他们彼此之间以及他们同自然之间的关系是很狭隘的。这种实际的狭隘性，观念地反映在古代的自然宗教和民间宗教中。只有当实际日常生活的关系，在人们面前表现为人与人之间和人与自然之间极明白而合理的关系的时候，现实世界的宗教反映才会消失。只有当社会生活过程即物质生产过程的形态，作为自由结合的人的产物，处于人的有意识有计划的控制之下的时候，它才会把自己的神秘的纱幕揭掉。但是，这需要有一定的社会物质基础或一系列物质生存条件，而这些条件本身又是长期的、痛苦的历史发展的自然产物。"另见《来日方长》阿尔都塞本人的论述："当时我坚持这样的看法：从现在起，'共产主义的小岛'便存在于我们社会的'空隙'里（空隙，这个词是马克思——仿照伊壁鸠鲁的诸神在世界中的形象——用于描述古代世界最初的商业中心的），**在那里商品关系不占支配地位**。实际上，我认为——我在这一点上的思考是和马克思的思想相一致的——共产主义的唯一可能的定义——如果有朝一日它在世界上存在的话——就是**没有商品关系**，因而没有阶级剥削和国家统治的关系。我认为在我们当今的世界上，确实存在着许许多多的人类关系的小团体，都是没有任何商品关系的。这些共产主义的空隙通过什么途径才能遍及整个世界呢？没有人能够预见——无论如何，不能再以苏联的途径为榜样了。"见阿尔都塞《来日方长》，前引，第240—241页。——译注

治形式），则完全无法预见。在这种语境中，"最后的阿尔都塞"的断章残篇，具有撼动其他已确立的价值的巨大价值（因为它们永远盯着一部分人对另一部分人的统治问题，盯着被统治者获得解放的希望问题）。但是，我们显然不应该期待这些文章能为我们所生活的世界提供完整而切近的解释。

今天中国公众将有一套中文版阿尔都塞著作集，这是一件非常重要、非常令人高兴的事，因为迄今为止，翻译到中国的阿尔都塞著作还非常少①。当然，这套著作集的出版是一个更大的进程的一部分，这个进程让这个国家的知识分子、大学师生甚至广大公众，能够接触到"资本主义"西方知识生产的整个成果，因而这个进程也会使得这套著作集的出版在这个"全球化"世界的知识交流中发挥重要作用（正如在其他领域已经发生的情况那样）。当然，希望法国公众自己也能更多地了解中国过去曾经发生和今天正在发生的哲学争论。而就目前来说，除了一些专家之外，翻译上的不充分构成了一个几乎不可克服的障碍。最后，这还有可能引起我们对翻译问题及其对思想范畴和历史命运的普遍性产生影响的方式进

---

① 感谢吴志峰先生提供的线索，我很高兴在这里提醒大家，早在1984年10月，商务印书馆（北京）就出版了顾良先生翻译的《保卫马克思》（附有1972年的《自我批评材料》）。这是个"内部发行"版，只有某些"内部"读者可以得到。在此之前，顾良先生翻译了《马克思主义和人道主义》一文，发表在《哲学译丛》1979年12月第6期上，这是中国发表的第一篇阿尔都塞的文章。1983年乔治·拉比卡在巴黎十大（南特大学）组织召开纪念马克思逝世100周年研讨会，我在会上认识了顾良先生，从此我们成为朋友。顾良先生是外文出版社（北京）的专业译者（顾良先生当时实际上在中央编译局工作。——译注），尤其参加过毛泽东著作法文版的翻译，但同时他还利用挤出来的"自由时间"，把一些自己认为重要的法国哲学家和历史学家的著作翻译成中文。顾良先生是把阿尔都塞著作翻译成中文的先行者，在这里我要向他致敬。

行共同的思考①。但我想，中国读者之所以对阿尔都塞的知识和政治轨迹感兴趣，还有一些特别的原因：因为阿尔都塞多次与中国有交集，更确切地说，与在"毛泽东思想"指引下建设的中国共产主义有交集，并深受后者的影响。从另一方面来说，我们自己也需要对阿尔都塞与中国的这种相遇持一种批判的眼光，因为它很可能过于依赖一些在西方流传的神话，其中一些变形和过分的东西必须得到纠正。中国读者对我们向他们传回的他们的历史形象所作的反应，在这方面毫无疑问会对我们有所帮助。

阿尔都塞与毛泽东思想的第一次"相遇"发生在两个时刻，都与《矛盾论》有关，这一文本现在通常见于"四篇哲学论文"②，后者被认为是毛泽东根据自己 1937 年在延安印发的关于辩证唯物主义的讲授提纲而写成的③。早在 1952 年，《矛

---

① 在英语世界，这方面出现了一批特别值得关注的著作，比如刘禾（Lydia H. Liu）的研究（她在纽约哥伦比亚大学任教）。参见刘禾主编《交换的符码：全球化流通中的翻译难题》(Tokens of Exchange: The Problem of Translation in Global Circulations), 1999 年由杜克大学出版社（Duke University Press）出版。

② 应指 Quatre essais philosophiques（《毛泽东的四篇哲学论文》法文版），外文出版社 1966 年，内收《实践论》《矛盾论》《关于正确处理人民内部矛盾的问题》《人的正确思想是从哪里来的？》等四篇论文。——译注

③ 毛泽东论文原标题为《辩证法唯物论（讲授提纲）》，系使用了"matérialisme dialectique"的旧译法。据《毛泽东著作选读》（人民出版社，1986 年，第 179 页）的说明，《矛盾论》是《辩证法唯物论（讲授提纲）》第三章中的一节《矛盾统一法则》。"这个讲授提纲一九三七年九月曾印过油印本，一九四○年由延安八路军军政杂志社出版单行本，均未署作者姓名。《矛盾论》，一九五二年四月一日在《人民日报》正式发表"。又据布唐《路易·阿尔都塞传：神话的形成》（前引，第 473 页），毛泽东《矛盾论》的法文译本分两期发表于《共产主义手册》(1951 年 2 月号、1952 年 8 月号）。另外，此处作者有误，四篇哲学论文中的《关于正确处理人民内部矛盾的问题》是毛泽东 1957 年 2 月 27 日在最高国务会议第十一次（扩大）会议上的讲话，《人的正确思想是从哪里来的？》是毛泽东 1963 年 5 月修改《中共中央关于目前农村工作中若干问题的决定（草案）》时增写的一段话，两者都不是根据关于辩证唯物主义的讲授提纲而写成的。——译注

盾论》就被翻译成法文，刊登在法共官方刊物《共产主义手册》上。今天我们了解到，对这篇文章的阅读让阿尔都塞震惊，并给他带来了启示①。一方面，作为获得胜利不到三年的中国革命的领袖，毛对阿尔都塞来说似乎是一个"新列宁"：实际上自1917年以来，共产党的领袖第一次既是一位一流的马克思主义哲学家（即一位货真价实的哲学家），又是一位天才的政治战略家，他将革命力量引向了胜利，并显示了自己有能力用概念的方式对革命胜利的根据进行思考。因此，他是理论和实践相统一的化身。另一方面，毛的论述完全围绕着"事物对立统一的法则"进行，把它当作是"唯物辩证法的最根本法则"，而没有暗示任何别的"法则"（这与斯大林1938年在《论辩证唯物主义和历史唯物主义》——它本身受到恩格斯《自然辩证法》笔记的启发——中的论述相反），尤其是，毛还完全忽略了"否定之否定"这条在官方马克思主义当中最明显地从黑格尔"逻辑学"那里继承下来的法则。最后，在阐述"主要矛盾和次要矛盾""矛盾的主要方面和次要方面""对抗

---

① 这些信息，哲学家吕西安·塞夫早就告诉了我。在2015年3月《思想》杂志组织召开的阿尔都塞著作研讨会上，吕西安·塞夫在演讲中又再次提到这一点。塞夫本人过去也是阿尔都塞在高师的学生，然后又成为阿尔都塞的朋友，他是20世纪60年代法共内部围绕辩证法和马克思主义人道主义问题进行的争论的主角之一。在（1966年在阿尔让特伊召开的中央委员会上）法共领导层用各打五十大板的方式"解决"了罗歇·加罗蒂的人道主义马克思主义和阿尔都塞的"反人道主义的"马克思主义之间的冲突之后，吕西安·塞夫正式成为党的哲学家，虽然他在"辩证法的颠倒"和哲学人类学的可能性问题上与阿尔都塞观点相左，但他与后者却一直保持着非常要好的私人关系，他们之间的通信持续了三十多年。已经预告要出版的他们之间的通信集，对于理解法国共产主义这一时期的历史和阿尔都塞在其中所占据的位置来说，将成为一份首屈一指的重要文献。

性矛盾和非对抗性矛盾"等概念，及这些不同的项之间相互转化的可能性（这决定了它们在政治上的使用）时，毛没有满足于形式上的说明，而是大量提及中国革命的特殊性（尤其是中国革命与民族主义之间关系的变化）。根据吕西安·塞夫的证词，阿尔都塞当时认为，人们正面临着马克思主义哲学史上的一次决定性革新，可以完全更新关于马克思主义哲学的理解和教学（尤其在"党校"中），结束在他看来构成这方面特点的教条主义和形式主义。然而在当时，阿尔都塞对这些启示还没有进行任何公开的运用①。

这种运用出现在十年之后。当时为了回应由他的文章《矛

---

① 关于这些哲学文本是否能归到毛泽东名下的问题，尤其是它们与毛泽东此前学习过并能从中得到启发的苏联"范本"相比具有多少原创性的问题，引发了大量的讨论和争论。参见尼克·奈特（Nick Knight）的详细研究《1923—1945 年的中国马克思主义哲学：从瞿秋白到毛泽东》（*Marxist Philosophy in China：From Qu Qiubai to Mao Zedong，1923—1945*），多德雷赫特（Dordrecht），斯普林格（Springer）出版社，2005 年。从这本书中我们可以特别了解到，《矛盾论》的研究只是毛泽东围绕"辩证法的规律"所作的几次报告之一，这就意味着事实上他并没有"排除否定之否定"。尽管如此，毛泽东只愿意发表（大概还重新加工了）这次论矛盾作为"对立同一"的报告，让它广为发行，这个事实本身就完全可以说明问题。另一方面，1966 年出版的"哲学论文"集还包括其他文本（尤其是其中的《实践论》同样来自延安的讲稿），而阿尔都塞从来没有对那些文本感兴趣。[注意，正文中的"对立统一"和脚注中的"对立同一"，原文分别为"unité des contraires"和"identité des contraires"，它们均来自对《矛盾论》的法文翻译。而《矛盾论》原文中的"同一（性）"和"统一（性）"两种提法，意思是等同的。如文中明确指出："同一性、统一性、一致性、互相渗透、互相贯通、互相信赖（或依存）、互相联结或互相合作，这些不同的名词都是一个意思。"参见《毛泽东著作选读》，人民出版社，1986 年，第 168 页。在引用列宁的论述时，毛泽东也把"统一"和"同一"看作是可以互换的同义词，如上引第 173 页："列宁说：'对立的统一（一致、同一、合一），是有条件的、一时的、暂存的、相对的。'"——译注]

盾与过度决定》（最初发表于1962年12月，后收入1965年出版的《保卫马克思》）所引发的批评，他在一篇标题就叫《关于唯物辩证法（论起源的不平衡）》的文章（该文发表于《思想》杂志1963年8月号，后也收入《保卫马克思》）中提出，要对唯物辩证法的难题进行全面的改写。我不想在这里概述这篇论文的内容，大家可以在中文版《保卫马克思》中读到它；它是阿尔都塞最著名的文章之一，是我在上文描述过的他最初那套哲学的"基石"①。我只想提醒大家注意一个事实，阿尔都塞在这里把毛变成了两种观念的持有人甚至是发明人。在他看来，这两种观念标志着与马克思主义中黑格尔遗产的"断裂"：一是关于一个总体（本质上是社会的、历史的总体，如1917年的俄国、20世纪30年代的中国、20世纪60年代的法国）的各构成部分的**复杂性**的观念，这种复杂性不能化约为一个简单而唯一的原则，甚或某种本质的表现；二是关于构成一切发展或过程的**不平衡性**的观念，这种不平衡性使得矛盾的加剧带来的不是"超越"（就像黑格尔的否定之否定模式一样），而是"移置"、"凝缩"和"决裂"。以上涉及的只是阿尔都塞对毛的观念发挥的"纯"哲学方面，但还应该考察这种发挥的政治"形势"的维度。问题来自这样一个事实，即在1963年，毛泽东对法国共产党来说还是一位不知名的作者，而且无论如何，人们认为他不够正统（此外葛兰西也一样被认为不够正统，虽然理

---

① "基石"的提法来自列宁，参见《马克思主义的三个来源和三个组成部分》，《列宁选集》第二卷，人民出版社，2014年，第312页，"剩余价值学说是马克思经济理论的基石。"——译注

由相反)。这种糟糕的接受状况,是由中共和苏共之间在政治上已经很明显的不和所过度决定的,这种不和包含着20世纪国家共产主义大分裂的某些预兆,也标志着它的开始。在这种冲突中,法共采取了自己的立场,最终站在苏联一边,也就是赞同赫鲁晓夫,反对毛,但这种归顺并非是立即就发生的,远非如此。1956年苏共二十大召开之时,在自己的讲话中引用斯大林(1953年去世)的共产党领袖只有多列士和毛,而且他们联手反对公开发表赫鲁晓夫揭露斯大林罪行、掀起"去斯大林化"运动的"秘密报告"。这时阿尔都塞在自己的文章中批判人道主义,宣布"个人崇拜"范畴无效(说它"在马克思主义中是找不到的"),拒绝用"斯大林主义"这个概念(他总是更喜欢用"斯大林偏向"的概念),最后,更是赞美毛的哲学天才并加以援引,这些合在一起,在法共的干部和领袖们身上造成的后果,怎么能不加以考虑呢?这些极可能是在努力延续旧的方式,以抵制"去斯大林化",而不是为"从左面批判"斯大林主义提供新的基础——尽管"从左面批判"斯大林主义可能与他的目标更加一致。对此还要补充的是,法国共产党(和其他共产党)中的去斯大林化更多地只是说说而已,并没有实际行动,而且根本没有触动党的运行方式(所谓的"民主集中制")。

  这显然不是要通过附加评注的方式(就像他对待毛泽东的《矛盾论》一样)把阿尔都塞的意图归结为一些战术上的考虑,或归结为把赌注押在党的机器内部张力上的尝试。我更相信他想指出,面对任何控制和任何被强加的纪律,一个共产党人知识分子(其介入现实是无可厚非的)可以并且应该完全自由地把他随便在哪里发现的理论好处"占为己有"(何况他还同样引用过葛兰西,尽管更多是以带有批评的方式引用,同时又力求把后者从当时被利用的方式中剥离出来。因为葛兰西当时被用于为陶里亚蒂领导下的意大利共产党的路线辩护,而这条路线带有"极端赫鲁晓夫色彩",赞成一种更激进的"去斯大林化"运动)。但我同样认为,阿尔都塞不可能这么天真,会不知道在共产主义世界对理论权威的引用,总是起着对知识分子进行鉴别和分类的作用。想根据那些引用本身来避免"偏向"是靠不住的。无论如何,这些引用事后肯定使得阿尔都塞更容易与"亲华"立场接近,尽管这又带来了一些新的误会。①

---

① 关于这篇序言,我和刘禾有过一次通信,她提到一个值得以后探索的问题。她说:"我在重新思考1964年阿尔都塞对人道主义的批判,联想到差不多同时在中国也曾发生类似的辩论,尤其是周扬的文学批评。阿尔都塞和周扬都把苏联作为靶子。那么我想问一下,阿尔都塞当时对周扬1963—1964年期间的文章有没有了解?他读过周扬吗?比如他能不能看到《北京周报》(*Pekin Information*)上的那些文章?法共和左翼知识分子当时有没有订阅那份刊物?如果没有的话,你们通过其他什么渠道能看到中国马列理论家在20世纪60年代所发表的文章?"我的回答是,阿尔都塞恐怕没听说过那场辩论,至少我本人不记得他提起过,而且这方面也没有翻译。刘禾在给我的信中还说:"无论是阿尔都塞还是周扬(他是文学批评家,曾当过文化部副部长),都在批评赫鲁晓夫的修正主义。因此毫不奇怪,两人对'人道主义'也有同样的批评,都称之为'小资产阶级意识形态'。我对这个问题很感兴趣,因为周扬曾出席继万隆会议之后亚非作家协会1958年在塔什干举办的第一次大会,在那次大会上,第三世界作家是以'人道主义'的名义谴责殖民主义和帝国主义的[我认为弗朗兹·法农《全世界受苦的人》(*Les Damnés de la Terre*)也同属一个思想脉络]。你对'中共与苏共之间的政治分歧'这一语境中出现的'社会主义人道主义'的讨论,作了精彩的分析,这让我对万隆精神所体现的人道主义与社会主义人道主义之间的复杂纠缠,产生很大的兴趣。在我看来,这里的关键似乎是人道主义的地缘政治,而非'小资产阶级意识形态'的问题。我强调地缘政治的原因是,美国国务院曾经暗中让几个亚洲国家(巴基斯坦、菲律宾、日本等国)代表美国对万隆会议进行渗透,迫使周恩来对《世界人权宣言》中的一些人权条款作出让步。目前已经解密的美国国务院的档案提醒我们,恐怕还要同时关注冷战中在马克思主义的辩论之外的'人道主义'话语。"

接近和误会出现在几年之后，出现在我们可以视为阿尔都塞与毛主义**第二次相遇**的时刻。但这次的相遇发生在全然不同的环境中，并且有着完全不同的目标。1966年12月，受到中国当局的鼓舞，一部分法国人从共产主义大学生联盟分裂出来，正式创建了"毛主义"组织马列共青联（UJCML），这个团体的许多领袖人物都是阿尔都塞的学生或门徒，尤其是罗贝尔·林阿尔，阿尔都塞一直与他保持着友好关系，后来还和他一道对许多主题进行了反思：从苏联突然转向极权政体的根源，到"工人调查"的战斗实践。这些个人的原因并不是孤立的。在当时西方一些最激进（或最反对由西方共产党实施的不太成功的"议会民主"战略）的共产党人知识分子身上，可以看到对中国"文化大革命"（1966年正式发动）的巨大兴趣。他们把这场革命阐释为或不如说想象为一场由青年工人和大学生发动的、受到反对自己党内"资产阶级化"领导人和社会主义中"资本主义倾向"的毛泽东支持的激进民主化运动，目的是反对中国党和政府内的官僚主义。因此，阿尔都塞从毛主义运动伊始就对它持同情态度（虽然他肯定是反对分裂的），并且在某些时候，任由自己在法共的纪律（他总是希望对法共施加影响）和与毛主义青年的合作之间"玩两面手法"。恰好1967年发表了一篇"论文化大革命"的匿名文章（马列共青联理论和政治机关刊物《马列主义手册》第14期，出版时间署的是1966年11—12月），人们很快就知道，这篇文章实际上是阿尔都塞写的①。在这篇文章中，阿尔

---

① 我们可以在电子期刊《错位：阿尔都塞研究》上看到这篇文章，它是2013年贴到该网站的：http://scholar.oxy.edu/decalages/vol1/iss1/8/（参考阿尔都塞《来日方长》，前引，第366页。——译注）。

都塞虽然也援引了中国共产党解释"文化大革命"、为"文化大革命"辩护的声明，但他以自己重建的历史唯物主义为基础，给出了一种阐释。而早在《保卫马克思》和《阅读〈资本论〉》中，他就已经开始从社会形态各**层级**或**层面**的角度重建历史唯物主义了。"文化大革命"作为"群众的意识形态革命"，是要对意识形态上层建筑进行革命，这正如夺取政权是解决政治上层建筑问题，改造生产关系是解决经济下层建筑问题一样。而这场发生在意识形态上层建筑中的革命，从长远来说，本身将成为其他两种革命成功的条件，因而作为阶级斗争的决定性环节，它恰好在意识形态中展开（构成意识形态的除了**观念**之外还有**姿态**和**风俗**——人们会在他后来对"意识形态国家机器"的定义中发现这种观点）。①

这样玩两面手法，使阿尔都塞在政治上和情感上付出了极高的代价。因为其结果是，这两个阵营的发言人立即就以极其粗暴的方式揭露了他。所以我们要思考一下，是什么促使阿尔都塞冒这样的风险。除了我上面提到过的那些个人原因，还要考虑到这样一个事实，即他所凭借的是错误的信息，它们实际上来自宣传，而在中国发生的那些事件的真正细节他并不清楚。

---

① 在简要介绍阿尔都塞与毛主义的"第二次相遇"时，我主要关注他与创建"马列共青联"的那些大学生之间的关系。那些人有很多是阿尔都塞的学生和朋友，在我看来这方面是主要的。我把另一个问题搁在了一边：要了解阿尔都塞后来在什么时候与夏尔·贝特兰（Charles Bettelheim）——贝特兰本人经常访问北京（他还炫耀自己与周恩来的私人关系）并在国际共产主义运动的分裂中站在中国一边——建立了联系。无论如何，这最晚是在《阅读〈资本论〉》出版之后发生的事情。《阅读〈资本论〉》产生了一个长期后果，决定了两"拨"研究者之间的合作，这一点可以从他们某些出版物中找到一些蛛丝马迹。

他从那些信息中看到"从左面批判斯大林主义"的一些要素，但其实这种批判可能并不存在，或者并不是"主要方面"。除此之外，我认为还有一种更一般的原因，植根于阿尔都塞最深刻的"共产主义"信念。国际共产主义运动的分裂在他看来是一场悲剧，不但削弱了"社会主义阵营"，还削弱了反资本主义和反帝国主义的整体力量。但他认为，或者他希望，这只是暂时的，因为要共同对抗帝国主义。他显然没想到，恰恰相反，这次正好是帝国主义和资本主义可以在社会主义国家之间"玩弄"意识形态和地缘政治的对抗把戏，好让它们服从自己的战略，为它们"改换阵营"铺平道路。我推想当时阿尔都塞还认为，一旦统一重新到来，"马克思主义哲学家"必将在那一天齐聚一堂，携手并进，复兴重铸马克思主义理论的革命事业，在某种程度上像"正在消失的"中间人那样起作用（或"消失在自己的干预中"，像他1968年在《列宁和哲学》中所写的那样）。以上原因（当然只是从我这一方面提出的假设），说明了为什么阿尔都塞想要同时保持与两个阵营的友好关系，或不与任何人决裂（这显然是无法实现的目标，并注定会反过来对他自己不利）。

我并不想暗示阿尔都塞与"毛泽东思想"以及与西方毛主义运动之间关系的变迁，包含着他哲学思想和政治思想转移的"秘密"，尽管前者有助于解释那些内在的张力；我更不想暗示那些关系的变迁构成了中国读者今天对阿尔都塞思想及其历史感兴趣的主要原因。尽管如此，我还是想承担一切风险对它们进行总结，为的是一个超出趣闻轶事的理由：在当今世界，中国占据着一个完全是悖论性的位置……为了预见我们共同的未来，我们既需要理解它的真实历史，也需要理解之前它在国外被接受的形象（特别是研究"革命"和"阶级斗争"的哲学家和理论家所接受的形象），以便把两者区别开来，形成一些新概念，建立一些新形象。阿尔都塞著作在中国公众中的传播，以及对这些著作语境的尽可能准确的认识，是上述理解的一部分（哪怕是微小的部分）。

最后，我要再次感谢请我写这篇序言的朋友，并祝已经开始出版的这套著作集的所有未来读者阅读愉快，希望他们带着尽可能批判的态度和最具想象力的方式去阅读。

2015 年 3 月 22 日于巴黎

（吴子枫 译）

法文版序①

若弗鲁瓦·米夏埃尔·戈什加林

一

1984年6月11日,阿尔都塞建议墨西哥哲学家费尔南达·纳瓦罗（她后来在1988年以对话录形式出版了对阿尔都塞最新哲学的介绍②）读一读他大量未刊著作中的一种,他写道:"我重读了一份'哲学'手稿,虽然未完成,但我觉得相当不错,无论如何,我把它从头到尾读了一遍。它讨论了哲学的绝对开始,还有笛卡尔在他的'理性的秩序'中的假动作③。你看过

---

① 在得知译者的翻译计划后,本书编者戈什加林先生发了一份英文版序给译者,并告知英文版在有的地方可能比法文版表达得更清楚。为尊重作者起见,译者从法文译出序文后,对照英文版进行了校勘,并将两种版本中有重要出入的地方以译者注的形式注出（为避免烦琐,英文与法文在表达上的细微差别不一一注出）,供读者参考。——译注

② 指下文中的《哲学和马克思主义》。——译注

③ "假动作"原文为"feinte",也可译为"声东击西""花招",在有的地方也译为"假装"。——译注

了吗？我不否认它是我的孩子。"在作为自我贬低的艺术大师的昔日作者笔下，这个自我评价算得上是一种表扬了。纳瓦罗非常高兴："阿尔都塞给我出示了一本写给'非哲学家'的哲学手册，一份写于1976—1978年间的未刊文本①。我可以拿它作为我的计划的参考。我欣喜若狂，马上打开，如饥似渴地读起来。"②正是根据这一经由引导而获得的发现，她构思了 Filosofía y marxismo③。这是阿尔都塞在1980年悲剧发生后——1980年他在一次精神病发作中掐死了妻子埃莱娜·里特曼——与1990年突然去世前这十年间出版的唯一哲学文本。

1994年4月，《哲学和马克思主义》法文版出版，随着这年秋天《相遇的唯物主义潜流》④问世，它成了阿尔都塞最后的哲学的参考文本的前言。作为断简残篇，《相遇的唯物主义潜流》主要摘自1982—1983年一堆杂乱的手稿⑤，它很快就引发了人们对最后的阿尔都塞的迷恋，一种自那以后就未曾停止的迷恋。

无论是出自深思熟虑，还是出自偶然，这种最后之前的隐

---

① 英文版此处无"一份写于1976—1978年间的未刊文本"。——译注

② 纳瓦罗（F. Navarro），《论哲学》"说明"（Présentation, dans *Sur la philosophie*），巴黎，伽利玛出版社（Gallimard/NRF），"无限"（«L'infini»）丛书，1994年，第93、22页。（第一段引文并非出自"说明"，而是出自阿尔都塞1984年6月11日致纳瓦罗的信。——译注）

③ 西班牙文，意为"《哲学和马克思主义》"，该书最初以西班牙文于1988年由墨西哥二十一世纪出版社（Siglo XXI Editores）出版，其法文版被收入《论哲学》，于1994年由伽利玛出版社出版。——译注

④ 《哲学与政治文集》（*Écrits philosophiques et politiques*），马特龙（F. Matheron）编，第一卷，巴黎，Stock/Imec出版社，1994年，第539—579页。

⑤ 英文版此处有"而且几乎可以肯定后来被修改过"。——译注

匿状态——大量重要著作长时间处于未发表状态——无疑有利于这种死后的重生①。因为阿尔都塞20世纪70年代不合时宜的思想，在持续引发一种惊慌失措的敌意：就人们已经成功地使自己相信那种思想已经成为一种几乎绝对的不切实际来说，这种敌意正在变成无动于衷的蔑视。甚至一些好心肠的评论家，除了极少数例外，也在相遇的哲学家的前身周围拉了一圈警戒线。他们从20世纪70年代这个"落空的空论家"②那里，仅仅抓住了关于马克思主义陷入危机的宣言——那些宣言宣告了"阿尔都塞的Kehre③"（安东尼奥·奈格里）。至于Kehre（转向）之前的那些文本所提出的解决危机的办法，人们几乎普遍认为它们属于另一个时代。

然而，《哲学和马克思主义》足以模糊在最后的阿尔都塞与另一个时代的阿尔都塞之间作出如此划分的界线。那另一个时代的阿尔都塞最令人不可思议的地方，是他捍卫无产阶级专政。因为这个对话录④实际上是一个拼凑物，在很大程度上，它是阿尔都塞20世纪60年代和70年代一些文本的摘录或摘要——好像其作者⑤想要表明，他最后的哲学的这个核心概念，即相遇的概念，已经在那些文本中到处存在了，只不过它们有不同的称呼：

---

① 英文版此处为"无论是出自深思熟虑，还是出自偶然，这种最后之前的隐匿状态——他最重要的文本在接下来数十年未出版，有的甚至现在还未出版——无疑有利于20世纪80年代的阿尔都塞的身后名声"。——译注
② 英文版这里为"教条的前辈"。——译注
③ "Kehre"，德文，意为"拐弯处""转向"。——译注
④ 英文版此处为"20世纪80年代的对话录"。——译注
⑤ 英文版中"其作者"为"被采访者"。——译注

"积累""组合""汇合""形势""巧合""意外交叉点",乃至"相遇"本身①。这是一个最重要的标志,它表明,阿尔都塞的转向,如果确实存在的话,是通过一种回归而产生的。

诚然,仅凭他早期著作中出现的这些术语,并不能证明这一点。相遇的唯物主义或偶然唯物主义的基本原理,难道不是一个新的结构可以作为整个一系列要素重新集合的不可预知的结果突然出现吗?——"那些要素的内部安排和意义,会随着那些项的位置和作用的变化而变动"。这样一来,一种生产方式,作为一些要素"相遇"的结果,会突然产生。而那些要素有"不同的、独立的起源",并具有②——事后可观察到的——"相互结合以构成这个结构③的能力 [……],同时又从属于这个结构,**成为它的后果**"。因此,为了解决"阿尔都塞的Kehre"问题,就必须尝试在这一原理——关于这个原理的上述说法分别引自阿尔都塞和艾蒂安·巴利巴尔合著的《阅读〈资本论〉》(1965年)中各自所写的部分④——的烛照下,去确定那个时刻:在那个时刻,各种偶然唯物主义的要素汇聚在一起,然后"凝结"("在人们所谓的蛋黄酱已经'凝结'这个

---

① 英文版此处为"'意外''意外交叉点''积累''组合''巧合''汇合''形势''交错',乃至'相遇'本身"。——译注

② "具有"原文为"pourtant"(然而、但),应为"portant"(包含、具有)之误。——译注

③ 英文版此处有括号附注"(某一生产方式的结构)"。——译注

④ 《阅读〈资本论〉》(*Lire le Capital*),巴利巴尔(É. Balibar)编,巴黎,法国大学出版社(PUF),"战车"(«Quadrige»)丛书,1996年,第46页、第531—532页。(参见阿尔都塞、巴利巴尔《读〈资本论〉》相应部分,李其庆、冯文光译,中央编译出版社,2001年。——译注)

意义上"①，正如阿尔都塞1966年明确地所说的那样），以通过结果对其生成过程的回归②，构成这种思想结构的后果③。

至少这些要素中的一个，即伊壁鸠鲁的原子论，直到20世纪70年代中期，都一直明显缺席。这个Kehre是由一次偶然偏斜——对伊壁鸠鲁学派的偶然偏斜的发现又加速了这种偏斜——所引发的吗？我们可以这么想。在此前十年，阿尔都塞与伊壁鸠鲁和卢克莱修有过几次"**相对**意外的'短暂相遇'"。但这几次调情，继续引用他1969年3月写给一位女伴（在一次相遇④——确切地说这次相遇没有"凝结"——之后，他在另一封私信里不得不要求这位女伴"控制［……］你对我的激情和行为"）的信（该信出版于六个月后）中的话来说，没有任何一次"导致了……融合"⑤。只有通过1975年6月的《亚眠答辩》和1976年3月的格拉纳达讲演⑥，我们才能隐约看到，

---

① 参见第239页注释、239页及以下正文。——译注
② "回归"原文为"retour"，这里也可译为"反作用""返回"。——译注
③ "后果"原文为"effets"，也译为"作用""效应"。——译注
④ "相遇"原文为"rencontre"，日常用法中也译为"会面""会见"。——译注
⑤ 玛契奥琪（M. A. Macciocchi），《从意大利共产党内致阿尔都塞的信》(*Lettere dall'interno del P. C. I. a Louis Althusser*)，米兰，费尔特里内利出版社（Feltrinelli），1969年再版，第344—345页；阿尔都塞，《致埃莱娜：1947—1980》(*Lettres à Hélène, 1947—1980*)，科尔佩（O. Corpe）编，巴黎，Grasset/Imec出版社，2011年，第539页。
⑥ 1976年3月，阿尔都塞在西班牙格拉纳达大学做了一次题为《哲学的改造》的讲演，该讲演1976年以西班牙文出版（*La Transformacin de la filosofia*, 1976），1990年首先译成英文收入英文版文集《哲学和科学家的自发哲学及其他》(*Philosophy and the Spontaneous Philosophy of the Scientists*)，法文本直到1994年才由伽利玛出版社收入《论哲学》(*Sur philosiphic*) 一书。中译本参考《哲学与政治：阿尔都塞读本》，陈越编，吉林人民出版社，2003年。——译注

这位花园哲人①在尤里姆街思想家那里的地位大有迅速上升之势：在《亚眠答辩》中，阿尔都塞从斯宾诺莎、黑格尔和伊壁鸠鲁那里发现了"马克思唯物主义的前提"②；在格拉纳达讲演中，马基雅维利和伊壁鸠鲁是两位尤其被称赞的哲学家，因为他们先于马克思，践行了一种反-哲学。阿尔都塞早期的相遇理论与阿尔都塞对伊壁鸠鲁——前一种理论后来又被归之于伊壁鸠鲁——的阅读之间的这种融合的相遇引起了什么后果呢？

后果至少——也或许是至多——是把阿尔都塞的相遇③理论翻译成了伊壁鸠鲁学派的语言，同时也把20世纪60年代的某些关键术语翻译成了相遇的语言。这样一来，我们就明白了，"发展了的偶然性的概念"就是指"相遇"，而形势"这个词是在重复'相遇'，不过是以接合的形式出现的相遇"。这些重新的表达构成了对偶然唯物主义进行阐述的必不可少的部分，对于这种阐述，读者会说，与之前的著作相比，无论它是否可以归因于一种Kehre，它都是一种持续的断裂，一种线性的演变，或一种单纯的重复。

---

① "花园哲人"原文为"le sage du Jardin"，指伊壁鸠鲁。——译注

② 参见《在哲学中成为马克思主义者容易吗?》（即《亚眠答辩》），《哲学与政治：阿尔都塞读本》，前引，第187页："……而且，如果你考虑到这些批判主题的归类，你就必须承认，马克思接近黑格尔，恰恰是对于黑格尔公然从斯宾诺莎那里借来的那些特征而言的，因为这一切都可以在《伦理学》和《神学政治论》当中找到。这些根深蒂固的亲和关系，正常情况下都在虚伪的沉默里被忽略掉了，然而它们还是——从伊壁鸠鲁到斯宾诺莎和黑格尔——构成了马克思唯物主义的前提。" 译注

③ 英文版此处有"或'意外'"。——译注

她①可以进行这种比较，而无须深入研究"那个潜流"。因为这种对相遇的唯物主义的阐述（它重新定义了一些东西），构成了当时她手头上那本书的第十六章②，那本书就是阿尔都塞1984年推荐给自己的墨西哥爱克曼③的1976年手稿。转向中的阿尔都塞——如果与伊壁鸠鲁④的相遇宣布了转向的到来的话——⑤是另一个时代的阿尔都塞。值得强调的是，这位马克思主义哲学家在1976年7月完成《在哲学中成为马克思主义者》初稿时，才刚刚给一本专门讨论无产阶级专政问题的长达200页⑥的著作⑦画上句号。

二

如果说阿尔都塞赞同偶然唯物主义的日期是一个有争议的

---

① 法文原文为"Il"（他），应为"Elle"（她）之误，指费尔南达·纳瓦罗。——译注

② 指本书《在哲学中成为马克思主义者》第十六章。本书当前标题为编者所加，阿尔都塞1976年完成初稿时给它起的标题是《哲学导论》。当年秋天，作者对文本稍作了修改，然后在1977—1978年进行了彻底的重写，重写后的版本成了一本新书，阿尔都塞给它取了一个新标题：《写给非哲学家的哲学入门》。详见本文第五节。——译注

③ 爱克曼（J. P. Eckermann，1792—1854），歌德晚年的秘书，著有《歌德谈话录》。这里指费尔南达·纳瓦罗。——译注

④ 英文版此处有"和卢克莱修"。——译注

⑤ 英文版此处有"至少按年代学来说"。——译注

⑥ 这里指打字稿的页数，出版后为450多页。——译注

⑦ 阿尔都塞，《黑母牛：想象的访谈（二十二大的缺憾）》[*Les vaches noires*：*Interview imaginaire*（*Le malaise du XXIIe Congrès*）]，戈什加林（G. M. Goshgarian）编，巴黎，法国大学出版社（PUF），2016年。（中文版阿尔都塞《黑母牛：想象的访谈（二十二大的缺憾）》，吴子枫译，即将由商务印书馆出版。——译注）

问题，那么没有人会怀疑，他与反-哲学的调情看来是一个持续发展的故事。那个故事最晚始于 1957 年 10 月 8 日。这一天，在《开放的圈子》杂志的赞助下，在巴黎展开了一场辩论，辩题是"人人都能搞哲学吗？"①。辩论"顺利地"变成了一场围绕②《哲学家何为？》的唇枪舌剑。让-弗朗索瓦·雷韦尔在这本书中坚持认为，一个由科学武装起来的世界可以摆脱哲学而毫无损失，因为长久以来哲学已被判定为不过是糟糕的文学。雷韦尔给出的证据是，被海德格尔、拉康、萨特和梅洛-庞蒂这样的招摇撞骗者当作有精神深度的话，其实是莫名其妙的胡话。在讲坛辩论之后的讨论发言中，阿尔都塞站出来为他朋友的这本著作进行辩护，他说，他分享了这本著作的"主要灵感"。

事实上，他捍卫了一个更宏伟的论点，即所有哲学家一直以来都分享了雷韦尔的观点。诚然，哲学有一个"基本奢望"，即掌握一种凡夫俗子无法获得其秘密的知识③，在它自己看来，这种知识为它赋予了其存在的凭证："哲学家总是或多或少知道什么是事物的根本起源［……］，并知道别人所知道的东西的真正意义是什么［……］，知道人们所作出的行为的意义。"④然而，在"一种更为历史性的视野"中来看，哲学家似乎并非在哲学自身中，而是在一种与它对抗的相遇中，找到自己存在

---

① 参见本书附录。"搞哲学"原文为"philosopher"，个别地方也译为"探讨哲学""进行哲学探讨"。——译注
② 英文版此处有"新近出版的"。——译注
③ 本书中译为"知识"（名词）的地方，原文一般为"savoir"（作动词使用时，也译为"知道"）；译为"认识"的地方，原文一般为"connaissance"（名词）或"connaître"（动词）。——译注
④ 参见第 320 页。——译注

的凭证：伟大的哲学家"是根据他们所拒绝的哲学来"定义自己的。哲学是一场"战斗"，其中每个战士都"觉得有必要摆脱现有的哲学"。

因此，力图摆脱哲学是最初的哲学行为。每位哲学家①都生来就是反-哲学家。

那么，如何在不成为哲学家的情况下成为反-哲学家呢？如何"对这个世界保持一种原初的距离"，一种并非哲学的距离呢？如何"在不创立哲学的情况下拒绝哲学"？

根据青年阿尔都塞（当时再过八天，他就要迎来自己39岁生日）的说法，答案要到青年马克思那里去寻找。历史科学一经创立，它的创始人马上就调动它来对自己时代哲学的后方基地，即那个时代占统治地位的意识形态，发起围攻②。他就这样表明了如何在不变成马克思主义哲学家的情况下在哲学中成为马克思主义者，如何以非哲学的方式战胜哲学：从事关于哲学的科学。

20世纪60年代初的阿尔都塞，是以另一种方式讨论哲学的：他把它变成一种科学③。他笔下的青年时期的马克思，在受惑于浅薄的、经验主义的反-哲学之后，通过创立一种哲学而拒绝了哲学。那新创立的是一种科学的哲学，即辩证唯物主义，与之相对应的是历史唯物主义，即历史科学。更准确地说，马

---

① 英文版此处有括号附注"（或许第一位哲学家除外）"。——译注
② 英文版此处有"，以期消除一切哲学——过去的和现在的哲学——的效力"。——译注
③ 英文版这句话是"20世纪60年代初的阿尔都塞，正是通过把哲学变成一种科学，来寻求废除迄今为止的一切哲学"。——译注

克思**在权利上**①创立了这种科学的哲学，尤其是在《资本论》中；但他没能**在事实上**②把它制定出来。因此，必须为马克思本人去阅读《资本论》，以阐明"以实践状态"存在的哲学。正是这个历史任务，为我们时代的马克思主义哲学家赋予了马克思主义哲学家的头衔。这些哲学家比人们本人更了解他们所知和所做的一切的本质甚至意义。以上全部内容，都白纸黑字地写在《保卫马克思》当中。在那里，辩证唯物主义无外乎是关于一般而言的理论实践的本质的一般理论，与此同时——通过借助于斯宾诺莎——也是关于一般而言的实践的本质的一般理论，从而是关于一般而言的事物的生成变异的一般理论③。

我们很难用这么简短的几句话，就准确地概括探讨一切及其对立面的本质的唯心主义哲学，阿尔都塞的《成为马克思主义者》④ 就是在努力解构这种哲学：从柏拉图到康德，再到列维-施特劳斯，不要忘了……还有阿尔都塞本人。由此产生了对其自身的另一种回归，这是一种自我批评的回归，它在一段讨论那种"错误观念"——那种观念认为马克思通过创立一门历史科学而创立了一种哲学——的文字中得到阐明。更确切地说，

---

① "在权利上"原文为"*en droit*"，英文版此处为"*in principle*"（在原则上）。——译注

② "在事实上"原文为"*de fait*"，英文版此处为"*in theory*"（在理论上）。——译注

③ 《关于唯物辩证法》（«Sur la dialectique matérialiste»，1963），收入《保卫马克思》（*Pour Marx*），巴黎，马斯佩罗出版社（Maspero），"理论"（«Théorie»）丛书，1965年，第169—170页。（参见阿尔都塞《保卫马克思》，顾良译，商务印书馆，2006年，第159—160页。——译注）

④ 即《在哲学中成为马克思主义者》的简称，下同。——译注

这是对回归的回归，因为1976年的这种自我批评是对1972年6月①另一次自我批评的重复②，而后者本身又是1966—1967年详尽的自我批评（作者只③发表了其中一些片段）的重复。

20世纪60年代中期的自我批评是在一场斗争④结束时发生的，在这场斗争中，阿尔都塞捍卫了历史科学。在他看来，历史科学受到了改良主义意识形态家⑤的威胁，因为后者寻求将马克思的革命理论变成资产阶级人道主义意识形态的高级阶段⑥。对唯物主义的这种哲学辩护⑦有一个政治赌注：法国共产党的基本方针——阿尔都塞寻求从"左面的反斯大林主义"方向对其施加影响⑧。正是在这次失败之后，他注意到唯心主义特洛伊木马已经进入了他自己唯物主义的围墙内，并开始将我们刚才简短地提到过的那个观念⑨作为"理论主义"观念予以拒绝。

由这种自我批评所推动的Kehre，使阿尔都塞的思想重新回

---

① 英文版此处无"6月"。——译注

② 《答约翰·刘易斯》(*Réponse à John Lewis*)，巴黎，马斯佩罗出版社（Maspero），"理论"（«Théorie»）丛书，1973年，第41—42页、第55—60页。《自我批评材料》(*Éléments d'autocritique*)，巴黎，阿歇特文学出版社（Hachette littérature），"分析"（«Analyse»）丛书，1974年。（参见阿尔都塞《答约翰·刘易斯》，《自我批评论文集》，杜章智、沈起予译，远流出版社，1990年。——译注）

③ 英文版此处有"在《阅读〈资本论〉》再版和翻译版前言中"。——译注

④ 英文版此处为"失败的斗争"。——译注

⑤ 英文版用"伪马克思主义者"替代了"意识形态家"。——译注

⑥ 英文版此处为"最高阶段"。——译注

⑦ 英文版此处为"对马克思的独特性的这种哲学辩护"。——译注

⑧ 英文版此处有"正如他在一份1967年未发表的备忘录中所供认的那样"。——译注

⑨ 英文版此处为"那个关于科学的哲学的观念"。指阿尔都塞早年曾因"理论主义"偏向，希望建立一种"科学的哲学"的观念。——译注

到了——如果可以这么说的话——十年前开辟的反-哲学的偏向的正道上。通过持续的自我批评,它导致了反-哲学。十年后,这种反-哲学得到了《成为马克思主义者》的确认。它同时导致了这种离经叛道的①哲学(共产主义首先是"使人离开正路的"②,阿尔都塞在 1972 年写道,"它使我们离开自己正在走的路"③)与相遇的唯物主义的相遇-融合。相遇的唯物主义的核心,是正好造成事物的机遇④,阿尔都塞 1976 年将称之为 clinamen⑤ 的 "离经叛道-偏向⑥"。事后看来,它相对意外地造成了 1961—1965 年间初生的偶然唯物主义的一些要素与被指责为 "理论主义偏向" 的唯心主义的短暂相遇⑦。但正如我们最终会理解的那样,这最后一个偏向并非是一次偏向:它直接通向一种正统性⑧,一种阿尔都塞早在 1957 年就称之为 "伟大传统" 的东西的正统性。

---

① "离经叛道的" 原文为 "déviante",也译为 "偏向的" "异常的",名词形式为 "déviance"(离经叛道)。它与前文中的 "déviation"(偏向)词根相同。另参见第 236—238 页正文和译注。——译注

② "使人离开正路的" 原文为 "déroutant",一般译为 "使人难以应付的"。其动词形式 "dérouter",意为 "使离开正路" "使迷失方向"。——译注

③ 《共产主义论稿》(«Livre sur le communisme»)(未刊稿)。

④ 英文版此处无 "正好造成事物的机遇",全句是 "相遇的唯物主义的核心是阿尔都塞 1976 年将称之为 clinamen 的 '离经叛道 - 偏向' 的东西"。——译注

⑤ "clinamen",拉丁文形式的希腊语,指 "原子的偏斜"。——译注

⑥ "离经叛道 - 偏向" 原文为 "déviance-déviation",它们都是动词 "偏离"(dévier)的名词形式,前者强调行为规范上的 "异常" 和 "离经叛道",后者强调空间上的 "偏离既定轨迹"。另参见第 236—238 页正文和译注。——译注

⑦ 英文版此处外有 "或更准确地说,悖论性的共存"。——译注

⑧ 英文版此处为 "哲学的正统性"。——译注

阿尔都塞的新哲学的要素在"给非哲学家［尤其是科学家］①的哲学入门课"②中得到确立③，在这个框架下，阿尔都塞于1967年11月至12月作了五次讲演④。但是直到1968年2月，在给专业哲学家讲的列宁主义哲学入门《列宁和哲学》⑤中，这些要素才得以结晶为这样一种观念⑥，即哲学是政治通过另一些手段的继续，其中的优先手段就是对科学成果的盘剥利用。

从某种意义上说，这里并没有什么新东西：理论主义哲学本身⑦也通过盘剥利用居间的历史科学搞政治，并且无论如何

---

① 括号及括号中的内容为整理者插入。——译注

② 在签名为"路易·阿尔都塞"的课程简介中是这么宣布的。马舍雷（P. Macherey），《阿尔都塞与科学家的自发哲学概念》（«Althusser et le concept de philosophie spontanée des savants»），http://stl.recherche.univlille3.fr/seminaires/philosophie/macherey/macherey20072008/macherey21052008.html。

③ 英文版此句为"阿尔都塞后来的非正统的哲学，在1967—1968年集体给非哲学家尤其是科学家讲授的'哲学入门课'中公开出现或重现"。——译注

④ 《哲学和科学家的自发哲学》（*Philosophie et philosophie spontanée des savants*, *1967*），巴黎，马斯佩罗出版社（Maspero），"理论"（«Théorie»）丛书，1974年（前四讲）；《在哲学这边》（«Du côté de la philosophie»），收入《哲学与政治文集》（*Écrits philosophiques...*），前引，第二卷，第255—298页（第五讲）。(参见阿尔都塞《哲学和科学家的自发哲学》，《哲学与政治：阿尔都塞读本》，陈越编，前引，第3—126页。——译注)

⑤ 《列宁和哲学》（«Lénine et la philosophie»），收入《马基雅维利的孤独及其他》（*Solitude de Machiavel et autres textes*），伊夫·桑多默（Yves Sintomer）编，巴黎，法国大学出版社（PUF），"今日马克思：交锋"丛书，1998年，第103—144页。(参见阿尔都塞《列宁和哲学》，《哲学与政治：阿尔都塞读本》，陈越编，前引，第127—171页。——译注)

⑥ 英文版此处有"这个观念在1967年5月《马克思主义哲学家的历史任务》的结论中就已经简单地提出了"。——译注

⑦ 英文版此处为"理论主义哲学的阿尔都塞变种"。——译注

带来了一些政治后果：多亏了它①，从左面反对斯大林主义得以在法共中被倾听。但由这种哲学所提出来的关于哲学的理论，并没有让它有能力去解释它自己的所作所为。由于这种哲学自称为科学，甚至是一门关于诸科学的科学——据阿尔都塞说，它的本义就是要对区别于其实在对象的那个对象进行加工——所以它承认了自己既无法被（它所理论化了的）世界改造，也无法改造世界：它只能认识世界。

为了摆脱这种困境，阿尔都塞来了个一百八十度的大转弯。他承认马克思主义哲学②要依靠一种意识形态即无产阶级意识形态来起作用，所以它与政治有一种"有机联系"。他注意到，"绝大多数"哲学家也都与政治有联系，但是"他们坚决否认"这一点。最后，他断言马克思主义哲学③"放弃了这种否认"④。

这种否认是为什么服务的呢？

答案⑤是双重的⑥。"统治阶级**否认**其统治。""哲学**表述**⑦

---

① "它"指"理论主义哲学"。英文版此处为"多亏了阿尔都塞和阿尔都塞主义者"。——译注

② 英文版此处有"远不是一种科学"。——译注

③ 英文版此处有"与众不同"。——译注

④ 《哲学和科学家的自发哲学》（*Philosophie et philosophie spontanée...*），前引，第96—97页；《列宁和哲学》，前引，第133、135页。（参见阿尔都塞《哲学和科学家的自发哲学》及《列宁和哲学》，《哲学与政治：阿尔都塞读本》，陈越编，前引，第81、166、168页。译文有修改。——译注）

⑤ 英文版此处为"阿尔都塞的答案"。——译注

⑥ 同前引，第134—135页。（参见阿尔都塞《列宁和哲学》，《哲学与政治：阿尔都塞读本》，陈越编，前引，第166—167页。译文有修改。——译注）

⑦ "表述"原文为"représente"（原形为représenter），也意为"代表""再现"，在本书中一般译为"表述""表象"。——译注

阶级斗争，即政治。"因此，占统治地位的哲学会表述这种作为占统治地位的政治的基本组成部分的否认。它是通过依傍科学①来做到这一点的，否则科学就可以揭露它。

哲学通过掩盖政治对自己的统治和科学对自己的决定作用来表述这种否认，它——由于否认唤起否认——将科学置于"服从状态和护教的被盘剥利用状态，以服务于科学之外的价值"。哲学与"哲学和科学的**实在**②关系"之间的这种否认关系，既是它和占统治地位的政治之间共谋的条件，也是这种共谋的后果③。正是在这种实在关系未被承认的地方，充斥着哲学能知道"事物的根本起源"的自命不凡。

因此，揭发这种哲学的否认，就是对哲学与其实在条件之间的"哲学的"关系进行揭露，以便开启一条道路，去质疑那些科学之外的价值，即哲学甘当其婢女的意识形态价值。

如何拒绝哲学与占统治地位的政治之间的这种共谋，以及由它来给科学定规矩的做法呢？

阿尔都塞在《列宁和哲学》中回答说：通过求助于对哲学的"客观的（因而科学的）认识"，即求助于一种"关于哲学的理论"④。但是，正如他在上一年的哲学入门课中所指出的那样："我们必须防止这样的幻觉，就是认为可以提供一种

---

① "依傍科学"原文为"auprès des sciences"，直译即"站在科学旁边"。——译注

② "实在（的）"原文为"réel"，也译为"真实的"。——译注

③ 《在哲学这边》（«Du côté de la philosophie»），前引，第265页。

④ 《列宁和哲学》，前引，第113、134页。（参见阿尔都塞《列宁和哲学》，《哲学与政治：阿尔都塞读本》，陈越编，前引，第136页。译文有修改。——译注）

能够**彻底**摆脱哲学的对哲学的定义或认识［……］；我们不可能彻底摆脱哲学的循环①。一切对哲学的客观认识其实同时都是哲学内部的一种立场。"② 然而，"我们比以往任何时候（！）更不能说［……］马克思主义是一种新哲学"③。《列宁和哲学》宣布，马克思主义是一种"能够改造哲学"的"新的哲学实践"④。

　　一方面是哲学与政治，另一方面是哲学与科学，正是这种构成一切哲学存在条件的双重的关系，为走出"哲学的循环"——《在哲学中成为马克思主义者》中称之为"恶性循环"⑤——提供了一条出路。阿尔都塞在《开放的圈子》组织的辩论中就已经指出了这一点。如果我们不能"彻底摆脱"哲学，那就更不能摆脱意识形态；但我们可以从历史科学出发，建立关于哲学的非哲学性科学，并同时利用这门科学的武器为自己服务，以政治-哲学的方式，在哲学中进行战斗。在哲学中成为马克思主义者，就是进入哲学竞技场，依傍那样一种哲学来表述关于哲学的科学，我们都知道那种哲学归根到底是政

---

① "循环"原文为"cercle"，在有的地方也译为"圆圈""圈子"。——译注

② 《哲学和科学家的自发哲学》(*Philosophie et philosophie spontanée...*)，前引，第56页。[参见阿尔都塞《哲学和科学家的自发哲学》，《哲学与政治：阿尔都塞读本》，陈越编，前引，第43页。译文有修改。另，"立场"原文为"position"，其复数形式"positions"一般译为"阵地"（但也存在复数的"立场"），详见第108—109页正文和译注。——译注]

③ 《列宁和哲学》，前引，第136页。(参见阿尔都塞《列宁和哲学》，《哲学与政治：阿尔都塞读本》，陈越编，前引，第169页。译文有修改。——译注)

④ 参见阿尔都塞《列宁和哲学》，《哲学与政治：阿尔都塞读本》，陈越编，前引，第169页。译文有修改。　译注

⑤ 参见第272页。——译注

治的理论形式，因而也就是意识形态的理论形式。①

《列宁和哲学》以隐喻的方式开辟了一条道路，它建议通

----

① 以上四段文字（从"因此，揭发这种哲学的否认……"开始）在英文版中被修改如下：

因此，正如阿尔都塞1967—1968年反理论主义转向中（并通过这种转向）所定义的那样，马克思主义者在哲学中面临的历史任务基本上是否定性的：它就在于通过揭露哲学与其实在条件之间的"哲学的"关系，来揭示哲学与占统治地位的政治之间的共谋。阿尔都塞在《列宁和哲学》的结尾说，这个任务并不是向马克思主义哲学本身提出来的，而是向外在于哲学的关于哲学的科学提出来的，这种科学能够生产出对哲学的"客观的（因而科学的）认识"：一种**关于哲学的理论**。而十年前他就得出了相同的结论，在为雷韦尔辩护的最后陈词中，他支持《德意志意识形态》作者的反-哲学纲领："'终结哲学'的口号有一个极其明确具体的目标，这个口号只有与一门可以帮助他［马克思］建立一种关于哲学的理论的历史学科同时产生才有意义"（参见本书第337页。——译注）。

然而，即便是超哲学的哲学理论也依然是哲学的，其理由我们大概已经在阿尔都塞1957年的发言中看到："甚至在伟大的哲学家试图摆脱哲学时，为了摆脱它（即为了忠于我们所关注的目标），他也要创立一种哲学。"阿尔都塞在1957年是否认为那构成了一种能走出这个循环的马克思主义哲学理论，这一点并不清楚。但他1967年的哲学入门课对此毫不含糊：我们"必须防止这样的幻觉，就是认为可以提供一种能**够彻底**摆脱对哲学的定义或认识［……］；我们不可能**彻底**摆脱哲学的**循环**。一切对哲学的**客观**认识其实同时都是哲学**内部**的一种**立场**。"尽管如此，其结论全然不是说不可能存在对哲学的客观科学认识。相反，马克思主义必须采取双重策略，发展出一套关于哲学与政治和哲学与科学的双重关系的科学理论，同时有意识地在哲学内部斗争——这种斗争必然是政治的和意识形态的——中表述以这种关系为前提的超哲学的科学，正如那门科学本身所声称的那样。在这个意义上，承认无法"彻底"摆脱《在哲学中成为马克思主义者》——默默地回到《开放的圈子》组织的辩论中的观点——所说的哲学的"恶性循环"，就是承认马克思主义的哲学理论虽然是非哲学性的和非政治性的，却不可能没有哲学的从而政治的后果。马克思主义者在哲学中的工作，就是依傍政治实践（哲学最终就是政治实践）来表述以哲学为对象的科学，从而生产那些后果。这不是要建立一种新哲学。阿尔都塞在《列宁和哲学》即将结束的地方——毫不掩饰地无视他在20世纪60年代前半期甚至在本次讲演的前半部分所采取的立场——宣布："我们比以往任何时候（！）更不能说［……］马克思主义是一种新哲学。"马克思主义是一种"能够改造哲学"的"新的哲学实践"。——译注

过与唯心主义哲学声称的与世界拉开的距离本身拉开距离①,来解构唯心主义哲学的伟大传统。追随这条道路,阿尔都塞过渡到了《在哲学中成为马克思主义者》中的进攻性姿态②。因此,用理论武装起来的马克思主义哲学家的历史任务是③:将这种神话般的"原初的距离"改造为"一种由拉开距离而出现的虚空"④——这种虚空本身在1976年及以后,将变成由于"原初的偏向"而突然出现的虚空;而在"原初的偏向"那里⑤,只有溢出的"虚空"。换句话说,根据《列宁和哲学》中的观点⑥,在哲学中成为马克思主义者,就是要把一种预先就被"世界的原初意义"填满的假虚空抽成真空⑦,以便为对科学认识的哲学表述⑧提供位置⑨。

---

① "拉开距离"原文为"prise de distance"。——译注
② 英文版此处为"追随这条道路,阿尔都塞着手通过《在哲学中成为马克思主义者》来实现这个纲领"。这里的"这个纲领"是指前面提到的"反-哲学纲领"。——译注
③ 英文版此处为"因此,马克思主义者在哲学中的具体任务被说成是"。——译注
④ 同前引,第132页。(参见阿尔都塞《列宁和哲学》,《哲学与政治:阿尔都塞读本》,陈越编,前引,第164页。译文有修改。——译注)
⑤ 英文版此处有",在它突然出现之前"。——译注
⑥ 英文版此处无"换句话说,根据《列宁和哲学》中的观点"。——译注
⑦ "抽成真空"原文为"faire le vide",其中"vide"即前文中的"虚空"。——译注
⑧ 英文版此处为"以便为对科学认识的非盘剥利用的、(反)哲学的表述"。——译注
⑨ "为……提供位置"原文为"donner lieu à",下文译为"引发"。这里依其字面原意译成"为……提供位置",为的是与前面的"虚空"(真空)相照应。——译注

怎么做呢？① 另一个隐喻，与前面的隐喻一样有名②：在哲学场域的过满和假满之间划出"一条分界线"③。在恰当的时间准确地划线，将把哲学场域变成一个战场，从而引发一种相遇④。这种相遇的赌注是科学实践的命运，而正如我们已经看到的那样，这一赌注的赌注是阶级统治⑤。因此，在哲学中发生的事情，实质上只是无休止地通过拉开距离⑥和作出区分⑦，以建立另一个虚空的方式来重复生产和排除虚空。对这种拉开距离和作出区分来说，哲学战争的全部甲胄就是毫无痕迹：由论点、反论点、范畴和其他"哲学对象"构成的"哲学的无"。但所有这些非客观的对象，使一个生死攸关的目标变得有形了，这个目标就是：保卫科学，反对意识形态和⑧唯心主义哲学对它进行盘剥利用。

---

① 英文版此处为"确切地说，马克思主义者在哲学中要怎么做呢"。——译注

② "另一个隐喻，与前面的隐喻一样有名"在英文版中为"阿尔都塞通过另一个有名的隐喻作出了回答"。——译注

③ 同前引，第131页。借自列宁《唯物主义和经验批判主义》，第五章第2部分中的提法。（参见阿尔都塞《列宁和哲学》，《哲学与政治：阿尔都塞读本》，陈越编，前引，第63页。译文有修改。另，"分界线"（ligne de démarcation）这个提法在《唯物主义和经验批判主义》中被译为"界限"，参见列宁《唯物主义和经验批判主义》，人民出版社，2015年，第274页："自然界中没有绝对的界限"。——译注）

④ "引发"原文为"donner lieu à"，上文译为"为……提供位置"。——译注

⑤ 英文版此处有"以及推翻阶级统治的斗争"。——译注

⑥ 这里的"拉开距离"原文为"distanciation"，也即布莱希特的"离间"。——译注

⑦ "作出区分"原文为"différentiation"。——译注

⑧ 英文版此处有"它主要的'理论小分队'即"。——译注

从这个意义上说，哲学没有历史。更确切地说，它的历史归根到底是持续地重新刻划①同一条分界线。这条分界线划在两大哲学派别②之间，其中一方是被统治的、唯物主义哲学，它选择的立场是揭露另一方潜伏的党派斗争——这另一方正是通过这种党派斗争来统治它的③。

1967—1968年间进行的这种"新的哲学实践"，通过其实践后果，不能不让人联想到阿尔都塞先前的④反-哲学实践。这种反-哲学实践可以从他1965年为自己描绘的天真地反-哲学自画像中看到⑤：竭尽全力将"科学的**正在消亡中的**批判意识"的作用委托给哲学，其全部任务，就是"持续以批判的方式削弱"包围着它的"意识形态幻觉的威胁"。这里天真就天真在，他判定对于整个历史来说，这种科学的"外部意识"只是关于哲学"持续死亡"⑥的意识。但是，将这种⑦新的哲学实践仅仅当成是对⑧反-反-哲学的否定，也是错误的。根据1967—1968

---

① 英文版此处为"刻划和重新刻划"。——译注

② "派别"原文为"partis"，也译为"党"，后文的"选择立场""党派斗争"原文分别为"prend parti""prise de parti"。关于哲学中的"党派斗争"的提法来自列宁，详见第261页译注。——译注

③ 英文版此处为"这另一方对自己党派斗争的拒不承认，就是其主要的统治机制"。——译注

④ 英文版此处有"在他初次自我批评时模仿过的"。——译注

⑤ 英文版此处为"从1965年极端理论主义立场出发，这种自我批评采取了一种自称为马克思主义哲学家的天真的反-哲学家自画像形式"。——译注

⑥ 《保卫马克思》(Pour Marx)，前引，第19—20页。(参见阿尔都塞《保卫马克思》，顾良译，前引，第11页。——译注)

⑦ 英文版此处有"在《列宁和哲学》中顶示了的"。——译注

⑧ 英文版此处有"《保卫马克思》的"。——译注

年间提出的另一种反理论主义观念①，这就等于忘记一切科学都是通过"持续的断裂"而进步的。按照《成为马克思主义者》的第一个版本，在关于哲学的科学遇到无产阶级专政——关于哲学的科学的相似物即德里达的解构，受其内在逻辑的驱使，也会走向这种专政——之前，理论主义必定会持续落入铡刀之下②。

三

《在哲学中成为马克思主义者》可以归入一些文本家族，其中之一，是从《列宁和哲学》结尾处宣布的"哲学的改造"到1976年3月在格拉纳达的讲演《哲学的改造》，后者的主要内容被纳入了《成为马克思主义者》中。被纳入其中的还有1967年哲学入门课第五讲的修订版，即③对笛卡尔以来的认识论④的分析。如果我们补充说，1976年的这本书呈现为"只能

---

① 《人道主义论争》（«La querelle de l'humanisme»），收入《哲学与政治文集》（*Écrits philosophiques et politiques*），前引，第二卷，第487页及以下；《列宁和哲学》（«Lénine et la philosophie»），前引，第116页。（参见阿尔都塞《列宁和哲学》，《哲学与政治：阿尔都塞读本》，陈越编，前引，第136页。——译注）

② "持续落入铡刀（couperet）之下"指会产生持续的"断裂"（coupure）。整个这句话在英文版中为"按照《成为马克思主义者》的草稿，在新的哲学实践遇到无产阶级专政——这种新的哲学实践的相似物即德里达的解构，受其内在逻辑的驱使，也会走向这种专政——之前，阿尔都塞的马克思主义必定持续发生进一步的断裂"。——译注

③ 英文版此处有"未在1974年随前四讲一起出版的"。——译注

④ 这里"认识论"原文为"la théorie de la connaissance"，直译即"关于认识的理论"，详见第130页译注。——译注

是关于哲学的科学理论草图",而《列宁和哲学》是它的"牙牙学语的开始"①;那么同样明确的是,作为阿尔都塞1968年讲演中所热切呼吁的"新的哲学实践"的具体实施,《成为马克思主义者》似乎属于1967—1968年转向时期的那些文本的直接续篇。

但它也是在填补一本没有在自己位置上出现的书②。

从1968年4月开始的长期消沉——根据他在1972年4月写的一封信,那是除了"1969年春天暂时的缓和"之外四年来"几乎没有间断过的大病"的开始——之后,恰恰是在1969年春天,阿尔都塞撰写了一部标题为《什么是马克思列宁主义哲学?》的手稿。随着春光的流逝,它变成了一部被重新命名为《论生产关系的再生产》③ 的著作。作者从中抽取了一些片段,合成为1970年发表的名文《意识形态和意识形态国家机器》。《论再生产》已作为遗稿出版④。

这部著作第一章从一个问题出发探讨了哲学的历史,那个

---

① 《列宁和哲学》(«Lénine et la philosophie»),前引,第134页。(参见《列宁和哲学》,《哲学与政治:阿尔都塞读本》,陈越编,前引,第167页。译文有修改。——译注)

② 英文版此处为"但它也是在填补一本1969年没有写出来的书"。——译注

③ 《论生产关系的再生产》原文为 "Sur la reproduction des rapports de reproduction",其中最后一个"reproduction"(再生产)为"production"(生产)之误。——译注

④ 英文版这句话为"手稿其他部分被搁置一边,直到阿尔都塞去世之后,才于1995年完整出版,又二十年后,英文版才以《论资本主义的再生产》为题出版"。参见 Sur la Reproduction, PUF, 1995年(2011年再版); On the Reproduction of Capitalism, Verso, 2014年。另参见中文版《论再生产》,吴子枫译,西北大学出版社,2019年。——译注

问题将在《成为马克思主义者》第一章①再次提出：当葛兰西说"人人都是哲学家"时，他说得有道理吗？《开放的圈子》的辩论②以"人人都能搞哲学吗？"开始，这已经不能再让我们感到惊讶了③。1957年，阿尔都塞没有回答这个问题，甚至以一句俏皮话打发了这个问题。二十年后，他似乎觉得他的意大利前辈有道理④："哲学不是职业哲学家的专利"。实际上，阿尔都塞把一个阿尔都塞式的论点归功于葛兰西：人人都是哲学家，因为人人都生活"在充满哲学散落物的意识形态中"，换句话说，每个人的"自发"哲学实际上都是由一种借助于哲学家的哲学而得到塑造的意识形态"反复灌输"给他的⑤。

《论再生产》第一章最后承诺⑥，要"给哲学下一个科学的定义"，一方面说清楚它与"阶级关系和国家"之间的关系，另一方面说清楚它与科学⑦之间的关系。在"告读者"中，这

---

① 英文版此处有"及其他地方"。——译注
② 英文版此处为"1957年《开放的圈子》的辩论"。——译注
③ 英文版此处无"这已经不能再让我们感到惊讶了"。——译注
④ 英文版此处有"，《成为马克思主义者》宣布"。——译注
⑤ 在《成为马克思主义者》中被提出来的这个回答的概要，可以在1976年写的自传性文本《事实》（*Les Faits*）中找到，后者收入遗著《来日方长：附事实》（*L'avenir dure longtemps* suivi de *Les Faits*），科尔佩（O. Corpet）和布唐（Y. M. Boutang）编，巴黎，弗拉马里翁出版社（Flammarion），"田野"丛书随笔系列（«Champs essais»），2013年再版，第402—403页。（参见阿尔都塞《来日方长》，蔡鸿滨译，陈越校，上海人民出版社，2013年，第372—374页。译文有修改。——译注）
⑥ 英文版此处为"遵照《列宁和哲学》中概述的纲领，《论再生产》第一章最后承诺"。——译注
⑦ 英文版此处为"科学史"。——译注

个定义被当成是整部著作的"目标"。在第一章的最后,阿尔都塞告诉我们,第一卷的其余部分只是为了达到这个目标而兜的一个"非常大的圈子"。既然那些问题一提出来就被丢在一边"悬而不论",那为什么还要以那十页讨论哲学的文字开始呢?"告读者"宣布说,"这是出于非常重要的理论上和政治上的原因,关于它们,我们将在第二卷的结尾处谈到"①。

《成为马克思主义者》就位于这部没有写出来的第二卷的位置上。在某种程度上,这个位置预先被第一卷确定了,因此,我们可以用假设的方式尝试为阿尔都塞把它写出来:用这种方式,可以指明他在1967—1968年转向后思考哲学时所遵循的方向。

让我们先比较一下1967年的入门课第五讲和1969—1970年论意识形态那篇文章中众所周知的一段文字。根据那一讲,哲学与其实在②存在条件保持着一种"哲学的"关系;而根据那篇文章,"意识形态是个人与其实在生存条件的想象关系的'表述'"③。

用虚线的方式在这两种关系——一种是想象的关系,另一种是"哲学的"关系——之间建立关系的一段话,是讨论大主体④

---

① 具体参见阿尔都塞《论再生产》"告读者"及第一章,吴子枫译,西北大学出版社,2019年。——译注

② "实在(的)"原文为"réelles",也译为"真实的"。——译注

③ 《在哲学这边》(«Du côté de la philosophie»),前引,第265页;《意识形态和意识形态国家机器(研究笔记)》[«Idéologie et appareils idéologiques d'État (notes pour une recherche)»],收入《论再生产》(*Sur la reproduction*),比岱(J. Bidet)编,巴黎,法国大学出版社(PUF),"今日马克思:交锋"丛书,2011年再版,第288页。(参见阿尔都塞《论再生产》,吴子枫译,前引,第474页。——译注)

④ 按照本书通例,我们把这个大写的主体用楷体表示,并在表示对照的地方,在前面加上一个"大"字,相应地,在表示对照的地方,小写的主体前加上一个"小"字,以使原文的意思更加显豁。——译注

唤问①小主体的著名场景（上帝呼唤摩西的场景）的原始版本的开头。它包含了该文中缺少的一句话："另外，一旦将来我们准备停当，再次讨论哲学时，会专门回到这个证明。"②

因此，就其与主体的关系而言，第一卷中上帝的位置，相当于第二卷中哲学所占据的位置。

可以认为，在第二卷中，重要的将是哲学对所有人的唤问。因此，哲学将在其小主体中"把自己一分为二"③，就像上帝一样，"哪怕他的形象在他们身上发生了可怕的颠倒"④。根据入门课第五讲，这种想象性的哲学主体的性质，会随着对"在科学中占统治地位的合理性"的哲学表述，一个世纪一个世纪地发生变化：dianoia⑤，思维着的实体⑥，观察理性，实验理性，等等⑦。因此，第二卷所关心的本来是通过主体对其时代的科

---

① "唤问"原文为"interpelle"，其原形为"interpeller"。关于这个词的译法，详见本书"中文版阿尔都塞著作集序"第10页。——译注

② 《论再生产》（Sur la reproduction），前引，第227页。（参考《意识形态和意识形态国家机器（研究笔记）》，前引，第300页）。（参见阿尔都塞《论再生产》，吴子枫译，前引，第374、491页。——译注）

③ "把自己一分为二"原文为"dédoublée elle-même"，指不断以一分为二的方式（即分身的方式）复制自己。——译注

④ 参见阿尔都塞《论再生产》，吴子枫译，前引，第377页。——译注

⑤ dianoia，拉丁文形式的希腊语，意为"理智"。——译注

⑥ "思维着的实体"原文为"substance pensante"，也即"能思的实体"。——译注

⑦ 同前引，第301页；《在哲学这边》（«Du côté de la philosophie»），同前引，第282页。

学的想象性表述,来研究所有人的哲学表述。①

让我们更深入一步。阿尔都塞在《论再生产》中写道,意识形态国家机器的"音乐会"并非没有"走调的音符",但它还是"由一个唯一的总谱统治着",这个总谱"就是**国家的意识形态**",也就是统治阶级的意识形态。国家机器的任务,就是在其领域内向每个人强加这种意识形态。更具体地说,"这些国家机器整个系统的总的统一,是通过掌握了国家政权和国家的意识形态的阶级在阶级政治上的统一来保障的。而国家的意识形态是与掌握政权的那个(或那些)阶级的根本利益相适合的"②。这个总的统一③,不是可以通过把所有人都唤问为主

---

① 这段文字在英文版中被修改如下:

如果真是这样,阿尔都塞就很可能会在第二卷继续讨论哲学对每个人的唤问。哲学将在其小主体中"把自己一分为二",就像上帝一样,"哪怕他的形象在他们身上发生了可怕的颠倒"。反过来,入门课第五讲暗示了哲学的唤问可能涉及的东西,第五讲注意到哲学以某种伪装形式表述了"在科学中占统治地位的合理性",而那些伪装形式会随时代的变化而变化:dianoia,观察理性,思维着的实体,实验理性,等等。哲学就这样为科学把每个人唤问为主体,使正确理性的法则有了肉身(哪怕发生了可怕的颠倒)。也就是说,哲学通过以哲学的形象创造想象性的科学主体,来以科学的形象创造人。或许正因为如此,阿尔都塞感觉到第二卷会证实葛兰西的断言:人人都是哲学家。——译注

② 《论再生产》,同前引,第178、128页。(参见阿尔都塞《论再生产》,吴子枫译,前引,第289—290页、第202页。——译注)

③ 本段文字从此处开始,在英文版中被修改如下:

在他思考的这个阶段,阿尔都塞难道不会继续提出如下观点吗?即哲学通过杜撰科学的或正确理性的普遍主体的想象性统一,为被统治者臣服于那个总的统一进行辩护;更进一步,哲学通过以自己对占统治地位的合理性的想象性表述证明科学和意识形态机器的和谐,来否认自己在根据意识形态机器的命令对科学进行盘剥利用。难道把每个人唤问为理性的主体和处于理性状态的守法公民,不是某种哲学的主要实践任务吗?这种哲学赋予自己一种作用,去保证整体和事物的原初意义,从而将其自身与其存在的实在条件之间的想象的 哲学的关系,复制到其主体与这些主体的存在的实在条件的关系中去。——译注

体——这种唤问（根据其自我表述）是由一种悬于国家的意识形态之上的总的哲学来完成的——而更好地得到保障吗？这项任务难道不会落到这样一种哲学头上吗？这种哲学赋予自己一种作用，给整体①的统一和事物的原初意义充当担保人，从而将其自身与其实在条件之间的想象的-哲学的关系，复制到其主体与这些主体的实在条件的关系中去。

＊　＊　＊

无论如何，这种推测把我们带回到了哲学存在的实在条件问题。在第二卷最后，哲学存在的实在条件，是否会像第一卷第一章所暗示的那样，从本质上被限定为一方面是"阶级关系和国家"，另一方面是"科学史上的重大事件"呢？

又一次，是入门第五讲将引起我们注意②。一份保存在他文档中的校样显示③，阿尔都塞早在 1968 年就把它投给了《哲学教育评论》杂志，但他最终放弃了发表④。我们不知道为什么。但很容易看出，这一讲⑤与《列宁和哲学》⑥ 的一个中心论

---

① "整体"原文为"Tout"，也译为"一切""全部"。另参见第 100 页译注。——译注

② 英文版此处为"入门第五讲的命运为我们提供了一个实际的回答"。——译注

③ 这就是 1995 年以《在哲学这边》（«Du côté de la philosophie»）为题首次出版的那一讲的版本，同前引。

④ 英文版这整句话被改为"阿尔都塞 1968 年曾打算把它的一个版本交由《哲学教育评论》发表，但在改完校样后又改变了主意"。——译注

⑤ 英文版此处为"1967 年 12 月的这个文本"。——译注

⑥ 英文版此处为"1968 年 2 月的《列宁和哲学》"。——译注

点之间存在错位:① 尽管恩格斯坚持认为哲学实质上是唯物主义和唯心主义这两种倾向之间的斗争,而且勾勒出其重现的历史的那些变化,取决于伟大的科学革命;但恩格斯所捍卫的哲学史观仍然缺乏"某种**本质的东西**"。缺乏的是什么要素呢? 是列宁主义的论点:哲学通过自己与科学的关系"表述阶级斗争"②。

第五讲缺乏同样的东西③,它仅仅从认识论与科学的关系的角度来探讨认识论的历史④。

因此,我们可以认为,阿尔都塞正是出于这个原因才没有在1968年发表他的讲稿,并开始撰写《什么是马克思列宁主义哲学?》(即《论再生产》)⑤ 来纠正射击方向。这本书第一章快速简要地回顾了哲学史,同等地关注了科学和政治在哲学演变中的作用。⑥

---

① 英文版此处有"阿尔都塞1968年说,"。——译注

② 《列宁和哲学》,同前引,第130、134页。(参见阿尔都塞《列宁和哲学》,《哲学与政治:阿尔都塞读本》,陈越编,前引,第163页、第166—167页。——译注)

③ 英文版中这整句话为"阿尔都塞1967年的讲演缺乏同样的东西,它仅仅从哲学史与科学的关系的角度来探讨哲学史"。——译注

④ 同前引,第117页。

⑤ 《论再生产》的最初标题为《什么是马克思列宁主义哲学?》,详见阿尔都塞《论再生产》法文版编者说明,吴子枫译,前引,第34页。——译注

⑥ 本段文字在英文版中被修改如下:

看起来这就是那篇讲稿最终没有发表的原因。可以确定的是,一旦健康状况允许,它的作者就补上了《列宁和哲学》所正确指出的在恩格斯那里——但不言而喻也是在阿尔都塞那里——所缺乏的东西。那就是,《什么是马克思列宁主义哲学?》(即《论再生产》)的第一章快速简要地回顾了哲学史,同等地关注了"科学"事件和"政治"事件对哲学的决定作用。——译注

《论再生产》完稿后不久①，甚至还在其写作过程中，阿尔都塞就得出了这样的结论：他此前为科学分配了一个过于重要的位置。1970年7月，他断言，是马克思的激进化从而是政治，在历史科学的产生中起决定性作用，而把政治翻译为哲学对于这一过程"必不可少"②。两年后，他在一次自我批评中宣称马克思的哲学革命"支配着"历史唯物主义的基础，并坚持认为"哲学不仅仅'涉及'政治和科学，而且涉及一切社会实践"。无论表面上如何，这最后一个断言等于在广义上重估了政治的作用，因为它与另一个声明相辅相成，根据该声明，哲学——1967年后被说成是"理论中的政治"——"更准确地

---

① 本段文字在英文版中被修改如下：

尽管如此，阿尔都塞在完成1969年手稿后不久便得出结论，他此前还是过分强调了科学的决定性作用。1970年年中，他重申了1969年5月3日为《列宁和哲学》所写的未刊"后记"中的一些观点，后者本身令人震惊地类似于他1967年11月给合作者的未刊笔记中的反思，他写道，是马克思的激进化从而是政治，在历史科学的产生中起决定性作用，但无论如何，如果不把这种激进化翻译为哲学，历史科学就不会出现。1972年，在《答约翰·刘易斯》一段自我批评的话中他继续断言，马克思的哲学革命"支配着"历史唯物主义的创立。他——表面上在一个要点上向刘易斯作出让步——补充说："哲学不仅仅'涉及'政治和科学，而且涉及**一切**社会实践。"这是一个重大让步，无论表面上如何，它在广义上强调了政治的决定性作用；因为事实上，社会实践——凭借其"分泌"的意识形态——是对国家的意识形态产生抵抗（这种抵抗在这里使社会实践得到了提升）的潜在来源。这一让步与另一个声明携手而至，那个声明——也许并不意外——可以在同一页发现，它说的是，哲学——1967年后被说成是"理论中的政治"——"更准确地说，归根到底是理论中的阶级斗争"。——译注

② 《论青年马克思的演变》(《Sur l'évolution du jeune Marx》)，收入《自我批评材料》(*Éléments d'autocritique*)，前引，第120页及以下。这篇文章重复了1969年5月一份未刊文本中提出的观点。那份未刊文本题为《〈列宁和哲学〉后记》(《Postface à "Lénine et la philosophie"》)。(《论青年马克思的演变》中译本，参见阿尔都塞《保卫马克思》，顾良译，杜章智校，商务印书馆，1984年，第265页及以下。译文有修改。——译注）

说，归根到底是理论中的阶级斗争"①。

根据这一重新定义，领导着理论上的阶级斗争的哲学，力图使一切社会实践处于服从和被盘剥利用的状态，以服务于统治秩序。构成其特征的否认，采取了一种肯定的形式，即肯定理论对于实践的优先性，肯定哲学对于理论的优先性，也就是说，肯定哲学对于非哲学的包揽无遗的同化。从此以后，唯物主义和唯心主义之间的基本分界线，就是根据这种非哲学的外部在哲学中的作用来划出的。②

---

① 《答约翰·刘易斯》(Réponse à John Lewis)，前引，第56页，第41页注释17。(参见阿尔都塞《答约翰·刘易斯》，《自我批评论文集》，杜章智、沈起予译，前引，第49页，第70页注释17。译文有修改。——译注)

② 本段文字在英文版中被修改如下：

前面我们提出了一个问题：如果阿尔都塞1969年按计划写出《论再生产》第二卷，他是否会将哲学的存在条件限制在"科学史上的重大事件"与"阶级关系和国家"上？当然，这个没有答案。但刚才提到的令人眼花缭乱的变换表明，如果他在几年后写这本书，那些条件几乎肯定会被确定为"一切社会实践"，同时他会把特权授予一度授予过的科学革命中的第一次革命，那次革命带来了数学的诞生，并通过为第一位"真正的哲学家"柏拉图提供严格的几何学模型以及推荐这种模型的反动的（字面上即反应的）政治理由，带来了哲学的诞生。对于那两行向约翰·刘易斯作出让步的——几乎无人注意而且可能并不诚实的——文字所暗示的东西，我们是否阐述得过了头，请《在哲学中成为马克思主义者》的读者自己来判定。为了影响他们的判断，我们要突出"刘易斯的"校正的一个主要后果。那就是帮助统治者从事阶级斗争的哲学，力图把一切社会实践贬为一种服从状态。相应地，唯心主义哲学的否认特征，采用了一种肯定的形式，即肯定理论对于实践本身的优先性，肯定理论或哲学对于其他形式的理论实践的优先性，也就是说，肯定哲学对于非哲学的包揽无遗的同化，肯定它自己声称的东西——它是关于事物一般发展的总理论。阿尔都塞正是（从他思考中的这一点出发）根据哲学分配给——一般认为是它的外部的——那个整体的从属身份，划出唯心主义和唯物主义（或再确切地说，哲学与反-哲学）之间的基本分界线。——译注这呼唤另一种重新定义,即在两种划线方式之间划一条线。

* * *

《列宁和哲学》中提出的两大哲学阵营的构想(或许这只是列宁提出的,因为列宁认为"实质上只有唯心主义者和唯物主义者"①),多多少少与被它当作批评靶子的理论主义有关。它可以归结为这样的论断,即哲学中的每种倾向都"存在于自己的阵营中[……],存在于其自身的存在条件中",直到"有一天"它们"相遇并相互对峙"②。然而,阿尔都塞长期实践了并清楚地表述了③他对这样一种相遇观的批判,这种相遇观没有把战士看作是他们的战斗的后果。

在我们上一段引用过的1972年的自我批评的另一章中,他再次谈到了这一点,那一章的确与广义上的阶级斗争有关。但理论中的阶级斗争服从阶级斗争自身的原则。在哲学中也一样,

---

① 《列宁和哲学》(«Lénine et la philosophie»),前引,第128页。(参见阿尔都塞《列宁和哲学》,《哲学与政治:阿尔都塞读本》,陈越编,前引,第158页。译文有修改。——译注)

② 《答约翰·刘易斯》(*Réponse à John Lewis*),前引,第28页及以下。(参见阿尔都塞《答约翰·刘易斯》,《自我批评论文集》,杜章智、沈起予译,前引,第61页及以下。译文有修改。——译注)

③ "对立才是第一位的",《论"社会契约"》(*Sur le Contrat social*, 1967),奥沙尔(P. Hochart)编,巴黎,马努提乌斯(Manucius)出版社,"无主的榔头"(«Le marteau sans maître»)丛书,2008年,第40页。(参见阿尔都塞《论"社会契约"》,《哲学与政治:阿尔都塞读本》,陈越编,前引,第277页。译文有修改。——译注)

恰恰是战斗造就了战士。① 何况作为对立的派别之一，唯心主义在凶猛顽强地进行战斗的同时，却并不寻求战斗②，它所依据的战略就在于，**包含**对手——从这个词的两种意义上来说③。因此，唯物主义必须到内部去寻找唯心主义的外部④。难道阿尔都塞的马克思不是从黑格尔唯心主义中夺取了"没有主体的过程"这一基本的唯物主义范畴吗⑤？对于唯物主义来说，寻找

---

① 上一段文字和本段文字的以上部分，在英文版中被修改如下：
《列宁和哲学》中对两种基本哲学倾向的表述，是把它当作批评靶子的理论主义的例证，因为它可以归结为这样的论断，即这两种倾向中的每种倾向都"存在于自己的阵营中［……］，存在于其自身的存在条件中"，直到"有一天"这两个阵营"相遇并相互对峙"。然而，可以大胆地说，这种观念之所以会出现在《列宁和哲学》中，只是因为它可以在列宁那里找到，后者认为"实质上只有唯心主义者和唯物主义者"。阿尔都塞本人长期以来一直在实践这样一种哲学的相遇观——认为战士是他们的战斗的后果——这种观念使得那种干净利落的区分完全变得不可能。在 1966 年评论卢梭笔下的战争状态时，他甚至——哪怕是间接地——陈述了自己的实践原则："特殊利益是由作为战争状态本质的那种普遍对立构成的。不是首先存在有着各自特殊利益的个人［……］对立才是第一位的。"本段开头从《答约翰·刘易斯》中引用的段落，以否定的方式重新表达了这一原则，该段话概括了《答约翰·刘易斯》实际上反对的那种相遇理论。的确，这段话针对的是广义的阶级斗争，而不是哲学的阶级斗争本身。然而，理论中的阶级斗争服从（阶级）斗争自身的法则：在哲学中也一样，恰恰是战斗造就了战士。——译注

② 英文版此处为"但在哲学中，就像在其他地方一样，统治阶级否认他们的统治：他们在凶猛顽强地进行战斗的同时，却并不寻求战斗"。——译注

③ "包含"原文为"contenir"，这个词有"包含"和"遏制"两种含义。——译注

④ 英文版此处为"因此很简单就能得出，唯物主义首先必须寻找唯心主义的外部，对它自己来说也就是，到**唯心主义内部**去寻找唯心主义的外部"。——译注

⑤ 《人道主义论争》(«La querelle de l'humanisme», 1967)，收入《哲学与政治文集》(Écrits philosophiques et politiques) 第二卷，前引，第 453 页。(原文这里的注释被误植在本段第一句话之后，且内容与下一条注释颠倒，现根据法文版编者发给译者的"勘误表"更正。——译注)

这种外部就是寻找**自己**。① 此外，尽管只有唯心主义才有兴趣将其对手的某一可盘剥利用的版本留在自身当中（若是驱逐了它，又怎么能对它进行盘剥利用呢？），但唯物主义，正如哲学战争的必然性②对它所期望的那样，也在同内部的敌人搏斗：阿尔都塞三十年来反对马克思式唯心主义③的战争可以为此作证。因此，阿尔都塞在深知底细的情况下，对那个要让相遇得以发生就必须④解开的唯物主义-唯心主义的结进行了描绘⑤："一种'哲学'［……］并非由受真理/错误这个对子裁决的同质命题构成的一个整体⑥［……］。一方面，没有清一色的好人阵营，另一方面，也没有清一色的坏人阵营［……］。双方的阵地更经常地是纠缠交织在一起的［……］。通过所有哲学家的战斗而在战场上形成对峙的唯心主义和唯物主义这两种倾向，**从来没有在任何一种哲学中以纯粹的状态得到实现**。"

对最后的阿尔都塞有所了解的人会明白，他需要某种本质性的东西来引发唯心主义和唯物主义这两种倾向⑦之间纠缠交

---

① 英文版此处无"对于唯物主义来说，寻找这种外部就是寻找自己"。——译注

② "必然性"在英文版中为"严格性"。——译注

③ 英文版中此处有"——包括他自己将科学与意识形态对立起来的'思辨理性主义的''理论主义'——"。——译注

④ 英文版此处有"至少暂时"。——译注

⑤ 《自我批评材料》(*Éléments d'autocritique*)，前引，第 88 页及以下。（原文中这个注释与上一个注释内容颠倒，现根据法文版编者发给译者的"勘误表"更正。另参见阿尔都塞《自我批评材料》，《自我批评论文集》，杜章智、沈起予译，前引，第 162—163 页。译文有修改。——译注）

⑥ 英文版此处有"。它是由各种**立场**（论点）构成的一个体系，而且通过这些立场，它本身在理论的阶级斗争中占据了一些阵地"。——译注

⑦ 这里"倾向"一词，系根据法文版编者发给译者的"勘误表"补译。——译注

织的相遇,那就是,唯物主义必须为反对这个战场本身而战斗。这个论点直接通向了无产阶级专政,我们之所以几乎已经丧失了对它的视野,是因为长期以来我们正是在这块土地上前进的。①

四

《成为马克思主义者》完稿时,阿尔都塞正在进行一场公开反对法共放弃无产阶级专政概念——法共领导层 1976 年初②宣布了这个决定——的战斗。但这纯属偶然。早在 1966 年他就写道:"无产阶级专政是整个马克思主义理论史和政治史的关键点。"③他可以在十年前也可以在十年后表明这一点,因为阿尔都塞的马克思主义始终建立在这样一个概念的基础上,这个概念在马克思主义传统中顶着不幸的阶级"专政"的名字。

它可以概括为这样一个论点,根据这个论点,社会阶级是剥削的后果,而社会阶级的再生产和存在("存在,就是自我再生产"④)

---

① 本段文字在英文版中被修改如下:
列宁关于两大阵营的理论正是以这种缓和的形式重新出现在阿尔都塞的(后)列宁主义哲学中。然而,任何读过最后的阿尔都塞——就此而言,或者 1957 年后期的阿尔都塞——的人都会注意到,这里仍然缺少某些本质性的东西,去引发唯心主义和唯物主义之间纠缠交织的相遇:它就是这样一种观念,即唯物主义不仅必须为反对哲学战场上的对手而战斗,而且还必须为反对这个战场本身而战斗。这个论点直接通向了无产阶级专政概念。我们之所以已经丧失了对它的视野,是因为它构成了我们一段时间以来据以前进的基础。——译注

② 英文版此处有"(在电视上)"。——译注

③ 《意识形态社会主义和科学社会主义》(«Socialisme idéologique et socialisme scientifique», 1966—1967)。

④ 《关于意识形态国家机器的说明》(«Note sur les AIE», 1976),收入《论再生产》(Sur la reproduction),前引,第 250 页。(参见阿尔都塞《论再生产》,吴子枫译,前引,第 414 页。——译注)

要由意识形态的、政治的和法律的等等统治关系的结构来保障，其最高保障是掌握在统治者手中的国家。

从他第一部著作《孟德斯鸠：政治与历史》（1959年）开始，阿尔都塞就把这样一种结构——它建立在一种力量关系即剥削的基础上——的①持久性思考为各种情况组合的后果，这些情况相互竞争，最后从偶然的变成必然的。他还把国家思考为剥削阶级所掌握的——对于服从其统治或"专政"的社会中所有那些社会阶层的——力量的剩余的结晶。从20世纪60年代开始制定的虚空、相遇和凝结等语汇，这么容易就转变为被如此构想的阶级社会的突然出现的语汇，以至于人们会怀疑前者只不过是后者的翻版②。

但是在将这种语汇用于无产阶级专政之前，必须先对其进行修改。

阿尔都塞的假设和马克思的假设一样，都认为这个被统治阶级一旦变成统治阶级，就必须像历史上任何其他统治阶级一样，为了让自己在社会结构的各个阶层得到公认而进行斗争。（似乎更明显的是，阿尔都塞在1972年左右已经说服自己相信，社会主义生产方式是黄色的对数③：后资本主义社会④将长期以

---

① 英文版此处有"可废除的"。——译注
② "翻版"在英文版中为"一般化"。——译注
③ "黄色的对数"出自马克思，参见《资本论》第三卷，人民出版社，2004年，第926页："……最后，劳动-工资，劳动的价格，像我们在第一册中所证明过的那样，这种说法显然是和价值的概念相矛盾的，也是和价格的概念相矛盾的，因为一般说来，价格只是价值的一定表现；而'劳动的价格'是和'黄色的对数'一样不合理的。"——译注
④ 英文版此处有"——他在那时坚决主张——"。——译注

资本主义和共产主义两种生产方式的对抗共存为特征。）因此，新的统治阶级必须像其他任何阶级一样，建立属于自己的国家，以作为自己的统治手段，而且对此供认不讳。

但与其他所有阶级不同的是，无产阶级不是剥削阶级。然而，国家的基本功能，正如一切由它负责的统治结构一样，在于①保障剥削关系的再生产。所以，无产阶级有兴趣②为自己国家的终结作准备。阿尔都塞甚至在他关于资产阶级专政的研究"说明"（1976年）中断言，共产党"永远不会**为了'管理'**资产阶级国家的事务而进入资产阶级国家政府"，也不会"进入无产阶级专政的政府"；它的任务是为自己国家的消亡作准备，而不是去管理它③。

根据共产主义假设，阶级专政将终结阶级，从而将建立一种"半国家"或"从国家到非国家的过渡形式"（恩格斯④）。

---

① 英文版此处有"——根据马克思的观点——"。——译注
② 英文版此处有"——通过自己的党和群众组织——"。——译注
③ 同前引，第257页。（这里的"说明"指《关于意识形态国家机器的说明》一文，参见阿尔都塞《论再生产》，吴子枫译，前引，第425页。——译注）
④ "半国家"原文为"demi-État"，"从国家到非国家的过渡形式"原文为"État-non-État"，均来自列宁对恩格斯文本的创造性翻译。关于"半国家"，参见列宁《国家与革命》，人民出版社，2015年，第18—19页："按恩格斯的看法，资产阶级国家不是'自行消亡'的，而是由无产阶级在革命中来'消灭'的。在这个革命以后，自行消亡的是无产阶级的国家或半国家。""État-non-État"直译即"国家–非国家"，关于这个提法，参见列宁《马克思主义论国家》，宋书声、籍维立译，人民出版社，1974年，第24页："'巴黎公社已经不是原来意义上的国家了。'（那么是什么呢？显然是从国家到非国家的过渡形式！）"另参见列宁《国家与革命》，前引，第57页："马克思从社会主义和政治斗争的全部历史中得出结论：国家一定会消失；国家消失的过渡形式（从国家到非国家的过渡），将是'组织成为统治阶级的无产阶级'。"——译注

持续断裂的最后一步,就取决于这个①概念。这一步发生在 1967—1968 年转向期间的文本与《成为马克思主义者》之间。我们可以通过比较《列宁和哲学》的结束语——它宣布了一种新的哲学实践——和它开篇的几段话,来衡量它在阿尔都塞偶然唯物主义的演变中的重要性。它开篇的几段话解释了为什么《资本论》面世一百年来,一直都缺少一部"伟大的马克思主义哲学著作":因为"哲学只能靠落后于"引起重大哲学变革的重大科学事件"才存在"。② 这就是马克思对哲学保持沉默的原因。但是,1968 年的伟大夜晚已经临近③,"马克思主义哲学"这只密纳发的猫头鹰很快就会从黄昏起飞④。

在 1973 年至 1976 年间,理论中的阶级斗争制服了密纳发的猫头鹰。

正如阿尔都塞在自己转向中的 1973—1976 年的转向前和转向后所构想的那样,唯心主义哲学从哲学上来说获得了对所有

---

① 英文版此处有"悖论性的"。——译注

② 英文版此处有"所以马克思主义哲学就应该落后于马克思主义历史科学"。——译注

③ 英文版此处为"所幸的是,1968 年,长时间迟迟未降临的黑格尔的黄昏已经临近"。——译注

④ 《列宁和哲学》(«Lénine et la philosophie»),前引,第 118—119 页。(参见阿尔都塞《列宁和哲学》,《哲学与政治:阿尔都塞读本》,陈越编,前引,第 144—145 页。"密纳发的猫头鹰"典出黑格尔《法哲学原理》,参见《法哲学原理》,《黑格尔著作集》第 7 卷,邓安庆译,人民出版社,2016 年,第 15 页:"要等到现实成熟了,理想的东西才会对实在的东西显现出来,并在把握了这同一个实在世界的实体之后,才把它建成一个理智王国的形态。当哲学把它的灰色绘成灰色的时候,这一生活形态就变老了。把灰色绘成灰色,不能使生活形态变得年轻,而只能使之获得认识。密纳发的猫头鹰要等黄昏到来时,才会起飞。"——译注)

由它产生的实践和意识形态的权力,它扭曲那些实践和意识形态,①使它们服从专属于它的统一而等级化的秩序;后者是一个借鉴了科学的合理性和证明形式的理论体系。这种哲学秩序的建立,可以与统治者的意识形态阶级斗争通过动员其意识形态机器而试图强加给这些相同的意识形态和实践的秩序相媲美,甚至与这种秩序是可重叠的。因此,占统治地位的哲学所服务的,恰恰是由统治者的国家负责的统治者的专政:哲学——在它自己的抽象水平上——解决了阶级专政在其斗争中遇到的矛盾,那是一种很少完成的斗争②,为的是建立自己的意识形态领导权,反对由剥削不能不引发的抵抗。从这个意义上来说,唯心主义哲学归根到底是一种国家哲学。

因此,呼唤马克思主义哲学,让它赶上《列宁和哲学》中指出的落后,就是要它采取与这种建立哲学-国家秩序相反的行动③。它的④任务是对那些容易在一种——服务于被统治者的意识形态斗争和⑤政治斗争的——概念化过程中结合起来的意识形态要素进行统一。⑥

---

① 英文版此处有"以哲学的想象性方式"。——译注
② 英文版中此处为"那是一种无休止的、通常是先发制人的斗争"。——译注
③ 英文版中此处为"因此,根据《列宁和哲学》作者的思路之一,马克思主义哲学家的任务,就是发明一种反-哲学,与为了剥削者的国家而发出的对秩序的呼吁进行斗争"。——译注
④ 英文版中此处为"他的"。——译注
⑤ 英文版此处无"意识形态斗争和"。——译注
⑥ 英文版此处为"通过这么做,马克思主义哲学就会——追随阿尔都塞1960年代前期文本——赶上《列宁和哲学》中分析过的那种落后"。——译注

这种反对建立哲学秩序的观念，随着密纳发的猫头鹰起飞而消失：事实证明它与无产阶级专政/相遇的唯物主义的概念不相容。由此出现了最后的自我批评，它拒绝关于哲学的错位的理论主义理论，后者与马克思对哲学的不信任的沉默之间存在错位。阿尔都塞没有搞清楚这种沉默的含义：不建立一种哲学秩序，就不可能**在哲学上**拒绝哲学秩序。这样的哲学在其体系性和其形态上反映了它与统治者的国家的共谋。①

因此，使他得以搞清楚这一点的哲学，即不久后将变成——甚至此时已经成为——偶然唯物主义的哲学，无法采取他自其理论主义偏向开始以来就试图强加给它的形式。对于为被统治者建立自己的国家同时又摆脱这个国家的斗争服务的哲学，必须在某种程度上赋予一种离经叛道的②形式，甚至对它自身而言也是离经叛道的形式，因为它不能不是哲学的。对于这种解构性的、自我解构性的、反哲学的哲学思想，最合适的名字就

---

① 本段文字在英文版中被修改如下：

随着密纳发的猫头鹰起飞而消失的，正是这种建立全面的、哲学上的反-秩序或反-体系的观念，因为事实证明，它与阿尔都塞的无产阶级专政概念不相容，从而与他对相遇的唯物主义潜流的贡献不相容。由此就出现了阿尔都塞的又一次自我批评，它正面重估了成熟的马克思对哲学的沉默。20 世纪 60 年代的阿尔都塞没有搞清楚——或许只是忘记了或有意压抑了——这种沉默的含义：不同时建立一种哲学秩序，就很难**在哲学上**拒绝哲学秩序。但哲学秩序在其体系性和其等级形态上，天生就与阶级国家——剥削阶级的国家——通过警察维持的秩序共谋。从这个观点看，无产阶级的哲学秩序，正如无产阶级国家一样，是个自相矛盾的词语。——译注

② "离经叛道的"原文为"déviante"，也译为"偏向的""异常的"，名词形式为"déviance"（离经叛道）。它与前文中的"déviation"（偏向）词根相同。详见第 12 页译注，第 236—238 页正文和译注。——译注

是由其起源所强加给它的名字。必须发明一种非哲学的哲学。①

在哪里可以找到它的模型呢？阿尔都塞在格拉纳达讲演中回答说："就我自己而言，是想对伊壁鸠鲁和马基雅维利的情况仔细加以考察，所以只举他们为例。"②

至于这一哲学的积极任务，他只满足于说③，呼唤这一哲学，不是要给一些正在形成中的共产主义意识形态的要素强加"一种强制的意识形态统一"，而是要"促进社会实践和人类观念的解放与自由运用"，所以——无可避免地——是要去寻找

---

① 本段文字在英文版中被修改如下：

因此，阿尔都塞在《列宁和哲学》中关于科学革命与相应的彻底的哲学"重组"不可避免的落后所说的话，本身就是另一种落后所引起的后果，从他后来反-哲学的观点看——或许从他20世纪50年代反-哲学的观点看也一样——这另一种落后，就写在《列宁和哲学》两种思路的完全不相容中。不久后将变成——甚至此时已经成为——阿尔都塞的偶然唯物主义的东西，无法被塞进阿尔都塞自理论主义偏向开始以来就一直试图适应的模子。为被统治者建立自己的国家同时又摆脱这个国家的斗争服务的哲学，（根据阿尔都塞"后期的"假设）要求一种离经叛道的形式，甚至对它自身而言也是离经叛道的形式，因为离经叛道的哲学也仍然"是哲学的"。对于（自我）解构性的、（反）哲学思想，最合适的名字就是由其起源所强加给它的名字。正如革命无产阶级的悖论性的历史任务是建立一种非国家，一种（像恩格斯所说的）"不是国家的国家"；马克思主义哲学家的任务，是发明一种非哲学的哲学。——译注

② 本段文字在英文版中被修改如下：

在哪里可以找到它的模型呢？阿尔都塞在1976年春的讲演《哲学的改造》中回答说，"就我自己而言，是想对伊壁鸠鲁和马基雅维利的情况仔细加以考察"。在几乎写于同一时期的《事实》中，他补充说，在那些"马克思真正的先行者""首先是伊壁鸠鲁、马基雅维利、斯宾诺莎、卢梭和黑格尔"之间，存在着一种"独特的、令人豁然开朗的联系"。——译注

③ 英文版中此处为"至于这种偶然的非哲学的哲学的积极任务，阿尔都塞只满足于说"。——译注

"新的共同体形式,从而使国家变得多余"①。

这也是——用某种古老的马克思主义语言来说——无产阶级专政的任务。

在这个意义上②,相遇的唯物主义的阿尔都塞,就是另一个时代的阿尔都塞。至于那是过去的时代还是未来的时代,这个问题仍然悬而未决。

这就让我们来到了《在哲学中成为马克思主义者》门前。

五

阿尔都塞在 1976 年 8 月 12 日致皮埃尔·马舍雷的一封信中宣布,他在夏天完成了"一个导论,它本来会成为写给非哲学家的哲学导论,但在写作过程中,它成了……写给哲学家的导论。我坚决认为,把它构想为另一种样子几乎是不可能的,无论如何,我遇到了挫折"。这就是一份当时标题为《哲学导论》③ 的文本。阿尔都塞把一份打字稿的复印件给了马舍雷,然后在秋天对文本稍作了修改,最后在 1977—1978 年进行了彻底的重写,目的可能是使非专业人士更容易懂。实际上,这个新版本成了一本新书,阿尔都塞给它取名为《写给非哲学家的

---

① 《哲学的改造:格拉纳达讲演(1976)》(«La transformation de la philosophie. Conférence de Grenade, 1976»),收入《论哲学》,前引,第 176—177 页、第 172 页。(参见阿尔都塞《哲学的改造》,《哲学与政治:阿尔都塞读本》,陈越编,前引,第 248 页。译文有修改。——译注)

② 英文版中此处为"显然"。——译注

③ "《哲学导论》"原文为 "*Introduction à la philosophie*"。——译注

哲学入门》①。为了让大家看到这个《哲学导论》与他②用著作进行论文答辩的《在哲学中成为马克思主义者容易吗?》③之间的关系,他把它重新命名为《在哲学中成为马克思主义者》。

无论是《成为马克思主义者》,还是《哲学入门》,在作者生前均未出版。《哲学入门》已于2014年出版。《成为马克思主义者》这里是首次出版,但其中的"导言"除外,它曾于1993年在《二重字》④杂志上发表,题为《一次哲学交谈》,它与现在这本书中的标题一样⑤,并非出自阿尔都塞本人。⑥

---

① 《写给非哲学家的哲学入门》(*Initiation à la philosophie pour les non-philosophes*,PUF,2014)中文版,已收入"精神译丛"之"阿尔都塞著作集"(陈越编,吴子枫译),即将由西北大学出版社出版。——译注

② 英文版此处有"1975年"。——译注

③ 即《亚眠答辩》(«Soutenance d'Amiens»,1975),收入《马基雅维利的孤独》(*Solitude de Machiavel*),前引,第199—236页。(参见阿尔都塞《在哲学中成为马克思主义者容易吗?》,《哲学与政治:阿尔都塞读本》,陈越编,前引,第172—220页。——译注)

④ 《二重字》(*Digraphe*)杂志,法国诗人和作家让·里斯塔(Jean Ristat,1943—)创办的文学杂志。——译注

⑤ 指本书第一部分"格鲁乔的驴"。——译注

⑥ 这段文字在英文版中被修改如下:

这两本书在他生前都没有发表过。《哲学入门》初版于2014年,2017年布卢姆茨伯里出版社(Bloomsbury)出版了它的英文本,标题为《写给非哲学家的哲学》。《在哲学中成为马克思主义者》直到2015年才完整出版,距它那戏仿性"序幕"作为遗作在《二重字》杂志发表已有二十多年。这是本书第一次翻译成英文出版。——译注

在哲学中成为马克思主义者

Être marxiste en philosophie

格鲁乔的驴

事情是自行发生的。但还是必须让你们知道这个秘密。我有一幢房子，宽敞凉爽，夜幕降临后，还可以去大花园走走。微风吹过，树梢发出沙沙的声音，喷泉里的水咝咝作响。那是夏天，哲学上的朋友们，也就是说，所有人，认识的，不认识的，被一些人的气味所吸引，带着交谈的渴望，踏着月光而来。树叶散发出清新的气息，桌上残留着吃剩的水果，还有一些咬碎的蛋糕落在沙地上。他们接踵而来，有的结伴而行，有的独自一人，还活着的和已经死了的人在一起，但没有人知道谁死了、谁还活着。苏格拉底发出爽朗的笑声，我们无从得知他是否已经饮下自己的鸩酒；我们不知道在真理之水下颤抖的小美诺，是否已经找到了自己的两个直角；不知道笛卡尔是否已经找到了他的松果体，康德是否已经完成了哥白尼式革命，马克思是否已经或者还没有（这都一样！）颠倒黑格尔[①]，柏格森是

[①] 对"颠倒"这种提法的批判，可参见阿尔都塞《矛盾与过度决定（研究笔记）》一文的相关论述，见《保卫马克思》[该文在书中被译为《矛盾与多元决定（研究笔记）》]，顾良译，商务印书馆，2006年。——译注

否已经发现了锥体的窍门,维特根斯坦是否已经得出结论:当无话可说时,只要保持沉默……①在那里,他们没有年龄,没有时间,没有历史。也没有人知道他们的未来是否在他们身后,他们的过去是否在他们面前,是否他们像在脖子后面背着一袋无花果一样扛着自己的过去,或者像在脖子前面挂着一个托盘以托住胸部和良心一样挂着自己的未来。作为十足的哲学家,他们住在概念的永恒性中,哲学,是"永恒的",因而从这一点上来说,在那里居住的人,丧失了对过去和未来的所有感觉,也就是说,正如圣奥古斯丁绝妙地解释过的那样,丧失了对现在的所有感觉。由此产生了不分年龄的兄弟情谊②,这种兄弟情谊使他们成为彼此的同时代人。在观念的无序中,是时间的大无序!他们还经常突然代替另一个人说话,或者代替另一个人保持沉默,因为他们的思想亲密无间。甚至彼此的惊讶,他们也能通过指尖的微动感受到。一切都已经做过和说过了,一切都如此,所以一切总是要重做和重说。没有什么比一种古老的思想更年轻,也没有什么比一种年轻的思想更古老。永恒性。当然,那里缺少女人。亚里士多德总是随身带着"自然"③,据他解释,

---

① 参见维特根斯坦《逻辑哲学论》,贺绍甲译,商务印书馆,1996年,第105页:"对于不可说的东西我们必然保持沉默。"——译注

② "兄弟情谊"原文为"fraternité",即法国大革命的口号"自由、平等、博爱"中的"博爱"。——译注

③ "自然"原文为"nature",也译为"天性",后文中"par nature",一般也译为"天生",所以"自然很少把女人造就得能搞哲学"也可译为"女人天生很少能搞哲学"。——译注

自然很少把女人造就得能搞哲学①。无论如何,尽管康德牢骚满腹,但还没等妇女解放运动②开始,就有女人被邀请。事情在继续。天空中,群星保持着沉默。

渐渐地,随着交谈的深入,他们彼此说:为什么不干脆在我们之间,在生者和死者关于哲学的观念之间,进行一场即兴的大交流呢?每个人都说出自己的想法,尽管有所有那些已知的立场和对立③,但至少我们可以围绕一些事情展开讨论,谁能够说,通过搅动整个那套关于真理的修辞,我们就找不到任何不可动摇的新东西呢?这个想法本身也是自行出现的,因为他们都认为自己胜券在握,所以每个人都说"好",甚至康德也这么说。康德对别人说,哲学是一个战场,而他自己则握有永久和平的方案——双面赢家④。

于是,人们就以这样一种方式开始了。第一天晚上,以最

---

① "搞哲学"原文为"philosopher",个别地方也译为"探讨哲学""进行哲学探讨"。——译注

② "妇女解放运动"原文为"MLF",系"Mouvement de Libération de la Femme"的缩写。——译注

③ "对立"原文为"oppositions",也译为"反对意见",并可以看成是"op"(对立)+"positions"(立场)。——译注

④ 参见康德《纯粹理性批判》,邓晓芒译,杨祖陶校,人民出版社,2004年,第14页:"在这里,人们不得不无数次地走回头路,因为他发现,他达不到他所要去的地方,至于形而上学的追随者们在主张上的一致性,那么形而上学还远远没有达到这种一致,反而成了一个战场,这个战场似乎本来就是完全为着其各种力量在战斗游戏中得到操练而设的,在其中还从来没有过任何参战者能够赢得哪怕一寸土地,并基于他的胜利建立起某种稳固的占领。所以毫无疑问,形而上学的做法迄今还只是在来回摸索,而最糟糕的是仅仅在概念之间来回摸索。"——译注

快的速度，一个外邦人①突如其来一下子引起了所有人注意，他大声说："我要求发言！"大家面面相觑，默不作声，显然，这出乎人们的意料。他强烈坚持着，所有人都沉默不语，目瞪口呆，只有康德对身边的人说："可我们毕竟不是在雅各宾俱乐部啊！"当那人越来越激烈地坚持时，我们看见苏格拉底抖动他的大胡子，沉着地回答说："可是，我的朋友，要发言，你不需要先要求，因为你刚才已经发言了（沉默）。不如来反思一下这个'发言'有多奇怪，它与世上一切被追逐者和一切权力有多么不同。要发言，提出要求就可以了吗？我们谁又拥有发言权，从而可以把它给你呢？②"关于"发言"，苏格拉底就从这里出发，像他惯常所做的那样，以一系列小问题开始：我们拥有它吗？我们能把它给别人吗？我们能获得它吗？我们能保持它吗？我们会丧失它吗？发言和声音是相同的吗？声音和语言是相同的吗？等等。外邦人就这样落入了陷阱，他开始回答，而他自己的问题就在他的回答中被湮没了。当然，一切都会再来，真理与谬误，真理与谎言，承诺与背叛——自然，康德在这里找到了机会就"撒谎的权利"插上几句话。苏格拉底是这样一种人，他向你兜售一些琐碎的反思，比如：只要你

---

① "外邦人"原文为"Étranger"，意为"外国人"或"陌生人"，在基督教传统中，也指不信教的人。与它相应的形容词"étrange"，下文也译为"奇怪的"。——译注

② "发言"原文为"prendre la parole"，其中"prendre"是动词，意为"拿""获得"等；"parole"是名词，意为"话""说话""发言（权）"等，所以该词组字面意思是"拿话"或"获得发言权"。相应地，"avoir la parole"则译为"有发言权"。——译注

张嘴,另一个人就会闭嘴思考或开口说话并说出真理。人们称之为**对话**。这是一种说话方式,相当于代替他人说话,好像他们有发言权一样。结果是:外邦人沉默了。但人们一直在为没有会议主持的反思感到心虚。

他们此前还有过关于"一"的讨论大会①,在那里,巴门尼德表现一流(但大家都知道他的故事。因为他已经很老了,说话有点颠三倒四,所以大家任由他胡说八道)。不过人们明显感觉到,斯宾诺莎、黑格尔、马克思和弗洛伊德都不想参与,更不用说狡猾的休谟了。但空气中有太多尊敬的味道——这是个杀害长辈的古老故事,柏拉图也牵连其中(要成为哲学家,必须在哲学上弑父:但人们永远不会成功,我的妈啊!)——以至最后变成了纪念仪式。即便在哲学中,有时也必须懂得保持沉默。

相反,亚里士多德和柏拉图却就奴隶问题吵得火热:奴隶有理性吗?还是"被自然"②剥夺了理性,而只不过是会说话的动物?亚里士多德承认,依他看来,在某些情况下这可以讨论,而对于柏拉图来说,这是无可争议的。在《美诺篇》上③,亚里士多德难住了柏拉图:但是,对于你年轻漂亮的奴隶,你仍然赋予了他不少理性,不是吗?这个奴隶说起话来像欧几里得!亚里士多德乘胜追击,很自然地以未来的时代作结,在未

---

① 这一段内容涉及的是柏拉图的《巴门尼德篇》。——译注
② "被自然"原文为"par nature",也可译为"天生",所以这句话也可译为"还是'天生'就被剥夺了理性"。——译注
③ 在《美诺篇》中,柏拉图让美诺的一名从未受过教育的奴隶就一些几何问题进行了推论。——译注

来时代，不再需要奴隶，因为"梭会自动转①"。他用目光搜寻马克思，对他自己的影响很有信心，但马克思不在那里，马克思又在参加一个集会：那个神圣的国际，而且离得很远，在伦敦！

还有一场奇特的会议会让你们伤脑筋：那位认为自己一生所谈论的无非是上帝的存在、上帝的荣耀和恩典（也就是关于上帝的一切）的尊敬的马勒伯朗士神父，却听到梅西耶·德·拉里维埃和他的重农学派朋友们说自己绝不是一个神学家，而是他们的政治经济学思想导师；因为他曾敢于说，世界受到诸法则的支配，而这些法则是最普遍和最简单的，总之，是最"经济的"、最"有利可图的"；因为他推进了经济学思考，最后证明上帝像任何所有者一样，为自己找到了最好的农民，以及管理这个世界的最好的管家：圣米歇尔②。面对这种尊崇，尊敬的神父不知如何是好，正如饶勒斯所说，它表明"少许的宗教使人远离世俗世界，但大量的宗教却能使人更接近世俗世界"。尊敬的神父不知所措。一个想投正面的人，投到了反面！他走出来，惊惶不安地怀疑自己哲学的性质，特别是当马克思和韦伯出现之后；他寻思着，哲学要成为什么东西，才会像这

---

① "自动转"原文为"marcheront toutes seules"，其中"marcher"既有（人）"行走"，也有（机器）"运转"的意思。另参见亚里士多德《政治学》，吴寿彭译，商务印书馆，2014年，第12页："倘使每一无生命工具都能按照人的意志或命令而自动进行工作……倘使每一个梭都能不假手于人力而自动地织布……匠师才用不到从属，奴隶主（家主）才可放弃奴隶。"——译注

② 指《圣经》中的天使长圣米歇尔。——译注

样感染一切，甚至（背着"为了上帝的最大荣耀"而制作宗教的人）感染宗教。这场会议让一阵奇怪的风吹过人们的大脑：似乎人们发现，在哲学和宗教之间可能存在着相反的关系，而且在这些联系背后，有一些对哲学来说不可或缺的然而却是非哲学的现实：比如政治经济学。似乎人们同时发现，尽管哲学中可能存在一些事件，但哲学却仍是"永恒的"。沉默。天空中，群星保持着沉默。

我相信，一天晚上，当人们最终听到下面这些有力的发言时，天已经有点晚了。当时沃尔夫正在指责康德说："你竭力恭维我，恭维我和其他所有人，但这只是为了更好地用你的自命不凡压倒我们。"康德说："我是地球上最和平的人，在所有人当中，我为人说了最大的好话。不是吗？"沃尔夫说："你难道没有说过我们都是形而上学家，我们都是哲学家，因此，就像人眼中的狼一样，处于相互攻击的永久战争中吗？你把我们当作一个院子里相互撕咬的狗，最后，你把哲学同这些偶然的争吵混在一起，白纸黑字地写下：这只是一个战场。"①

列宁说："完全正确，所有哲学家都处于战争中。但在这种哲学斗争的背后，存在着阶级斗争。"

"阶级斗争不阶级斗争且不说，"沃尔夫（用手指着康德）说，"但这位先生把我们都当疯狗，完全是为了使他自己相信，他掌握着，并且只有他掌握着永久和平的秘方，不仅是政治上

---

① 参见第47页译注。——译注

的永久和平,而且是哲学上的永久和平!等他发表了自己的小册子,你们就会明白的。这位先生给自己分了一大份儿:战争,是别人的;和平,则是他的。等他说完话,队伍里都要保持安静!好像他不是正在用斯宾诺莎主义的伪装发动最恶劣的战争——无神论的战争——似的。何况没过多久,费希特、谢林、黑格尔就向我们表明了它算是什么,他的哲学和平!"

他正说得投入,大伙开始喧哗起来。由于列宁先前支持了康德,所以最后接受打击的恰恰是他:"你说过,哲学家是资产阶级的走狗。"这就更严重了,因为在沃尔夫和康德之间,最终不过是个道德问题,但随着列宁的出现,它变成了一个政治问题。当各社会阶级出现在记忆或遗忘的地平线上时,人们释放出了激情。但与他们所认为的相反,列宁这边并非独自一人。人们看到了伟大的马基雅维利,他因为说出了真相而在历史上受尽辱骂,他保护着这个小个子,向任何证明权力取决于其他东西而非阶级斗争的人提出了挑战。人们看到了霍布斯,他解释说,每个人都讨厌他,因为他试图在《利维坦》中提出资产阶级专政理论。人们听到斯宾诺莎解释鱼类是如何互相吞食的——从最大的鱼开始——解释人这种带着悲伤激情的鱼,如何像其他鱼一样也是鱼。斯宾诺莎,在马基雅维利和霍布斯之后,明白了其中一些道理,只简单地说:"但你们难道从来没有注意到,总是同样的人在仇恨同样的人,甚至在哲学中也一样,总是由同样的人先开始;在这种仇恨中说话的恰恰是政治,强者和富人的政治?"人们也听到了卢梭——又是一个不受欢迎的人——的声音。他提到了社会的起源，以及富人为了让穷人臣服于自己而叫他们签署的欺诈性契约，他提到"谁构成了哲学家呢，是那些掌握了权力的祭司们"。就连黑格尔也打破沉默，为的是提醒人们注意——他当然给出了《法哲学原理》中的重点引文——你们知道吗？一方面是财富的巨大积累，另一方面则是无尽的苦难。

这一局可能没有获胜，但他们不得不恢复自己的沉默。而出乎所有人的意料，人们听到列宁说话了。

列宁说，我想给你们讲个故事，免费讲一个故事，一个关于俄罗斯农民的故事。你们得想象它发生在西伯利亚黑草原上，在一个不起眼的小村子，一些小木屋里住着一群穷苦人。那是漫漫冬夜，大家都进入了梦乡。只有安东，一位老人，突然被小木屋门外的反复拍打声惊醒。黎明刚刚从夜雾中升起，安东费尽全身的力气，才从床上挣扎起来，打开门，发现外面是格鲁乔，一个愣头愣脑的年轻人，他看起来很生气："快来看！快来看啊！"他也不说为什么。最后安东跟他沿着积雪覆盖的小路来到他的田边，那里挺立着那片地区最漂亮的一棵树，一棵巨大的、用来吊死小偷的橡树。"看看他们对我做了什么！"格鲁乔悲叹着说。安东看了看。他看到了橡树，还有一条长长的皮带，最后是一头温和的驴，它浑身结满了霜，在寒冷中等待着它所能等待的东西。"混蛋！他们把我的橡树拴到一头驴身上了！可我没法解开我的橡树啊！"安东一言不发，走近橡树，把驴解开。"傻瓜，这又不复杂。要解开的是驴，不是你的橡树。"①

他们徒劳地思索列宁究竟想说什么。

"这个故事我喜欢。"外邦人说。接着他想了一会儿，又说："在我看来，有时候要解决一个难题，就要懂得改变难题的提法，不是吗？这难道不是列宁以及所有赞成他的人所做的吗？我呢，是个外邦人，所以我完全可以跟你们说：在你们西方哲学中，有一些奇怪的成规，我并不认可，但你们却视之为理所当然。而他们呢，他们改变了难题的提法……"

"傻瓜！"苏格拉底说。

总而言之，事情大概就是这么进行的。人们从来不知道自己要去哪里，但他们总是要去某个地方，或者无处可去。这使得狄慈根可以说，哲学是"不通往任何地方去的道路中

---

① 阿尔都塞不止一次提到这个故事，比如1980年4月在意大利广播电台的访谈中，就有这样一段对话：

记者：您讲过的另一个故事是橡树与驴的故事……

阿尔都塞：那是一个非常简单的故事。有人告诉我，列宁在瑞士的时候讲过这个故事。他当时试图向人民解释他们需要改变自己的思考方式。故事大概是这样的：在俄国农村，一个半荒漠的地区，大约凌晨三点，一个叫伊万的人在家睡觉时，被猛烈的敲门声吵醒了。他起床去开门，想看看发生了什么。门口有个叫格里高利的年轻人叫喊着："有件可怕的事，真可怕……请跟我来。"年轻的格里高利把伊万带到一片田野，田野中间有一棵很高大的树，一棵橡树。但那是晚上，所以看不太清。年轻的格里高利说："你知道他们对我做了什么吗？他们把我的橡树给了驴子。"但事实是，一头驴被拴在橡树上。伊万回答说："你真是疯了，格里高利。只要改变你的想法，别说他们把橡树拴到驴身上，改说他们把驴拴在橡树上不就行了？"

该访谈的英文版可参见http://crisiscritique.org/blog.html。——译注

的道路"①。它从不失败。这时大家都看着海德格尔,他自称是农民,但并不开心。"你们没有很好地理解我",然后他以非常难以理解的解释开始,他无休止地重复着,直到人们觉得他对作为"西方"理性命运的哲学有些重要的话要说。事情大概就是这么进行的。麻烦的是,有些人在讨论结束前就溜走了,在这些似乎暂停的时刻,人们很清楚**这个**问题尚未解决,人们只是"接近猜中"②问题。这是最该留在自己岗位上的时刻。然而,真是老天爷的不幸,在这些时刻,大多数宗教人士都设法溜去做祷告;政治家们都设法溜去参加集会;康德找到了拐弯抹角的逃避办法,去满足理性的一些未知的需要;黑格尔的下巴开始抽搐,显然表明他有一些非常重要的话要说——但这也是为了好离开,因为"黑格尔太太在家里等着他"。

他们都不在了,怎么办?事情就要以另一种方式进行。

首先我们约定,对所有这些会议来一次汇报,然后雇一名优秀的秘书做笔记。我们会把所有的东西都交给马斯佩罗,由他设法出版。没办法。对于所有那些开溜的人(我只举了一些体面的例子,因为别忘了,哲学家也是人),需要采取别的方式,肯定分析得更少,不过你们还想怎样呢。我们可能会陷入

---

① 原文为"le chemin des chemins qui ne mènent nulle part",在《列宁和哲学》中,这个表述用的是德文原文"der Holzweg der Holzwege"("错误道路中的错误道路",其中"Holzwege"即海德格尔的"林中路")。参见《列宁和哲学》(*Lénine et la Philosophie*),巴黎,马斯佩罗出版社(Maspero),"理论"(«Théorie»)丛书,1969年,第14—15页,中译本参考《哲学与政治:阿尔都塞读本》,陈越编,前引。——译注

② "接近猜中"原文为"brûle"(原形为"brûler"),既有"烧毁""点燃"的意思,也有"不停留直接通过"的意思,在猜谜等游戏中,指"接近猜中"。——译注

杂乱无章，但我们将得到一个文本。

因此，很可惜，我们最终要删掉那些辩论的全部现场感，删掉所有那些个人的插话、口语化的措辞、故意的挑衅和出乎意料的发言，删除花园里的所有人物（花园可以自由进出，所以他们人数众多，有的我们认识，有的我们不认识），并委托一位秘书来完成这项任务，对上述事情作一番概述，冒险把那些散乱的论述合并到一起，恢复默认的统一——它并不会太背离自己原初无条理的交流计划。

你们会看到：在某一话语不合时宜的转折处，可能还会残留一点没有删除干净的东西，这些地方经常会把哲学当作自己的神话来看待。对待这种情况的最严肃的方式，就是承认其必然性。

——①

我们的经验一上来就让我们面对一个先决问题:哲学,要怎么来叙述它?它要求自己专有的叙述形式吗?

我们都知道,哲学家们会给自己的思想赋予各式各样的叙述形式:从对话(柏拉图、贝克莱等)到故事(伏尔泰),甚至还有小说(托马斯·莫尔的《乌托邦》),从而囊括了我们所说的全部文学体裁。但我们也知道,大多数哲学家,包括其中几乎所有最伟大的哲学家,都选择了其他非常不同的叙述形式:从几何学风格的证明(斯宾诺莎的《伦理学》),到论点的推论(圣托马斯的《神学大全》、康德的《纯粹理性批判》),到严格遵循"理性的秩序"② 而进行的沉思(笛卡尔),等等。在这种

---

① 关于这个文本整理的说明:我们最大限度地尊重原稿,只改正了一些明显的拼写错误;对于一些印刷上的特殊用法,我们都照原稿保留。所以"dieu"(上帝)有时首字母大写,有时首字母小写。(除特别说明,本书中的注释均为法文版编者注。——译注)

② "要注意,所有我写的东西,都不是遵循材料的秩序,而只是遵循理性的秩序[……]"。1964 年 12 月 24 日致梅森(M. Mersenne)的信,引自盖鲁(M. Gueroult)的《遵循理性秩序的笛卡尔》(*Descartes selon l'ordre des raisons*),第一卷《灵魂与上帝》(*L'âme et Dieu*, 1968),巴黎,奥比耶出版社(Aubier),1991 年再版(1953 年初版),第 20 页。

情况下，涉及的就不再是文学体裁，而是具有尽可能的明确①性和科学性的叙述形式。

这种犹豫并非没有哲学意味。因为这种选择的赌注之一，就是康德所说的哲学的大众化②叙述形式的可能性。康德本人在他几部伟大的《批判》中严格地叙述了自己的论点之后，也尝试过大众化哲学体裁，但都不太成功。所以他从中得出结论：哲学对其大众化叙述具有一种非常特殊的抵抗性③。

这个结论并非没有悖论，因为所有哲学家，真正的贵族思想家除外，都仍然或多或少地认为"人人都是哲学家"（葛兰西④）。

---

① "明确（的）"原文为"formel"，也意为"正式的""形式的"。——译注
② "大众化（的）"原文为"populaire"，也译为"人民的""民众的""通俗化（的）"。——译注
③ 《道德形而上学的根基》（Fondements de la métaphysique des mœurs），德尔博斯（V. Delbos）编、译，菲洛南科（A. Philonenko）校，巴黎，弗兰（Vrin）出版社，1980年，第79页："毫无疑问，如果事先已经上升到了纯粹理性的原则［……］，那么，向大众化概念的这种下降就很值得赞许了。这样来行事，就是首先创立这种学说［……］，然后在它站稳脚跟后，再通过通俗化（vulgarisation）使它易于接受［……］。如果人们在这里放弃一切思想的深度，实际上就没有什么是普通人难以理解的；但从中得到的结果却是由拼凑起来的观察和半玄想的原则所构成的一种讨厌的大杂烩。愚蠢的大脑喜欢以它为食，因为无论如何，它对于日常闲聊来说的确是某种有用之物；而富有穿透力的人会发现那里只有混乱［……］"（参见康德《道德形而上学的奠基》，《康德著作全集》第四卷，李秋零主编，中国人民大学出版社，2005年，第416页。篇名和译文有修改。——译注）
④ 《人是什么?》（«Qu'est-ce que l'homme?»），收入《文本》（Textes），托塞尔（A. Tosel）编，托塞尔等人译，巴黎，社会出版社（Éditions sociales），"备要：复数的马克思主义"（«Essentiel. Le marxisme au pluriel»）丛书，1983年，第133页。参见《知识分子问题，领导权，政治》（«La question des intellectuels, l'hégémonie, la politique»），同上，第243—244页："人人［……］都是'哲学家'、艺术家和有品位的人，都分享了一种世界观，他有自觉的道德行为路线，因此，他会为维持或改变某种世界观作出自己的贡献，也就是为创造一种新的思想模式作出自己的贡献。"［另参见葛兰西《狱中札记》，徐崇温译，重庆出版社，1990年，第3页："因此必须通过规定每个人都具有的这种'自发的'哲学（即常识和宗教）的特征，来证明人人都是哲学家。"译文有修改。——译注］

所以哪怕最抽象的哲学，也要能够而且必须不超出普通的、能读会写的人的理解能力。因此，大众化哲学的全部计划①都陷入了一种矛盾当中：一方面，哲学必须叙述给所有会思考的人；另一方面，很难使它适应人们的理解能力却又不走样。

我们现在可以说，这个困难并不是幻象，而是确确实实构成了一个哲学问题。我们必须严肃对待它，并在时机成熟时给它一个正确回答。

更确切地说，我们现在必须预支这个回答，这样我们就可以给我们的哲学叙述赋予一种真正让普通读者可以理解的形式——只要他愿意稍微集中一点注意力，并对接下来要说的东西进行一番真正的思考。因此，我们必须在实践上预支将在适当的时候得出的理论回答。我们现在可以说，这种预支是哲学的特性，因为哲学总是走在它自身前面。对此，我们也必须在时机成熟时进行解释。

我们刚才所说的一切，显然假定了一种哲学语言观。哲学家以发明和使用一些在哲学之外没有任何用处的抽象术语而闻名。例如，仅举一个术语为例（但这样的例子为数众多），康德和胡塞尔都谈到"先验主体"。他们用这个词不是指你我这样的主体——我们是心理的、法律的、道德的、政治的和经验的主体，即有限的和必死的主体——而是指这样一种现实，它具有一种主体的形式，但又避开了一切经验的规定性。确切地说，它是一切经验的（感觉的，已知的或未知的感觉）统一的先天（这也是一个专属于哲学的术语）可能性的条件。我们还

---

① 被删除的文字："从而也包括当前的这个哲学入门计划"。

必须追问，为什么哲学家会觉得有必要生造这样一些仅属于他们自己的术语。

但是，同样是这些哲学家，也采用了另一些哲学术语，从语言学角度来说，它们来自日常语言（它们拼写相同），例如：上帝、主体、道德、科学、灵魂、身体①等等。我们绝不能被这种语言的同一②所蒙蔽。因为大多数时候，当这些哲学家在自己的话语中使用这些术语时，它们与日常语言中的语义内容并非完全相同：它们具有不同的意义。由此，我们窥见了哲学家语言的一个非常重要的特性。他们所用的那些词语（无论是他们所专有，还是属于日常语言），更多地不是从它们的日常用法，而是**从它们特有的哲学用法中**，获得自己的意义。更确切地说，它们从自己在其中"发挥功能"的哲学话语的语境中获得属于它们自己的、哲学的意义。说得再确切一点，它们从存在于哲学思想内部的不同术语之间的必然关系中，获得自己的意义。因此，任何哲学都是一个严密的体系，正是这个体系必然将每个术语的意义与其他术语总体关联起来。

当然，我们在这里谈论的，不是随便什么术语，不是随便什么辅助性的词语，而是构成上述哲学思想体系的基本语汇。为了叙述的明晰，我们把这些术语、这些词语，叫作**范畴**——这个表达来自一个希腊词，意思是审判-判刑（juger-condamner）。这样一来，我们就可以把上帝、灵魂、身体、实体、时间、位置、空间、物质、精神、主体、自我、世界、宇宙、知

---

① "身体"原文为"corps"，其他地方也译为"物体"。——译注
② "同一"原文为"identité"，也译为"同一性"。——译注

觉、认识、美、善、道德、实践、尊重、权力、政治、经济、意识、自我意识、无意识等等,看作是一些范畴,条件是,我再说一遍,要通过它们特有的哲学意义来理解它们,也就是说,**通过它们与某一哲学思想中其他术语体系必然保持的关系所强加给它们的意义来理解它们。**

正是在这个条件下(要满足这个条件,并非毫无困难),哲学范畴的语汇对于非职业哲学家才能变成可理解的。而且正是在这个条件下,哲学的大众化入门才有可能。我们将尽力确保词语的日常意义与范畴的哲学意义之间的"过渡",并在每种情况下提供最后的理由,说明这种"过渡",说明它们之间的差异,以及这种差异中的相似性。但我们必须让读者知道,这项工作要求他自己作出努力,进行合作和反思。否则,我们最精心的解释也会"空转"或"停留在空中"。有了这种相互的契约,我们就可以在我们的主题上继续前进了。

二

我们将从随便一个主题开始我们对哲学的叙述。这是一个完全哲学性的决定,丝毫没有任意性。但是从一开始就宣称我们可以从任何东西开始叙述哲学,也需要一些哲学理由,而这些理由会立即造成哲学家的分裂,使他们彼此对立。这是第一个迹象,让我们怀疑哲学家们都具有一些非常易怒的天性。

哲学史上确实有一个悠久的传统,强烈支持着这样一种观念,即认为哲学绝不能从随便什么东西开始,相反,哲学必须从一个**有权**①构成其绝对**开始**②的对象或术语开始。

仅举一个例子③,它以上百种其他的、形式上非常不同的

---

① "有权"原文为"de droit",也可译为"从权利上来说"。——译注

② 这里的"开始"原文为"commencement",即"commencer"(开始)的名词形式。黑格尔著作中译本一般把名词的"开始"(德文为 Anfang,法文为 commencement)译为"开端",本书为了统一,把动词的 commencer(开始)和名词的 commencement 都译为"开始"。关于哲学的"开始/开端",参见黑格尔《逻辑学》(I),先刚译,《黑格尔著作集》第 5 卷,人民出版社,2019 年,第 45—56 页。——译注

③ 《形而上学的沉思》(Les Méditations métaphysiques),收入笛卡尔(R. Descartes)《哲学著作集》(Œuvres philosophiques),阿尔基耶(F. Alquié)编,莫罗(D. Moreau)校订,第二卷(1638—1642 年),巴黎,加尼耶经典出版社(Classiques Garnier),"哲学文本"(«Textes de philosophie»)丛书,2010 年,第 404 页及以下。[参见笛卡尔《形而上学的沉思》(即《第一哲学沉思集》),庞景仁译,商务印书馆,2007 年,第 14 页及以下。——译注]

面目被重复。我们都知道，为了最终获得真理，笛卡尔要求我们遵循绝对严格的秩序。这个秩序显然首先承认每个人的真理，即意见的真理（柏拉图会说 doxa① 的真理），斯宾诺莎将它具体化为通过道听途说或泛泛的经验而获得的真理②。但这只是为了提醒我们，这种真理会不断欺骗我们（感官的错误），从而承认它们只是为了规避它们。**笛卡尔之所以从它们开始，是为了禁止人们从它们开始**：不是因为其中某些真理可能不真，而是因为我们无法绝对保证③它们永远为真。要想避免怀疑主义，就必须假定它们都值得怀疑，也就是说，要进行一番系统的、夸张的（＝过度的）怀疑，以杜绝一切谬误。这第一轮怀疑的结果就是，把我们不能怀疑的东西当作是真的：它们不是"复合的"真理，而是一些绝对**简单的**真理，即"简单的性质"。它们避免了复合物的混乱，因为复合物的构成要素可能

---

① 《理想国》（*République*）第五卷，476d 及以下；《美诺篇》（*Ménon*），85c‑d。（"doxa"，拉丁文形式的希腊语，意为"意见"。——译注）

② 《知性改进论》（*Traité de la réforme de l'entendement*），莱克里万（A. Lécrivain）编、译，巴黎，弗拉马里翁出版社（GF-Flammarion），2003 年，第 19 节，第 74—75 页；《伦理学》（*Éthique*），双语版，波特拉（B. Pautrat）翻译、导言，巴黎，色伊出版社（Seuil），1999 年再版，第二部分，命题四十，附释二，第 166—169 页。（参见斯宾诺莎《知性改进论》，贺麟译，商务印书馆，2005 年，第 25—26 页；斯宾诺莎《伦理学》，贺麟译，商务印书馆，2005 年，第 79—80 页。——译注）

③ "保证"原文为"garantisse"，动词原型为"garantir"，名词形式为"garantie"，作为法律术语，意为"担保"。为照顾汉语表达习惯，该词在本书中一般译为"保证"。但值得提醒的是，由于阿尔都塞一直强调认识论同资产阶级法权之间有内在联系，所以即便在译为"保证"时，也应该从"担保"的意义上理解这种"保证"。参见阿尔都塞《写给非哲学家的哲学入门》，法国大学出版社，2014 年，第 192 页及以下。——译注

是虚假的；它们是通过直观的透明性被给定的。在这种情况下，就是数学的真理，也是数学物理学的真理。这些简单的真理甚至不受梦幻的迷乱影响，因为，只要它简单明了，**几何学家哪怕睡觉时也能想出一个真理！**

可以说，对于笛卡尔，这就是哲学的绝对开始，一些简单的数学观念。但这是一个假动作①，因为光有显而易见的单纯事实还不够，它对哲学家来说还不能构成权利②。而为了废除这种表面的"权利"，笛卡尔虚构了一个关于"邪恶的精灵"③的假设，即假设有一个如此强大的上帝，他甚至能让我在自己觉得完全显而易见的事情上犯错，比如让我觉得二加二等于四，而实际上却等于五；让我相信物体的存在，而实际上只有关于物体的观念存在于我的大脑中，等等④。这样一来，夸张的怀

---

① "假动作"原文为"feinte"，也可译为"声东击西""花招"，个别地方译为"假装"。——译注

② "权利"原文为"droit"，也意为"法""正当"，有时也译为"法权"。根据康德的批判哲学，在知识（认识）上不仅要考察"事实问题"，还要考察"权利问题"，即不仅要问"有何事实"（quid facti），还要问"有何权利"（quid juris）（参见康德《纯粹理性批判》，李秋零译，中国人民大学出版社，2004年，第94—95页）。阿尔都塞认为这种构成"认识论"前提的"权利问题"，是资产阶级法权（droit）在认识问题上的投射。——译注

③ "邪恶的精灵"，参见笛卡尔《第一哲学沉思集》，庞景仁译，前引，第20页："因此我要假定有某一个妖怪，而不是一个真正的上帝（他是至上的真理源泉），这个妖怪的狡诈和欺骗手段不亚于他本领的强大，他用尽了他的机智来骗我。"以及第25页："可是，现在我假定有某一个极其强大，并且假如可以这样说的话，极其恶毒、狡诈的人，它用尽它的力量和机智来骗我，那么我到底是什么呢？"——译注

④ 参见笛卡尔《第一哲学沉思集》，庞景仁译，前引，第35—36页。译文有修改。——译注

疑就成了形而上学的怀疑。我甚至必须将我的怀疑扩展到我认为是真的事情上,也就是说,甚至怀疑数学本质的真理,怀疑我通过数学物理学认识了的物体的存在。如果绝对没有任何东西不可怀疑的话,那我能够确定的是什么呢?是这种让这一怀疑本身得以可能的绝对条件,即**为了怀疑,我就必须思考,而为了思考,我就必须存在**①:"**我疑,故我思;我思,故我在。**"**这似乎就是他达到的绝对开始。**

但如果我不走出 cogito② 的牢笼,这个开始就会是一个终点③。所以我必须追溯到那个上帝——他那被假定的邪恶允许我获得这种唯一的确定性——那里,并从我所具有的关于它的观念④出发,从我所是的存在,从受这个观念感动(affectée)⑤ 的思维着的实体出发,去证明它的存在,并发现它的完满。这样一来,我就能肯定:**欺骗,作为纯粹的虚无,不可能属于这个上帝,因为上帝就是整个存在**,它是完满的;我也不能怀疑我拥有的所有数学真理都是真的,不能怀疑外界物体(我在自己的知性中拥有关于它的简单观念)的存在。因此,我拥有的数学科

---

① 这里的"存在"原文为"être",也就是法语的系动词原形,一般译为"是"。所以接下来一句话也可译为"我疑,故我是;我思,故我是"。——译注

② "cogito",拉丁文,意为"思想""沉思",这里即"我思",来自笛卡尔的论点"我思故我在(Cogito ergo sum)"。——译注

③ "终点"原文为"fin",也译为"目的""终结"。详见第 73 页译注。——译注

④ 即关于"上帝"的观念。参见笛卡尔《第一哲学沉思集》,庞景仁译,前引,第 45—54 页。——译注

⑤ 这里的"受……感动"(affectée),应理解为"受……所感,以致动起来"。——译注

学将得到保证，它**既**是真的，**又**确实是关于物体世界的科学。

数学的确定性和形而上学的确定性（即上帝的完满性的确定性）之间的这种区分，至关重要。因为它让笛卡尔能够同时断言：1）一个儿童可以构想所有的几何真理（即便他未曾让它们经受夸张的或形而上学的怀疑的考验），因为它们是真的；2）"任何无神论者都不可能是几何学家"①，因为从形而上学的角度来说，要绝对确保同样这些真理的有效性，就必须承认上帝的存在和他的万能，承认他的全方位的完满性。因此，存在着自然状态的、所有人都可以理解的种种真理，也存在着哲学的真理，后者通过"邪恶的精灵"的迂回，在权利上为一切自然真理奠基②。但是这个最后的真理，只有遵循了理性秩序的

---

① 《形而上学的沉思》（*Méditations métaphysiques*），前引，第477页。也参见《对第二组反驳的答辩》（«Réponses aux secondes objections»），同前引，第565页，以及《对第六组反驳的答辩》（«Réponses aux sixièmes objections»），同前引，第868页。(参见笛卡尔《第一哲学沉思集》，庞景仁译，前引，在该书中未找到完全相同的表达，意思相当的内容可参见相应的答辩部分，如第144页："一个无神论者能够清楚地认识三角形三角之和等于二直角，这我并不否认；不过我认为他的认识并不是一种真正的知识，因为凡是可以怀疑的认识都不能叫作知识；既然人们假定他是一个无神论者，我以前已经指出过，他不能肯定在他认为非常明显的事情上没有弄错；尽管这种怀疑他没有想到，但是如果他检查一下，或者如果别人向他提出，他仍然可以怀疑，并且，如果他不承认一个上帝，他就永远不能摆脱有怀疑的危险。"以及第413页："至于一个无神论者的知识，很容易指出它并不是准确、可靠的；因为，就像我从前说过的那样，无神论者认为是他的存在的创造者的那个人越无能，他就越有机会怀疑他的本性是不是不那么完满以致甚至在他认为非常明显的一些事物上弄错；而且，如果不是首先认识到他是被一个作为全部真理的原则的真正的上帝所创造，同时这个上帝又不可能是骗子，那么他就永远不能摆脱这个怀疑。"——译注

② "为……奠基"原文为"fonde"（原形为"fonder"），有时也译为"创立"。另见下一条译注。——译注

哲学家才能获得;通过不断更新的,即不断回忆的沉思(因为显而易见的时刻是转瞬即逝的),他抵达了全部真理的绝对根基①。

  这一切似乎不言而喻。然而我们会注意到,给哲学强加一个绝对的开始,这一要求完全是悖论的。因为如果对笛卡尔的思考步骤详加考察,就会发现,这个绝对的开始不停地在逃避他的要求。他从那些最普通的真理开始,无非是为了对它们提出异议,从而仅仅抬高那些数学真理;后者是绝对确定无疑的,因为它们是简单的。但它们的显而易见性这个"事实"(以及,这么说吧,它们在某一现有科学实践中的生育力)本身也受到了质疑,就好像它需要一种额外的保证。为此他虚构了一个万能而阴险的上帝,假定他甚至能在这些显而易见的事情上欺骗我们,从而我们也要对它们提出怀疑。他在这里获得了一种绝对确定性:"我思故我在"的绝对确定性,存在一个思维着的实体的绝对确定性。但他是如此地被这种确定性所困,以至于为了保证它确实具有一种客观的科学,就必须重新移动这个绝对开始的位置,从 cogito② 转向上帝。

  在沉思中,哲学的绝对开始就这样无休止地后退,最终在上帝身上发现自己。这样一来,在哲学要有绝对的开始这个要求与(写出来的)哲学实际**开始**的方式之间,就存在一个悖论,一种不可避免的位移。而这第一个悖论又暴露了第二个悖

---

  ① "根基"原文为"fondement",其动词形式"fonder"在本书中一般译为"创立""为……奠基""奠定基础"。与此相关的另一个名词"fondation",一般译为"奠基""创立"。另见上一条译注。——译注

  ② "cogito",拉丁文,即笛卡尔的"我思"。——译注

论：我们最终在那些虚假开始的背后遇到的上帝，**所做的只是对第二个开始（数学的客观真理，以及数学物理学对象的存在）而非第一个开始（所有人的观念）的有效性作出保证，而不改变其任何内容**，甚至对第一个开始的有效性作出保证（因为如果物体存在，那么将我的身体①与世界统一起来的感受就包含某种真理）。我们将看到这整架"巨大的机器"的功能是什么——对此，伽桑狄②已经指责了笛卡尔：它可能在形式上表现为纯粹骗人的把戏，**一架完全不生产任何东西的机器**。然而，这种哲学上的无，却在捍卫某些观念时发挥了重要作用——那些观念必须这样得到保证，以便人们可以在一个被完全不同的观念统治的世界中把它们强加于人：就像碰巧一样，那个世界恰好被关于上帝的观念统治着。

我们还会注意到，哲学要有绝对的开始这一要求，没有为哲学保留对全部真理的独占的所有权，因为相反，各种向绝对的开始乞灵的哲学，都承认存在着种种普通真理——由于这些普通真理是从历史、传统、习惯和感性实践那里继承下来的，所以对于所有人都是直接可理解的。此外，所有哲学学派都有

---

① "身体"与"物体"原文为同一个词"corps"。——译注
② 伽桑狄（P. Gassendi），《形而上学研究》（*Disquisitio metaphysica*）/《形而上学研究，或对勒内·笛卡尔的形而上学和他的答辩的疑问和例证》（*Recherches métaphysiques, ou doutes et instances contre la métaphysique de R. Descartes et ses réponses*），双语版，罗绍（B. Rochot）编、译，巴黎，弗兰出版社（Vrin），1962年，第80页："［……］在第一次读您的沉思时，当读到这一段，我希望从中找到某种至今从未有人说过的真理［……］，我惊呼：我的天，他通过那么一架巨大的机器和如此巨大的努力所要寻找的新东西，竟然是**我们确实存在**！"

一个共同特点，它们不会为自己保留持有真理①的独占权，因为那将使普通人没有任何认识，无论是通俗的认识、普通的认识，还是前科学的认识或科学的认识，甚或是哲学的认识。所有哲学都会考虑现实世界的现实性，考虑居住于那个世界中的人的实践的现实性，从而考虑他们在那个世界所持有的那些真理的现实性，哪怕哲学似乎是在对那些东西进行抽象。这个看似奇怪的事实，必须引起我们注意。我们必须寻找其中的原因，以解释为什么许多哲学在把自己当作世界的流放者的同时，却又能最大程度地考虑世界的存在以及各不相同的人类实践。

仅举一个单独的例子，但它很有说服力。柏拉图的哲学，既是最希望远离感性世界的哲学，也是让可以想象到的最多样的实践出现在其《对话录》中的哲学：是在炉灶边工作的铁匠的哲学，是工匠的哲学，船夫的哲学，航海家的哲学，垂钓者的哲学，雄辩术教师的哲学，政治家的哲学，奴隶的哲学，祭司的哲学，艺匠的哲学，等等。我们将在时机成熟时对这一非同寻常的悖论进行说明。无论是否有绝对的开始，哲学都被世界所占据。

---

① 这里的"真理"原文为首字母大写且单数形式的"Vérité"，根据惯例，当原文非专有名词而首字母大写时，中文以楷体标示。——译注

三

然而，与哲学要有一个绝对的开始的传统相对，还有另一个传统，它宣布哲学没有绝对的开始，因而它可以，甚至必须从随便什么东西开始。

这是黑格尔哲学的一个原则，它从随便什么东西出发来开始探讨哲学①，并探讨到极限。正如我们在《逻辑学》开头看到的那样②，从一个最模糊、最空洞的概念③即存在开始。但他

---

① "探讨哲学"原文为"philosopher"，也译为"搞哲学""进行哲学探讨"。——译注

② 《逻辑科学》（*Science de la Logique*）第一部分《客观逻辑》（*La logique objective*）第一编《存在论（1832年版）》（*La Doctrine de l'Être, version de 1832*）。查基克（G. Jarczyk）和拉巴雷尔（P. -J. Labarrière）编、译，巴黎，基马（Kimé）出版社，"黑格尔的逻辑学"（«Logique hégélienne»）丛书，2009年，第67—72页。[参见黑格尔《逻辑学》（Ⅰ），先刚译，《黑格尔著作集》第5卷，人民出版社，2019年，第45—56页。注意，黑格尔著作中译本一般把名词的"开始"（德文为Anfang，法文为commencement）译为"开端"，本书为了统一，把动词的commencer（开始）和名词的commencement都译为"开始"。——译注]

③ 此处"概念"原文为"notion"，以往也译为"观念"。当作为"概念"讲时，阿尔都塞把它与另一个词"concept"作了区分。一般来说，在他使用"notion"时，往往是指哲学概念或"意识形态概念"；在他使用"concept"时，往往是指科学概念。下不一一注出，读者可根据上下文领会这两个"概念"的区别。——译注

立即就指出存在等于虚无。存在就是无。因此，在哲学中，我们可以、我们必须从虚无开始，从无开始。在《精神现象学》中，黑格尔重复了同样的操作①。在那里，他从呈现给我的东西，从我所感知的东西，从随便什么东西，从我在此时此地看见的"这一个"开始。黑格尔证明，这样在此时此地所感知到的，只是一种抽象的一般性，因为它是随便什么东西，所以是无。再一次，哲学从无开始。列宁在其《哲学笔记》中重新抓住了这个观念。在该书中，列宁②评论黑格尔说：随便什么东西，一粒沙，一片树叶，一件商品，总之，"最简单的事物"包含了整个哲学和整个辩证法，即整个世界的最后真理，至少潜在地是这样的。因而列宁从中得出了关于马克思在《资本论》中所采用的叙述方法的一些——在我看来有误的——结

---

① 《精神现象学》(*Phénoménologie de l'Esprit*)，查基克（G. Jarczyk）和拉巴雷尔（P.-J. Labarrière）编、译，第一卷，巴黎，伽利玛出版社（Gallimard），"对开本"丛书随笔系列（«Folio essais»），1993 年，第 107—120 页。(参见黑格尔《精神现象学》，先刚译，《黑格尔著作集》第 3 卷，人民出版社，2013 年，第 61—83 页。——译注)

② 《哲学笔记》(*Cahiers philosophiques*)，巴黎，社会出版社（Éditions sociales），1973 年，第 304—305 页："开始是最简单、最普通［……］的'存在'：个别的商品（政治经济学中的'存在'）。把它作为社会关系来加以分析。两重分析：演绎的和归纳的，——逻辑的和历史的（价值形式）。"(参见列宁《哲学笔记》，《列宁全集》第五十五卷，人民出版社，1990 年，第 291 页。另参见第 307 页："马克思在《资本论》中首先分析资产阶级社会（商品社会）里最简单、最普通、最基本、最常见、最平凡、碰到过亿万次的**关系**：商品交换。这一分析从这个最简单的现象中（从资产阶级社会的这个'细胞'中）揭示出现代社会的**一切矛盾**［……］从最简单、最普通、最常见的等等东西开始；从**任何一个命题**开始，如树叶是绿的，伊万是人，茹奇卡是狗等等。在这里（正如黑格尔天才地指出过的）**就已经有辩证法：个别就是一般**。"黑体为原文所加。——译注)

论。《资本论》确实（错误地）宣布了①马克思是从"最简单的事物"、从社会的最小"细胞"开始，也就是从商品开始。在《资本论》第一卷第一篇中，马克思提出了关于"商品"的"理论"，他在那里写道（他这样说并非偶然）："万事开头难，每门科学都是如此。"② 因此我们会很奇怪地发现，这种从随便什么东西出发，也就是说从无出发，或从所有人都可以理解的东西出发的哲学，却不得不承认这一开始是艰难的。这里的困难，既不是选择对象的困难（因为我们可以从随便什么东西开始），也不是哲学抽象的困难，因为甚至黑格尔和列宁也供认，我们由以开始的随便什么东西，天生③就是抽象的。这是另一种性质的困难，我们必须在时机成熟时对其进行考察。

这种考察尤其有必要，因为，回到马克思，并以一般的方式回到唯物主义哲学（如果我们确实愿意抛弃从物质开始的庸俗唯

---

① 《资本论》（*Le Capital*），第一卷，鲁瓦（J. Roy）译，阿尔都塞编年并"告读者"，巴黎，加尼耶-弗拉马里翁出版社（Garnier-Flammarion），1969年，第60—61页。网络版参见：http：//marxists.org/francais/marx/works/1867/Capital-I/index.htm（参见马克思《资本论·第一版序言》，《资本论》第一卷，人民出版社，2004年，第8页。——译注）

② 同前注，"德文第一版序言"，第35页。参见阿尔都塞《〈资本论〉第一卷告读者》（«Avertissement aux lecteurs du Livre I du *Capital*»），同前注，第19页："因此马克思当时认为，'万事开头难，每门科学都是如此'。事实上，第一卷第一篇就是采用了一种基本上是由这种黑格尔的偏见所造成的困难的叙述顺序。"（参见阿尔都塞《〈资本论〉第一卷告读者》，《列宁和哲学》，杜章智译，流远出版社，1990年，第91页。篇名和译文有修改。另参见马克思《资本论·第一版序言》，《资本论》第一卷，前引，第7页："万事开头难，每门科学都是如此。所以本书第一章，特别是分析商品的部分，是最难理解的。"此外，这里的"开头"原文为"commencement"，即前后文中的"开始"。——译注）

③ "天生"原文为"par nature"，其中"nature"也译为"自然""性质"。——译注

物主义的话），令人惊讶的是我们发现，这种哲学最内在的要求，也是从随便什么东西开始，但要附上一个补充规定，即**那个随便什么东西必须处于运动中**。如果允许我打个比方的话，我们可以说，其他哲学是从出发站上车的，它们在车上坐定，就待在那里一直到火车抵达到达站，而唯物主义哲学总是登上行进中的火车①。

  这个类似于寓言的比喻，具有非常深刻的哲学意义。事实上它意味着，对于第一类哲学来说，哲学的开始实际上只是一个表面的开始，因为那个被指定为绝对②的开始（cogito③、感性、观念等等），预先就已经被纳入了**一个先行于它的范畴体系**，而那些范畴并不是任意的。我们在这里谈到了出发站和到达站，从哲学上讲，我们可以把这些词翻译为两个范畴："起源"和"目的"④，并

---

  ① 阿尔都塞曾多次用这个比喻来说明唯物主义哲学与唯心主义哲学的区别。参考《唯物主义哲学家的画像》，收入《哲学与政治文集》（*Écrits Philosophiques et Politiques*）第一卷，Stock/Imec 出版社，1994 年，第 595—596 页；也参考其晚年手稿《论偶然唯物主义》（1986），原载《诸众》第 21 期，2005 年夏季号（*Multitudes*, Été, 2005）第 180—194 页，中文版载《马克思主义与现实》2017 年第 4 期，吴子枫译，第 116—125 页。——译注

  ② "绝对"原文为"absolu"，这里用作名词。——译注

  ③ "cogito"，拉丁文，即笛卡尔的"我思"。——译注

  ④ 这里"起源"原文为"origine"，也译为"起点"。阿尔都塞经常用"genèse"和"origine"这两个不同的词来表示"起源"。前者来自《圣经·旧约》第一卷的"创世纪"，引申为"宇宙起源论"，转义为"起源""发生"等，后者也有"起源""根源"的意思。值得指出的是，阿尔都塞一贯反对"起源论"，在他看来，唯物主义哲学家（比如伊壁鸠鲁）"不谈论世界的起源（origine）这个无意义的问题，而是谈论世界的开始（commencement）"。参见《写给非哲学家的哲学入门》（*Initiation à la philosophie pour les non-philosophes*），法国大学出版社（PUF），2014 年，第 66 页。在本书中，"origine"和"fin"这两个词，作为哲学范畴时，一般译为"起源（＝绝对的起点）"和"目的（＝绝对的终点）"；其他情况下，一般译为"起点"和"终点（终结）"。与之相应，在本书中，当"sens"与"起源/目的"搭配使用时，一般译为"意义"，与"起点/终点"搭配使用时，一般译为"方向"。读者可根据上下文进行体会，不再一一注出。——译注

可以说，对于这些哲学来说，哲学必须始终从起源开始，朝着它的目的迈进。因此我们看到，起源和目的的范畴构成了一个经常在哲学中出现的互补的对子（范畴成对出现）。我们甚至可以发现，在这个对子中，这两个范畴中的任何一个都规定了另一个的意义：没有目的，就无所谓起源；没有起源，就无所谓目的。这个进程，让我们从一个起源走向一个目的的进程，哲学称之为**目的论进程**（"目的论的"① 一词来自希腊语 télos，意思是目的）：有确定方向的进程，设定了目的的进程，追求某个目的的进程，去往某个归宿②的进程。而既然对某个目的的追求似乎是意识的特性，所以这就是一个有意识地确定了方向、有意识地设定了目的的进程。在时机成熟时，我们将看到从这几点说明中将得出何种结论。

另一方面，如果我们仔细考察唯物主义哲学——我们此前已经说过，它们总是登上行进中的火车——如果我们用哲学范畴来翻译这个寓言，我们就必须说，对于这些哲学来说，哲学的开始既不预设出发站，也不预设到达站，从而既不预设起源，也不预设目的。在这种情况下，刚才提到的一切（起源—目的的对子、目的论、方向的确定、目的的设定，乃至进程的意识）都消失了，因为这些范畴都缺乏任何哲学有效性。而在它们的位置上，出现了一个新范畴。乍一看这相当奇怪，但它很好地说明了在登上行进中的火车这个寓言中，是什么东西在起作用。这个范畴，就是过程的范畴（火车的行进），但这是一

---

① "目的论（的）"原文为"téléologique"。——译注
② "归宿"原文为"destination"，也译为"目的地"。——译注

个既没有起源也没有目的的过程（既没有出发站也没有到达站的过程），因而是一个没有意识的过程。而既然人们几乎总是习惯于把意识与一个能说"我"的主体联系起来，所以我们可以把这个范畴叫作"**没有主体的过程**"①。

这具体意味着什么呢？这意味着相当多的东西，这里既无法对它们进行列举，也无法对它们进行研究。但为了提供一个关于它们的观念，这里可以举几个例子。这首先意味着那种自认为可以从 cogito（从肯定"我思"）、从感觉或观念等等开始的哲学家，事实上总是以一个并没有指望他从其开始的概念（notion）开始的——这个概念有一个过去，不仅是哲学的过去（圣·奥古斯丁在笛卡尔很久之前就已然"发现"了 cogito②），而且还是历史的过去（早在柏拉图或笛卡尔这样的哲学家决定"从一个真观念开始"之前，人类就一直有一些感觉，他们在

---

① 阿尔都塞《人道主义论争》（«La querelle de l'humanisme»），《哲学与政治文集》（*Écrits philosophiques et politiques*），马特龙（F. Matheron）编，巴黎，Stock/Imec 出版社，第二卷，1995 年（1967 年），第 453 页："马克思从黑格尔那里借来了过程这个决定性的哲学范畴。他还向他借来了[……]，他向他借来了**没有主体的过程的概念**。"另参见《〈资本论〉第一卷告读者》（«Avertissement aux lecteurs du Livre I...»），第 21 页。（参见阿尔都塞《〈资本论〉第一卷告读者》，《列宁和哲学》，杜章智译，前引，第 94 页："马克思在无情地抛弃一切黑格尔的影响时，继续承认黑格尔的重要功绩：是黑格尔第一个把历史理解为'没有主体的过程'。"篇名有修改。——译注）

② 《论三位一体》（*De Trinitate/La Trinité*），阿加埃斯（P. Agaësse）译，阿加埃斯和穆安（J. Moingt）编，收入圣·奥古斯丁《著作集第二辑》（*Œuvres : Deuxième série*），第十六卷，巴黎，Desclée de Brouwer 出版社，"奥古斯丁图书馆"（«Bibliothèque augustinienne»）丛书，1991 年，第十部，第十章，第 14—16 节，第 148—153 页。

这些感觉的基础上创立了实用数学，然后是理论数学）。因而这就意味着，那种以我们刚才所说的方式行事的哲学家，在我们面前做了一个**假动作**。他假装相信使哲学得以开始的那个开始是绝对的，但我们非常清楚（而最令人惊讶的是，他本人也清楚这一点），那个开始是相对的。为什么哲学——至少是这种哲学（唯心主义哲学）——需要这种假动作？我们稍后就会明白这一点。

四

但这还不是事情的全部。事实上,这不仅仅是唯心主义哲学家以什么**开始**其哲学的问题。在将其哲学形诸笔端之前,他们就是哲学家,也正是作为哲学家,他们才想开始某项重要的事情。只要变换先前的术语,就足以发现他们的想法。他们认为**哲学本身就是绝对的开始**,就是绝对。他们以这种方式将世界一分为二:一方面是所有那些非哲学的东西,另一方面是哲学。因此,一方面是哲学:它是绝对的开始,它是绝对的,绝对的意义,绝对的起点,绝对的终点;另一方面是所有非哲学的东西,实际上也就是人类全部具体的、物质的、科学的、社会的、情感的、宗教的等等的存在。

说出这样的话,看起来是在陈述一个几乎骇人听闻的命题。但所有那些经常与唯心主义哲学家(还有那些庸俗唯物主义者,因为从这种观点看,他们与唯心主义哲学家站在同一边)打交道的人都知道这个命题是真的,知道唯心主义哲学的特性,就是企图不仅掌握关于诸事物的真理,而且还掌握关于全部现有真理的真理。这种掌握可能会采取不同的形式,但它是包罗万象的①。这里仅举一个独一无二的例子，我们可以说，对于唯心主义哲学来说，哲学握有一门科学的真理，但这是一门高级科学（希腊语 épistémé②、德语 Wissenschaft③ 清楚地表明了这一点），它本身高于一切科学，不仅为一切科学的真理奠基，而且为一切科学的存在奠基。我们在柏拉图那里看到了这一点。在他那里，哲学是无假设的，即不需要假设，它高于科学（数学），后者尽管是理性的和抽象的，但要靠一些假设才存在，而它们自己又无法为那些假设奠基，只有哲学能替它们做到这一点。我们在笛卡尔那里看到了这一点，他用了另一个比喻，说形而上学就像一棵树的树干，各门科学就是它的各个分支。我们在黑格尔那里也看到了这一点，他公然宣称，哲学是关于**理性**（Vernunft④）的科学，它为各门已知的科学指定其对象和方法，因为这些科学是从完全**给定的**、没有根据的对象开始的，它们迷失在**知性**（Verstand⑤）的抽象中，等等。

如果我们更进一步，如果我们不再考察唯心主义为哲学赋予的绝对开始的功能，而是考察这种哲学与具体的、真实的历史之间的关系，那么我们就会看到可以重复同样的推理。唯心主义非常严肃地认为历史开始于哲学，而由于在这种构想中哲学和历史在不断地重复，所以唯心主义者就非常严肃地认为哲学总是掌握着历史中所发生的一切的绝对真理，不仅包括科学

---

① "包罗万象的"原文为"universelle"，通常也译为"普遍的"。——译注
② "épistémé"，拉丁文形式的希腊语，意为"认识论"。——译注
③ "Wissenschaft"，德文，意为"科学""知识"。——译注
④ "Vernunft"，德文，意为"理性""理由"。——译注
⑤ "Verstand"，德文，意为"知性""理解力"。　译注

史中所发生的一切,而且显然还包括在一切人类实践的历史中、在经济生产中、在(宗教的、道德的等等)意识形态冲突和政治的阶级斗争中所发生的一切。唯心主义哲学家并非总是白纸黑字地把这些写出来,但他们总是以这种自命不凡为前提。他们有些人甚至会把这种自命不凡记录在自己的著作中,并对其进行发挥。我只举一个例子:黑格尔的例子。他在其《历史哲学》①中用大量篇幅相当清楚地解释了(因为他在这里摊牌了)确实是哲学,并且只有哲学,掌握着历史的真理,因为不同的时代(世界历史②的各个环节)只是逻辑的各个环节的实现和化身,而逻辑本身等同于哲学。在这一点上,完全不可能(虽然这种可能性并没有被绝对排除)——像之前在谈到假动作那样——再坚持认为这里只是一种手法,认为实际上唯心主义并不相信它所说的,因为只有成为真正意义上的疯子,才会相信具体的历史,即人类在其中工作、战斗、相爱与死亡的历史,是哲学真理的化身。只有成为疯子,或成为把创世、基督道成肉身③、基督复活以及通过赦免罪恶而救世等等教义当作金科玉律的教徒意义上的宗教信仰者,才会相信上述观念。因

---

① 《历史哲学》(*Philosophie de l'histoire*),比安昂斯托克(M. Bienenstock)编,比安昂斯托克等译,瓦斯泽克(N. Waszek)批评机器,巴黎,袖珍书出版社(Livre de poche),"袖珍图书馆"(«La Pochothèque»)丛书,2009年,第99—100页。(参见黑格尔《历史哲学》"绪论",王造时译,上海书店出版社,2011年。——译注)

② "世界历史"原文为"histoire universelle",按字面意思可译为"普遍历史"。黑格尔著作中译本译为"世界历史"。——译注

③ "道成肉身"原文为"incarnation",与前文中的"化身"为同一个词。——译注

为在这个意义上成为宗教信仰者，无论是天主教徒还是路德教徒，就是假定在世界之外或世界之中、在历史之外或历史之中的某个地方，存在着一种绝对的意识，即创造了一切并安排了一切的上帝的意识；而上帝创造一切并安排一切，正如博絮埃①想要证明的那样，为的是让历史，直至其细节，遵循神的救赎计划。但由此我们就遇到一个重要的问题：哲学和宗教之间的关系问题，我们将在适当的时候对其进行考察。

我们已经意识到是什么东西让非唯心主义的即唯物主义的哲学抛弃了我们刚才所简要回顾的整个范畴机器。拒绝相信在哲学中有一个绝对开始的唯物主义哲学，显然也拒绝认为哲学本身是一个绝对的开始，从而拒绝认为哲学是各门科学和历史中所发生的一切的绝对真理。相反，唯物主义哲学认为，历史中发生的一切，虽然有**一些起点**②（即一个或更确切地说一些原因和后果），一种**倾向**，但却既没有**起源**（绝对的开始、绝对的主体、绝对的方向）也没有**目的**（绝对的终点、绝对的主体、绝对的方向和归宿）。因此，唯物主义哲学认为，要认识历史中发生的事情，就必须摆脱所有这些虚幻的范畴，并"着手对经验的事实进行具体的研究"

---

① 《论普遍历史》（*Discours sur l'histoire universelle*），收入博絮埃（J.-B. Bossuet），韦拉（B. Velat）和尚帕耶（Y. Champailler）编，巴黎，伽利玛出版社（Gallimard），"七星文库"（«Bibliothèque de la Pléiade»）丛书，1961年，第八章："此前全部论述的结论，表明必须把一切都归于某种天意，第1024—1027页。

② "一些起点"原文为"origines"，其单数形式也译为"起源"；与之相对应的"目的"原文为"fin"，也译为"终点""终结"。详见第73页译注。——译注

(马克思①),以发现这一具体进程的合理逻辑。唯物主义哲学同时指出,对这个具体进程的科学认识——它每一次都是不同的、首创的——不可能不求助于"没有主体的过程"(既没有起源,也没有目的)这个范畴:如果哲学想自己思考自己是什么,这个范畴就是必不可少的。因为事情不仅仅在于拒绝这样一种自命不凡,即认为哲学掌握了关于诸事物、科学和历史的真理;同时还在于拒绝另一种自命不凡,即宣称世界和历史只不过是哲学真理的实现和化身。事实上,如果在历史或哲学中既没有绝对的起点,也没有绝对的终点,那么根据一个为保障人们得救或堕入地狱而制定的详细计划,去赋予哲学以创造世界的过分力量(无论它是逻辑的真理,就像在黑格尔那里一样;还是一个被称为上帝的万能存在)和创造历史的过分力量,就没有意义。这就是为什么唯物主义必然是一种无神论。

如果刚才所叙述的一切都难以质疑的话,就一定可以从中得出这样的结论:哲学在我们面前表现出一种悖论的形式。一方面,一切哲学都有一些共同的基本特征,这些特征与哲学语言的性质有关,与存在于那些抽象术语(它们是一些范畴)之

---

① 《德意志意识形态》(*L'Idéologie allemande*),吕贝尔(Rubel)等译,收入《马克思著作集》,吕贝尔编,第三卷《哲学》(*Philosophie*),巴黎,伽利玛出版社(Gallimard),"七星文库"(«Bibliothèque de la Pléiade»)丛书,1982年,第1200页:"须要'把哲学搁在一旁'[……]并作为一个普通的人去研究现实[……];哲学和对现实世界的研究这两者的关系就像手淫和性爱的关系一样。"(参见马克思、恩格斯《德意志意识形态》,《马克思恩格斯全集》第三卷,人民出版社,1965年,第262页。法文编者注中所引文字参见该页,但阿尔都塞正文中的引文与此处文字稍有出入。——译注)

间的系统关系的性质有关，等等；但另一方面，哲学又至少可以大致划分为两大阵营，唯心主义阵营和唯物主义阵营，它们在一些基本主题上针锋相对。实际上一切都好像是：在哲学内部，对立双方相互反对，但它们又以一个共同的现实即哲学本身为基础，这样一来就为哲学的辩证法形象赋予了一种客观实在性——自黑格尔以来，特别是自马克思和列宁以来，这种哲学的辩证法已经广为人知，人们把它叫作对立面的统一。

五

但是，为了更深入我们的主题，并且既然作为唯物主义者我们可以从随便什么东西开始，那么就让我们来稍微审查一下我们用来指明哲学难题或哲学问题的那些词语。

我们刚才依次用了"难题""问题"这两个术语。在选择用一个术语去代替另一个术语时，总是存在一定的任意性，特别是当它们的意义非常接近时。因此，让我们约定（我承认这在很大程度上是一个任意的决定）用"哲学问题"这个词，而不用"哲学难题"。

在我们这个小小的语言世界，尽管我们抛弃了"难题"这个术语，但对于大家来说，它不一定就被浪费了……因此，这个选择事实上意味着一个哲学决定，一个哲学论点：事实上，我们约定用"哲学问题"，为的是把"难题"这个术语保留给科学。因此我们会说：在哲学中存在一些问题和一些回答，在科学中存在一些难题和一些解决办法。

我认为这种区分——当然必须使它更明确——对于理解哲学来说至关重要。要想在哲学上入门，就必须首先明白**哲学不是科学**，所以哲学不会像科学那样提出难题，也不会像科学那样发现难题的解决办法,即发现一些认识。哲学是**一种完全不同的实践**,它会提出问题,作出回答,但那些回答并不是像科学认识一样的认识。

这一切都既不简单,也不容易解释,因此我要求读者集中注意力。但我要重复一遍:这是最根本的一点,不抓住这一点,就会迷失在哲学中①。

所以,我要重新采用我已经用过的表达②,以另一种方式

---

① 阿尔都塞本人直到20世纪60年代上半叶捍卫了马克思主义哲学具有科学性这个论点之后,才"抓住了这一点"(参见本书第313页注释①)(编者注所标的页码均为原书页码,即本书页边码,下同。——译注)。在1966年6月26日发表的讲演中有细微差别,其中阿尔都塞称马克思主义哲学是"一种哲学,而不是一门严格意义上的科学,尽管它是一种具有科学性质的哲学"[《哲学的形势和马克思主义理论研究》(«Conjoncture philosophique et recherche théorique marxiste»),《哲学与政治文集》(Écrits philosophiques...),第二卷,前引,第406页],这个论点在《马克思主义哲学的历史任务》(1967年5月)(La Tâche historique de la philosophie marxiste)的"结论"中被抛弃了。"[……]哲学与政治之间紧密的有机关系[……]将哲学与一切科学区分开来。"《马克思主义哲学的历史任务》未以法文发表,但其中一部分(不包括"结论")以匈牙利语发表于《马克思:理论革命》(Marx-az elmélet forradalma),格罗(E. Gerö)译,布达佩斯,科苏特出版社(Kossuth),1968年,第272—306页。在阿尔都塞去世后,它的英文版(«The Historical Task of Marxist Philosophy»)发表于《人道主义论争及其他》(The Humanist Controversy and Other Writings),马特龙(F. Matheron)编,戈什加林(G. M. Goshgarian)译,伦敦,Verso出版社,2003年,第155—220页。(可参见《哲学的形势和马克思主义理论研究》中文版,吴子枫译,《国外理论动态》2014年第1期。——译注)。

② 阿尔都塞在这里引入了在一系列文本和1967年讲演中精心制定并不断重复的一些论点。那一系列文本中尤其值得注意的是《哲学和科学家的自发哲学》(Philosophie et philosophie spontanée des savants, 1967),巴黎,马斯佩罗出版社(Maspero),"理论"(«Théorie»)丛书,1974年,第18页及以下,以及第129页注释1。(参见阿尔都塞《哲学和科学家的自发哲学》,《哲学与政治:阿尔都塞读本》,陈越编,前引。——译注)

来说这件事情。

我要说：哲学不是一门科学。在一门科学被认为有自己的对象的意义上，哲学**没有对象**（外在的、客观的、物质地存在的对象，哪怕其存在方式是抽象的，就像在数学中一样）。

无论人们如何翻来覆去思考这件事，这些论点都难以动摇。

我要说：一切科学都有一个对象。必须补充说：它的对象是限定的。每一门科学都有一个对象，这一点大家都会承认。但是，每一门科学都有一个限定的对象，则是一个很少得到承认的命题。然而，它对于理解各门科学和科学史来说却是最根本的。我曾经说过，一门新科学的创立①会"开辟一块科学认识的新大陆"，我还举了一些例子：古希腊人通过一个以泰勒斯而闻名的可能是传说中的人物，开辟了数学大陆；伽利略开辟了物理学大陆；马克思开辟了历史大陆；弗洛伊德开辟了无意识大陆②。我用**大陆**这个词，是想表明数学、物理学、历史和无意识的对象是一些**有限的领地**：这并不是说对它们的特质的探索不是无限的（实际上一切科学，无论是在其实践上，还

---

① "创立"原文为"fondation"，有时候也译为"奠基"。其动词形式"fonder"在本书中一般译为"创立""为……奠基""奠定基础"。与此相关的另一个名词"fondement"，一般译为"根基"。另参见第 67 页译注。——译注

② 阿尔都塞可能想起了他在 1968 年 2 月 24 日的讲演《列宁和哲学》（«Lénine et la philosophie»）［收入《列宁和哲学. 附"马克思和黑格尔在列宁之前"》（ Lénine et la philosophie suivi de Marx et Hegel devant Lénine），巴黎，马斯佩罗出版社（Maspero），"马斯佩罗小丛书"（ «Petite collection Maspero»），1975 年（1969 年），第 20 页］，但他在那里拒绝引用精神分析的发明作为新科学创立的例子。另参见本书第 87 页译注①。（参见阿尔都塞《列宁和哲学》，《哲学与政治：阿尔都塞读本》，陈越编，前引，第 142 页。——译注）

是在对其对象的不断深化上,都是无限的:"原子是无限的。"——列宁①),而是说它们的对象是有限的,它有界限,这些界限会把它与其他科学的其他有限对象区别开来。

　　这个命题看起来无关紧要,但它在哲学和科学方面的后果却不容忽视。因为,我们在科学史上看到了什么呢?我们看到,就"科学"这个词的本义(指关于其对象的种种特质的证明性学科)来说的"那种"② 科学,从某个地方——从数学中——诞生,从而为科学认识开辟了一块有限的大陆。然后,更晚一点,另一块大陆在另一个地方诞生:物理学。诚然,这种物理学是数学的,我的意思是说它通过数学的方式来处理问题,但它不是纯粹的数学,它涉及重力作用下的运动,从而涉及速度和加速度作用下的运动,而这种运动不能化约为笛卡尔的解析几何。因此,它关注的是**物质的**③性质,从原则上来说,后者是一个与几何中的空间和算术中的数完全不同的对象。如此等等。然而,我们看到了什么?在这些已经建立起来的大陆的内部,出现了一些相对自治的区域的轮廓;或在同样这些大陆的外部,从海洋中突然出现了人们未知的新的蛮荒之地,有一些科学家在对它们进行开垦和探索,于是它们一点一点扩展自己

---

　　① 参见列宁《唯物主义和经验批判主义》,前引,第275页:"日益发展的人类科学在认识自然界上的这一切**里程碑**都具有暂时的、相对的、近似的性质。电子和原子一样,也**是不可穷尽的**,自然界是无限的,而且它无限地**存在着**。"黑体为原文所有。——译注

　　② "那种"原文为定冠词"la",这里强调的是第一次作为"科学"而出现的"科学"。——译注

　　③ "物质的"原文为"matérielle",也译为"质料的"(尤其是在涉及亚里士多德的哲学时)。——译注

的空间，最终把自己与现有的那些古老大陆紧密连接起来。

就这样，化学独立于物理学而诞生，并与物理学大陆连接了起来；概率计算独立于数学而诞生，并与分析法连接了起来；而在我们的时代，作为一个惊人的结果，生物学独立于物理学和化学而诞生，并与生物化学连接了起来。请注意，并非所有科学都是这种情况。虽然形式逻辑在半个世纪前就已经成了数学的一个分支，但无论是对于心理学还是对于语言学，我们都不能说同样的话，尽管它们付出了值得称赞的努力。① 那么，对于历史唯物主义，我们能说什么呢？有人把它与物理学连接起来（把利润率下降趋势定律与能量递减趋势定律或热力学第二定律相关联），有人把它与数学连接起来（经济模型的数学化），有人把它与生物学连接起来（达尔文类型的进化论），有人把它与社会心理学连接起来（功能主义），还有人把它与社会学连接起来（结构主义），等等。尽管存在着所有这些尝试，这个大陆迄今依然是孤立的。也许除了向精神分析那边搭一个跳板，我们看不出如何才能让它摆脱自己的被迫孤立状态。但我们会看到，可能有一些原因造成了这种孤立状态。

因此，这种更明确的规定——一门科学的对象是有限

---

① 被删除的文字："我们同样不能说，精神分析能够与关于大脑的神经—化学—生物学联系起来——尽管它明显依赖于后者，或者能够与历史唯物主义关于意识形态国家机器的理论联系起来——尽管后者是它的'邻居'。我们甚至还必须说，由于缺乏与另一片科学大陆相连接的能力，精神分析依然悬在空中，就像一块土地，诚然得到了很好的耕耘，但其耕耘方式却似乎更像手工业的方式而不是科学的方式。毕竟我们都知道，凭我们祖父的园艺，完全有能力生产胡萝卜、西红柿和雪维菜。"

的——并非没有后果。它使我们能够看清某种对科学进行哲学探讨①的方式。实际上，哲学，至少唯心主义哲学，最热衷的就是对各门科学进行哲学探讨。而且它在一种幻象——即认为**一门科学的对象不是有限的，而是无限的**——中找到了一个充分的理由沉迷于这种激情。这实际上意味着唯心主义为一门科学，为它的理论、它的概念、它的方法和结论提供了奢望，说它们可以扩展到全部现有的对象，无一例外。有趣的是，我们看到这种奢望第一次由物理学家伽利略在17世纪初确认了，他说："伟大的自然之书是用数学符号写成的。"② 笛卡尔重复了这个论点，并赋予它涵盖全部现实的机械论形式：一切事物都是这样构成的，都可以被分解成各个组成部分，这些部分要么是物质的（物理的物体），要么是精神的（观念和知觉），它们之间的关系非常简单，都是机械性的关系。我们知道，笛卡尔——仿照当时人们制造的自动机的形象——从中得出了一种机器动物理论③，并期待从自己机械论的一般化中，得出关于

---

① "进行哲学探讨"原文为"philosopher"，即"哲学"的动词形式，也译为"探讨哲学""搞哲学"。——译注

② 《试验器》（«L'Essayeur»），收入《伽利略的试验器》（*L'Essayeur de Galilée*），肖维雷（C. Chauviré）编、译，巴黎，Les Belles Lettres 出版社，"贝桑松大学文学年鉴"（«Annales littéraires de l'université de Besançon»）丛书，1980年（1623年），第141页："［……］这部伟大的书，总是打开在我们的眼前，我的意思是，宇宙［……］是用数学语言写成的，它的文字是三角形、圆形和其他几何图形。"

③ 《谈谈方法》（*Discours de la méthode*），《哲学著作集》（*Œuvres philosophiques*），前引，第一卷《1618—1637》（*1618—1637*），第五部分，第628页："［……］如果有那么一些机器，其部件的外形跟猴子或某种无理性动物一模一样，我们是根本无法知道它们的本性与这些动物有什么不同的［……］。"（参见笛卡尔《谈谈方法》，王太庆译，商务印书馆，2006年，第44—45页。——译注）

医学和道德（在他看来道德是医学的分支）的决定性结论。这证明了这位哲学家的想象力。对于这种想象力，莱布尼茨①指责说，笛卡尔的物理学是一部"传奇"。但同样是这个莱布尼茨，用一种神圣的形式主义为笛卡尔的机械论添枝加叶，把精神变成了某种比笛卡尔的"思维着的灵魂"更完善的东西，因为他把它定义为"自动机"！

我要在这里放下这个**把一门科学当作是关于现有一切现实的真理来进行盘剥利用**②（因为它完完全全是一种彻头彻尾③的任意的剥削）的第一个例子，以便快速过渡到其他例子。因为，如果说这是第一个例子的话，很可惜它并不是最后一个例子。哲学和科学的整个历史，都充满了诸如此类的例子：比如

---

① 一封日期不明（1679年?）、收信者未知[让-弗雷德里克·德·不伦瑞克-卡伦贝格公爵（Duc Jean-Frédéric de Brunswick-Calenberg）?]的信，见莱布尼茨（G. W. Leibniz）《著作和书信全集》（*Sämtliche Schriften und Briefe*），柏林勃兰登堡科学院和哥廷根科学院编，第二辑：《哲学通信集》（*Philosophischer Briefwechsel*），明斯特大学莱布尼茨研究所编，第一卷，柏林，学院出版社（Akademie），2006年再版，第782页："[……]我们不久就会忘记他（笛卡尔）给我们提供的那本十足的物理学传奇。"同前引，《神正论》（*Essais de Théodicée*），不伦瑞克（J. Brunschwig）编，巴黎，加厄耶-弗拉马里翁出版社（Garnier-Flammarion），1969年，第403节，第354页。（参见莱布尼茨《神正论》，段德智译，商务印书馆，2017年，第566页："胎儿在动物身上成形，以及成千上万其他自然奇迹都是上帝所赋予的本能产生出来的，亦即借助于上帝的预成产生出来的，上帝的预成造出了这些令人惊叹的自动机，适合以机械方式产生出如此美妙的结果。同样，我们也不难相信，灵魂乃一种更加令人惊叹的精神的自动机，通过上帝的预成，它产生出了这些如此美妙的观念，对这项工作，我们的意志根本无法参与，我们的技艺根本无法企及。"译文有修改。——译注）

② "盘剥利用"原文为"exploitation"，即后文的"剥削"。——译注

③ "彻头彻尾"原文为"du tout au tout"，其中"tout"也译为"全部""一切""整体"。——译注

从 18 世纪开始盛行的、以实验方法和牛顿理论为基础的物理实验主义；比如同一个世纪（只是更晚些时候）出现的、受到帕斯卡尔、费马和伯努利等人著作启发的概率论——有人（孔多塞）甚至把它运用于那些必将成为未来"人的科学"的核心领域（政治经济学、人口学、博弈论等）；比如 19 世纪初的精神心理学，它是反对工人阶级反抗的战争武器；比如接下来的孔德和涂尔干的社会学，它会为精神心理学助一臂之力；比如政治经济学，它的影响力在这整个世纪都非常特别（因为它对弗洛伊德本人来说是典范），更不用说物理学、化学和生物学了，它们也都受到了感染；比如奥斯特瓦尔德的能量学，奥斯特瓦尔德从能量出发去思考一切，首先是思考物质，但也（自然地！）思考社会关系。于是，科学发现和科学欺骗（政治经济学、社会学、社会心理学、心理学这些所谓"人文科学"的科学欺骗）数量倍增，这些不同的科学，自认为或被认为能够用其理论来统一对这个世界的认识：因而自称是包罗万象的①，它们通过一种惊人的高难度动作，同时想成为数理逻辑、语言学、心理学、社会学、精神分析学、物理学、化学、生物学、数学、政治经济学，甚至……马克思主义。

事实上，历史唯物主义本身也无法避免这种普遍的②感染。此外，经常是一些非马克思主义者要让历史唯物主义扮演这种角色，即把马克思创立的科学当作一种能够解释一切的哲学。但也有一些马克思主义者为这种欺骗推波助澜。结果是双重的。

---

① "包罗万象的"原文为"universelles"，通常也译为"普遍的"。——译注
② "普遍的"原文为"universelle"，前文也译为"包罗万象的"。——译注

一方面，这种所谓的马克思主义想要解释一切：无意识现象（赖希）、审美现象（卢卡奇）、哲学现象（普列汉诺夫），甚至数学现象（卡萨诺瓦）、物理学现象、语言学现象（马尔，当时受到斯大林严厉指责①），乃至医学现象。另一方面，同样是这种马克思主义，已经离历史唯物主义如此之远，以致我们完全有权利说，这门科学"已经消失了"（就像——根据20世纪初一位物理学家②所说——物质消失了一样）。结果是科学、科学的对象、理论、方法和语言的广泛混乱。每一门科学都在使用另一门科学的语言。这是一座真正的巴别塔，人们相互不知所云。当然，有些哲学家是为了在这种混乱中谋一份差事，并从中得出一些时髦的哲学后果。他们就这样使得这种支配着科学的混乱在哲学中成倍增加，并越来越使得这些科学与随便碰到的意识形态相混淆。一如既往，当巴别塔被建立起来又倒塌时，获得胜利的是上帝，然后我们就会听到上帝的先知们——

---

① 《论语言学中的马克思主义》（«À propos du marxisme en linguistique»），《斯大林文选》（*Textes*），科昂（F. Cohen）编、译，第二卷，巴黎，社会出版社（Éditions sociales），1983年，第169—191页。[参见斯大林《马克思主义和语言学问题》第一部分，《斯大林文选（1934—1952）》，人民出版社，1978年，第520—543页。——译注]

② 乌尔维格（L. Houllevigue），《科学的进化》（*L'Évolution des sciences*），巴黎，Armand Colin出版社，1908年，第63、87、88页，列宁曾在《唯物主义和经验批判主义：对一种反动哲学的批判》（*Matérialisme et empiriocriticisme. Notes critiques sur une philosophie réactionnaire*）中引述过他的观点。巴黎，马克思主义科学出版社（Éditions Sciences marxistes），"青年图书馆"（«Bibliothèque jeunes»）丛书，2009年，第287页。(参见列宁《唯物主义和经验批判主义》，前引，第271页。——译注)

克拉韦尔①或布唐②，或某种原教旨主义者——的声音响起。但不幸的是，这些先知不是在旷野中呼喊③，因为他们是用一种陷于混乱的观点来布道的，他们正是从这种混乱中获得自己令人大开眼界的口才。只有唯物主义者（出于他们自己的理由）和真正的信徒（出于属于他们的理由），才不会接受这个上帝，这个在人类历史粪堆上长出来的上帝。

所以，让我们回到我们的主题：一切科学都有一个对象，并且是一个**限定的**对象。这么说，不是在陈述一个含糊不清的、对任何人和任何事都有效的句子，而是在陈述一些非常明确的条件。说一切科学都有一个属于它自己的限定的对象，这意味着它能够把这个对象视为同一的（identifier）④，这种同一化（identification）离不开一整套**实验性的**物质技术装置，后者使科学可以真正把握它的对象（德国人令人钦佩地把关于某个对象、某种现实的概念⑤、真概念⑥，叫作

---

① 莫里斯·克拉韦尔（Maurice Clavel，1920—1979），基督教哲学家和作家，著有《我所相信的》（*Ce que je crois*，1975）、《上帝就是上帝，上帝的名！》（*Dieu est Dieu, nom de Dieu*！，1976）。

② 皮埃尔·布唐（Pierre Boutang，1916—1988），作家、翻译家，君主主义和基督教哲学家，著有《重新掌权》（*Reprendre le pouvoir*），巴黎，Sagittaire 出版社，1977 年。"马克思主义不过是对真思想的歪曲，对合法性的否定：它什么也没创造，它专司破坏。"

③ 参见《圣经·以赛亚书》40：3："在旷野，有人声喊着说：'当预备耶和华的路'"。——译注

④ "identifier"，有"视为同一""辨认""识别"等意思。另参见本书第十四章论述。——译注

⑤ 这里的"概念"原文为"concept"。另见下注。——译注

⑥ 这里的"概念"原文为"notion"。关于它与"concept"的区分，详见第 70 页译注。——译注

Begriff①，即把握②。当法国人说"抓住"或"构想"③ 现实时，他们说的是同一件事，只是没那么强有力），把它提交给关于它的"内在的"④ 现实性的理论假设，并（根据人们的意愿）以证明的或有说服力的形式去验证（或否定）那些假设。

在这里，我要请大家注意那些被提交给实验装置去验证的假设所具有的这种被否定或否认⑤的能力（capacité）。因为没有任何科学家能够预先知道他付诸验证的假设究竟会得到证实，还是得不到证实从而被否认或否定。假设被否定或否认的可能性（possibilité），是所有科学实践的一部分，因而也是所有科学理论的一部分。非科学的理论（理论的意识形态），不需要验证、否定或否认的"标准"，因为它们的目的不是认识现实，

---

① "Begriff"，德文，意为"概念"，其中"griff"意为"抓""拿""把握"。——译注

② "把握"原文为"prise"，意为"抓""取""握"，动词形式为"prendre"，也有"凝结"的意思。关于这个词的更多论述，参见第 238 页正文和注释。——译注

③ "抓住"原文为"saisir"，也可译为"把握"；"构想"原文为"concevoir"，与"concept"（概念）、"conception"（受孕、领会、观念、构想）为同根词，可理解为"形成概念"。——译注

④ 参见斯宾诺莎《知性改进论》（*Traité de la réforme...*），前引，第 95 节，第 130—131 页："一个定义要可以称为完善，必须解释一物的最内在的本质（*intimam essentiam rei explicare*）。"（参见斯宾诺莎《知性改进论》，贺麟译，前引，第 60 页。译文有修改。——译注）

⑤ 这里及上下两段文字中的"否定"和"否认"原文分别为"infirmées""démenties"和它们的名词形式"infirmation""démenti"，它们的动词原形分别为"infirmer"（削弱、使丧失价值、宣告无效、否定）和"démentir"［揭穿……（谎言）、否认……的真实性］。与本书其他地方的"否定"（négation）和"否认"（nier）不同。——译注

而是把自己的真理强加给现实——这个真理必须成为现实本身的真理。

正是基于这个简单的区分（说实在的，这个区分很简陋），一种目前在科学家和某些哲学家①当中颇受青睐的哲学在近40年建立了起来，这就是卡尔·波普尔的哲学。波普尔的正确之处在于，他抓住了实验具有否定或否认的特性②（他称之为"可证伪性标准"）；但他的错误在于，他宣称可以预先宣布某种理论是科学的（因为它**承认**可证伪性"标准"），某种理论是非科学的（因为它**不承认**可证伪性"标准"）。说他错了的根据是，人们并不清楚理论的内在原则是什么，因为除非变成上帝，谁能**预先**对一种理论的最终性质表态呢？相反，历史经验（和无数例子）表明，人们永远无法预先判定一种理论是否科学，

---

① 其中包括生物化学家和哲学家雅克·莫诺（Jacques Monod），他与弗朗索瓦·雅各布（François Jacob）发现了 mRNA（信使核糖核酸）。莫诺给波普尔的《科学发现的逻辑》（*Logique de la découverte scientifique*）作过一篇为之吹捧的序言。波普尔的书由蒂桑-吕唐（N. Thyssen-Rutten）和德沃（P. Devaux）翻译，由巴黎帕约出版社（Payot）1973年出版。莫诺像波普尔一样，引用马克思主义和精神分析作为"不可证伪的"理论的例子。阿尔都塞在他的《哲学和科学家的自发哲学》中分析了莫诺的"自发"哲学。前引，第117—153页。（参见阿尔都塞《哲学和科学家的自发哲学》，《哲学与政治：阿尔都塞读本》，陈越编，前引，第99—126页。另参见波普尔《科学发现的逻辑》，查汝强等译，中国美术学院出版社，2008年。——译注）

② 《猜想与反驳：科学知识的增长》（*Conjectures et réfutations. La croissance du savoir scientifique*），M.-I. 德洛内（M.-I. de Launay）和 M. B. 德洛内（M. B. de Launay）译，巴黎，帕约出版社（Payot），"科学图书馆"（«Bibliothèque scientifique»）丛书，1985年（1963年），第60、62—65页。（参见波普尔《猜想与反驳：科学知识的增长》，傅季重等译，上海译文出版社，2005年，第52页："所有这些可以总括起来说，**衡量一种理论的科学地位的标准，是它的可证伪性或可反驳性或可检验性**。"黑体为原文所标。——译注）

也就是说，是否能被实验所证实或否定（否认）。

我们甚至可以持这样一种观点，即认为有一些理论，如马克思主义和精神分析——它们是波普尔的黑色兽①，他所写的全部哲学著作都是为了对付它们——显然避开了实验性的验证和否认"标准"。因为在那里进行的实验无法在完全相同的条件下被复制。事情完全如此：精神分析的实验条件（精神分析师和病人在办公室里孤独地面对面），正如阶级斗争的实验条件（它完全依形势而变化）一样，不符合数学、物理学或化学实验的经典模型。后面所说的那些实验，始终可以由任何科学家在任何时候任何地方复制，并始终给出相同的结果（除非有某个参数被忽略了）。

但是，谁强迫我们认为实验条件必须是可复制的，即必须在任何地方都始终相同？我们很早就知道，数学的证明条件不能还原为实验的验证条件，因为数学的"对象"不是物质性的；因为数学证明的装置仅仅由一些书面符号构成；最后，因为出现了一个问题，即数学这种"既不知道它是什么、它在说什么，也不知道它在谈论何物的科学"是否有一个对象的问题。除非像皮埃尔·雷蒙不久前解释过的那样②，理解了数学

---

① 比如见《开放社会及其敌人》（*La Société ouverte et ses ennemis*）第二卷《黑格尔和马克思》（*Hegel et Marx*），贝尔纳（J. Bernard）和莫诺（P. Monod）译，"一般哲学"（«Philosophie générale»）丛书，1979年（1945年），第147—150页。（参见波普尔《开放社会及其敌人》第二卷《预言的高潮：黑格尔、马克思及余波》，郑一明等译，中国社会科学出版社，1999年，第141页及以下。"黑色兽"喻指人们厌恶之人或物。——译注）

② 《历史与科学》（*L'Histoire et les sciences*），巴黎，马斯佩罗出版社（Maspero），"算法"（Algorithme）丛书，1975年，第61页及以下。

的对象是数学本身在先前实践中得出的数学结果（所以数学是在对自身进行加工）；因而除非理解了，在物理和化学的研究对象是物质的意义上，尽管数学的对象并非物质性的，却也同样是真实的；并且除非理解了数学的证明装置尽管由符号和数字组成，却也同样是真实的，能提供真实的验证——因而其验证和证明无非是一回事。

如果我们利用这种无可争议的观察，并且如果我们愿意将其结论扩展到精神分析和历史唯物主义，那么我们就会承认，可能存在着这样一些理论，它们不折不扣是实验性的，尽管它们的实验条件和形式不同于数学和物理学-化学中众所周知的实验条件和形式；我们就会承认，既然它们都涉及独特的形势（对于精神分析师来说是无意识，对于政党来说是阶级斗争），那么**关于形势的理论**必定会出现在对那些原初实验作出规定的条件的行列。这自然就需要制定一整套全新的概念。

然而，我们没有给这个事实以足够的重视：精神分析和马克思主义（根本没有逃避争议，而是）考虑到了将其独特的实验装置与自然科学装置区别开来的东西，即**形势**；并且不仅形成了关于它的理论，而且还将它纳入了自己的实践中。就精神分析而言，"形势"是由在分析者的无意识与被分析者的无意识之间"固定"并起作用的关系来定义的，并且正是在这种"移情"作用下，发生了被分析者幻想的重整（remaniements）。就马克思主义而言，"形势"是由阶级对抗所产生的力量关系[①]

[①] "力量关系"原文为"rapports de force"，另有"rapport de forces"一般译为"力量对比"。——译注

来定义的,并且社会变革正是在这些斗争关系下①发生的。将自然科学的实验装置与马克思主义和精神分析的装置区分开来的是,前者是根据**从一开始**就得到完美定义的**普遍的**要素,配齐了所有部件;而在精神治疗和阶级斗争中,这些要素是**独特的**,只有在治愈和斗争的过程中才能被**逐步**发现和定义。但是,既然这种不同被考虑在内并得到了思考,我们就可以——至少在原则上可以——认为它已经被取消了。我说在原则上,是因为每个人都能清楚地看到,分析理论和马克思主义理论与其他科学实践不同,离不开对自己对象的直接改造。

因此,让我们回到我们的主题。如果说所有科学都有一个对象,一个限定的对象,那么(在一门科学有一个对象的意义上)**哲学没有对象**。这种不同触目可见,因为不存在哲学实验,在哲学中也不存在实验的技术装置。因此,也就不存在可以接受实验性验证或否认的假设。不存在就一个限定的且有限的对象而提出的、有待哲学去提供解决办法的难题。哲学从不期望解决办法,也就是说,从不期望获得关于其对象的认识,因为这不是它的目的。它只满足于提出关于某个"对象"X 的哲学问题,而这个对象 X 的形态(modalité)完全由所提的问题来定义;并且它会采取出色的预防措施,自己为那个问题提供回答:因为哲学问题总是(根据起源-目的的目的论进程)已经是那个问题本身的回答。这意味着哲学是有限的,限定的,它满足于总是重复相同的问题,并且在相同的问题中,总是预先准备好了相

---

① "在……下"(sous)原文为"sur"(在……上),为误植,现根据法文版编者发给译者的"勘误表"更正。——译注

同的回答，因为那个问题只不过是一个假动作（我们再次发现这个主题是任何唯心主义哲学所固有的，我们会看到为什么要有"唯心主义"这个限定——既然我们谈的是哲学一般）。

请注意，既然我提出在哲学中从来不存在实验，所以我要对此进行解释。因为在历史上，有一些哲学（准确地说是唯心主义哲学）声称自己提供、生产实验①，就像实验科学一样，并且以实验为基础。从柏拉图到笛卡尔、康德，再到胡塞尔和海德格尔，等等，我们几乎可以引用所有②哲学为证（值得注意的例外：伊壁鸠鲁、斯宾诺莎、黑格尔和马克思）。但是，在这些实验或所谓的实验中，特别引人注目的是，**它们完全缺乏实验装置**。它们与其说是"实验"（实验总是必须以实验装置为前提），不如说是"经验"（康德）或"内在"经验（笛卡尔、柏格森），或像马勒伯朗士所正确指出的那样，是"简单的视觉经验"③。这些实验-经验的工具，实际上是一种非常

---

① 例如《纯粹理性批判》（*Critique de la raison pure*），特雷梅赛格（A. Tremesaygues）和帕科（B. Pacaud）编、译，塞吕（C. Serrus）作序，巴黎，法国大学出版社（PUF），"战车"（«Quadrige»）丛书，2012年再版，《第二版序》，第19页及注释，第20页注释（BXXI）："纯粹理性的这个实验与化学家们的实验有很多类似之处，化学家有时称这个实验为还原性试验，一般则称之为综合的方法。"（参见康德《纯粹理性批判》，邓晓芒译，杨祖陶校，前引，第16、17页脚注。——译注）

② 被删除的文字："唯心主义的"。

③ 《论对真理的探求》（*De la recherche de la vérité*），罗迪斯–刘易斯（G. Rodis-Lewis）编，收入马勒伯朗士《著作集》（*Œuvres*），罗迪斯–刘易斯编，第一卷，巴黎，伽利玛出版社（Gallimard），"七星文库"（«Bibliothèque de la Pléiade»）丛书，1979年，第六部分，第六章，第697页及以下。也参见《对〈论对真理的探求〉的阐明》（*Éclaircissements sur la Recherche de la vérité*），马尔布雷伊（G. Malbreil）编，《著作集》（*Œuvres*）第一卷，前引，第906页。

简单、非常纯粹和透明的**感觉**,它可能是视觉(柏拉图、笛卡尔)、味觉①、触觉或嗅觉(18 世纪),也可能是心境(卢梭),或者是对努力(曼恩·德·比朗)或绵延(柏格森)的内在感受。这些哲学家通过它们获得了一些非凡的哗众取宠效果和宗教说服力,但他们没有谁能避免这种确定的结论,即这又是一次欺骗:为了某些哲学目的和宗教目的,通过模仿真正的科学中的实验性实践的决定性要素,而对后者进行盘剥利用。

---

① 原文为"le sens"(感觉),应为"le goût"(味觉)之误,现根据法文版编者发给译者的"勘误表"更止。——译注

六

因此，我坚持认为，在科学有对象并生产认识的意义上，哲学既没有对象，也不生产认识。一切都包含在此观点之内。因为在科学的条件和哲学之间，存在着严格的对立关系：科学的对象虽然是有限的，但科学的活动却是无限的，这使它能在其对象中不断发现新的特质，以至于我们能够以悖论的方式说，这个对象（在客观特质上）是"无限的"；而哲学，尽管它没有对象，从而无法在这个对象中无限地发现其特质，尽管它满足于重复相同的问题（其问题预先就包含着自己的回答——关于一个未限定的对象的回答），从而本身是有限的，然而它却声称自己知道"整体"①（柏拉图、莱布尼茨、黑格尔）。

那么这个"整体"又是什么呢？对于唯心主义哲学（后面大家会明白，哪怕在——合理地——谈论哲学一般时，我们也

---

① "整体"原文为"le tout"，"tout"兼有"一切""全部""整体"的意思，本书把带冠词的"tout"译为"整体"，把不带冠词的"tout"译为"一切"。根据前两章的论述，这里的"整体"应该被理解为包括"一切"的"整体"。　　译注

总是在谈论唯心主义哲学)来说,这个"整体"就是现有现实的集合,世界、自我,还有上帝,以及让我们为它补充上哲学本身。搞清楚这个"整体"——在其存在上或在其特质上——是有限的还是无限的,是限定的还是非限定的,这个问题通常构成一个**通过无限性**而获得回答的对象,而这个无限性是某一存在(自我、世界、上帝)的无限性,不是某一进程的无限性(正如我们将看到的那样,进程的无限性将定义唯物主义哲学)。当然,如果这个"整体"是无限的,那么这个论点就对唯心主义哲学提出了严峻的挑战,因为这个我们在其中"生活、说话、动作"(圣保罗①)的世界,显然是有限的②。因此,对于哲学来说,必须在无限的存在(Être)③与有限的诸存在(êtres)之间构想一个中介,一个将无限化身到有限中去的中介。这是一种绝对的理论必然性,例如柏拉图的造物主理论、笛卡尔的创造理论(包括对永恒真理的创造),以及通过更一

---

① 《新约·使徒行传》17:28:"我们生活、动作、存留都在乎他"。(这里阿尔都塞没有严格按原文引用。——译注)

② "有限的"原文为"fini",与"infini"(无限的、未完成的)相对,也译为"完成的""完美的"。——译注

③ 本书中首字母大写的"Être"译为楷体"存在",小写的"être(s)"译为"(诸)存在","étant(s)"对应海德格尔的"seiend(e)",译为"(诸)存在者"。尽管小写的"être(s)"实际上指的不是"存在论"意义上的"存在",而是海德格尔所谓"存在者论"意义上的"(诸)存在者",但为了译名的统一,并与"étant(s)"相区分,我们仍将它译为"(诸)存在",这也符合海德格尔之前的哲学史未明确区分存在与存在者的实际状况。关于"存在论"与"存在者论",详见第192页译注。——译注。

般的方式，基督教神启哲学家的化身①理论——化身理论的优势在于，使无限存在于有限本身之中（在基督或他的替代物中）——回答的就是这个问题。除非我们与黑格尔一起承认，无限无非是有限对其自身的反思，而哲学就是这种反思的最高范例。我们在海德格尔那里能找到基本相同的论点，[在他那里]，存在（être）与存在者（étant）之间的差异充当了无限（或无法定义、不可言喻的东西）与有限（或可定义、可言喻的东西）之间的中介。同样的困难，在涉及死亡时——从柏拉图经康德到海德格尔，唯心主义思想都植根于死亡——再次出现，这个困难注定永远无法消除，也注定永远被重提。

死亡是无法绕开因而必须承认的东西，但人们通过假设一个中介（由不同形式的功德和恩典带来的救赎），或通过把死亡当成生命的真理本身——这悖论性地与黑格尔同时代的一些医生（如比夏②）以及后来弗洛伊德本人的某些唯物主义命题殊途同归——也就是说，通过再一次把人类的有限性（死亡）当成真正的无限性的所在地（siège），解决了这个矛盾。但是，如果死亡从而有限性是人类的存在（existence humaine）的真理，那么它就变成了这种存在的最后意义；而注定要死亡的人类世界最终将没有任何意义，除非承认这种一切意义的彻底缺失就是人类的存在的意义。无论是无意义（non-sens）（尼采所说的虚无主义），还是意义的总缺失，还是毫无价值

---

① "化身"原文为"incarnation"，在基督教教义中一般译为"道成肉身"，这里为了与前文保持一致，统一译为"化身"。——译注

② 比夏（M. F. X. Bichat, 1771—1802），法国解剖学家，被认为是组织学的奠基人。——译注

(insignifiance)，人的特性就是成为这种"独特的现实"（海德格尔的"Dasein"①），他天生有能力给根据定义不可能有意义的东西——包括给他自身——赋予意义，简而言之，他天生有能力给自己虚构一种"天命"（海德格尔），以便能体验②它，而在清醒中体验一种假而空的天命的最佳方式，就是为之歌为之舞（尼采、海德格尔），因为说到底，这是享受它的唯一途径。这意味着：打倒一切神灵、推翻一切价值！把它们的遗骸烧成一堆篝火，年轻的小伙子和姑娘们头戴花冠，围着篝火，高唱莫名其妙的歌曲，踏着疯狂的步伐，伴着极度兴奋的音乐，随着天命的丧钟（德里达③）的猛烈敲打声，翩翩起舞。当然，我这里展现了一些混合的主题，提及它们并没有固定它们的天命，那些主题会根据不同的作者，根据他们的文本和时代，相互排斥或彼此汇合。

无论如何，从这些说明中我们要抓住一点，即如果不企图说出关于整体的真理，唯心主义哲学就不可能存在。当这个整体是无限的时，我们看到它招来什么后果；当它是有限的（或是一种能够由掌握着它的无限精神——比如莱布尼茨的上帝④——思

---

① "Dasein"，德文"此在"。——译注
② "体验"原文为"vivre"，即"活""过（生活）""经历"。——译注
③ 《丧钟》（*Glas*），巴黎，伽利略出版社（Galilée），"二重字"（«Digraphe»）丛书，1974 年。
④ 《神正论：论上帝的善、人的自由和恶的起源》（*Essais de Théodicée. Sur la bonté de Dieu, la liberté de l'homme et l'origine du mal*），不伦瑞克（J. Brunschwig）导读并编年，巴黎，弗拉马里翁出版社（Garnier-Flammarion），1969 年，第一部分，第 7—8 节，第 108—109 页。（参见莱布尼茨《神正论》，段德智译，前引，第 102—104 页。——译注）

考的无限，因而使它对那种精神来说实际上变得可数）时，我们发现自己面临另一个出口。如果哲学思考的那个整体是有限的，那么**它就是可数的**，从而一切关联就都可以得到证明、分析和展示，因而这个整体就可以彻底地被划分为各个组成部分，从而可以被**分类**。

在这里，我们重新发现了唯心主义哲学的另一个伟大传统，我们可以把它叫作**形式主义**哲学或分类学（来自希腊语 taxein①，意思是分类、排列）哲学。专注分类的狂热有漫长的历史，从柏拉图的一分为二程序或二分法（参考诡辩派关于垂钓者的著名划分②），直到列维-斯特劳斯的结构主义分类学，中间还包括亚里士多德的分类（"存在"一词的不同意义及其推论③），笛卡尔的种种区分，莱布尼茨的普遍文字④以及由它

---

① "taxein"，拉丁文形式的希腊语，意为"分类"。——译注

② 《智者篇》(*Le Sophiste*)，219d 及以下。(参见柏拉图《智者》，詹文杰译，商务印书馆，2016 年，第 7 页及以下。"Sophiste"在本书中一般译为"诡辩派（家）"。——译注)

③ 《形而上学》(*Métaphysique*)，卷（Γ）四，2 (1003 *a* 33—34)；卷（Z）七，(1028 *a* 10 及以下)。(参见亚里士多德《形而上学》，吴寿彭译，商务印书馆，2018 年，第 65 页及以下，第 141 页及以下。在该译本中，"存在"被译为"是"。为了统一译名，在本书中，我们一般把作为名词的"être"译为"存在"。——译注)

④ 参见例如《人类理解新论》(*Nouveaux essais sur l'entendement humain*)，不伦瑞克（J. Brunschwig）编，巴黎，弗拉马里翁出版社（Garnier-Flammarion），1993 年，第六章，第 350 页："［……］我们还可以引进一种**普遍文字**（*caractère universel*）［……］如果我们用一些小小的图形来代替字［……］它们用轮廓线条来再现那些可见的事物［……］这首先有助于和隔得很远的民族容易地进行交流［并且］这种书写方式也会有很大的用处，可以丰富我们的想象力，并提供比我们现在所具有的思想更无声、更不依赖口头语言的思想。"(参见莱布尼茨《人类理解新论》下册，陈修斋译，商务印书馆，1982 年，第四卷，第六章，第 461 页。译文有修改。——译注)

开创的整个形式主义传统（直到今天由数理逻辑在所谓人文科学中带来的浩劫）。现实中存在着一些明显的区分，比如，一门科学的对象与另一门科学（甚至是相邻科学）的对象不同，这一点确凿无疑；存在着一些世系、一些系谱，这一点显而易见；可以将水平的分类与垂直的系谱后果结合起来，这一点也无可辩驳。但是，这又是一种欺骗，因为这种哲学的自命不凡，想要构造一种列维-斯特劳斯（带着他靠自学成为哲学家的狂喜）所说的"**诸秩序的秩序**"①，一种把它自身也包含到那个它安排好了的秩序中来的、包含了所有次级秩序的秩序。而更精妙的欺骗——不过它可以追溯到莱布尼茨的普遍文字的梦想——是，这个秩序会自动整理自己，会自动建立起来，并会给每种存在指定其位置和功能，以确保这个秩序能支配一切。

这种观点抓住了唯物主义的一些外表（没有主体的过程），它同时结合了功能主义和结构主义两者极为相似的主张——其中位置和功能唇齿相依。但通过以力量的逻辑替代位置的逻辑，

---

① 《结构人类学》（*Anthropologie structurale*），第一卷，巴黎，Plon 出版社，"广场/口袋"（«Agora/Pocket»）丛书，1974 年（1958 年），第 391 页："诸秩序的秩序［……］是那些层面之间所保持的关系的最抽象的表达，在这种表达中，结构的分析得以进行到这样的程度，以至有时候那些公式对于在历史和地理上遥远的社会来说都必然是相同的。"参见阿尔都塞《论列维-斯特劳斯》（«Sur Lévi-Strauss (1966 年 8 月 20 日)»，《哲学与政治文集》（*Écrits philosophiques...*），第二卷，前引，第 429—430 页。（参见列维-斯特劳斯《结构人类学》，张祖建译，《列维-斯特劳斯文集》第一卷，中国人民大学出版社，2009 年，第 352 页。译文有修改。——译注）

像巴迪乌所希望的那样①,也并不能逃脱秩序的逻辑。无论这个秩序是由谁陈述出来的,也就是说,无论把这个严格意义上的秩序强加给人们的人是谁,也无论他是怎样的权威,是法兰西学院的教授②,还是某一政治组织的书记③。无论如何,这些令人头晕目眩的练习(exercices)并不是中立的。虽然它们没有对象,但它们却有一些目标,或至少有一些众所周知的赌注。既然他们在谈论秩序,所以他们在谈论权威,从而在谈论权力,而既然这个权力无非是既定的权力,即统治阶级的权力,所以他们所服务的就是统治阶级的权力,哪怕他们对此一无所知,甚至哪怕他们自认为在与那个权力进行战斗。因此,哲学绝不是清白无辜的,对于这一点,我们很快就会看得更清楚。它的世界,它的真实世界,出现在所有这些才华横溢的精思妙想的地平线上的世界,是人们和他们的斗争的世界:阶级斗争的世界。

---

① 参见巴迪乌(A. Badiou),《矛盾理论》(*Théorie de la contradiction*),巴黎,马斯佩罗出版社(Maspero),1975 年,第 54—60 页、第 100—110 页;1975 年 12 月 15 日的研讨会,收入《主体理论》(*Théorie du sujet*),巴黎,色伊出版社(Seuil),"哲学的秩序"(«L'ordre philosophique»)丛书,1982 年,第 72 页:"结构的辩证法,它的唯心主义方面,首先倾向于使辩证法的结构性方面归根到底压倒其历史性方面,使位置压倒力量[……]。"

② 参见福柯(M. Foucault)1976 年 1 月 7 日的演讲,收入《必须保卫社会:法兰西学院演讲(1976)》(«*Il faut défendre la société*». *Cours au Collège de France, 1976*),巴黎,色伊/伽利玛出版社(Seuil / Gallimard),1997 年,第 15 页:"[……]权力首先不是经济关系的维持和更新,相反,就它自身来说,它最初是一种力量关系。"(参见福柯《必须保卫社会》,钱翰译,上海人民出版社,2010 年,第 11 页。译文有修改。"力量关系"原文为"rapport de force",也译为"力量对比"。——译注)

③ 被删除的文字:"它的全部力量只是它的善意和它的愿望的逻辑"。

七

如果哲学没有对象（往后我会省去这个明确的限定：在一门科学有一个对象的意义上），那么在它声称要说出其真理的那个未定对象的外表下面，它具有的是什么呢？它有一些目标和赌注。但是在谈到这一点之前，必须回到开始，并追问一下：**哲学由以表达自己的命题是哪一种命题？**

我说过：科学面对困难，提出难题，并得出难题的解决办法，这就是客观认识。这些认识以命题的形式表达出来，而命题的基本术语是概念（concepts）。什么是概念？一个词或几个词，它们带来一种抽象作用，并反映科学对象的一种特质或多重特质。

相反，哲学提出问题，并给它们带来我们已经知道的回答。这些回答采取什么形式呢？**论点**的形式。什么是论点？这是一个很难定义的概念（notion），因为尽管哲学通过论点来表达自己，它却很少表达那些论点本身的性质[1]。

---

[1] 参见《哲学和科学家的自发哲学》（*Philosophie et philosophie spontanée...*），前引，第55—56页。(参见阿尔都塞《哲学和科学家的自发哲学》，《哲学与政治：阿尔都塞读本》，陈越编，前引，第16页。——译注)

不过我们已经知道，哲学使用的术语是一些范畴，不是一些概念①。因此，我们要说：一个论点是一个集合了一定数量范畴的命题。例如："我思，故我在。"② 在这个命题中，我们可以发现的范畴有：我、思、在、故。这些都是日常语言的词语，但它们在哲学中以完全不同的方式发挥功能。"我思"中的"我"不是心理上的"我"，而是形而上学的"我"；"思"是指思维着的实体③（有一种实体存在，并且它是能思的，这显然提出了一些哲学问题，我们知道，这些问题同样也是一些预先的回答）；"在"是指一种存在（être）形式，尽管它是人的特性（半存在，半虚无），却具有一种不容置疑的存在（existence）的力量；最后，"故"指向一种显而易见性，由一种直觉揭示出来的结论的显而易见性。因此，在"我思，故我在"这短短一句话中，所有范畴都充满了哲学意义。我们知道，即便是这里的逗号也有意义。为了表明这一点，拉康曾以一种过分玩笑的方式，建议把这句话写成"我思：故我在"，这样一切都变了④。

因此，一个论点向人们提出了（propose）被集合到一个命

---

① 这个区分在《马克思主义哲学的历史任务》（*La Tâche historique...*）的"结论"中被采纳，同前引。

② "我思，故我在"原文为"je pense, donc je suis"，用日常语言可译为"我思考，所以我是（在）"。——译注

③ "思维着的实体"原文为"substance pensante"，亦即"能思的实体"。——译注

④ 《科学与真理》（«La Science et la vérité»），收入拉康（J. Lacan）《文集》（*Écrits*），巴黎，色伊出版社（Seuil），"弗洛伊德园地"（«Le champ freudien»）丛书，1966年，第864页："我思：'故我在'。"

题（proposition）中的一定数量的范畴。但是否必须说，就像在用普通语言表达的命题中那样提出（proposition）（"我认为乔治·马歇不会做梦，因为他在电视上说过"①），或者甚至像在科学语言中那样提出（1 + 1 = 2）呢？恰恰不必。必须在"摆放"（poser）这个动作的严格意义上谈论 position②——这个词正好是希腊语 thésis③（论点）一词的法语翻译。那么是什么被摆放了呢？成问题的断言："我思，故我在""上帝是最完满和万能的存在""物质存在"，诸如此类。

语言上的这种简单的细微差别（我只不过是根据哲学传统重复了一下），把我们引上了一条有趣的轨道。因为当一个人进行摆放时，他总是把某个东西摆在某个地方，一个属于某个空间的位置。因此，当哲学家摆出④一个论点时，事实上是：他总是把它摆在某个地方，一个属于哲学空间的确定的位置。什么哲学的空间？首先是他自己哲学的空间，其次是他那个时代的哲学的空间，最后是哲学史上过去所有哲学的空间。

---

① 在1976年4月30日的电视采访中，法国共产党总书记马歇（Marchais）说，当他意识清醒时，晚上不会做梦。——译注

② 注意前面"摆放"原文为"poser"，一般也译为"提出"（问题），这里的"*position*"可以看作"poser"的名词形式，其单数形式一般译为"立场"（但也存在复数的"立场"），复数形式（positions）一般译为"阵地"。此外，"proposition"（命题），也可以看作是"pro-"（在前/代替）+"position"（摆放/立场），来自动词"proposer"［一般译为"（向某人）提出""建议"］，因而"proposition"也可作为表达这个动作的名词译为"提出""建议"。——译注

③ "thésis"，拉丁文形式的希腊语，意为"摆放""安置""论题""论点"。——译注

④ 注意，这里以及下文的"摆""摆放""摆出"原文都是"poser"，也都可以译为"提出"，不再一一注出。——译注

但是，当哲学家这样来"摆出"一个论点时，我们一定不能陷入幻象。他从不"摆出"一个单独的论点①。实际上一个论点永远不会单独出现：它总是被共同-摆出的②，也就是说，总是与构成该哲学家哲学的全部论点一起摆出的。稍后我们会看到，这是一个悖论！因为那些论点在数量上是无限的。

就目前来说，我们只想稍稍观察一下有什么事情发生。当一个哲学家将某个论点"摆在"某个地方时，让我们以极端的情况为例，比如当他把某个论点"摆在"他与之斗争的另一种哲学的关系中时，他就不能在不"反对"③那些他要与之斗争的论点的情况下"摆出"自己的论点。因此，一切论点（thèse）也都是反论点（anti-thèse）。而且这种事是自动完成的。哲学家无需向对手宣布敌意。他摆出自己的论点，就像人们在敌方水域"摆放"一枚水雷：等他离开，水雷随后就会爆炸，当一艘敌方船只（敌方的一个论点）接近时，整个船体都会被炸飞，变成碎片。因此，一切哲学论点都是**定时的**，这意味着它们总是预先设定了自己的爆炸时间。奇怪的实践！但是，特别值得注意的是，尽管哲学家将论点合成④为爆炸混合物，把它"摆"在自己安静的角落，"摆"在某个哲学家朋友的附

---

① 被删除的文字："像一只狗把它的粪便摆在人行道上"。
② 这里的"共同-摆出的"原文为"com-posée"，省略中间的连字符就成了"composée"（复合的、合成的）。——译注
③ "反对"原文为"s'oppose"，动词原形为"opposer"（放在……对面，使……对抗），可以看作是"op-"（ob-的变体，对面/对立）+"poser"（摆放）。——译注
④ "合成"原文为"composé"，注意它与前文中"共同-摆出的"（com-posée）之间的词源联系。——译注

近地区（以帮助他更好地了解他还没搞清楚的事情），但在这个地平线①上，总是有他者在场，有哲学的敌人在场，后者不仅保持着警戒，而且主导着局势，并迫使我们的哲学家，像霍布斯所说的那样，永久处于**先发制人的**②战争状态。事情是这样造成的，哲学的局势被一种基本的对抗结构着，这种对抗贯穿整个哲学领域，并支配着哲学家的一切行为，不仅是他们的战争行为，还有他们的友好与和平行为。霍布斯早就清楚地指出了这一点：发动战争的不是坏人（他们太蠢了，不知道这么做），而是诚实的人——如果他们也是聪明人的话。因为如果他们对未来进行思考和计算，就会知道自己将无法避免战争，知道自己将受到随便一个傻瓜的支配，后者可能是对他们心怀恶意，也可能是找错了人。因此，他们知道自己必须"先发制人"③，

---

① "地平线"原文为"horizon"，这里也可译为"范围""视野"（"在这个范围内""在这个视野中"）。——译注

② 《利维坦》（*Léviathan*），特里科（F. Tricaud）和佩沙芒（M. Pécharman）编、译，收入霍布斯（T. Hobbes）《著作集》（*Œuvres*），扎尔卡（Y. C. Zarka）编，巴黎，弗兰出版社（Vrin），"哲学文本图书馆"（«Bibliothèque des textes philosophiques»）丛书，2004 年，第 106—107 页。参见阿尔都塞《亚眠答辩》（«Soutenance d'Amiens»），收入《立场（1964—1975）》（*Positions, 1964—1975*），巴黎，社会出版社（Éditions sociales），1976 年，第 128 页："[……]根据霍布斯——他谈论哲学可能和谈论人类社会同样多，不过他是向人群中未指明的人说话——一个非凡的构想，战争是一种普遍化的状态[……]，从本质上是先发制人的[……]。"[参见阿尔都塞《在哲学中成为马克思主义者容易吗?》，《哲学与政治：阿尔都塞读本》，陈越编，前引，第 174 页。译文有修改。另，"先发制人的"原文为"préventive"，也可译为"预防性的"，为了与下文"prendre les devants"（先发制人）相照应，本书中一律译为"先发制人的"。——译注]

③ 参见霍布斯《利维坦》，黎思复、黎廷弼译，商务印书馆，1985 年，第 93 页："由于人们这样互相疑惧，于是自保之道最合理的就是先发制人，也就是用武力或机诈来控制一切他所能控制的人，直到他看到没有其他力量足以危害他为止。"——译注

发起进攻，以免受到突然袭击，被动挨打。哲学比社会生活要激进得多。社会生活知道喘息和休战：社会生活有马提翁和格勒内勒①的协议②，有在旷野中宣扬和平的教皇，有在越南春节(Tet)休战的越南人，最后还有说"暂停"③的小孩，或者有奥运会——已故的顾拜旦男爵④曾在这方面发挥自己作为身心安抚者的才能。哲学要严肃得多。它既不休战也不喘息。当它通过康德的形象在哲学家之间（以及附带地在民族之间）宣扬"永久和平"⑤时，只是在开玩笑，为的是让其他哲学家不要打扰它，以便它能够致力于自己的《纯粹理性批判》或《实践理性批判》。但它丝毫没有给自己制造幻象，它知道自己是在向他人布道，也就是说，是在旷野中布道⑥，因为正如萨特⑦所说

---

① 马提翁（Matignon），法国总理府所在地；格勒内勒（Grenelle），巴黎街名。法国的重要协议一般在这些地方签署。——译注

② 被删除的文字："有莫里斯·多列士，他会说'必须懂得如何结束一场罢工'"。[莫里斯·多列士（Maurice Thorez, 1900—1964），国际共产主义运动活动家，曾于1930—1964年任法共总书记。——译注]

③ "暂停"原文为"pouce"，原意为"拇指"，作为小孩游戏用语，意为"暂停！"。——译注

④ 皮埃尔·德·顾拜旦（Pierre De Coubertin, 1863—1937），法国著名教育家、国际体育活动家，现代奥林匹克运动发起人。——译注

⑤ 《永久和平论：一部哲学的规划》（Projet de paix perpétuelle. Esquisse philosophique），吉布兰（J. Gibelin）译，巴黎，弗兰出版社（Vrin），1992年。（参见康德《永久和平论》，《历史理性批判文集》，何兆武译，前引，第97—144页。——译注）

⑥ 典出《圣经·以赛亚书》40:3："在旷野，有人声喊着说：'当预备耶和华的路。'"——译注

⑦ 独幕剧《隔离审讯》（«Huis clos Pièce en un acte»），收入萨特（J.-P. Sartre）《戏剧集》（Théâtre），巴黎，伽利玛出版社（Gallimard/NRF），1974年，第182页："他人即地狱。"（参见萨特《隔离审讯》，《萨特文集》第五卷，沈志民、艾珉主编，人民文学出版社，2000年，第147页："用不着铁条，地狱，就是他人。"译文有修改。——译注）

（大意如此），他人即旷野（而不是甜点①）。

从这个角度来看，显然真正令人不敢相信的，是这种哲学的状态，它处于"一切人反对一切人的"② 普遍的、永久的战争中——究其实质是唯心主义和唯物主义之间的巨大冲突和千年战争。令人不敢相信的是，我们观察到这场战争不仅从未停止，而且一直在开始，也就是说，没有开始，几个世纪以来一直在不间断地持续进行。在我们的时代，柏拉图和亚里士多德一如既往地在场，今天还有一些哲学家在与他们殊死战斗；在我们的时代，德谟克利特和伊壁鸠鲁（等等）也一如既往地在场，今天也还有一些哲学家在与他们殊死战斗，或者还有一些哲学家在拥护他们的事业，自然，为的是从他们那里汲取与他人战斗的力量。

可能你会对我说——这样说很正确——并非所有哲学家都那么全副武装，那么坚决；他们也并非总能看清自己的敌人何在。我愿意承认这一点，但是这个让步丝毫不改变问题的实质。因为，举这样一个哲学家为例吧，他不企图"思考整体"，而是认真专注地对在某一科学大陆上某一小片领域中、在某一历史时期或某种意识形态细节中所发生的事情进行分析，比如，专注于研究亚里士多德③由以构建其畸形物

---

① "甜点"的法文"dessert"与"旷野/荒漠"的法文"désert"发音相似。——译注

② 也译为"每一个人对每个人的（战争）"，参见霍布斯《利维坦》，前引，第94页。——译注

③ 《动物志》（Génération des animaux），卷四，3（767 b 1—767 b 17）；卷四，3—4（769 b 10—773 a 30）。也参见《物理学》（Physique），第二章，8（199 a 33—199 b 15）。（参见亚里士多德《动物志》相关部分，吴寿彭译，商务印书馆，2010年；以及《物理学》相关部分，张竹明译，商务印书馆，2012年。——译注）

理论①的机制②。他并没有因此逃脱普遍的和强制性的对抗法则,因为他要在一些形式下通过一些范畴来思考,他要提出一些并非他自己发明的"目的"。哪怕他想象是自己发明了那些"目的",他也一定是从那两大阵营之一那里借来的——那两大阵营把哲学的领域,同时也把哲学史的领域,构成为、结构为一个充满对抗的场域。甚至还可以举这样一个人为例(从来不乏这种人存在),他把那种对抗和那些敌人抛到一边,并像尼采一样,宣布必须推翻现有的一切价值,甚至真理(所有唯心主义哲学都从这里找到自己的庇护)的价值,甚至物质(所有唯物主义哲学都从这里找到自己的庇护)的价值。这种哲学家,借用尼采本人(他相当了解自己,尽管他不知道这一点)的精彩说法,永远只是一个"反应的"③(réactif)思想家,也就是说,他永远被"拒不接受"这种反应(réaction)所决定,因而被已确立的整个哲学体系所决定,并以更微妙的方式被一直统治着他的唯心主义所决定。尼采曾说过或可能说过,做一个反动的(réactionnaire)哲学家(因为这时候反应可以是创造

---

① "畸形物理论"原文为"théorie des monstres",也译为"怪物理论"。——译注

② 初稿为"或拉康由以在弗洛伊德工作的基础上构建其意识形态的机制"。

③ 《论道德的谱系:一篇论战檄文》(*La Généalogie de la morale. Un écrit polémique*),科利(G. Colli)和蒙蒂纳里(M. Montinari)编,伊尔德布朗(I. Hildenbrand)和格拉蒂安(J. Gratien)译,巴黎,伽利玛出版社(Gallimard),1971年,"对开本"丛书随笔系列(«Folio essais»),第一篇论文,第10节,第35页及以下:"[……]奴隶的道德总是首先需要从一个敌对的外部世界中产生,从生理上来讲,它需要外部的刺激才能采取行动,它的行动完全是一种反应。"(参见尼采《论道德的谱系》,谢地坤等译,漓江出版社,2007年,第21页。译文有修改。——译注)

性的）远比做一个"反应的"哲学家（因为这时候反应只是否定性的）要好得多。我们会看到，在这种意义上，只有唯物主义哲学家才会成为反动的即创造性的哲学家，因为只有他们才是革命的，即创造性的。

八

因此，我们可以认为，在更进一步的了解之前，这一点已经得到了充分确认，从而可以继续进行下去。也就是说，可以对那些著名的"论点"的性质进行更加详细的思考。

我们关于哲学论点所说的一切都表明，它们并不是一些平静的、客观的"认识论的"① 命题（"认识论的"是一个吓人的词，源自希腊语，意思是：与认识有关），相反，它们是**主动的、行动的**（*agissantes*）**命题**。这是不言而喻的，因为它们是战争的宣言，即便在沉默中，也选定了自己的敌人。更确切地说，它们不是单纯的战争宣言，而是理论上的战争行为。这种战争行为可以采取最隐蔽的堑壕战形式，包括诈谋奇计、迂回包抄、掘壕挖坑等等；也可以采取最公开的正面战争形式，包括强袭猛攻、军乐战鼓、云梯战车、镰刀大象、步兵骑兵、

---

① 这里"认识论的"原文为"gnoséologiques"，词根为"gnoséologie"（认识论），作为"认识论"，它与另一个通常被译为"认识论"的词"épistémologie"的区别是，前者指关于认识的基础、性质、确实性和限度的哲学理论，后者是指关于认识的方法和根据的研究。但在本书中，它们是通用的。——译注

旗帜号角、"集结到我的白翎羽下!"①"父亲,提防左边,提防右边"②、流动哨所以及大胆妈妈③。这表明尽管哲学有一种非物质的形式(因为它是抽象的),却完全像一支与真实的敌人交战的军队那样行动(agit);这表明在哲学的战场(Kampf-platz④,康德⑤)上也会产生冲突,这些冲突——虽然是范畴上的⑥(发生在不同的范畴、不同的论点之间)——即便并非立刻就同样充满血腥,至少迟早会变得同样血腥。

在这里,我们看到极端的暴力,一开始是针对范畴和概念的暴力,最终是针对个人(如乔尔丹诺·布鲁诺、伽利略等等)的暴力,甚至是针对整个民族(如古代沦为奴隶的敌人、被资本主义殖民的民族、我们所知的法西斯主义的受害者等

---

① 传说法国国王亨利四世曾在1590年埃夫里战役前对自己的部下说,一旦他们看不到军旗,就应该集结到他的白翎羽下。——译注
② 传说约翰王的儿子在1356年普瓦提埃战役中曾这样对他父亲叫喊。——译注
③ "大胆妈妈"原文为"Mères Courage",典出布莱希特戏剧《大胆妈妈》。——译注
④ "Kampfplatz",德文,意为"战场"。见下一条注释。——译注
⑤ 《纯粹理性批判》(Critique de la raison pure),前引,第一版序,第5页(A VIII):"这些无休止的争吵的战场,就叫作**形而上学**。"(Der Kampfplatz dieser endlosen Streitigkeiten heißt nun Metaphysik.) 参见上引,第二版序(B XV)。(参见康德《纯粹理性批判》,邓晓芒译,杨祖陶校,前引,第一版序,第1页。另参见第二版序,第14页:"在这里,人们不得不无数次地走回头路,因为他发现,他达不到他所要去的地方,至于形而上学的追随者们在主张上的一致性,那么形而上学还远远没有达到这种一致,反而成了一个战场,这个战场似乎本来就是完全为着其各种力量在战斗游戏中得到操练而设的,在其中还从来没有过任何参战者能够赢得哪怕一寸土地、并基于他的胜利建立起某种稳固的占领。所以毫无疑问,形而上学的做法迄今还只是在来回摸索,而最糟糕的是仅仅在概念之间来回摸索。"——译注)
⑥ "范畴(上)的"原文为"catégoriaux",也意为"类别的""概念的""抽象的"。——译注

等)的暴力。而如果有人表示诧异,说:但是,既然众所周知,哲学家除了操纵观念之外什么也没做,而且在操纵观念时,他们对世界的政治进程也一无所知,甚至还以不干预那些进程为荣,那你有什么权利得出这种极端的不沾边的结论呢?这很容易回答:柏拉图不是干预了西西里吗?霍布斯不是干预了克伦威尔吗?斯宾诺莎不是干预了荷兰吗?还有所有那些启蒙哲学家,包括康德,不是干预了18世纪的欧洲吗?马克思不是干预了工人阶级的斗争吗?柏格森不是干预了1914—1918年战争期间的神圣同盟吗?胡塞尔不是干预了西方的科学危机吗?还有海德格尔,不是干预了希特勒的德国吗?

而如果有人反对我说,上述那些人诚然如此,但是其他人呢,他们并没有进行干预。好吧,只要稍稍去看一看在他们著作中是什么论点——尽管是远距离地,但也是真实而非常有效地——与那些进行干预的人达成了政治上的一致,就足以使人确信,他们的政治纯真无非是假装的。通过这种方式,我们再一次发现了唯心主义哲学中存在的那种假动作。假装战争没有充满人间。假装战争没有充满哲学家之间。假装人们并非真的有身体,而是只有灵魂;或者说,即便他们有身体,那也是一架机器,而没有那种(使他们成为有性的①存在的)无声的、无意识的欲望冲动。假装"天空在屋顶上"②(康德、魏尔伦)、

---

① "有性的"原文为"sexués"。——译注

② 魏尔伦(P. Verlaine)《天空在屋顶上》(«Le ciel est par-dessus le toit»),收入《无言的浪漫曲.附〈智慧集〉》(*Romance sans paroles* suivi de *Sagesse*),84年出版社(Éditions 84),"利布里奥诗歌"(Librio poésie)丛书,2014年,第93页。(参见魏尔伦《天空,在屋顶上》,收入《这无穷尽的平原的沉寂:魏尔伦诗选》,罗洛译,人民文学出版社,2017年。——译注)

道德律在心中①。假装如果我阿姨有两个轮子,她也不会成为自行车②。但我们会看到,对于所有唯心主义哲学来说,在阿姨(la tante)、等候(l'attente)、帐篷(la tente)、潜在(la latence)③ 等等之间,在轮子(la roue)、卷尺(la roulette)、自行车(la bicyclette)、狡计(la rouerie)、圆圈(le cercle)、回收利用(le recyclage)④ 等等之间,存在着一些不可明言的关系。等时机成熟时,我们将大胆把它们明言出来,到那时我们将看到假动作想说什么⑤,也就是不说⑥:tair-riblement⑦。

希望大家不要指责我们在这里**玩**文字**游戏**。我们可能没玩游戏——这是不大可能的;可能在玩游戏——最伟大的哲学家从来都是这么做的:他们,为了自娱自乐(柏拉图),或者相反,为了严肃讨论问题,有时给现有的词语(灵魂、实体、自

---

① 《实践理性批判》(*Critique de la raison pratique*),皮卡韦(F. Picavet)译,阿尔基耶(F. Alquié)导读,巴黎,法国大学出版社(PUF),"战车"(«Quadrige»)丛书,2012年再版,第173页:"有两样东西,人们越是经常持久地对之凝神思索,它们就越是使内心充满常新而日增的惊奇和敬畏:我头上的星空和我心中的道德律。"(参见康德《实践理性批判》,《康德三大批判合集》,邓晓芒译,杨祖陶校,人民出版社,2015年,第172页。——译注)

② 针对人们给社会党领袖弗朗索瓦·密特朗(François Mitterrand)取的绰号"叔叔"(Tonton,儿语"叔叔、伯伯、舅舅"),法国共产主义劳工党领袖亨利·克拉苏茨基(Henri Krasucki)说,如果他阿姨有两个轮子,人们可能会称她为自行车。——译注

③ 在法语中,这几个单词发音相同。——译注

④ 在法语中,这几个单词所指相近,都与圆、圈相关。——译注

⑤ "想说"原文为"veut dire",也译为"意思是……"。——译注

⑥ "不说"原文为"taire",前文也译为"保持沉默"。——译注

⑦ 这个词是阿尔都塞用"taire"(不说)和"terriblement"(可怕地、非常地)生造的一个词,可以勉强译为"硬憋着"。——译注

我、眼睛、光线等等）赋予令人难以置信的意义，有时发明和生造一些从未有过的词语（先天、先验主体、意识的意向性、延异等等）。尼采，这个遵循惯例的反遵循惯例者，和马拉美及其追随者一样，是这方面的大师：但不是唯物主义的大师。

九

但是，为了回到我们对论点的定义，还必须补充一个非常重要的精确说明。如果哲学提出的命题不是陈述认识，而是陈述论点，那么这些命题就与认识——从而与真——没有直接关系。因为在关于认识的意识形态中，人们通常承认，可以把认识说成是真的（或假的、混乱的等等）。那么，如果我们习惯于说一种（科学的或非科学的）认识是"真的"，那应该用什么形容词来修饰论点呢？我曾提出①，不要根据真理②，而要根据**正确性**③来对它们进行定性。因此，对于论点，可以说它们

---

① 《哲学和科学家的自发哲学》（*Philosophie et philosophie spontanée...*），前引，第57页及以下。（参见阿尔都塞《哲学和科学家的自发哲学》，《哲学与政治：阿尔都塞读本》，陈越编，前引，第44—48页。——译注）

② "真理"原文为"vérité"，在与"正确性"并提时，也可译为"真实性"或"真理性"。为了统一译名，在本书中都译为"真理"。另，前文中的"真"和"真的"，原文分别为"le vrai"和"vraie"。——译注

③ "正确性"原文为"justesse"，与它相应的另一个名词为"justice"，意为"正义"。它们的形容词"juste"，既意为"正确的"，又意为"正义的"；但其否定形容词"injuste"，只意为"不正义的"，而没有"不正确的"意思。法语中表"不正确的"一般用"faux"（假的），参见下一条译注。——译注

是正确的或虚假的（这里"虚假的"①等于"不正确的"，法语中没有相应的词，但其他语言中有）。于是全部问题就在于认真思考这个关于正确性的观念。

一目了然，正确性（justesse）与正义（justice）完全无关。乞求正义不仅会带出它的一整套机器（法院、法官、陪审团、证人，以对某个违法犯罪的嫌疑人进行审判），而且会带出对上述国家机器的运行进行认可的法律和道德观念：正义与不正义的观念。亚里士多德②尤其为这种观念提出了一套理论，为的是说（并不是所有哲学家都持这种立场）：正义的东西③绝非整体或绝对，它无非是"适度"④，它是事物的一部分，也就是国家中善的部分。举一个有趣的例子（因为一会儿我们还要以相反的方式再次提到它）：圣托马斯⑤捍卫了一种观念，认为存在着正确的战争和不正确的战争，但他是以正义和不正义的名义，即通过宗教–道德–意识形态原则来对它们进行区分的。因此，很明显，正确性与这种关于正义的道德和法律观念毫不相

---

① 注意，"虚假的"（faux）通常也译为"错误的"，但它的本义实际上是"虚假的"，在本书中，为了与"真的"（vrai）相对，一般译为"（虚）假的"。——译注

② 《尼各马可伦理学》（*Éthique à Nicomaque*），第二卷，7—9节（1107 a 26—1109 b 26）。（参见亚里士多德《尼各马可伦理学》，廖申白译注，商务印书馆，2014年，第47—57页。——译注）

③ "正义的东西"原文为"le juste"，也可译为"正确的东西"。——译注

④ "适度"原文"juste-milieu"，也可译为"中庸"，直译即"正–中间"。根据亚里士多德，过度与不及都是恶，只有正中间才是善和正义。——译注

⑤ 《神学大全》（*Summa theologica*），第二卷，问题40，第1条。（参见阿奎那《神学大全》第一集，第2、3卷，段德智译，商务印书馆，2013年，问题40。——译注）

干,也就是与关于正义的法律-道德的意识形态毫不相干。

那么,谈到论点时适用的正确性是什么呢?这个概念(notion)可以根据某种由实践者很好地作出的**实践的质量**而得到阐明。如果我们按照可追溯至柏拉图和诡辩派的传统,举某种工匠为例,如"以火工作"的锻工、加工木材的木匠、加工铁器的冶金工、处理复杂机件的机械工等等,所有这些工匠,当他们工作出色时,就可以在严格意义上被称作**校正者**①,因为他们的所有动作都已经被调整,以针对一定的目的;因为他们知道如何根据其他零件去校正每一个零件。他们最终生产出了人们所预期的有用物品。所以,为了指出这种复杂工作的性质,可以把他们的操作叫作**调整**(*ajustage*)或**校正**(*ajustement*)。这种复杂的工作包括挑选、抛光、适配,以及把各种零件装配成预期的机械装置所必需的相互勾连的系统。

但是,如果我们离开简单的工匠领域,直接进入另一个绝然不同的领域,即政治行动的领域,我们会看到什么呢?出现了同样的正确性的实践。意识到自己对城邦的"职责"并对那些"职责"负责的政治家,更关心正确的东西而非真的东西;更操心如何在正确的时机通过正确的形式采取**正确的**措施和决定(即有助于城邦福祉的措施和决定),而非谈论真理或以真理为指南。

在这里,正确性仍然是调整或校正的一种形式:正确性就在于准确考虑到所有要素和全部力量关系,并有能力对那些要素和力量关系进行合理安排,从中得到预期的政治后果:城邦

---

① "校正者"原文为"ajusteurs",也可译为"调整者",即通常所说的"钳工"。其动词形式"ajuster",可译为"校正"或"调整"。——译注

的胜利，敌人的失败。正如运算无误的加法可以说是正确的，外科医生的手术①可以说是正确的一样，如果军队长官或政治人物的干预，在现有的力量关系中，通过明智地校正现有手段，对准所追求的目的，产生了所期望的结果，则它也可以说是正确的。正如我们所见，在这种正确性的实践中，不存在任何东西会让人想到关于正义的法律-道德观念。相反，正确性是最现实、最真实、最唯物主义的实践（无论它是不是物质性的实践）的标志。回到我们的经典例子，正是在这个意义上，政治家和唯物主义者可以采用那些同样的字眼，说某场战争是"juste"：不是在正义（justice）的意义上是正义的，而是在正确性（justesse）的意义上是正确的，在对理由和手段进行了调整——因而考虑到了阶级斗争中的力量对比②以及由这种力量对比所造成的总趋势——的意义上是正确的。

马基雅维利、马克思和列宁正是在这个意义上谈论"正确的战争"③。一场由它所追随的政治路线的正确性如此定义的战争，当然也同样可以在正义的意义上，即在法律-道德的意识形态的意义上，是正义的战争。在这种情况下，发动这场战争的人，相对于其对手来说，具有一个巨大的优势，即他也是在为正义而战，而这一般来说会大大增加他的力量。但是也存在正

---

① "手术"原文为"intervention"，一般译为"干预"或"出现"，与下文中的"干预"是同一个词。——译注

② "力量对比"原文为"rapport des forces"，"力量关系"原文为"rapports de force"。——译注

③ "正确的"原文为"juste"，在《列宁全集》中一般译为"正义的"，但阿尔都塞在这里把它理解为"正确的"。——译注

确性意义上的"正确的战争",其在正义的意义上并非同时也是"正义的";也存在正确性意义上的正确的政治决定,其在正义的意义上并非同时也是正义的。在这种情况下,正确性和正义就分裂了,这令帕斯卡尔痛苦不已,而且对于战斗人员来说,打这样一场战争要困难得多;对于战士来说,接受某项决定也要困难得多:当斯大林 1939 年让全世界共产党战士面对苏德条约时,就使他们处于这种困境中。有时候甚至会发生这样的情况,其中任何人都既无法找到正确性也无法找到正义。我只举一个例子,1914—1918 年甚至 1939—1941 年的帝国主义战争,尽管其参与者都感到自己在正义的意义上是正义的,但实际上,无论是在正义的意义上还是在正确性的意义上,它们都不正确/不正义,因为它们纯粹只是帝国主义国家之间的战争,是受资本主义积累法则支配的盲目力量之间的战争(而战争也无法控制那些盲目力量)。剩下的问题在于,1941 年纳粹德国入侵苏联是否改变了这场战争的"意义"①,从"同盟国"的角度而言,是否这场战争不仅在正确性的意义上而且在正义的意义上由此变成了一场正确的/正义的战争。这就要谈到某些情况的复杂性,面对那些情况,由于缺乏信息,哲学本身不得不保持沉默。但这是因为历史科学即阶级斗争的科学在保持沉默。为什么?我们以后可能会明白。

因此,要对正确性的意义形成一个观念,要对在我看来必然应用于哲学论点的"正确的"这个词的意义形成一个观念,

---

① "意义"原文为"sens",也有"方向"的意思,详见第 73 页译注。阿尔都塞这里加上引号,显然是要采用它的双重含义。——译注

就必须把整个这套实践牢记于心。

如果这些提醒令人信服的话，那么它们就更会给我们强加这样一种观念，即**哲学论点与某种实践有关**，与一种非常特殊的实践即校正实践有关，从而与对原先就存在的要素（必须去定义它们）进行加工的实践有关。这种实践的关键，在于对那些要素进行打磨、抛光，使之彼此适应，以得出某种能满足一定目的或用途的产品。这是些什么样的要素？是什么样的打磨和抛光？是什么样的适应？是什么样的目的和什么样的用途？这些问题暂时仍然悬而未决。

但我们至少隐约看到这种操作是在什么领域发生的。这个领域首先并首要是哲学本身的领域。所以我以前能够主张① 这样一种悖论性的观点：哲学从来只干预② 哲学，并且只有在一种绝对条件下，即它首先要对哲学也就是对它自身进行干预，它才能在哲学之外进行干预。但这个领域不仅仅是哲学的领域。它也是（目前顺序无关紧要）科学及其实践的领域、意识形态及其实践的领域，简言之，也是整个人类活动的领域：从经济生产到政治实践，到各种意识形态实践（道德的、政治的、法律的、审美的、宗教的、家庭的等等意识形态实践），全都包括在内。**在哲学中这样进行的、使论点的陈述得以产生的校正，就这样在整个人类实践中引起反响**，而如果这些词语有意义的

---

① 《哲学和科学家的自发哲学》（*Philosophie et philosophie spontanée...*），同前引，第113—116页。（参见阿尔都塞《哲学和科学家的自发哲学》，《哲学与政治：阿尔都塞读本》，陈越编，前引，第49—51页。——译注）

② "干预"原文为"intervient ... dans（en）"，有时也译为"出现在……中"。——译注

话,那么说到底,这就意味着全部人类实践都或多或少即便没有被哲学论点所校正,至少也是可以通过它们——即便不是直接地(这是例外的情况),至少也是间接地——得到校正的。如此一来,我们就不必再为葛兰西的那句话感到惊讶,他说"人人都是哲学家"①,因为人人都或直接(如果他是哲学家)或间接(如果他不是哲学家)地被包含在那些哲学论点中的哲学调整(ajustage)所触动。但在最终证明这一点之前,我们还有漫长的路要走②。

---

① "人人都是哲学家"的提法来自葛兰西《狱中札记》,详见第58页译注。——译注

② 阿尔都塞在这里补充了一段未完成的文字:"必须消除最后的误解。如果论点是一些**主动的**命题,如果论点由哲学在现有的冲突局势中(根据哲学在这种由阶级斗争的要求所引起的哲学斗争中所采取的立场)进行了**调整**,那么,最大的错误莫过于为自己制造一种关于它们的**立场**的唯心主义表述,并相信这一始终对立的立场发生在空中,与实践的物质性毫不相干。我们将会明白,哲学斗争的赌注,恰恰是社会实践及其方针的现实(我们将看到为何如此)。因此,哲学斗争的赌注是完全现实的和物质的。因为不是实践的观念,而是实际的**实践状态**,构成了哲学斗争的赌注。由此我们可以看到,为了被'摆在'范畴的命题中,论点就绝不是**任意的**,因为它们不仅由这种斗争的事实所规定,而且由这场斗争的物质赌注所规定。但是我们必须走得更远,并指出,论点还在另一种意义上不是任意的:因为组成它们的范畴并非从天而降,而是来自哲学史,后者在自身中不仅记录了所有那些由某种力量对比所强加进来的意识形态概念(notions),**而且还记录了一些认识**,这些认识被转化为范畴,并表现在论点中。认识的部分就这样从意识形态概念的角度被整合了……"

十①

实际上，我们必须重新回到开始（现在可以承认它，因为对于我们唯物主义者来说，哲学没有开始），不是像我们刚才草草讨论的那样，去探究正确性的范畴（或更确切地说是正确性的概念，我们将看到为什么这么说），而是去探究**真理**②的范畴。

因为我们此前把正确性与真理相对立。这种观念，这个真理的范畴来自何处呢？斯宾诺莎在《知性改进论》中写道："因为我们具有真观念"③，一个真理的观念，而这个真理的观

---

① 第十章和第十一章重复了 1967 年 11 月至 12 月阿尔都塞在巴黎高等师范学校开设的"为科学家讲的哲学课"第五讲即最后一讲。与前四讲不同，这个第五讲没有被收入《哲学和科学家的自发哲学》（*Philosophie et philosophie spontanée...*）中，同前引。直到作者去世后，它才以《在哲学这边》（«Du côté de la philosophie»）为题出版，收入《哲学与政治文集》（*Écrits philosophiques...*），前引，第二卷，第 268 页及以下。

② "真理"原文为"vérité"，关于这个词的译法，详见第 121 页译注。——译注

③ 《知性改进论》（*Traité de la réforme...*），前引，第 33 节，第 84—85 页。也参见《亚眠答辩》（«Soutenance d'Amiens»），前引，第 165—166 页。[斯宾诺莎的原文是拉丁文"habemus enim ideam veram"，参见斯宾诺莎《知性改进论》，贺麟译，前引，第 31 页："因为我们具有真观念。"另参见阿尔都塞《在哲学中成为马克思主义者容易吗？》，《哲学与政治：阿尔都塞读本》，陈越编，前引，第 198 页。——译注]

念，被我们当作绝对标准的观念，是由数学为我们提供的。数学又是从哪里来的呢？没有答案：我们就是有数学，仅此而已，而且正是数学为我们提供了我们所具有的关于真的东西的观念，等等。由此我们可以看到，真理的观念取决于科学，后者为我们提供了一些客观认识。

我们会注意到，斯宾诺莎从不谈论"真理"（la vérité），而只谈论"真的东西"（le vrai）："真的东西将自身指示为真的，同时又将假的东西指示为假的。"① 在一个所有哲学家都谈论真理的时代，这一点并非无足轻重。这些哲学家不仅谈论科学的真理，还谈论哲学的真理，并且把哲学当作对真理的探求来谈论。为什么要强调这些细微的差别？因为，如果询问从事科学实践的人，我们会发现，他们从不谈论真理，他们从不会说自己发现了这个或那个真理，也从不会说某个定理是真的，或某项实验证据是真的。他们诚然这样说过，但那是为了回答某个对话人，后者指责他们编造了虚假的证明或证据，所以撒了谎。总之，只有当被指控说谎时，他们才用真理作出回答。但是在他们的实践中，他们根本不把真理放在眼里。他们只是确认某个定理得到了**证明**，仅此而已；或者某项实验结果得到了验证，

---

① 《伦理学》（*Éthique*），前引，第二部分，命题四十三及附释，第 170—173 页："[……] 真理是其自身和虚假的东西的标准（*veritas norma sui*，*& falsi est*）。"[斯宾诺莎的原文是拉丁文 "*verum index sui et falsi*"，即"真的东西既标明自己，又标明假的东西"。注意，"（虚）假的"（faux）通常也译为"错误的"，但为了与"真的"相对，本书中遵照原义，一般译为"（虚）假的"。另参见斯宾诺莎《伦理学》，贺麟译，前引，第 82 页："正如光明之显示其自身并显示黑暗，所以真理既是真理自身的标准，又是错误的标准。"——译注]

仅此而已。

那么真理在这里有什么用呢？它被强行引入到那些与它不相干的实践（科学实践）中。而如果它是被引入的，那它来自哪里呢？来自别处，更准确地说，来自确实与真理的观念有利害关系的意识形态领域：哲学的、法律的、道德的、宗教的等等意识形态。因而这一切的发生，都好像是在特定科学实践领域中获得的某项科学成果，被转移到了意识形态领域，并在这个领域获得了真理的属性。其目的是什么呢？当我们研究了意识形态的性质和多样性之后，我们将看清它是什么。

但是这个简单的说明可以把我们引上一条大道，去理解为什么——从传统来看——即便不是一切哲学，至少唯心主义哲学会对所谓认识论①和方法等等如此感兴趣。

因为认识论无非是一种声称能解释什么是真理的哲学理论。就目前来说，它究竟是或不是从科学认识出发做到这一点的，完全无关紧要。相反，更重要的是由这个简单的问题所揭示出来的哲学配置（dispositif）。是否有必要在这里重述一遍我们说过的话，即唯心主义哲学会提出一些在其得以提出的形式中完全不存在的问题，并且那些问题总是已经事先包含了自己的回答，因为那些问题本身只不过是它自己的回答的颠倒？但是，

---

① 这里"认识论"原文为"la théorie de la connaissance"，直译即"关于认识的理论"，阿尔都塞用这个词组表示传统"认识论"所指的东西。所以本书在谈到"认识论"时，经常将这个词与另两个词即"gnoséologie""épistémologie"（也都译为"认识论"，详见第116页译注）混用。——译注

这种简单的颠倒的同义反复①，同样会产生不可思议的理论后果——在唯心主义为我们提供的形形色色的认识论中，我们始终可以观察到这一点。

首先，认识论问题得以提出的基本哲学配置是什么？简化到极致，我们的发现如下：

哲学面对面地摆出有待认识的**对象**②和要去认识对象的**主体**。这两者在各方面都是两种不同的存在，因而最棘手的问题就是，这两种截然不同的存在如何能保持一种关系，一种属于认识关系的关系。为了回答这个想象中的问题，唯心主义哲学发明了各种各样的招架之术。其中有一些极为简单（一元论：这两种现实是一种相同的现实，要么是精神，要么是物质），而另一些则极为复杂（柏拉图的回忆，亚里士多德学派和托马斯主义者的实体形式，笛卡尔的松果体，马勒伯朗士的偶然原因，康德的物自体，黑格尔的辩证法，柏格森的绵延，等等）。这里我们会注意到，像斯宾诺莎这样的哲学家——他大概不会称自己是唯心主义者——给出了一种回答，平行论的回答，这种回答魔术般地把这个问题完全变没了……

无论对这个辅助性问题的回答是什么，正在认识的主体和

---

① "同义反复"原文为"tautologie"，也译为"套套逻辑"或"重言式"。——译注

② "对象"原文为"objet"，也译为"客体"。在康德著作中，存在着"客体"（Objekt）与"对象"（Gegenstand）之分，它们在法语中均被译为"objet"。以往根据汉语使用习惯，在涉及"主体""客体"关系时，将其译为"客体"，在涉及"认识""认识的对象"时，将其译为"对象"。考虑到阿尔都塞在原文中一直使用的是同一个词，为了避免混乱，本书中统一将其译为"对象"。——译注

有待认识的对象的这种对峙，都必须产生一种同一：认识本身。如果我们用字母 S 来指正在认识的主体，用字母 O 来指有待认识的对象，则我们会得到一切认识论的基本等式：

$$S = O,$$

它的意思是：通过对对象的认识行为而在主体中产生的认识等于那个已知的对象。它就是对那个对象（而不是另一个对象）的认识。因此，在人称上不会有错，在同一性上也不会有错。此外，它还意味着主体和对象保持同一，在认识行为途中不失去其同一性，或即便它们发生了变化（比如在历史发展中发生变化），它们也会在相同的方向上发生变化，从而保留它们各自的同一性，以及由那个等式得出的同一性：

$$S = O。$$

但这还不是全部。因为我们既可以把这种认识关系看作是一种直接的行为（如柏拉图、笛卡尔、柏格森等人的观看、直觉等等），也可以把它看作是一个进程（如黑格尔、马克思等），这个进程一方面需要耗费时间，另一方面尤其重要的是，它在其发展过程中也修改了上述等式中各项的特性。在后一种情况下，"等于"项表示公式 S = O 中有一个等式，必须修改这个"＝"项，以表示一个朝向等式的运动，一个朝向同一的运动，一个朝向"反映"（列宁）的运动。然后我们可以像圣托马斯①所做的那样，谈论某种"相符"② ——这个词把"朝

---

① 指托马斯·阿奎那（Thomas Aquinas）。——译注
② "相符"原文为"adéquation"，由"ad"（朝向）和"équation"（等式、相等）构成，也可译为"趋向一致"。——译注

向……的运动"考虑了进来。这样我们可以写下著名的公式："veritas [is] adaequatio rei and inlectlectus"①（真理是事物与知性②的相符）。

但是，非常奇怪的是，在这个公式中，我们看到真理重新出现了，而我们之前完全不需要它。事实上我们通过只引入两个项——主体和对象，以及一个等式，但不包括真理——就已经解释了认识行为或认识过程。但现在"真理"再次出现了，好像它就是"关于"我们所说的事情的"真理"一样。那么真理在这里有什么用呢？它只不过复制了常识的认可，后者宣称对象与主体相符或主体与对象相符的结果就是认识，而由于这种认识准确地反映了那个对象，所以它就是关于那个对象的真理。因此，它是一个纯粹的同义反复公式，不同之处只在于，正如我们已经看到的那样，这种常识的认可是一种价值的认可，而这个价值属于某些意识形态领域。我们以后会回到这一点上来。

因此，我们可以写下我们已经被修改过的公式如下：

$$(S = O) = V③。$$

但这完全不足以令哲学家满意，比如笛卡尔这样的哲学家，他即便掌握了一个真理，而且清清楚楚知道它是真的，也会对它表示怀疑，也就是说，会要求一种额外的保证，以便消除任

---

① 《神学大全》（*Summa theologica*）第一卷，问题 16，第 2 条，圣托马斯将这个提法归功于艾萨克（Isaac Israëli）。（参见阿奎那《神学大全》第一集，第 1 卷，段德智译，商务印书馆，2013 年，问题 16，第 2 条。——译注）
② "知性"原文为"intellect"，也译为"智力""理解力"。——译注
③ "V"代表"vérité"（真理）。——译注

何可能引起怀疑的风险。因此,制造认识论的唯心主义哲学家不仅需要思考主体与对象的相符(S = O),而且还需要说这种相符的结果就是一个真理(S = O) = V。更确切地说,他要么因为邪恶的精灵的假设这种虚构①,感到需要一个在对我们进行欺骗的万能的上帝;要么为了战胜自己的反对者(如柏拉图面对诡辩家,或康德面对沃尔夫),感到需要肯定由 S = O 这个相符的过程产生的真理确实是真的,并且在这个过程中牵涉到的一系列关系也确实是真的。简言之,他感到需要给已经获得的真理加上一种对真理的肯定,并写出以下新的公式:

$$V (S = O) = V,$$

它的意思是:**主体和对象的相符产生真理确实是真的**。

真理的这种自我叠加(redoublement),是唯心主义哲学的重要恒量(constantes)之一。在谈到哲学与科学的区分时,我们已经觉察到了这一点:哲学在将自身区别于诸科学的同时,又把自己打扮成②它们的真理,打扮成诸科学的科学、诸科学真理的真理。这种立场③可以采取非常不同的形式,从柏拉图的存在论④形式到康德的批判形式:在前者那里,是一种存在位于其他存在之上;在后者那里,某个主体,先验主体——它

---

① "邪恶的精灵的假设"指笛卡尔在《第一哲学沉思集》中的假设,详见本书第 65 页正文及译注。——译注

② "把自己打扮成"原文为"se posait comme",其中"posait"原形即"poser"(摆出、摆放),其名词形式"position",也译为"立场"。——译注

③ "立场"原文为"position",参见上注。这里可以看作是前面"打扮"(摆出……姿态)的名词。——译注

④ "存在论"原文为"ontologie",以往也译为"本体论"。关于该词的译法及其与"存在者论"的区别,详见第 192 页译注。——译注

可以在"我思"的统一中得到把握（就像笛卡尔的"我思"一样，但它扮演着完全不同的角色）——负责保障被归并到整个认识中的杂多的先验（即纯粹的、非经验的、与"时空"偶然性无关的、必然的）统一。我们将在所有唯心主义哲学家那里找到同样的功能。

问题出现了：可是为什么要有这种真理的叠加呢？对此人们可以轻松地回答说，这种叠加只不过记录、复制和思考了一种**脑力劳动分工**①，这种分工确确实实存在于生产科学认识的科学家和对那些科学认识进行思考的哲学家之间。但这个回答是个视觉陷阱②，因为它只不过把问题向后推延了。而如果我们想牢牢追随这个回答，就必须问它：可是为什么要有这种认识上的劳动分工呢？这等于问：可是为什么哲学和科学不是一种相同的东西呢？又或者：为什么存在哲学和一些科学呢？是两者存其一呢，还是两者都存在？

我们可以在这里提出某种回答的原则，但它显然超出了科学与哲学及其关系的框架。这种回答很简单。它就在于认真对待在这种叠加中发生的事情。我们已经说过，哲学家感到"需要"说："我刚才说的（即主体与对象的相符产生了真理）是真理"。总之，这是哲学家特有的一点小小的**额外需要**。必须

---

① "脑力劳动分工"原文为"division du travail intellectuel"，也可译为"知识劳动分工"，其中"division du travail"通常也译为"分工"。考虑到阿尔都塞有"劳动的社会分工"和"劳动的技术分工"及"社会劳动的分工"等提法，我们把这个词一律译为"劳动分工"。——译注

② "视觉陷阱"原文为"trompe-l'œil"，此处也可译为"骗人的表象"。——译注

原谅他有些小小的需要。然而事实证明这不是一个小小的需要，这不是一个需要，而且也不是哲学家的需要。它是最终关系到整个社会平衡的干预措施的重要表现。让我们更仔细一点来看看这件事。

当哲学家宣布"我刚才所说的是真理"时，他提前对所有可能控告他说谎的人采取了警戒姿态（先发制人的动作），并在信念方面安慰了所有分享了他信念的人：向他们保证他所说过的话，向他们保证他说出的是真理。所以这就是那个秘密①：**真理是一种保证功能**。② 它以提供一切保证的形式被陈述，使真理高于一切怀疑：以最严格的证明形式，这种证明形式要么受到严格而纯粹的数学实践的启发（参考笛卡尔、斯宾诺莎、康德和黑格尔），要么被饰以最精致的说服效果（见柏拉图的对话）或最内在的冥想信念的交往③（见柏格森）。总之，根据不同的时代、"对象"和才能，哲学家选择事实上最佳的一切手段作为论据和论辩形式，以达到最令人信服的展示，对真理的展示。他们以这种方式，获得了一切机会去制造保证：一切对他有利的可能的保证。他们的反对者或对手随时可能到来，他们必须早早起身，以便站稳脚跟，严阵以待。

整个这场由真理作出保证的奇妙演出是为什么服务的呢？首先，对于哲学家来说，他像任何人一样，当他在体力劳动-脑力劳动的分工以及脑力劳动的内部分工中从事哲学家自己的

---

① "秘密"原文为"le mot lâché"，直译为"顺嘴说出的话"。——译注
② 关于"保证"，参见第63页译注。——译注
③ "交往"原文为"commerce"，一般译为"贸易""交易"。——译注

"本行"① 时，需要向自己保证自己确实在真理中。因为即便作为哲学家，他也仍然是人，有自己的怀疑时刻（见笛卡尔，甚至见斯宾诺莎和帕斯卡尔）、黑暗时刻，有自己的夜晚时刻和焦虑时刻，甚至当他在某个漆黑的夜晚被真理之火侵袭，目睹了它，也会在事后害怕自己是在做梦，是被邪恶的精灵欺骗了，所以必须不断挣扎，再次爬上没有尽头的斜坡。令哲学家战栗的，不仅仅有这个奇迹带来的震动，还有世界上的全部苦难，战争和屠杀。这让他自问，当世界死于饥饿时，是否值得花一个小时去校正自己头脑中的思想；这让他自问，尽管他相信神意，"可是为什么天下雨要下到大海里，下到沙丘上和大路上"，既然下到那些地方毫无用处（马勒伯朗士②）；这让他自问，为什么这种巨大的思想努力却不能阻止一个孩子——尽管他就像黎明一样纯洁——在痛苦中死去？关于哲学家——甚至最伟大的哲学家——面对自己天职（vocation）时的这种怀疑和焦虑，可以写上好几本书。他们中就有一位把自己的全部著作都奉献于此，他的名字叫克尔凯郭尔。因为在他本人内心深处，

---

① "本行"原文为"métier"，也有"手艺、职业、行业"的意思。——译注

② 《论自然和神恩》(Traité de la nature et de la grâce)，《著作集》(Œuvres)，前引，第二卷，巴黎，伽利玛出版社（Gallimard），"七星文库"（«Bibliothèque de la Pléiade»）丛书，1992 年，第一篇论文，第 14 节，第 25—26 页。也参见《关于形而上学、宗教和死亡的对话录》(Entretiens sur la métaphysique, sur la religion, et sur la mort)，同前引，第九篇对话，第 12 节，第 843—844 页。[另参见阿尔都塞《相遇的唯物主义潜流》: "马勒伯朗士很奇怪'为什么天下雨要下到大海里，下到沙丘上和大路上'，因为虽然这天上之水在别处可以滋润农作物（这很好），但它对海洋毫无增益，下在路上和沙丘上也是白白浪费。"《哲学与政治文集》(Écrits philosophiques et politiques)第一卷，Stock/Imec 出版社，1994 年，第 553 页。——译注]

对于哲学家在科学家和他自己社会中所有人面前——甚至在普遍历史面前——行使的那种普遍保证功能,在他本人内心深处,他对于僭取这种功能感到战栗。这也是他在这方面用力如此之猛的原因,因为他想消除自己所知道的危险,那种无法胜任自己任务的危险。而借助论辩的力量,他有时成功地使自己信服了。

但这还不是最要紧的东西。因为他自己信服与否,只有他的良心、他亲近的人和他最私密的日记知道。对于其他人,对于他用言语或文字向其说话的人来说,这并不成为问题:他始终信服,因为他是一个哲学家,因为他把它说出来了;因为成为哲学家,与确信掌握了关于诸真理的真理,与把这个真理说出来,与用令人信服的方式把这个真理说出来,完全是一回事。被叠加的真理所起的哲学保证作用就这样在外部发挥功能:总是如此。**真理,是为了其他人**。伟大的、至高无上的假动作!只要其他人相信它,并且相信一切都很好,相信之所以存在哲学家,就是为了告诉那些掌握了真理的人关于他们的真理的真理,等等,这就足够了。是的,一切都很好。世界被分为知者与说者和不知者与听者,这件事很好;从事劳动和生产的人与不事劳动而拥有闲暇去思考真理并把它说出来的人之间的划分,是一件好事;统治者与被统治者之间的划分、军人与平民之间的划分、男人与女人之间的划分、自由人与奴隶之间的划分、希腊人与野蛮人(或者是奴隶,或者是移民)之间的划分、成人与儿童之间的划分、神与人之间的划分、牧师与俗人之间的划分、占卜者与盲人之间的划分、神圣的妓女与世俗的妓女之间的划分:所有这些都是一件好事,一件极好的事。看看柏拉图吧,他在自己全部著作中对此进行了详细解释。说它是一件好事,是因为这种划分同时也是一种劳动分工,它生产了其结果的统一:确切地说,是城邦的统一和公民之间的和平。马克思(他就有下面所说的那种坏脾气)解释说,整个这套系统,包括通过自己的保证对这套系统进行认可的哲学,只有一种功能:维持统治阶级对被统治阶级的统治。因为这种维持恰恰需要这些划分,需要这些复杂的功能,需要这种保证,即在诸城邦中最好的城邦,一切都很好①,因为牧师、政治家,最后还有哲学家,都向那些可能对此表示怀疑的人,向那些可能有坏脾气喜欢攻击现有阶级专政秩序的人,作出了这样的保证。

由此,我们开始隐约看到,哲学越来越不是清白无辜的,因为它在维持(或推翻)既定的秩序中发挥了自己的作用,因而它部分地与政治相关。

但我们对认识论的讨论还没有了结。哪怕在(我所强调的)唯心主义哲学对其进行思考的形式中,认识论确实纯粹是想象的,它也同样会生产一些问题和回答,因而会生产一些新范畴和论点,以及一些理论上和实践上的后果。

因为当哲学家写下他的新等式:

$$V = [(S = O) = V],$$

作为哲学家,出于天生的好奇(亚里士多德),他就不禁要向自己提出一个新问题:但是**前面那个真理从何而来呢**?换

---

① 这里套用了伏尔泰小说《老实人》中的一句格言:"Tout pour le mieux dans le meilleur des mondes possibles. (在这个最美好的世界上,一切都十全十美)"。马克思在《资本论》第一卷中曾引用过这句话,参见《资本论》第一卷,前引,第885页。——译注

句话说，他会向自己提出一个我们已经遇到过的问题：起源（origine）的问题，它也可以说是本原（principe）的问题（亚里士多德），根基的问题，充足理由的问题，或一切都建立于其上的最初或最终理由的问题（莱布尼茨）。换句话说，哲学家会向自己提出一个非常简单的问题，使他得以最终摆脱自己的一切主观性①，也就是说，摆脱自己的一切怀疑和焦虑——此前他一直默默地把它们藏在自己心里（因为他绝不能在所有那些需要他和他的确定性的可怜人面前丢脸）。这个问题就是：**但是，是什么奠定了我正在提供的保证的基础呢？**如果这是个问题的话，它也是一个非常合理的问题。如果哲学家想逃避使他成为一个偶然个体的人类条件——这种条件让他在某年出生在某个国家，有那样的父母，有那样的怪脾气：比如爱上斜眼女人，喜欢上瑞典的公爵夫人（笛卡尔）；想每天独自在林荫长道上散步和拉尿（康德）；需要去枫丹白露森林对着橡树汁液中的存在进行沉思（拉舍利耶②）；渴望在黑森林的树林中游逛，却在伐木者为了伐木所开辟的小道上跌破鼻子（海德格尔）……但你们了解所有这些不幸，请容许我跳过它们——简言之，如果哲学家想逃避费尔巴哈所说的经验的规定性（有圆鼻子或尖鼻子），并且尤其希望他陈述的真理和他提供的保证能够逃避这些偶然性，从而使它们成为有效的，对所有人都总是有保证的，如果这样的话，哲学家就会合理地感到需要回答

---

① "主观性"原文为"subjectivité"，也译为"主体性"。——译注

② 拉舍利耶（Jules Lachelier, 1832—1918），法国哲学家，毕业于巴黎高师，著有《归纳法的根基。附心理学和形而上学》（*Du fondement de induction* suivi de *Psychologie et Metaphysique*）。——译注

这个问题：但是，我陈述的真理和我作出的保证是如何被奠基的（即如何为它们奠基）？或者概括地说：哲学陈述的真理和它作出的保证是如何被奠基的？

于是，就像在唯心主义哲学中所一直发生的那样，说干就干，因为回答总是存在于问题中。所以哲学家会再一次对所达到的真理进行叠加，但是会给它赋予一个更高的地位，不再是一种个人的和经验的地位（"你们可以相信我，因为我这样说了，而且我还向你们作出了证明"），而是一种普遍的和绝对的地位。因此，他会"生产"①，也就是说——在萨特笔下咖啡馆侍者的词源学意义上②——他会把我们带到一个平台，一个更高的真理（第三号真理）。为了给他到目前为止已经"证明"③的一切奠定基础，他需要这个真理。于是这个真理就成了绝对的、根本的**起源**，我们的回溯不能超出它之外。就像巴黎、马赛或别处的火车站，它们都是一些死胡同（就像海德格尔的**林中路**④），

---

① "生产"原文为"produire"，也有"引进""介绍"的意思。——译注

② 《存在与虚无：现象学存在论》（*L'Être et le néant. Essai d'ontologie phénoménologique*），巴黎，伽利玛出版社（Gallimard/NRF），1970 年（1943 年），第 95—96 页。（参见萨特《存在与虚无》，陈宣良等译，杜小真校，生活·读书·新知三联书店，2015 年，第 92—94 页。书名副标题翻译有改动。——译注）

③ "证明"原文为"démontré"，也有"展示""表明""示范讲解"的意思。——译注

④ "林中路"原文为德文"Holzwege"，也是海德格尔著作（《林中路》）的标题。该词也有"错误道路"的意思。列宁曾在《唯物主义和经验批判主义》中援引德国无产者狄慈根的话，称"哲学"为"错误道路中的错误道路"。参见列宁《唯物主义和经验批判主义》，前引，第 360 页："在狄慈根看来，自由思想的教授们的'不彻底性'还比不上'宗教的诚实'［……］'为了循着正确道路前进而不致被任何宗教的和哲学的谬论（Welsch）所迷惑，必须研究错误道路中的错误道路（der Holzweg der Holzwege），即研究哲学。'"——译注

因为铁轨到此为止,我们不能走得更远,但另一方面,我们可以由此出发,去法国所有其他车站。这个绝对的真理同时也是绝对的本原,是时间上最古老的本原(在它之前没有时间),是一切后果所依赖的本原,但它本身却不依赖任何东西。这个绝对的真理,也是一切大厦——无论它是存在、理性还是推理——永远矗立于其上的根基和基础,它是其本身起支撑作用但不被任何东西所支撑的事物,是没有任何东西支撑的大地,或神话中没有任何东西支撑却背负着世界的原始巨人,或用自己的力量维持着一切但(众所周知)不需要土地、不需要 Grund① 就能站稳双脚的上帝(再说他也没有脚,参见勒儒瓦-高汉②,因为使人成为人的,不是他的手或颅骨,而是他的脚,也就是他的直立状态。弗洛伊德在《图腾与禁忌》中指出③,这种直立状态让他可以

---

① "Grund",德文,意为"基础、地基、原因、土壤"。——译注

② 勒儒瓦-高汉(A. Leroi-Gourhan),《姿势和言语》第一卷《技术和语言》(*Le Geste et la parole*, t. I: *Technique et langage*),巴黎,阿尔班·米歇尔出版社(Albin Michel),1969 年,第 108、97 页:"猴子,所有猴子的特征是,它们的混合直立状态是四足着地坐立,它们的脚适应了这种生活条件。而人类的根本特征是,他们的混合直立状态是双足着地坐立,他们的脚已经严格适应了这一点。""我们准备好了接受这一切,除了从脚开始。"见阿尔都塞《人道主义论争》(«La querelle de l'humanisme»),同前引,第 508 页及以下。

③ 阿尔都塞可能想到了《文化中的缺憾》(«Le malaise dans la culture»)(即《文明及其缺憾》。——译注),科泰(P. Cotet)等译,收入弗洛伊德(S. Freud)《全集》(*Œuvres complètes*),拉普朗什(J. Laplanche)编,第十八卷:《1926—1930》,巴黎,法国大学出版社(PUF),1994 年,第 277 页注释。(参见弗洛伊德《文明及其缺憾》,《弗洛伊德文集》第十二卷,车文博主编,第 96 页脚注:"在原始人接触到火时,他好像有了一种习惯,用'排尿灭火'来满足与火相关的'婴儿情欲'。我们现在所知的传说表明,原始人把向上喷出的'火舌'看作具有男性生殖器的象征意义。"——译注)

从上往下对着火撒尿。这个说法对女人来说可不太友好)。总之,这个绝对的真理是充足理由①,ratio rationis②,世界上一切理由的理由,最终的或最后的理由。它解释了世界上存在的一切,解释了事物的根本起源(莱布尼茨③)以及它们的存在理由,也就是解释了它们的目的(fin),它们的归宿(destination),它们的目标(but)——这个目标是从它们外面被确定的,但又是为了它们,或为了上帝的最大荣耀:为了以最低成本实现的美好世界或人类的救赎(或统治阶级建立的秩序)。

我们会顺便注意到,哲学家从寻找**起源**,寻找本原、根基和充足理由开始,却不可避免地同时遇到了**最终目的**。一些最终目的,存在的归宿,存在(而不是存在者④:海德格尔⑤)的"天命"。如果他想把根本的起源写进他的等式,作为所有存在之物的最终理由,作为对保证的保证,他就还必须同时把这整个进程的最终理由、最终目的写入这个等式。而且,他肯定同时会发现一件非常简单的事情,因为它是同义反复的,即**事物**

---

① "理由"原文为"raison",也译为"理性"。——译注

② "ratio rationis",拉丁文,意为"理性的理性""理由的理由"。——译注

③ 《论事物的根本起源》(*Sur l'origine radicale des choses*),布尔迪(P.-Y. Bourdil)译,巴黎,Hatier 出版社,"Profil formation"丛书,1994 年。(参见莱布尼茨《论万物的终极根源》,《莱布尼茨早期形而上学文集》,段德智等译,商务印书馆,2017 年。——译注)

④ 关于"存在"和"存在者"等词的翻译,详见第 101 页译注。——译注

⑤ 《关于人道主义的书信:致让·博弗雷》[«Lettre sur l'humanisme (Lettre à Jean Beaufret)»],米尼耶(R. Munier)译,收入海德格尔《问题三和问题四》(*Questions III et IV*),巴黎,伽利玛出版社(Gallimard),"Tel"丛书,1990 年,第 78 页及以下,第 118 页及以下,第 126 页。(参见海德格尔《关于人道主义的书信》,收入《路标》,孙周兴译,商务印书馆,2009 年,第 366—429 页。——译注)

的最终的根本目的等同于事物的最初的根本起源，因而目的和起源相互处于镜像位置：一个在另一个中反射着自身的形象，反之亦然；一个是另一个的真理，反之亦然，正如我们在谈到那些由哲学所提出的问题时已经注意到的那样。

这为我们提供了一个最终的等式如下：

$$O = [V = (S = O) = V]F^{①}.$$

我说"一个最终的等式"，这只是一种说法。因为哲学家仍然可能担心，并自问：可是谁才能为这个等式奠定基础呢？然后，他又重新对此前的操作进行同样的操作，直至无限。这并不是一种为了启发别人而运用的私人想象。历史上有一些哲学，就是在无限制地重复对保证进行保证的相同操作，例如黑格尔的哲学。甚至有些哲学，从集合论的一些悖论（元素的集合能否将自身包含为自己的元素之一？）出发，尝试着把这种循环的重复考虑进来，以便——或者在形式主义的意义上（罗素②）或者在存在论的意义上（海德格尔③）——形成关于它

---

① 这个等式中的字母依次代表"Origine"（起源）、"Vérité"（真理）、"Sujet"（主体）、"Objet"（对象）、"Vérité"（真理）、"Fin"（目的）。——译注

② 《数理哲学导论》（*Introduction à la philosophie mathématique*），里旺克（F. Rivenc）编、译，巴黎，帕约出版社（Payot），"哲学图书馆"（«Bibliothèque philosophique»）丛书，1991 年（1921 年），第 263 页及以下。(参见罗素《数学哲学导论》，晏成书译，商务印书馆，1982 年。——译注)

③ 《存在与时间》（*Être et temps*），韦赞（F. Vezin）等译，巴黎，伽利玛出版社（Gallimard/NRF），1986 年，第 32 节，第 198—199 页；第 63 节，第 374—376 页。参见《哲学和科学家的自发哲学》（*Philosophie et philosophie spontanée...*），第 56 页。(参见海德格尔《存在与时间》，陈嘉映、王庆节译，熊伟校，商务印书馆，2016 年，第 212—219 页，第 424—432 页。另参见阿尔都塞《哲学和科学家的自发哲学》，《哲学与政治：阿尔都塞读本》，陈越编，前引，第 43 页。——译注)

的理论。最后，有一种哲学，试图从那些精致的唯心主义尝试中汲取批判的因而是唯物主义的教训，并思考这种没有外部的哲学循环可能是什么，从而思考那种作为边缘的哲学的非哲学的-哲学的①外部可能是什么（德里达②）。但是这样一来，我们就抵达了唯心主义的极限③（典型的哲学范畴，唯心主义哲学正是从这里开始意识到其自身的欺骗），也就是说，抵达唯心主义的极点，再往前就只有唯物主义了。

---

① "非哲学的-哲学的"原文为"philosophique-non-philosophique"。——译注
② 《哲学的边缘》（*Marges de la philosophie*），巴黎，午夜出版社（Minuit），"批判"（«Critique»）丛书，1972年，第147—151页、第161—164页。
③ "极限"原文为"limites"，也有"极端、界限、边界"的意思。——译注

十一

不过我们对认识论的讨论还没有了结,我们还要对它的功能说上几句。正如我们已经意识到的那样,它被用来保障一种功能:**对真理**(关于一切存在物的真理)**作出保证**。然而这种(对既定秩序的)普遍保证的功能,悖论地是通过对**认识的真理**作出保证的功能而得到保障的。也就是说,它依靠认识的现实性,来提供自己的服务:普遍保证。从真理的观点来看,它的服务是想象的;但是从科学的、意识形态的、政治的和社会的现实性的观点来看,这些服务又是非常真实的。然而,认识论所依赖的认识,它引以为借口的认识,本身并不是想象的。人们认识事物。他们通过非常多样的方式认识事物,并对它们形成了非常多样的认识。他们通过实践观察来认识事物,而这些实践观察总是或多或少要么与被观察到的事物(天体、植物、潮汐)的自然变化相关,要么与人类对那些事物的改造(狩猎、捕鱼、驯养动物、建筑、破坏、生产、消费、将原材料改造成工具等等)相关。即便涉及的是简单的观察,那些认识也绝不会是纯粹被动的。实际上,正如对我们可以观察到的最"原始的"社会的研究所表明的那样,它们总是受到许多先前的社会观念或宗教观念(或两者兼而有之）的统治和指导。因为人们生活在社会中，并且无论这个社会如何简陋，他们至少有语言。

亚里士多德早就清楚地看到，这种双重的条件无非是一种条件（社会和语言），它影响着我们可以称之为原始人的知觉形式和表述形式。这件事既非出于法令，也非出于幻想：为了继续活着，人们不能不在他们对自然的关系中，也就是说在他们对自然的认识中（他们的全部生计都来源于自然），考虑到他们之间存在的社会关系和性关系。我们很容易理解社会关系。但是，也必须考虑到性关系，它左右着人类物种的生物学再生产，并在这个阶段——由于它与社会关系以及反映着社会关系的意识形态关系交错在一起——起至关重要的作用。只是到了后来，在第一批一般的和概括化了的经验认识之后，才出现了名副其实的科学认识。是什么样的条件，才使得科学认识随着泰勒斯的出现而在公元前 6 世纪的古希腊突然出现？这依然是一个晦暗不明的问题，毕达哥拉斯学派的宗教禁欲主义意识形态可能在其中发挥了某种作用①，因为它迫使人们把数字（直

---

① 卡韦英（M. Caveing）在 1950 年左右提出的假设（阿尔都塞注）。该参考文献有误，除非阿尔都塞参考的是卡韦英没有公开发表过的口头表述。关于泰勒斯（Thalès，前 624—前 547）、毕达哥拉斯（Pythagoras，前 570—前 510）和希腊数学的起源，可以阅读《普罗克鲁斯概要》（«Résumé de Proclus»），收入利西亚·普罗克鲁斯（Lycia Proclus）《评欧几里得〈几何原本〉第一部》(*Les Commentaires sur le premier livre des Éléments d'Euclide*)，维尔·埃克（P. Ver Eecke）编、译，巴黎，阿尔贝·布朗夏尔出版社（Albert Blanchard），"国际科学史学会著作"（«Travaux de l'Académie internationale de l'histoire des sciences»）丛书，1948 年，第 55 页及以下。注意，根据阿尔都塞所说，"泰勒斯"是"一位可能是传说中的人物"的名字（见第 85 页），被认为生活在"公元前 6 世纪左右"[《写给非哲学家的哲学入门》(*Initiation à la philosophie pour les non-philosophes*)，戈什加林（G. M. Goshgarian）编，巴黎，法国大学出版社（PUF），"批判视野"（«Perspectives critiques»）丛书，2014 年，第 88 页]。

到当时还是简单对象或经验算符）看作是观念，即一切经验内容的抽象现实，普遍的和必然的现实——以它们为基础，就可以撇开任何具体的参照来进行运算。无论如何，这一步当时已经无可挽回地迈了出去，到达了一个只能进不能退的点。由此出发，斯宾诺莎的提法才得以宣布：我们具有真观念，数学认识的观念，这个观念可以为我们充当判断其他观念和生产其他真观念的标准。

实践认识和科学认识之间存在区分，所有哲学都承认这个现实，但唯心主义哲学和唯物主义哲学以不同的方式对待它。尽管它们有一个共同点，即都通过在两种类型的认识之间"划出分界线"来认可这种区分，只是它们并没有以相同的方式来划线。因为唯心主义感兴趣的，是保障、证明和保证科学认识对于实践认识的优越性，甚至——当情况确实如此时①——通过承认实践或经验认识对于科学认识的先在性的方式来做到这一点。唯心主义感兴趣的是，指出科学认识在权利上②与实践认识具有完全不同的性质，它是一种完全不同的官能③（知性或理性）的对象，无限高于那些简单的感性的和经验的官能。而且唯心主义极尽巧妙之能事，是为了指出（比如）科学认识的真理已经出现在——尽管是以一种隐含的方式——实践认识本身当中（柏拉

---

① 指接下来的情况，即当实践或经验认识确实先于科学认识时。——译注

② "在权利上"原文为"en droit"，也有"在法律上"之意。但考虑到在康德那里，对认识（在康德著作的中译本中也译为"知识"）的考察，是从"有何事实"（quid facti）与"有何权利"（quid juris）出发的，所以译为"在权利上"。——译注

③ "官能"原文为"faculté"，通常也译为"能力""职能"。——译注

图);指出它们的先天形式或它们的"被动综合"是一切感性经验的可能性条件(康德、胡塞尔)。因此,说到底,唯心主义主张一个悖论性的论点——但这个论点完美地服务于其目标——这个论点就在于以误认的形式认为,一切感性经验都已经是并且在权利上是科学认识,而完全没有意识到其真正性质。因此,当它把各种可能发生的事情都考虑在内,并实际上承认在科学认识旁边有实践认识存在时,或者当它走向极端,认为一切认识在权利上都是科学认识时,唯心主义作出的安排总是为了保障科学认识对实践认识和经验认识的胜利,而在这种胜利的背后隐藏着并自然地表达了哲学的胜利——唯有哲学掌握着关于科学认识对实践认识的统治关系的真理。现在我们总算稍微明白了,这种认可,以及这种自我认可,是为什么服务的。

当然,对实践认识和科学认识之间区分的这种承认,总是或多或少被唯心主义掺了假(falsifiée)。为了能够提出一些哲学"问题"——唯心主义惦记着这些问题并预先掌握了对它们的回答——这种掺假对唯心主义来说是必不可少的。因为,当唯心主义宣布科学认识统治着实践认识时,它这样做并没有陈述任何显而易见的或真的东西,完全相反,它只不过表达了一种真实的统治的既成事实:不是科学认识对实践认识的统治,而是从事科学的知识分子对从事生产的劳动者的统治。而在这两种人类群体背后,是统治阶级对被剥削阶级的真实统治。

但是断言这一现实,并不能免除以下任务,即通过证据指出这种掺假是如何发生的。为了避免过于长篇大论,我只举一个例子:康德的实验和经验理论。康德的优点在于他区分了这两种现实,从而考虑到了牛顿实验物理学——它致力于实验——的存在这一事实。但是康德尽管对它们进行了区分，却终究在经验范畴的统一下把实验和经验看作是相似的，因为这可以帮助他在先验主体的统一下解释可能经验的不同形式（从对顺流而下的小船的简单知觉，到牛顿式物理学家的实验）的统一。以这种方式，科学认识对实践认识（知觉）的统治就得到了保障，实践经验与科学实验之间的差异也被"抹去了"①。可以按照相同的思路，举柏拉图、笛卡尔、黑格尔和柏格森为例：掺假的形式诚然不同，但在原则上，掺假依然是掺假，都始终服务于科学认识的"最大荣耀"，并在它背后服务于掌握着整个这件事情秘密的哲学的"最大荣耀"。

在唯物主义哲学中，事情完全不同。在这里，必须首先采取预防措施，作出警告。由于哲学史不仅被唯心主义所统治，而且被唯心主义所压倒，所以唯物主义哲学一直受到敌对党②的压倒性统治，并一直受到它们的影响和感染，大部分时间都被迫在对手的地盘进行战斗，乃至不仅要采用它们特有的论据，而且要采用它们的论点——当然，这些论点最初的唯心主义含义被巧妙地改变了。必须懂得如何破译这些哲学，纯粹为了识破它们的面具，因为在唯物主义和无神论要由教会和国家来审判并可能被判处死刑的时代（就这样，乔尔丹诺·布鲁诺因其观念而被烧死；斯宾诺莎被排除在阿姆斯特丹的犹太人社区之

---

① "抹去了"原文为"gommée"，原形"gommer"意为"用橡皮擦去"。——译注

② "敌对党"原文为"parti adverse"，字面意思是"对立的部分（党）"，也可译为"敌党"。下文中"对手"原文为"adversaire"，系"adverse"的名词形式。——译注

外，这在当时是极为严厉的措施，使他好像成了自己城市中的囚徒），它们不得不借用那种面具，以便能够公开表达自己的思想。所以，如果我们能够不仅破译那些自称是唯物主义的哲学（而我们经常发现它们是在唯物主义宣言旗帜下受到唯心主义影响的哲学，例如18世纪大多数"唯物主义者"和费尔巴哈），还能破译那些没有作出任何声明的哲学，或那些有时甚至被迫自认为是唯心主义的哲学（例如斯宾诺莎，伟大的唯物主义①哲学家，在我看来他是有史以来最伟大的哲学家），我们就会遇到一些意想不到的事情，它们有时令人高兴，有时令人失望。

对此必须加上另一个限定。自恩格斯②以来，在马克思主义关于哲学的历史编纂学中，我们一直习惯于说哲学史可以归结为唯心主义和唯物主义之间的斗争③。笼统地说，这个提法没错。但是如果我们机械地运用它，在我们所考察的每一个时代去寻找谁是反对占统治地位的唯心主义哲学家的唯物主义哲

---

① 在打字稿中，是"唯心主义"。
② 被删除的文字："他在这一点上没有准确领会马克思的立场"。
③ 《路德维希·费尔巴哈和德国古典哲学的终结》（*Ludwig Feuerbach et la fin de la philosophie classique allemande*），双语版，博蒂戈利（É. Bottigelli）编，博蒂戈利翻译、核对，科唐（J.-P. Cotten）序，巴黎，社会出版社（Éditions sociales），"马克思主义经典"（«Classiques du marxisme»）丛书，1979年，第33页。[参见恩格斯《路德维希·费尔巴哈和德国古典哲学的终结》，《马克思恩格斯文集》第四卷，人民出版社，2009年，第278页："哲学家仿照他们如何回答这个问题而分成了两大阵营。凡是断定精神对自然界说来是本原的，从而归根到底承认某种创世说的人（而创世说在哲学家那里，例如在黑格尔那里，往往比在基督教那里还要繁杂和荒唐得多），组成唯心主义阵营。凡是认为自然界是本原的，则属于唯物主义的各种学派。"——译注]

学家；如果我们认为任何唯心主义（或唯物主义）哲学，都百分之百代表唯心主义（或唯物主义），也就是说，都百分之百是唯心主义的或唯物主义的；那么我们最终在对哲学文本的简单阅读中，就再也不会理解任何东西。因为通过这种阅读，我们会发现一个悖论，即所有唯心主义哲学，都不顾其唯心主义，甚至可能恰恰因为其唯心主义，而包含了一些唯物主义要素；所有唯物主义哲学，都不顾其唯物主义，甚至可能恰恰因为其唯物主义，而包含了一些唯心主义要素①。必须充分考虑这一事实，并对它加以思考，同时又不放弃恩格斯的观念。但是，我们只有在一个条件下才能思考它，这个条件意味着把任何哲学（某一哲学家的著作或哲学流派）都看作是矛盾的：在它们自身中，在它们的难题性、范畴、论点和辩解中，都同时包含着唯心主义要素和唯物主义要素。这两种要素相互作用于对方，构成现有的哲学。如果我们真的通过其矛盾破译了这些不同的要素，这时且只有到这时，我们才能确定这种哲学是"唯心主义的"还是"唯物主义的"，也就是说，确定是唯心主义要素还是唯物主义要素在那里占统治地位。

这不是一件偶然的事情。因为，举一个极端的例子，一种唯心主义哲学不会仅仅出于要"考虑到"——所有哲学家都必须面对的——现实，就在自身中包含唯物主义要素。处于占统治地位时，它显然不会包含它们，因为这时它要承受的唯物主

---

① 参考路易·阿尔都塞《自我批评材料》（*Éléments d'autocritique*），巴黎，"分析"（«Analyse»）丛书，阿歇特出版社（Hachette），1974 年，第 90—91 页。（参见阿尔都塞《自我批评材料》，《自我批评论文集》，杜章智、沈起予译，前引，第 163—164 页。——译注）

义的影响太弱了。它包含它们，基本上是出于另一个原因（说基本上，是因为这个规律可能有例外）。是由于正如我们所见，在哲学领域，在与唯心主义联系在一起的哲学和与唯物主义联系在一起的哲学之间，一切人反对一切人的战争状态支配着一切：为的是一个**先发制人**的理由。因为一切哲学都处于战争状态，并且说到底都反对另一种哲学倾向。无论是唯物主义哲学还是唯心主义哲学，为了战胜自己的对手，都务必抢先在自己的对手之前行动，也就是说抢先占领对手的阵地①，甚至包括用对手自己的论据来进行掩护。

"阵地"一词这里重新出现在我们笔下并非偶然，因为这些阵地就是一些论点，而这些论点就是一些被占领的阵地，包括对手的阵地——应当说首先是对手的阵地，因为在这场战争中，人们说到底永远只能占领他们在对手那里所占领的阵地，从而只能占领对手的阵地，当然，人们占领它们是为了重新安排它们为我所用。但对手的阵地总会留下某些东西，况且正如英国的方法所表明的那样，让原住民首领留在原位，是很好的殖民方法：比起占领者来说，那些首领更知道如何盘剥利用自己的同胞。这就是为什么——既然对抗在哲学中无处不在——唯心主义哲学矛盾性地在自身中包含着唯物主义要素，唯物主义哲学矛盾性地在自身中包含着唯心主义要素，是一种必然而不仅是偶然。

这就解释了——但这只是一个例子，应该把它扩展到整个

---

① "阵地"原文为"positions"，其单数形式一般译为"立场"（但也存在复数的"立场"），详见第108—109页正文和译注。——译注

哲学史——为什么像马克思和列宁这样的唯物主义者，能够在黑格尔的绝对唯心主义哲学中发现他们的唯物主义财富。当列宁1915年读《大逻辑》时，这一发现令他大为惊叹。而这同时也反过来解释了为什么那些自称是唯物主义者的哲学家，例如18世纪那些伟大的唯物主义者甚至费尔巴哈（列宁夸奖了他的唯物主义），会包含一些唯心主义要素，以至于人们会怀疑，正如以前受到封建的和资产阶级的唯心主义哲学统治一样，尽管处于被统治地位①，但在他们那里，唯心主义对唯物主义并没有占很大的优势。

我们还可以用如下断言结束这些说明：马克思主义的唯物主义本身，尽管对庸俗的或机械论的唯物主义持批判态度，却决不能自称是百分之百的唯物主义，相反，它始终不可避免地会包含一些唯心主义要素。此外，如果今天来思考辩证唯物主义——它存在于"斯大林偏向"②的后果所激发的那些作品中——我们就必须走得更远，我们必须说，在那里，唯心主义要素在很大程度上是占统治地位的。但无论幸与不幸，那是一个马克思主义历史的非偶发的意外事件（accident non fortuit）。对此我们将在另一个地方进行考察。

---

① 完整的意思应该是"尽管此时唯物主义哲学家仍处于被统治地位"。——译注

② 《答约翰·刘易斯》（*Réponse à John Lewis*），巴黎，马斯佩罗出版社（Maspero），"理论"（«Théorie»）丛书，1973页，第82页及以下。参见亚里士多德《政治学》（*Politique*），第三卷，第七章，第5节（1279 b 3）。（参见阿尔都塞《答约翰·刘易斯》，《自我批评论文集》，杜章智、沈起予译，前引，第97页及以下；参见亚里士多德《政治学》，吴寿彭译，前引，第137页。——译注）

在这些初步的讨论——它们提醒我们，很难找到一种对唯物主义立场①的正确的更不用说完整的表达——之后，让我们回到关于认识论的唯物主义构想上来。

我们必须说，在原则上，唯物主义不承认或不应该承认这个理论**问题**的哲学有效性。

我们首先会注意到一个表面上很奇怪的事实，即认识论的地位和重要性在哲学史上发生了变化。继在古希腊和中世纪哲学中占据一个从属地位之后，认识论从17世纪开始占据了一个越来越占优势的地位，而自黑格尔以来，尽管有胡塞尔的复兴尝试，它正在丧失这种优势地位。如何解释这种现象呢？

我们可以通过科学史给它一个非常简单的解释。我们可以说，在古代和中世纪，科学几乎没有发展，认识论也落后；相反，伽利略之后科学发现的巨大发展，促使认识论的哲学身价得到提高，在17和18世纪，除了极少数例外，认识论处于所有哲学的最前沿。但这种解释对于古代、中世纪和古典时期来说似乎是合理的，却不适用于现代时期。如何解释认识论在黑格尔（他是数学、物理学、化学和政治经济学领域一些非常重大的发现的同时代人）那里的衰落？如何解释这个难题在一些现代哲学家（他们是整个人类科学史上最伟大的那些发现的同时代人）那里的引人注目的减弱②，直到消退？因此，我们必须提出另一种解释。

---

① "立场"原文为"positions"，一般译为"阵地"，这里应理解为复数的"立场"（position），详见第108—109页正文和译注。——译注

② "减弱"原文为"accentuation"（强调），应为"atténuation"（减弱）之误。——译注

就个人而言，我将在另一种历史——法律的和政治的意识形态史——而不是科学史（我当然不否认其重要性）中寻找解释①。因为哲学对认识论的偏爱与罗马法②的回归同时发生，并不是一种巧合。随着西欧资本主义生产方式的诞生和发展，罗马法自然而然被召回到当下，并相应地得到修改。前面我们谈到了哲学的保证功能：**人们只能保证一些权利**③。对某种事实状态的保证是一个力量④的问题，对此卢梭说得好，"力量并不构成权利"⑤；而在哲学中涉及的始终是理论的保证，因而始终是对一些非常特殊的事实即一些权利的保证。只有一种权利的根基，一种关于权利的理由，才能保证那些权利。

因而一切的发生都好像在资产阶级必须领导一场反对占统

---

① 这个论点在《生产关系的再生产》（«La reproduction des rapports de production»）中初露端倪，收入《论再生产》（Sur la reproduction），比岱（J. Bidet）编，巴利巴尔（É. Balibar）序，巴黎，法国大学出版社（PUF），"今日马克思：交锋"（«Actuel Marx confrontation»）丛书，2011年再版，第101—105页、第199—203页。（中文版参见阿尔都塞《论再生产》，吴子枫译，前引，第154—161页、第326—331页。——译注）

② "罗马法"中的"法"原文为"droit"，有"法""权利""公正的""正当"等含义。在本书中，我们根据上下文分别将它译为"法"、"权利"或"法权"。为避免混淆，我们将另一个词即"loi"译为"法律""法则""规律"。——译注

③ "权利"原文为"droit"，即前文中的"法"。——译注

④ "力量"原文为"force"，在下文引用的卢梭著作中译本里被译为"强力"。——译注

⑤ 《社会契约论》（Le Contrat social），戈亚尔-法布尔（S. Goyard-Fabre）编，收入《全集》（Œuvres complètes），特鲁松（R. Trousson）和艾格尔丁格（F. Eigeldinger）编，日内瓦，Slatkine出版社，2012年，第五卷《政治与经济文集》（Écrits politiques et économiques）第二部，第468页："那么，就让我们承认，力量并不构成权利，而人们只是对合法的权力才有服从的义务。"（参见卢梭《社会契约论》，何兆武译，商务印书馆，2001年，第13—14页。译文有修改。——译注）

治地位的封建制度的不确定的阶级斗争时，为了领导这场斗争，就必须依靠一些能够发展生产力和能够加强对雇佣劳动力进行剥削的科学发现，必须领导这场反对宗教意识形态及其哲学——它将全部真理的保证系于上帝一身——的阶级斗争。因此，一切的发生都好像这个新兴的资产阶级需要一种独立于封建的神①的保证，并且首要的是这样一种保证，它通过一些形式把自然科学的真理仅仅设定在人类能及的范围内，而那些形式能够同时保证个人的主体、生产劳动的主体、资本主义企业的主体、道德的主体和政治的主体，简言之权利的主体②的自由。为此，有必要提出一种认识论，一种以权利的话语发挥功能的认识论；有必要建立康德用一个神奇的字眼称之为"理性的法庭"③的东西，为的是在这个法庭上审问人类主体（他能知道什么？）和所谓的认识④（哪些是真认识、科学的认识？不是统治一切的形而上学，不是心理学，不是理性神学和理性宇宙学，而是数学、物理学，也许有一天还包括化学，无论如何不包括心理学和历史学）。

如果这个假设有充分的根据，它可能也可以解释以黑格尔为首的19世纪哲学中认识论的衰落。因为自那以后，资产阶级

---

① "神"原文为"dieu"，即前文"上帝"（Dieu）的小写形式。——译注

② "权利的主体"原文为"*le sujet de droit*"，其中"权利"即前文中的"法""法权"，所以也可译为"法的主体"。——译注

③ 这个提法在康德著作中到处出现。比如参见《纯粹理性批判》（*Critique de la raison pure*），前引，第一版序，第7页（A XII）："这个法庭不是别的，正是纯粹理性的批判。"参见同上，B 779/A 751。（参见康德《纯粹理性批判》，邓晓芒译，杨祖陶校，前引，第3页、第577—578页。——译注）

④ "认识"在康德著作的中译本中也译为"知识"。——译注

对自己事实上的权力已经有了把握,它已经变成了有领导权的①,并对自己的意识形态国家机器越来越放心了,所以不再需要这种哲学上的保证,尽管不久前那还是它第一个也是最后一个理论上的求助对象。各门科学存在着,它们产生了自己的结果,再也不必害怕教会的干预和谴责了。资产阶级权利成了一个既定事实,为一切人所公认,包括被剥削者在内。重要的不再是为认识的权利或统治的权利进行辩护,重要的只在于对既有的权力进行组织,并从其组织中、从它所保护的剥削中获得一定的手段,来与利润率下降趋势作斗争。

对这个既定事实进行组织,观察这个事实,并从中得出关于其最佳组织的规律,这就是头号的政治任务,也是头号的哲学任务。即便它没有一上来就把自己强加于人,也会毫不迟疑,越来越把自己强加给一切社会等级。圣西门的梦想——以对万物进行组织代替对人进行统治②——变成了现实。专为对人进行统治的种种任务也被叠加进来,这就是使统治阶级的"精神权力"支配被剥削者,而这种权力的行使,就像巧合一样,是由一些特殊的祭司即实证主义哲学家来进行的。积极的、实证主义③:掌权的资本主义资产阶级的这个口号从此被无意中说了出来④,

---

① "有领导权的"原文为"hégémonique",其名词形式"hégémonie"即"领导权"。——译注

② 此处"统治"原文为"gouvernement",通常也译为"政府""治理"。——译注

③ "积极的"原文为"positif",也有"实证的""肯定的"等意思;"实证主义"原文为"positivisme";下文中"实证主义的"原文为"positiviste"。——译注

④ "无意中说了出来"原文为"lâché",其原形"lâcher"原意为"放松""放开",接下来的"离开"(也可译为"抛弃")即这个词的简单将来时形式"lâchera"。阿尔都塞在这里玩了一个文字游戏。——译注

它再也不会离开资产阶级。权利的问题，一切权利的问题，甚至理性的法庭，都已是过时之物。只需去积极组织实证性的王国，只需去认识那个进程的法则，无论那个进程是黑格尔方式的辩证法——它身上还留着法国大革命斗争的痕迹，但直到最后都犹豫不定，从而以王朝复辟①告终；还是孔德方式的辩证法——它遵守三种状态的法则，正题-反题-合题的法则，对自己的作为，也就是自己的后果，也就是自己的目的（"让自己富起来！"）很有把握，它无声地支配着一个社会：这个社会除了需要自己的警察（一些非常积极的人）和自己的哲学家（一些非常实证主义的人）的保证，不再需要任何保证。

当然，仍然有、永远会有一些怪人梦想着古老的认识论，比如胡塞尔，或某些只会重复古代大师们课程的哲学教授。胡塞尔担心西欧的科学危机②，担心随着法西斯主义席卷西欧，会带来对理性的憎恨，但最终这些事并没有在那里发生。在孔德和实证主义之后，科学进入了一场伟大的运动，它在一项伟大的现代发现即数理逻辑的影响下，将意识形态带向了**逻辑新实证主义**的一些新形式，后者在人文科学中，在功能主义和结构主义中，找到了自己最好的收容结构（structures d'accueil）。

---

① 指法国大革命后的波旁王朝复辟。——译注
② 《欧洲科学危机和先验现象学》（*La Crise des sciences européennes et la phénoménologie transcendantale*），格拉内尔（G. Granel）译，巴黎，伽利玛出版社（Gallimard），1976 年（1936 年）。（中译本参见胡塞尔《欧洲科学的危机和超越论的现象学》，王炳文译，商务印书馆，2001 年。著作名的翻译有修改。——译注）

这一次，哲学家——此前孔德仍然将"精神权力"①托付给他们——的角色消失了：机器自动运行，只要在靠电流和形式逻辑联合发挥功能的计算机中输入一个好的程序，就足以从中得到一切，不仅有计划，而且还有决定。人不再需要权利，甚至不再需要自由和思想。机器会为他思考并作出决定。它甚至可以用程序将阶级斗争的成本计入企业的投资中！在这种情况下，资产阶级唯心主义不需要认识论。只有我提到过的几个标新立异之徒和一些老式的教授还在关心这些事情。而悖论地，一大群东方（或东欧学校里的）马克思主义哲学家，因为完全成了资产阶级意识形态的俘虏，却反过来，在完全误解的基础上，重新拿出了"认识论"，好像它对马克思主义的唯物主义来说是基本的东西。而且他们的影响力传到了像法国这样的国家，后者的哲学传统已经被当作"鲁尔口袋"②留给了全球新实证主义的入侵，这就足以让他们在这里找到一些模仿者，以全世界最认真的方式把马克思主义哲学既当作"认识论"（认识论）③又——我们很快就会看到，认识论必定要求这样做——

---

① 《科学与政治：实证哲学教程的一般结论》(Science et politique. Les conclusions générales du Cours de philosophie positive)，米歇尔·布尔多（Michel Bourdeau）编，巴黎，Plon 出版社，"广场/口袋"（«Agora/Pocket»）丛书，2003 年，第 278—289 页："在精神的重新组织以及相应的道德的重新组织得到适当发展之前，对于现代社会的最终再生，哲学的规划必将比纯粹的政治行动具有更多的重要性。哲学家在这方面可以从明智的政府那里期望的是，它不会去扰乱［……］这一基本操作。"

② "鲁尔口袋"(poche de Royan)，"二战"结束前夕（1945 年）盟军在法国西南部鲁尔地区对德军采取南北钳形战术，形成了"鲁尔口袋"，最后迫使约三十万德军投降，此后法国全境获得解放。——译注

③ 前一个"认识论"原文为"gnoséologie"，详见第 116 页译注；括号中的"认识论"原文为"la théorie de la connaissance"，详见第 130 页译注。——译注

当作"存在论"① 来谈论。

---

① 塞夫（L. Sève），《马克思主义哲学导论》（*Introduction à la philosophie marxiste*），巴黎，社会出版社（Éditions sociales），1980 年，第 281 页："马克思主义哲学（调动一些）概念，这些概念的含义并非纯粹存在论的，仅仅指向存在；也并非纯粹逻辑的，仅仅指向认识和科学的主观形式；而是认识论的（gnoséologique）［……］指向对反映在思维中［……］的存在的研究。"

十二

因此,如果唯物主义哲学不能像唯心主义哲学那样提出认识论的问题,那么它如何去接近无论怎么经过乔装改扮都仍然在唯心主义认识论中起作用的现实呢?可以简单地说:通过废除这个问题来接近它,也就是说,不是通过在这个问题上保持沉默,而是通过生产和建立专门用于废除这个问题的哲学手段来接近它。从理论上讲,这相当于生产一个或一些范畴,在我们此前已经讨论的等式

$$(S=O) = V$$

中,那些范畴会把等号(=)化约为零。

可以有倾向性地说,这个问题的答案就在于断言这个等号(=)本身等于零,也就是说什么也不是。希望大家不要认为这是在钻牛角尖,无论它们是出自某个艰难地尝试为大家提供哲学入门的人,还是出自一些哲学家。对于哲学家来说,一切都发生在哲学中,所以如此重要的一些问题成为整个精心加工的对象,并自然地成为永久争论的对象,这很正常。

说"="这个符号本身等于零,意味着这个等式倾向于各

项的同一，因此意味着主体和对象是同一种东西，这是一元论的立场——我们知道它既可以是唯灵论的（如果这同一种东西是精神），也可以是唯物主义的（如果这同一种东西是物质）。我们要顺便指出，这并不是我们唯一能够观察到唯灵论（它是唯心主义的变种）和唯物主义之间有一种奇怪的类似的场合。因此，唯物主义就这样表现为物质的一元论，从而实现了主体与对象之间的同一。但是这样一来，它就必须解释这同一个主体和这同一个对象之间的差异，否则它的问题根本就无法被提出来！因此唯物主义寻求一些替代范畴，以便在一种尊重主体和对象之间差异的形式中来思考这种同一。亚里士多德的传统提供了一种古典形式，即所有替代形式的母板，对此我们可以说，就这一点而言，它与唯物主义并非没有亲缘性。我们已经知道这种形式：Veritas adaequatio rei et inlectlectus①（圣托马斯），真理是事物和知性的相符。总之，事物和知性近乎是相同的东西，因为它们的相符倾向于统一，也就是说，倾向于废除它们的区别。但是，最著名的形式是**列宁主义的反映论**提供的。说它最著名，是因为在唯物主义对这个难题的废除中，它最毫不含糊、最令人愤慨。这个理论是说，认识反映了对象——这是关于客观性的论点；而这种反映反映了一个归根到底是物质的对象——这是唯物主义的论点。然而这个关于认识-反映的论点，由于其粗暴，引起了一些困难。面对这些困难，我们可以像所有列宁的评论者——而且是根据列宁本

---

① "Veritas adaequatio rei et inlectlectus"，拉丁语，意为"真理是事物和知性的相符"。——译注

人的暗示①——所做的那样宣布：反映并非纯粹被动的，而是主动的、生产性的，等等。这是以一种羞答答的方式承认在认识和它的对象之间存在着被正式否认了的某种差异：是的，认识是主动的；是的，人必须行动，并改造实在对象以最终达到对它的认识；是的，所以尽管如果以光秃秃的镜子模型来想象它，反映似乎是"被动的"，但它必须被宣布为是主动的。但是，宣布一个事实是一回事（它是任何一个负责任的人——也就是说，也是任何一个无责任的人——都能做到的），对这个事实本身的认识是另一回事。反映论，就其客观主义和唯物主义的原则而言是正确的，但就哲学理由而言则太简短了。

历史上曾有另一种惊人的理论，恰恰通过保留认识与其对象之间的差异来取消这种差异：它就是斯宾诺莎的平行论理论。对于斯宾诺莎来说，整个现实是由一个唯一的实体即上帝或自然构成的②（悖论地，上帝对他来说与从上帝而出的自然是一回事；懂得这样来把自己的对手——上帝——安排到自己本人的阵营中，这是怎样的政治技巧！）。它具有无限多的属性，而我们只知道（事情就是这样）其中广延的属性（或物质）和思维③的属

---

① 《唯物主义和经验批判主义》（*Matérialisme et empiriocriticisme...*），前引，第154—163页。在《一场危机及其赌注：论列宁的哲学立场》[*Une crise et son enjeu (Essai sur la position de Lénine en philosophie)* 巴黎，马斯佩罗出版社（Maspero），"理论"（«Théorie»）丛书，1973年，第42页及以下] 中，勒古（D. Lecourt）制定了一个与阿尔都塞在这里所概括的相近的反映概念。（参见列宁《唯物主义和经验批判主义》，前引，第155—170页。——译注）

② 参见斯宾诺莎《伦理学》，贺麟译，前引，第14页："命题十四，除了神以外，不能有任何实体，也不能设想任何实体。"——译注

③ "思维"原文为"pensée"，一般也译为"思想"。——译注

性。所以我们拥有面对面存在的认识（思维）及其对象（广延或物质）。这是两种明显不同的属性，而作为上帝的主动的、无所不能的产物，它们在某种程度上又是同一的。然而事实是，它们实际上是作为不同的东西被给出的。于是问题就成了：那么如何以唯物主义的方式把它们的差异化约为统一？

斯宾诺莎用**平行论**来回答：广延的属性中发生的一切在思维的属性中都有①其准确的对应物："ordo et connectio rerum idem est ac ordo et connectio idearum"②：事物的秩序等同于观念（关于事物的观念，因而即对事物的认识）的秩序。而由于在斯宾诺莎那里，一切存在都是力量（puissance），所以它**一上来**就是一种主动的平行论、主动的一致、主动的反映。斯宾诺莎③不满足于宣布这一点，他还在自己的"认识论"（我们会怀疑这还是不是一种认识论）中指出并证明这一点。那里存在一定的相互作用（jeu），因此在"第一种认识"、"第二种认识"和"第三种认识"④之间存在真正活动的可能性。其中"第一种认识"纯粹是实践的；"第二种认识"为我们提供"共同概念"或关于任何对象的普遍法则，因而是科学认识；"第三种认识"生产对特殊事物的认识，它是对个体事物的认识，对特

---

① "有"原文为"a"（到），应是"a"（有）之误。——译注

② 《伦理学》（*Éthique*），前引，第二部分，命题七，第 102—103 页："Ordo, & connexio idearum idem est, ac ordo, & connexio rerum"（观念的秩序和联系与事物的秩序和联系是相同的）。（参见斯宾诺莎《伦理学》，贺麟译，前引，第 49 页。译文有修改。——译注）

③ 同上注，第二部分，命题四十附释二至命题四十二，第 166—171 页；第五部分，命题二十五至命题三十三，第 516—527 页。（参见斯宾诺莎《伦理学》，贺麟译，前引，第 79—81 页，第 255—259 页。——译注）

④ "认识"一词在斯宾诺斯著作中译本中都被译为"知识"。——译注

定历史形势的认识，比如对在摩西带领下集体迁徙的犹太民族的认识——《神学政治论》中对后者进行了分析。因此，我们在这里面对的是一种连贯一致的唯物主义形式，它取消对象与其认识之间差异的方式，恰恰是通过承认——确实是以抽象的方式承认——这种差异来进行的，也就是说，是通过承认一种相互作用和辩证法的可能性来进行的，后者让我们能够在三个环节中穿越认识的不同种类，从一个达到另一个。

我们会在黑格尔——他把斯宾诺莎当作最伟大的哲学家①——那里发现相似的东西。因为在黑格尔那里没有认识论，只有一些类似于斯宾诺莎认识种类的认识"形象"（figures）。而且正如在斯宾诺莎那里一样，我们在他那里也同时发现了对认识（意识）与其对象之间差异的承认，以及取消这种差异的要求。这种取消是整个一种"劳动"即"否定物的劳动"②的

---

① 《哲学史讲演录》（Leçons sur l'histoire de la philosophie）"斯宾诺莎"部分，加尔尼龙（P. Garniron）编、译，第四卷《现代哲学：1825—1826年讲义》（La philosophie moderne. Cours de 1825—1826），巴黎，弗兰出版社（Vrin），第1441—1499页。这里是一个推断，而非直接引用。（参见黑格尔《哲学史讲演录》第四卷，贺麟、王太庆译，商务印书馆，1997年，第94—131页。——译注）

② 《精神现象学》（Phénoménologie...），前引，"序言"，第85页。["否定物的劳动"原文为"travail du négatif"，系让·伊波利特对德文"Arbeit des Negativen"的译文，语出黑格尔《精神现象学》。参见黑格尔《精神现象学》，先刚译，人民出版社，2013年，第12页："诚然，人们可以把上帝的生命和上帝的认识活动称作是一种自娱自乐的爱；但如果其中缺少了否定物的严肃、痛苦、容忍和劳动，那么这个理念就沦为一种超凡脱俗的心态，甚至沦为一种枯燥无味的东西。"译文有修改：原译"工作"改为"劳动"；另，"le négatif"本义是"否定的东西、否定之物"，为与"négativité"（否定性）和"négatif"（否定的、否定性的）相区分，改译为"否定物"。——译注]

结果，后者赋予辩证法以首要作用，同时在哲学史上首次将辩证法定义为一种劳动，虽然是形式的劳动。因为在每个环节（阶段），都有一种匮乏、一种否定在劳动，它使相应的环节超出自身，朝着后续的环节前进。但在黑格尔那里，环节的数量并不像在斯宾诺莎那里一样仅限于三个，尽管如果我们在其整体中来考虑这一进程的话，它也是三个（感性知觉、知性、理性）。最重要的是，在黑格尔那里，每个后续的环节都是前一个环节的"真理"，这意味着前一个环节"自在地"已经包含着后一个环节，后一个环节"自为地"变成了前一个环节曾"自在地"所是的东西。

必须承认，这种取消差异的方式是一种极端容易的方式，因为它确切地说是同义反复的，任何结果都预先包含在其前提条件或原因中，而且这种差异永远只能通过一个假动作（又一次）才会被承认。后者假装提出差异问题，而实际上从一开始就已经把它取消了。这就是为什么我们可以说，除了那种被称为辩证法的形式的变化，黑格尔哲学中完全没有发生任何事情。辩证法无非是形式或形象的变化的逻辑。绝对逻辑——黑格尔（在《逻辑科学》①中）写下了关于它的科学——就是辩证法，就是理性的逻辑；普通逻辑，就是你我的逻辑，就是被降到知性逻辑水平上的诸科学的逻辑——它存在于分离和抽象当中。因此，在比斯宾诺莎更大胆、更连贯一致的尝试的外表下，我们在黑格尔那里发现了一种低于

---

① 《逻辑科学》(Science de la Logique)，书名直译即"关于逻辑的科学"，中文版一般译为《逻辑学》，也称《大逻辑》。——译注

斯宾诺莎水平的真正的倒退,一种朝向关于科学、关于对象及其认识之间差异的"劳动"的构想的倒退。它使我们回到关于世界的宗教构想的实质,这种构想让一切都取决于神意,取决于上帝的计划和目的。它把对将要发生的一切的先天认识赋予上帝,因为是上帝创造了世界并做了世界上的一切。是上帝赋予人对万物的认识,一种完全相符的认识,没有距离也没有差异;一种不需要任何劳动、没有任何劳累和风险就获得的认识:根据马勒伯朗士的说法①,在原罪之前,亚当曾拥有这种认识,这种认识在亚当和夏娃自称拥有关于善与恶(等同于性)之间差异的认识之前是透明的,但他们的上述行为使人类陷入了罪孽后果中:劳动、受苦等等,包括为了获得对万物的认识而劳动,因为这时候认识已经变得不透明和晦涩,似乎遥不可及了。由此我们再一次发现,目的论构想一旦出现[根据这种构想,世界上的事物、人、他们的对象和他们的行为,从一开始就受到某个目的的支配,并注定要走向某个目的(télos②)],哲学就不仅会跌入唯心主义,而且还会屈从于单纯的宗教。

必须要等到马克思主义的唯物主义,才能得出一个连贯一致的构想,既不陷入对差异的抽象(斯宾诺莎),也不陷入辩证法的劳动的目的论(黑格尔)。在著名的《〈政治经济学批

---

① 《对〈论对真理的探求〉的阐明》(*Éclaircissements...*),前引,第865—867页。

② "télos",拉丁文形式的希腊语,意为"目的"。前面正文中"目的"原文为"Fin"。——译注

判〉导言》专论"政治经济学的方法"①那一章，马克思为我们留下了足够的文字，以重构他关于——在唯心主义哲学认识论中被乔装改扮了的——现实性的那些论点的实质。

他首先（仅仅通过自己的沉默）排除了一切把唯心主义认识论构成为认识论的权利问题。正如斯宾诺莎不加任何注解地指出"我们具有真观念"（数学的真观念）并简洁地写出"homo cogitat"②（人有思想，这让他永远区别于说出"我思，故我在"③ 的笛卡尔，因为斯宾诺莎从人有思想这个事实中完全没

---

① 《〈(1857年) 大纲〉导言》（«Introduction aux Grundrisse (dite de 1857)»），收入《政治经济学批判和〈(1857年) 大纲〉导言》［Contribution à la critique de l'économie politique et Introduction aux Grundrisse (dite de 1857)］，丰迪（G. Fondu）和盖捷（J. Quétier）编、译，巴黎，社会出版社（Éditions sociales），"马克思恩格斯著作"（«Geme»）丛书，2014年，第47—55页。（参见《马克思恩格斯全集》第三十卷，人民出版社，1995年，第41—50页。——译注）

② 《伦理学》（Éthique），前引，第二部分，公则二，第95页。["homo cogitat"，拉丁文，意为"人思想"。参见斯宾诺莎《伦理学》，贺麟译，前引，第45页："人有思想。"注意，笛卡尔说的是"Ego cogito, ergo sum"（我思，故我在），而斯宾诺莎说的仅仅是"homo cogitat"（人思），所以下文说他没有从这个事实的存在中引申出任何东西。——译注］

③ 《谈谈方法》（Discours de la méthode），前引，第四部分，第605页。《形而上学的沉思》（Méditations métaphysiques...），前引，"第二个沉思"，第414页及以下。也参见1638年4月或5月致勒内（Reneri）的信。《哲学著作集》（Œuvres philosophiques）第二卷，前引，第53页。（参见笛卡尔《谈谈方法》，王太庆译，前引，第27页："我发现，'我思，故我在'这条真理是十分确实、十分可靠的，怀疑派的任何一条最狂妄的假定都不能使它发生动摇，所以我毫不犹豫地予以采纳，作为我所寻求的那种哲学的第一条原理。"另参见笛卡尔《第一哲学沉思集》，庞景仁译，前引，第23页："可是我曾说服我自己相信世界上什么都没有，没有天，没有地，没有精神，也没有物体；难道我不是也曾说服我相信连我也不存在吗？绝对不；如果我曾说服我自己相信什么东西，或者仅仅是我想到过什么东西，那么毫无疑问我是存在的。"——译注）

有引申出任何关于存在的结论)一样;正如康德为了总结其整个批判性沉思,出于自己的考虑而谈到"理性的事实"①一样,马克思也从这样一个事实出发,即存在一些认识,其中一些是科学认识,另一些则不是。因此,从这个事实出发(斯宾诺莎和马克思都是这么做的),显然就是要拒绝权利问题(人——既然有其能力——能知道什么?),就是要拒绝以下观念:向认识(先是非科学认识,然后是科学认识)的事实提出其合法性凭证的问题,比如形而上学、理性心理学(它从人类主体的思维能力和自由中演绎出其特质)、理性神学(它从上帝的完满性中演绎出其能力和目的)、理性宇宙学(它从世界的统一中演绎出其特质)是不是科学认识,何种认识(比如在化学中或心理学中)能够成为人们有一天可以追求的科学认识,等等。这是一个非常强有力的观念,不应该对它视而不见,它等于承认事实的第一性和权利的派生性,因而**拒绝**对事实提出**预先的法律问题的可能性**——这种法律问题针对的是真理。

马克思主义的唯物主义理论正是在这种消极但同时又非常积极的基础上发展起来的。但是马克思并不满足于这一论点。他给它补充了具有头号重要性的第二个论点:**实践对于理论的优先性**的论点。我们由此隐约看到一个论点可能意味着什么。因为"优先性"、"理论"和"实践"这些范畴似乎初次在大体上变得明确起来。但是,当我们深入细节,就会发现极端的复

---

① 《实践理性批判》(*Critique de la raison pratique*),第一部分,第一卷,第一章,第 7 节注释,第 30—31 页(«*Faktum der Vernunft*»)。(参见康德《实践理性批判》,《康德三大批判合集》,邓晓芒译,杨祖陶校,前引,第 44 页:"我们可以把这个基本法则的意识称之为理性的一个事实……"   译注)

杂性，它会告诉我们一个论点是如何发挥功能的。一个论点发挥功能的首要形式，可能就是作为反论点发挥功能：实践优先于理论的唯物主义论点反对理论优先于实践的唯心主义论点，前者不容争辩地拒绝后者。但是在这个抽象层次上，我们前进得还不够。因为这些范畴可能非常模棱两可，可能会朝一个方向或另一个方向倾斜，从而具有一种意义或另一种意义①。什么是理论？什么是实践？需要在定义上付出无限的努力，才能赋予这些范畴以一定的意义；需要无限多的一系列论点，才能穷尽（这是不可能的，因为情况的多样性超出了一切定义）这个总论点的意义：实践优先于理论。马克思在唯心主义（理论优先于实践）和唯物主义（实践优先于理论）之间划出的这条伟大的分界线，绝不是一条一劳永逸划定的线。**在每一种理论的或具体的情况出现时，都会不断地重新出现这个要求，即要求重新接受和重新划分这条分界线**，无论它是像这里一样涉及的是认识论②，还是像其他地方一样，涉及的是关于政治实践的理论。

在这种"认识论"中（或更确切地说，在马克思那里充当认识论的东西中），实践对于理论的优先性首先③意味着**实践认识对于理论认识的优先性**：这既是从历史的意义上来说的（人们是从实践认识开始的，没有任何人可以提出相反的观点），也是从逻辑的或理论的意义上来说的（每一次——哪怕涉及的

---

① 这里"方向""意义"原文都是"sens"，详见第73页译注。——译注

② 注意，"认识论"原文是"la théorie de la connaissance"，直译即"关于认识的理论"，与下文"la théorie de la pratique politiques"（关于政治实践的理论）相对应。关于前者，详见第130页译注。——译注

③ 这里"首先"原文为"en première instance"，与下文的"归根到底"（en dernière instance，也可译为"最后"）相对应。——译注

是科学认识即理论认识——都是实践认识归根到底起决定作用；而在实践认识的背后，是生产实践和社会关系从而是阶级社会中的阶级斗争，归根到底起决定作用）。这自然意味着整个一套关于这种决定作用的社会和历史理论——它使我们从根本上同时摆脱了"（S＝O）＝V"这个等式中各项之间的对立和孤立的对照；意味着整个一套关于生产力在生产关系的制约下发展的理论，以及关于它们在科学发现领域中的共同后果的理论。在这里，历史也证明了对马克思主义的唯物主义理论的支持，因为正如我们所见，伟大的科学发现总是与一些社会阶级的发展，尤其是资产阶级的发展保持着密切关系，以至于许多科学发现都是由资产阶级和无产阶级之间的阶级斗争所引发的。

当列宁宣称一切认识都起源于**感觉**时①，他也是处于马克思的同一路线上。我们最多只能责备他稍稍落后于《关于费尔巴哈的提纲》②，后者谈到的不是感觉，而是人类"感性实践的活动"③。

---

① 《唯物主义和经验批判主义》（*Matérialisme et empiriocriticisme…*），前引，第149—150页。（参见列宁《唯物主义和经验批判主义》，前引，第124页："一切知识来自经验、感觉、知觉。这是对的。"注意，此处"知识"一词在法文版《唯物主义和经验批判主义》中被译为"savoir"，而正文中阿尔都塞用的原文是"connaissances"，所以与本书其他地方一样译为"认识"。——译注）

② "提纲"原文为"thèses"，即前文中的"论点"。——译注

③ 《关于费尔巴哈的提纲》（«Thèses sur Feuerbach»），第五个论点。塞夫（L. Sève）等译，收入马克思、恩格斯和魏德迈《德意志意识形态，第一章和第二章》（*L'Idéologie allemande, premier et deuxième chapitres*），双语版，盖捷（J. Quétier）导读，盖捷和丰迪（G. Fondu）译，巴黎，社会出版社（Éditions sociales），"马克思恩格斯著作/袖珍本"（«Geme/Les poches»）丛书，2014年，第461页："费尔巴哈〔……〕把感性不是看做实践的、人的感性的活动。"（马克思《关于费尔巴哈的提纲》，《马克思恩格斯文集》第一卷，人民出版社，2009年第505页："费尔巴哈不满意抽象的思维而诉诸感性的直观；但是他把感性不是看做实践的、人的感性的活动。"——译注）

因为感觉只有极端地、抽象地讲才是被动的，它们事实上出现在感性实践的"整体"①中，这种感性实践不仅根据人类个体的需要，而且还根据小心翼翼地（尽管不自知）与这些个体赖以生存的自然保持良好平衡的原始社会群体的"利益"，来为感觉确定方向并对其加以引导。但是在这里也一样，一切都取决于对其物质和社会条件的分析，从而取决于被称为历史唯物主义的科学。

认识的第二个环节是"概念"环节（列宁）或**理论**环节（马克思），然后逐渐达到科学理论的环节（因为存在着前科学的或非科学的理论）。在这两个层面之间，马克思主义理论观察到一种"跃进"、一种"质的飞跃"的存在——这阐明了它的一个辩证的论点。因此，正如哲学家（甚至是唯心主义哲学家）所明确观察到的那样，我们从观察和经验计算的层次走向了必然的抽象理论的层次。这一次，对象得到认识，不是通过对它的经验性变化的观察，而是通过对它的"本质"（其最深层的现实，它被认为是隐藏的、内部的和私密的，因为它是事后被发现的）的认识，这种认识好像是（为了讨好康德，可以说）"先天的"，因为它似乎走在自己的结果前面。实际上，人走向②自然，不再像是走向某个不认识的人；人走向自然，就像是来到一个他已经认识的人面前，对后者已经形成了足够的观念，可以问他一些问题，以"使他经受"自己的问题的"考

---

① "整体"原文为"le tout"，参见第100页译注。——译注

② "走向"原文为"aller à la rencontre de"，其中"rencontre"一般译为"相遇"。——译注

验"（康德①）。这是伽利略的方法，被康德发扬光大。笛卡尔②曾指责伽利略走在自然面前却没有关于自然的足够坚实的观念：因为他自己对自然形成了另一种观念，即莱布尼茨后来指责他时所说的"传奇"③的观念。相反，康德④称赞伽利略具有关于自然的良好观念，并为了验证这些良好观念，向自然提出了从这些观念中得来的一些问题。一切科学就是这样进行的：要成为科学，它（无论是数学——我们已经明白为什么——还是物理学）就必须能够形成**一套关于其对象的理论**，并由此出发向自己的对象提出一些问题，以搞清楚它们是否能被验证或否定。这就是我们所说的**实验**的实践，它在我们所知的科学中是普遍的——尽管某些想把数学和人文科学排除在外（前者是

---

① 《纯粹理性批判》（Critique de la raison pure），前引，第二版序，第17页（B XIII）："理性……必须强迫自然回答它的问题。"（参见康德《纯粹理性批判》，邓晓芒译，杨祖陶校，前引，第13页："理性只会看出它自己根据自己的策划所产生的东西，它必须带着自己按照不变的法则进行判断的原理走在前面，强迫自然回答它的问题，却决不只是仿佛让自然用襻带牵引而行；因为否则的话，那些偶然的、不根据任何先行拟定的计划而作出的观察就完全不会在一条必然法则中关联起来了，但这条法则却是理性所寻求且需要的。"正文中"'使他/它经受'自己问题的'考验'"，即康德所谓"强迫自然回答它的问题"。——译注）

② 1638年10月11日致梅森（M. Mersenne）的信，《哲学著作集》（Œuvres philosophiques），第二卷，前引，第91页："［……］他不断地离题，从不停下来去彻底解释某个问题；这表明他完全没有按照秩序审查它们，没有考虑到自然的最初的原因，他仅仅探究那些产生某些特殊后果的理由，因此他建的房子没有根基。"

③ 参见第89页正文和注释。——译注

④ 《纯粹理性批判》，前引，第二版序，第17页（B XII f.）："当伽利略把由他自己选定重量的球从斜面上滚下时［……］在所有这些科学家面前就升起了一道光明。"（参见康德《纯粹理性批判》，邓晓芒译，杨祖陶校，前引，第13页。——译注）

因为高于科学，后者是因为低于科学）的唯心主义哲学家对此说了些反对的话。

还有第三层吗？唯心主义哲学家会说：是的，还有哲学。但我们对哲学足够了解，会拒绝这个回答，并指出这是一种欺骗。哲学并不高于（但也不低于）科学，因为它不是一种认识，而是一种普遍的无干预的干预①形式，它在所有地方，当然包括在科学中，但同时也在意识形态和实践中，在整个人类活动中，发挥其作用。等时机成熟时，我们会看看它是怎么做到这一点的。

但是，仅就认识而言，我们的著名的等式"(S=O) = V"会怎么样？它在消失的同时又没有消失：在某种完全出乎意料的意义上，它被转化了。因为在马克思主义的唯物主义构想中，问题不在于否认对象与其认识之间存在着差异，而是必须以另一种方式思考所有那些项以及它们的关系。首先，很明显，这个主体不是心理的主体。当一个人得出某一科学发现时，他既不是以自己个人的名义，也不是用自己个人的手段进行活动的。提出那个（科学）难题的人不一定是他，因为那个难题多半已经被提出很久了（参考癌症）。对那个难题的条件作出规定的也不是他，而是在他之前的那些研究者付出的全部劳动。作为向自然提出某个问题的出发点的科学理论，也不是由他制定出来的，而是由他的前辈制定出来的。至于研究手段（实验室、各种工具、数学公式），他也不是它们的创造者。即便他发明了能提供新的解决办法的理论或工具，他也应该将它们——尽

---

① "无干预的干预"原文为"intervention-sans-intervention"。——译注

管他并非总是知道这一点——归功于之前表现得过于简短的旧理论,归功于停留在空中的哲学问题或意识形态问题,甚至归功于经济"订单"①。以这样一种方式"发现"新认识的研究者,只不过是既没有起点也没有终点的链条中的一个链环,只不过是既没有起源也没有目的的进程中的一个环节,只不过是一个当事人②,他诚然是主动的,但却是一个"既没有主体也没有目的的过程"的当事人,这个过程归根到底指的是社会发展的过程。因此,主体消失了,以便在一个既没有主体也没有目的的过程中把那个位置让给一个当事人。正是在这个条件下,那个要求——当唯心主义者想要挽救科学认识的客观性和普遍性时,他们非常灵敏地感觉到这个要求——才得到了保障:不要落入唯心主义者所谓的"心理主义"当中(根据心理主义,是个人的、心理的或历史的主观性③支撑着科学认识的有效性)。

那么对象又会如何?它是实在的,它在认识过程即研究工作"之前和之后都仍然在主体之外"④(马克思)。马克思解释说:当与对象的关系是纯"思辨的"(纯粹认识的)关系时,当在认识过程中不涉及改变或改造对象时,对象在这个外在于

---

① "经济'订单'"原文为"la «commande» économique",其中"commande"也意为"命令""支配",所以这个短语也可译为"经济'驱动/命令'"。另参见第298、302、308页正文及译注。——译注

② "当事人"原文为"agent",也译为"代理人",这个词的动词形式是"agir"("干""起作用"),所以"agent"的意思相当于"执行人""行动者",考虑到阅读习惯,本书中仍沿用"当事人"的译法。——译注

③ "主观性"原文为"subjectivité",也译为"主体性"。——译注

④ 阿尔都塞的引文与马克思的原文有所不同,见下一条译注。——译注

它的认识过程"之前和之后"显然都是相同的①。这些断言表达了一个基本的唯物主义论点：对象（或"存在"）在认识（或"思维"）外部存在。

把"纯思辨的"认识这一极端情况考虑在内，是个好办法，因为最难的事都能做，容易的事就不在话下了。而且它会在我们面对非"纯思辨的"即"实践的"认识这种情况时有所启发。那么，如果在"纯思辨的"认识的情况下，对象无论是在"之前和之后"都存在于主体和认识过程之外，那发生了什么事情？因为毕竟发生了某种事情，某种我们称作科学研究、科学加工②或理论实践的事情。发生了什么事情？**对象被一分为二**③。科学家不是直接加工他想认识的对象，否则他就会改造④它。他是在加工别的事物：加工该对象的临时表象⑤。说"临时"，是因为如果要认识它，就会改造它。所以它不会停留

---

① 《〈(1857年)大纲〉导言》（«Introduction aux Grundrisse...»），前引，第49页："这个现实仍然是在头脑之外保持着它的独立性；只要这个头脑还仅仅是思辨地、理论地活动着。"（法文版这个句子的主语是"Le réel"，即"这个现实"。另参见《政治经济学批判大纲·导言》，《马克思恩格斯全集》第三十卷，前引，第43页："实在主体仍然是在头脑之外保持着它的独立性；只要这个头脑还仅仅是思辨地、理论地活动着。"——译注

② "加工"原文为"travaille"，也译为"工作""劳动"。——译注

③ "一分为二"原文为"dédoublement"，与前文的"叠加"（redoublement）相对应。——译注

④ "改造"原文为"transformerait"（原形为"transformer"），这里也可译为"使……发生改变"，为了与下文的"changer"（改变）相区分，本书中统一译为"改造"。——译注

⑤ "表象"原文为"représentation"，也有"表现""描绘""再现""代表"等含义，在斯宾诺莎和康德等人的认识论中一般译为"表象"，在阿尔都塞的意识形态理论中，一般译为"表述"。——译注

在自己原来的状态，它会改变①。他是在加工吗？是的。因为他将一些理论生产手段应用于它，就像应用于一种原材料（我不久前把这种原材料叫作**一般性甲**②）。那些理论生产手段是他在自己就其对象得出的临时理论（我把这个理论叫作**一般性乙**）中所掌握的一些理论工具。整个这种加工、整个这种"理论实践"，目的只有一个：对那个对象的新特质的认识（我把它叫作**一般性丙**）。

在所有这些情况下，我都故意使用了"一般性"这个术语，为的是明确指出，不管怎么样，科学家从来都不是同对象自身，同某个对象特有的、我们不能把它与其他任何东西混淆的个体性③打交道，而是同某种多少有点抽象的一般性的混合物打交道。那些一般性，部分是科学的，部分是非科学的；部分是意识形态的，部分是实践的；它们只能通过自己抽象的一般性来指示对象。因为根据马克思本人的观点，一切科学加工都不是从"具体"（所谓对象自身）到抽象（对前者的认识），而是从抽象（那些一般性）到具体（对象及对它的认识）。而且由于这个进程是一个无终点的进程，所以我们始终停留在一般性的秩序中，永远不能抵达对象的具体的个体性；因此，我认为也可以谈论**一般性丙**，用以指那个临时的具体，即这个过程所生产的认识。

---

① "改变"原文为"changer"，参见前页关于"改造"的译注。——译注
② 《保卫马克思》（*Pour Marx*），巴黎，发现出版社（La Découverte），1996年（1965年），第186页及以下。（参见阿尔都塞《保卫马克思》，顾良译，商务印书馆，2006年，第176页。——译注）
③ "个体性"原文为"individualité"，通常也译为"个别性"。——译注

但这样一来,就应该从这些前提得出一些结论,并承认两种对象的差异,即两种对象的存在:第一种是**实在对象**①,关键是去认识它;第二种是这同一种对象的复杂而临时的表象,科学家正是要对它进行加工(因为他不是对实在对象进行加工)。我要借助斯宾诺莎——他对这一切看得很清楚——的提法把这第二种对象叫作**认识对象**。因此,我们有两种对象:实在的、不变的对象和认识对象,后者是由科学家加工了的,因而是变化的,而这变化是为了达到对实在对象的认识。斯宾诺莎早就已经说出了这一切,有可能马克思也知道这一点(但这不重要,我们发现马克思有一本关于斯宾诺莎的笔记本,时间是 1840 年②)。

斯宾诺莎曾说:"大犬座"③——会发光的星座——是一回事,实在的狗——不会发光——是另一回事;狗的概念是

---

① "实在对象"原文为"objet réel",其中"réel"也译为"真实的""实际的"。——译注

② 《保罗编〈别涅迪克特·德·斯宾诺莎著作〉摘录》(«Exzerpte aus Benedictus de Spinoza, Opera, ed. Paulus»),收入《马克思恩格斯全集》(Marx-Engels Gesamtausgabe),第四部分,第一卷《摘录与笔记乙(1842 年)》(Exzerpte und Notizen bis 1842),柏林,狄茨出版社(Dietz)1976 年,第 233—276 页(拉丁文);《斯宾诺莎的〈神学政治论〉和斯宾诺莎的书信》(«Spinoza's Theologisch-politischer Tractat» et «Spinoza's Briefe»),同上,第四部分,第一卷《预备材料》(Apparat),第 777—818 页(德语翻译)。还可以参考马特龙(A. Matheron)的《青年马克思眼中的〈神学政治论〉》(«Le Traité théologico-politique vu par le jeune Marx»),载《斯宾诺莎手册》(Cahiers Spinoza),1977 年,第 159—212 页;以及吕贝尔(M. Rubel)的《马克思遇上斯宾诺莎》(«Marx à la rencontre de Spinoza»),同上,第 7—28 页。

③ "大犬座"原文为"Chien",即"狗"的大写。——译注

一回事，会叫的狗是另一回事①。狗的概念不会叫。圆是一回事，圆的观念是另一回事，等等。因此，他区分了实在对象（在他的术语中叫 ideat②）和认识对象（观念或这个观念的概念）。我们知道，他不是在这两种对象之间建立一种相符关系或反映关系，而是建立一种**平行**关系，这是一种巧妙的、更正确的解决办法。马克思走得更远。他不仅废除了对象的观念，代之以**过程**的观念（特定对象永远只不过是那个过程的一个环节或链环），而且还废除了——他已经注意到的——两种对象之间的差异。对他来说，在认识对象和实在对象之间存在——**但是**是在认识的进程中存在——直接的同一。当我们认识某个事物，对这个事物的认识就是这个（已经被认识了的）事物本身。正是应该从这个意义上来理解马克思在《资本论》中谈到由古典政治经济学的经济学家们所发现的经济范畴时对"经济范畴"这个概念③的使用。范畴既是现实的概念④（资本、工资、剩余价值、商品、货币），又是事物本

---

① 一个斯宾诺莎主题的阿尔都塞变奏。参见《知性改进论》(*Traité de la réforme...*)，前引，第 33 节，第 84—85 页："[……] 圆形是一个东西，而圆形的观念又另外是一个东西。圆形的观念是没有周围和圆心的，而圆形则有 [……]"。也参见《伦理学》(*Éthique*)，前引，第二部分，命题十七，附释，第 48—49 页。（参见斯宾诺莎《知性改进论》，贺麟译，前引，第 31 页："真观念——因为我们具有真观念——与它的对象不相同；因为圆形是一个东西，而圆形的观念又另外是一个东西。圆形的观念是没有周围和圆心的，而圆形则有。同样，物体的观念也并不是物体本身。"另参见斯宾诺莎《伦理学》，贺麟译，前引，第 64 页。——译注）

② "ideat"，在斯宾诺莎哲学中指"观念对象"。——译注

③ 这里"概念"原文为"notion"，关于它与"concept"的区分，详见第 70 页译注。——译注

④ 这里"概念"原文为"concept"，见上一条译注。——译注

身。因此，马克思的唯物主义在这种伪"认识论"中是以一元论为基础的。只有一个现实，一个进程，它既是实在的进程，又是认识的进程，舍此之外，别无他物；一切二元论都是唯心主义的。

我要提醒大家注意，这里涉及的是一个哲学论点，它不提供任何认识，而是用来指导实践。否则我们就无法理解，何以马克思既承认两种对象的存在，又取消了这种存在。实际上，正如所有论点一样，马克思提出这个论点，只是为了反对他在与之斗争的那些唯心主义论点。他拥护它们的某些论据，只是为了掉转它们的方向以反对它们的作者：就像列宁，他"把棍子弯向另一边"① 为的是把它弄直。

但是，有人会说，如果我们面对的不是"纯思辨的"认识，而是实践的认识——它在认识对象的同时又改造对象，或为了认识对象就要改造对象——时，事情会有什么不同吗？难道这不是普遍的情况吗，既然一切科学都是实验的，都要将其

---

① 《〈十二年来〉文集序言》（1907年）（«Préface au recueil *En douze ans*»），收入《列宁全集》第十三卷，巴黎，社会出版社（Éditions sociales），1976年，第109—110页。参见《亚眠答辩》，前引，第133—135页，并参考笛卡尔《对第五组反驳的答辩》（«Réponses aux cinquièmes objections»），收入《哲学著作集》，第二卷，前引，第790页。("把棍子弯向另一边"实际语出《俄国社会民主工党第二次代表大会文献·关于党纲问题的发言》，参见《列宁全集》第七卷，人民出版社，1986年，第253页："我们现在都知道，'经济派'把棍子弄弯了。矫枉必须过正，要把这根棍子弄直，就必须把棍子弯向另一边，我就是这么做的。我相信，俄国社会民主党人将永远地把被形形色色机会主义弄弯了的棍子弄直，我们的棍子将因此永远是最直的，是最中用的。"另参见阿尔都塞《在哲学中成为马克思主义者容易吗？》，《哲学与政治：阿尔都塞读本》，陈越编，前引，第179—181页。——译注）

对象专门送给其实验装置去"拷问"(康德)①?难道人们在他们声称要认识的对象中观察到的永远不都是那些定向改造的一些后果吗?这一反对意见不会太有效,因为我们已经在**过程**的概念中为反驳它准备了一切必要空间。如果一种认识也在改造其对象,这种情况下,撇开种种外表②,我们依然在面对同样的实在对象和认识对象的区分。唯一不同的是,一般性甲和丙的性质在变化,但它们的性质的变化根据的是另一些变化,后者受到一般性乙的影响。就实在对象来说,就算它被改造了,那也是按照一般性乙(理论及其种种手段)的作用被改造,这种改造能够准确地被度量,因而可以在评估差异率时得到计算,所以从实体上来说,实在对象没有变。要使情况完全不同,就必须要求无论是实在对象,还是给它带来影响的改造,还是理论和那些手段(一般性乙),都是完全未知且不可知的。这是荒谬的,会使我们远离科学,陷入神秘主义。因此,那种非"纯思辨的"认识的假设,从根本上说,**丝毫不会改变我们从其他例子中学到的东西**。无论哪种情况,我们面对的都是一个

---

① 《纯粹理性批判》(*Critique de la raison pure*),前引,第二版序,第 17 页(B XIII):"理性必须……走向自然,虽然是为了受教于她,但不是以小学生的身份复述老师想要提供的一切教诲,而是以一个受任命的法官的身份迫使证人们回答他向他们提出的问题。"(参见康德《纯粹理性批判》,邓晓芒译,杨祖陶校,前引,第 13 页。——译注)

② "外表"原文为"apparences",以往也译为"表象",它与康德哲学中常被译为"表象"的"représentations"一词的区别在于:"外表"暗示了关于事物本身的"外表/本质"的深度模式;"表象"则暗示了事物的"显象"要借助于"显象条件"的先验主体。具体可参见德勒兹《康德的批判哲学》,夏莹、牛子牛译,吴子枫校,西北大学出版社,2018 年,第 114—118 页。——译注

进程，尽管在社会劳动分工和脑力劳动分工中被专业化了的当事人即研究者也干预了这个进程，但这是一个既没有主体也没有目的、既没有主体也没有对象的进程，在这个进程中，认识——尽管必须以当事人的实在劳动①为前提——等同于它的对象。

实际上，当马克思援引"纯思辨的"认识这种情况时，他肯定在脑海中装着完全不同的东西，而不是唯心主义哲学家关于科学的论据。唯心主义哲学家援引的是对象在经验中的改造，后者给予人去感知的，永远只是由对象得出的经验，而非对象本身。因为整个这种唯心主义的辩护只有一个目标：表明主体至少不会改变，因为它依然是那个给对象带来变化并将其记录下来的主体；在它为了认识一个对象而对其进行改造时，它所认识的永远只是它自己的行为。我们已经看到是何种诡辩支持了这种推理。但马克思在脑海中装着一个完全不同的观念，即关于某种非"纯思辨的"认识的观念，关于某种意在改造其对象并能保障这种改造的认识的观念。很显然，他在这里暗示了一种使革命的实践得以可能的认识。从《关于费尔巴哈的提纲》开始，他就提到这种实践：在这种实践中，被改造的不单单是对象，还有进行改造的"主体"（当事人）②。当事人相对于对象、相对于其"纯思辨的"改造活动（在自然科学实验的

---

① "劳动"原文为"travail"，即前文中的"工作""加工"。——译注

② 《关于费尔巴哈的提纲》（«Thèses sur Feuerbach»），前引，第三条提纲，第461页："环境的改变和人的活动或自我改变的一致，只能被看做是并合理地理解为**革命的实践**。"（参见马克思《关于费尔巴哈的提纲》，《马克思恩格斯文集》第一卷，前引，第500页。——译注）

意义上是科学的改造活动）的外在性停止了。当事人成了实验装置要素之一。因而只有把对对象的改造中的整体形势——从而把当事人的行为和改造活动——考虑进来，认识才是可能的。从理论上讲，这意味着，为了认识正在进行中的阶级斗争（它要求有关于它自己的理论）的过程，就要承认社会的冲突性质，承认理论上的阶级立场。

那么有人会问，认识就丝毫不会改变其对象吗？对的，它丝毫不会改变其对象。但它为社会文化增加了一些东西：增加了对这个对象的更好的认识——这个对象根据这种认识被规定了并成为可规定的。但让我们看看这是如何发生的。初看起来，认识似乎区别于其对象，仔细再看，认识进入了对象，被加进了对象当中，成了**它**的认识、它的特质、它的诸特质之一。因此，对某个对象的某一特质的认识，就变成了一直都存在的东西：这个对象的特质本身。这就重建了那种永恒的——在某个瞬间被那种表面上的区别搞得混乱不清的——同一。谁认为这一切是在——有之前和之后的——时间中完成的，谁就错了。当然，对于研究者来说，是存在之前和之后的，否则我们将无法理解，他也将无法理解：为什么他需要整个这种劳动以及脑力劳动的整个这段时间。但是对于对象来说，就完全不是这么回事。马克思这样写道：它"之前和之后"都一直存在于认识外部，并拥有自己的全部特质，区别只在于，那些特质还没有被全部发现，但它对此并不在乎。它只要等待就够了，它身后有自己的整个未来。当马克思在《资本论》一段简短的、谜一般的文字中说，实际上价值理论一直都或多或少有意识地存在着①，他说的就是这个意思。的确，人种学家可以证明这一点：人们从来都知道一切，关于世界、关于自然、关于社会，或许尤其是关于性。但有一个微不足道的差别，即他们可能不知道自己知道一切。比如，笛卡尔就知道这一点，他给自己的上帝赋予了一种极大的恶，让后者通过巨大的意志努力创造出一些还没有它就已经存在的永恒真理②。斯宾诺莎就知道这一点，作为一位十足的实验主义者，他甚至写道："我们感觉到并且经验到我们是永恒的。"③ 他是在谈到科学认识时写下这一点的。得承认，我们有足够好的同道。

---

① 无法确定阿尔都塞具体指哪句话。马克思在《资本论》中多处暗示，人们对价值的秘密，或者没有意识到却说了出来，或者没有说出来却意识到了。比如《资本论》第一卷，人民出版社，2004年，第91页："可见，人们使他们的劳动产品彼此当作价值发生关系，不是因为在他们看来这些物只是同种的人类劳动的物质外壳。恰恰相反，他们在交换中使他们的各种产品作为价值彼此相等，也就使他们的各种劳动作为人类劳动而彼此相等。他们没有意识到这一点，但是他们这样做了。"再如《资本论》第一卷，前引，第65页脚注："最早的经济学家之一、著名的富兰克林，继威廉·配第之后看出了价值的本质，他说：'既然贸易无非是一种劳动同另一种劳动的交换，所以一切物的价值用劳动来估计是最正确的。'（斯巴克斯编《富兰克林全集》1836年波士顿版第2卷第267页）富兰克林没有意识到，既然他'用劳动'来估计一切物的价值，也就抽掉了各种互相交换的劳动的差别，这样就把这些劳动化为相同的人类劳动。他虽然没有意识到这一点，却把它说了出来。他先说'一种劳动'，然后说'另一种劳动'，最后说的是没有任何限定的'劳动'，也就是作为一切物的价值实体的劳动。"——译注

② 《对第六组反驳的答辩》（《Réponses aux sixièmes objections》），前引，第878页。（参见笛卡尔《第一哲学沉思集》，庞景仁译，前引，第417页。——译注）

③ 《伦理学》（Éthique），前引，第五部分，命题二十三，附释，第516—517页："……我们感觉到并且经验到我们是永恒的（sentimus, experimurque, nos œternos esse）。"（参见斯宾诺莎《伦理学》，贺麟译，前引，第254页。译文有修改。——译注）

十三

既然我们对于哲学就认识论提出的问题已经思考得如此深入,我们就不会注意不到,所有这些问题都是以一个其本身尚未受到质疑的范畴对子(主体/对象)①为基础提出来的。那么,这个主体和这个对象是由什么构成的?首先,这个对象是由什么构成的?

对象可以是统一知觉材料②的东西,或使我们得以把经验性杂多视为同一的东西。这里我要撇开这种特殊意义不谈。我要从它背后寻找那种纠缠着它的最深层的意义:存在(Être)。我要提出以下看法:"认识论"③ 要由 "存在论"④ 来补充完成——根据某些哲学,后者甚至可以使前者圆满完成——这并不令人惊讶。自康德以来,历经两个世纪,批判哲学已经彻底

---

① "主体/对象"原文为"Sujet/objet",以往也译为"主体/客体",关于"objet"的译法,详见第131页译注。——译注
② "材料"原文为"données",一般也译为"与件""所与"。——译注
③ "认识论"原文为"gnoséologie",详见第116页译注。——译注
④ "存在论"原文为"ontologie",以往也译为"本体论",详见第192页译注。——译注

根除了哲学中的存在论，所以这个主题重新流行起来，可能显得很奇怪。但胡塞尔离我们并不远，我们还没有完成其著作的法文翻译。奇特的历史！我们曾认为，存在论——关于存在之为存在的科学——属于亚里士多德和圣托马斯的遥远的过去；17世纪的伟大经典作家，如笛卡尔和莱布尼茨，尽管与之妥协，但已经严重地动摇了它；而康德，通过他对存在及其现象理论的拒绝，给了它致命一击。但现在它又回到了我们身边，而且是以互相拒不（世界上最不）承认对方的两种形式回来的：海德格尔（奇怪的是他本人出自胡塞尔这位批判哲学家门下）的形式，以及苏联哲学家及其追随者（后者几乎遍布前者足迹所至的世界）的解释的形式——无论多么令人难以置信，这种解释自称是忠于"马克思主义哲学"的。稍后我们可能会看清这种奇怪的趋同或这种神奇的误会的原因。

目前让我们回到存在论的哲学要求。存在论的关键问题可以表达如下：**为什么有某物而不是一无所有**[①]？人们会立即并有理由说，这个问题不是真正的哲学问题，而是宗教问题。但是，我们可以和康德一起说，在哲学真正摆脱宗教之前（但我们可以怀疑，康德那时的哲学完全摆脱了宗教吗？），它仍然在宗教中思考，或者毋宁说，仍然是宗教通过哲学在思考，并统治着哲学的思考。这就是为什么所有重大的宗教教义（宗教有

[①] 原文为"pourquoi y a-t-il quelque chose plutôt que rien?"，海德格尔曾把这个问题当成是形而上学的基本问题和第一位的问题。参见海德格尔《形而上学导论》，王庆节译，商务印书馆，2017年，第1页："究竟为什么存在者存在而无反倒不存在？这就是问题所在。这恐怕不是个随意提出的问题。'究竟为什么存在者存在而无反倒不存在？'显然，这是一切问题中的首要问题。"——译注

其教义，正如哲学有其论点）——上帝、世界的创造、道成肉身、永福、救赎、天堂、地狱、邪恶、原罪、失去的乐园、造物主的完满和万能、造物主的荣耀，甚至天使和基督教的奥秘（圣餐等等：笛卡尔本人甚至声称发明了一种物理学，可以让我们思考水向葡萄酒的转化①……）——所有这些教义，都以非纯然哲学的形式，纠缠着哲学思想。在哲学从宗教那里接受的这些重大问题中，确确实实出现了这个问题：**为什么存在某物而不是一无所有？**②为什么有存在而不是虚无？正如我们在笛卡尔那里所看到的，这一时期的哲学是在这种极端对立的基础上进行思考的：存在和虚无的对立，人处于中间。正如帕斯卡尔以及最终这一时期所有哲学家（斯宾诺莎除外）所思考的那样。

那么，为什么存在某物而不是一无所有？对于这个问题，确切地说，哲学（完全像宗教一样）并不会提供答案，而只会提供一些阐明和辩护，举例表明确实存在某物而不是一无所有，所以存在存在③而虚无不存在。这显然是同义反复。但我们已

---

① 《对第四组反驳的答辩》（«Réponses aux quatrièmes objections»），《哲学著作集》（Œuvres philosophiques）第二卷，前引，第 699 页。也参见 1641 年 1 月 28 日致梅森的信，同上，第 314 页。（参见笛卡尔《第一哲学沉思集》，庞景仁译，前引，第 251—252 页。——译注）

② 注意，这句话原文为"pour quoi existe-t-il quelque chose plutôt que rien?"，与前文"为什么有某物而不是一无所有？"（pourquoi y a-t-il quelque chose plutôt que rien?）稍有不同。——译注

③ "存在存在而虚无不存在"原文为"l'Être est, et le Néant n'est pas"，其中"est"是"Être"（存在、是）直陈式现在时第三人单数形式。所以这句话也可译为"是是，虚无不是"。——译注

经充分意识到一切哲学问题都具有同义反复性质，所以这不会再让我们感到惊讶，即便这种问题是从某种教义中接受和转化而来的。尽管如此，还是有些大人或小孩会提出一些非常相似的问题，并对它们作出回答。比如关于大海的问题：雨水从天而降，无数江河入海，为什么海水不会溢出来？人们回答说：首先，海底有大片的沙子，吸收了大量的水；其次，海里有大大小小的鱼，正如斯宾诺莎所说，大鱼吃小鱼，小鱼吃虾米①，这样就清理出了大量的空间；最后，海里充满无限的鱼群（就是上面所说的那些鱼），它们都张着嘴向前游动，被迫喝掉了大量的水，而且海水是咸的，所以它们总是口渴。这是一个很好的问题，也是一个很好的回答。不，关于存在论的哲学无法做到这样。它所能说的一切，就是存在存在；而存在存在，是因为就是这样而不是别样。这是既成事实，它完全沉默无语。我们想到黑格尔面对群山时说"就是这样"；想到康德面对他称之为理性的"Faktum"②（原始事实）；还想到很多其他容易让人联想到的事，首先是亚里士多德，他说：看啊，存在是在

---

① 《神学政治论》（*Traité théologico-politique*），收入斯宾诺莎《著作集》（*Œuvres*），阿朋（Appuhn）编、译，第二卷，巴黎，加尼耶-弗拉马里翁出版社（Garnier-Flammarion），1965年，第261页。（参见斯宾诺莎《神学政治论》，温锡增译，商务印书馆，1963年，第212页："鱼是天造地设地在水中游泳，大鱼吞小鱼；因此之故，鱼在水中快乐，大鱼有最大的天赋之权吞小鱼。因为，在理论上，自然当然有极大之权为其所能为；换句话说，自然之权是与自然之力一样广大的。"——译注）

② "Faktum"，德文，意为"实际情况""事实"。——译注

多种意义上而言的①,然后他数了数说:"就是这样"——它们是无限的。

但这可能不是人们对存在采取的用法,可能不是人们期待于它的、将为我们阐明其存在理由的东西。因为存在可以服务于所有用法,尽管它以前只有有限的亚里士多德学派的意义(语言范畴)。人们可以利用存在,以在宗教融合或宗教迷狂中,乃至在哲学冥想中(海德格尔)与它融为一体;甚至可以像拉舍利耶那样,在枫丹白露森林(此后已成为朝圣之地或追寻之地)某棵山毛榉树树干中发现存在;像不会游泳的勒齐耶②那样,在帕拉瓦斯海边③(她再也没有从那里回来)寻找存在;或者从影星、歌星或体育明星身上,或从某个心爱的女人甚至某个孩子的脸庞中寻找存在。但人们——哪怕他是十字架上的圣约翰或阿维拉的圣特蕾莎——这样寻找它,只是为了找到自己,也就是说,只是为了拯救自己。人们还可以倚靠存在来给自己的人生提供一个方向,或者引导别人的人生走向他自己感兴趣的目的。而如果他恰巧是军队长官、宗教首领、国家元首、政党领袖,或者身兼两任,这就能带来相当不错的结果,尽管为了动员那些生灵,存在着种种比存在这一可笑的拨浪鼓

---

① 参见第105页,注释②。参考《意识形态和意识形态国家机器》(«Idéologie et Appareils Idéologiques d'État»),收入《论再生产》(*Sur la reproduction*),前引,第292页。(参见本书第104页注释③,另参见阿尔都塞《论再生产》,吴子枫译,前引,第479页:"物质是在多种意义上而言的。"——译注)

② 勒齐耶(Jules Lequier, 1814—1862),法国女哲学家,只写有一些未完成的哲学篇章,身后出版有《对第一真理的探求》(*La Recherche d'une première vérité*)。系跳海自杀而死。——译注

③ "la mer de Palavas",法国南部蒙彼利埃地中海边的海港。——译注

高级得多的手段。

实际上，哲学利用存在（Être），但却是以截然不同的方式利用。被哲学当作一种既成事实——一种因此不再需要去完成的事实——来陈述的这个"**就是这样**"，是它用来撑起这个世界上所有看得见的诸存在（êtres）的基础和根基——无论那些存在从其存在（existence）① 和其固有的规定性来说是无生命的、有生命的还是精神的。因此，存在的本义就是为存在（existence）及其规定性奠基。它是一种神，但它与世界之间保持的不是一种创造关系，从而不是一种有距离的关系，而是一种在场（présence）关系。存在就是在场，德里达已经很清楚地表明了这一点，甚至是在谈到海德格尔——德里达对他作出了严厉的审判，但并没有忽视他——时表明这一点的。存在，就是此-在（être-là）②，Dasein③，这既是在黑格尔意义上说的，也是在海德格尔意义上说的。我是从字面意义来说的，因为它的哲学意义在这两位哲学家那里彼此不同。这是因为存在就在此（est là），是在场的，此时此地，无始无终；因为有一些已

---

① 这里以及前后文不少地方，"存在"原文为"existence"或"exister"，这个词在海德格尔著作中文版中也译为"生存"。但在本书中，我们一般译为"存在"。为了不陷于烦琐，我们只在它与也译为"存在"的"être"同时出现且可能被混淆时，才附上原文；在其他地方，读者可以根据语境领会它与"être"的区别。关于该词译法的讨论，可参见海德格尔《存在与时间》（中文修订第二版），陈嘉映、王庆节译，商务印书馆，2016 年，第 607—608 页。——译注

② 这里的"此-在"（être-là），即海德格尔"Da-sein"（此-在、此之在）的法文译名，它与后文中的"est là"，也可直译为"在-（这）那儿"和"在（这）那儿"。——译注

③ "Dasein"，德文，即海德格尔的"此在"。——译注

完结的、临时的和短暂的存在（êtres），海德格尔称之为"存在者"（étants）①（从而区分了作为关于存在的科学或哲学的存在论与关于"存在者"的科学或哲学的存在者论②）。海德格尔有充分的权利要求从精神上和事实上（en vérité）重述整个"西方哲学史"，他判定（我们会看到他错了）后者整个地陷入了由希腊人——其中柏拉图在头脑上超过其他人——建立的存在论的范畴中（而由于这种存在论本身早于柏拉图，所以海德格尔有理由到前苏格拉底哲学家那里去寻找它）。因此，正因为存在在此，所以有一些存在（"存在者"）（你、我、一头母牛、某门科学、某一历史事件等等）存在（existent）。正因为存在是它所是的东西（无所不能且无处不在），所以每种存在都被规定为它所是的样子，并具有规定其他存在的能力。因此，一切都发生在存在中，但又受到"存在的法则"的制约。除了这种双重的奠基功能，我们还不知道这个法则是什么。

在这种双重功能之外，还可以加上第三重功能，它涉及诸存在（êtres）的**目的**。这种目的也是由存在在它们身上规定的，存在事先就在自身中拥有这个目的，并能够根据由它的预见和计算构成的秘密计划，要么使这个目的对人们显现（宗教、历

---

① 关于"存在"和"存在者"等词的翻译，详见第101页译注。——译注

② "存在者论"原文为"l'ontique"，"ontique"即海德格尔"Ontisch"的法文译名，与"ontologie"（存在论，以往也译为"本体论"）相对。它们的区别在于，"ontologie"指"关于存在的学说"，所以本书译为"存在论"；而"l'ontique"或"Ontisch"是指"关涉存在者而非关涉存在的"，所以学界也把它译为"存在者层次上的"。考虑到海德格尔这个词的实际所指，并为了简洁对应，我们直接把"l'ontique"译为"存在者论"。关于该词译法的讨论，可参考海德格尔《存在与时间》，陈嘉映、王庆节译，前引，第601—603页。——译注

史或自然的奇迹），要么使它对人们隐藏。

因为人们对存在一无所知，对它的奠基模式、它的行动方式，对它通过诸存在来追求的目的一无所知，只知道它存在、奠基、规定，并预先决定——所知很少，但却是所知的全部。总之，人们只知道自己对它一无所知。这是一门宝贵的科学，这种 docta ignorantia①（这种博学的无知）闻名于中世纪：由于种种环境原因，当时人们看待存在的眼光尤其模糊，以至某些神秘主义者开始把存在的黑夜当作至高无上的光②来颂扬，并冒着正统神学的巨大愤慨，制造出自狄奥尼修斯法官③——他拒不承认我们能将任何人名赋予上帝，至少预先否认那些名字④——以来就被称为**否定神学**的东西。后者带有一种造反和革命的前兆，有点像那个时代的反精神病学。无论如何，我们不得不承认这些勇敢的人的功绩，他们一直走到了其他人精打细算地选择的道路的尽头，而胆怯的人只要在那条路上迈几步，就会认为自己已经很超前了。

无论如何，只要让认识论开动起来，在这种存在论研究步

---

① "docta ignorantia"，拉丁文，意为"博学的无知"。——译注

② "光"原文为"lumière"，其复数形式"lumières"即"知识"。"至高无上的光"（la lumière suprême）也译为"圣光"，在中世纪指"上帝"。——译注

③ 即伪狄奥尼修斯（Pseudo-Denys l'Aréopagite），本人为异教徒，通过圣保罗皈依基督教，假托雅典最高法院法官狄奥尼修斯之名著有《神秘神学》（*Mystica theologia*）、《论圣名》（*Les Noms divins*）等神学著作。其思想可参见伪狄奥尼修斯《神秘神学》，包利民译，商务印书馆，2012 年。——译注

④ 《论圣名》（*Les Noms divins*），收入《伪狄奥尼修斯全集》（*Œuvres complètes*），冈迪拉克（M. de Gandillac）编、译，巴黎，奥比耶出版社（Aubier），"哲学图书馆"（«Bıbliothèque philosophique»）丛书，1943 年再版，第 67—69 页。

骤（无论在某个亚里士多德和某个海德格尔之间能发现什么样的意义上的差异，这些差异都非常重要）中就有一种不可避免的要求（反之亦然）。因为人们必须对那个被声称已知的对象的性质进行探究，并归根到底在它背后，对支撑着它的*存在*（existence）、规定着它，且为它确定一个目的的存在进行探究。这种要求可能会或多或少被清楚地感知或构想，也可能会被一种突然出现的无法预见的形势所阻挠：尽管如此，它还是有其逻辑，这种逻辑复制了唯心主义哲学的一些重大论点。我们已经知道了其中的一些论点：关于作为奠基者（这里等同于*存在*）的起源的论点，关于起源和目的①的同一的论点。然而，我们在这里看到它们变得更为精确，并且尤其出现了以下论点：意义优先于*存在*（existence），存在（Être）优先于诸存在（êtres），实质优先于形式，深度优先于表面，隐匿优先于表现，最后，悖论中的悖论，虚无优先于存在。这毕竟也合乎逻辑，因为虚无必须——如果可以这么说的话——先于存在，以便存在的*存在*（existence）及其开始获得一种意义。

正因为如此，所以一切存在论——我们不仅在否定神学中，而且在海德格尔和萨特（他与其说是存在论哲学家，不如说是批判的哲学家）那里看到它——归根到底都被一种关于虚无的理论所纠缠，后者成了存在论声称要制定的关于存在的理论的公开而赤裸的真理。这可能意味着什么？关于虚无的理论（我们把它理解为关于普遍的虚无的理论）究竟想说什么？因为如

---

① "起源"和"目的"原文为"origine"和"fin"，也译为"起点"和"终点"。详见第 73 页译注。——译注

果这种理论存在（existe）的话，那岂不是就至少有一点点存在（即这个理论本身）存在（existe），虚无岂不是就没有吞没一切？是的，那它究竟想说什么？——因为我们已经懂得了，哲学尽管从来不想说任何东西①，却仍然具有某种意义并在寻找这种意义，而且哲学就存在（existe）于这种寻找本身当中。如何思考或想象这种虚无呢？

就像宗教一样，古老的神话把它想象为原始的混沌，在世界出现之前就存在。它们想象这个混沌是纯粹的虚空，或无定形的元素的无序散落。因此，虚无是原始的母体②，是原始的物质③（柏拉图④称其为"Chora"⑤），当造物主对那些元素进行安排，或当上帝创造世界时，一切都要用它来完成。这个极端的例子清楚地表明，在这种唯灵论的宗教哲学的借款（crédit）中出现了一点点唯物主义⑥，因为它由此承认了物质的某种优先性。但虚无也可以是完全不同的东西，不再是原始

---

① 本段文字中的"想说……"原文为"vouloir（veut）dire"，一般译为"有（是）……意思"。所以这句话也可以译为"哲学尽管从来没有任何意思"。——译注

② "母体"原文为"matrice"，也有"子宫""矩阵"的意思，在有的地方也译为"母板"。——译注

③ "物质"原文为"matière"，也译为"材料""质料"。——译注

④ 《蒂迈欧篇》（Timée），28 a – 28 b，48 e – 49 b，50 b – 51 b，52 a – 53 a。（参见柏拉图《蒂迈欧篇》相关部分，《柏拉图全集》第三卷，王晓朝译，人民出版社，2003 年。——译注）

⑤ "Chora"，拉丁文形式的希腊语（χώρα），意为"空间""处所"，指"母性容器"。这个词在前引著作中文版中被译为"模型"。——译注

⑥ 指这种唯灵论的宗教哲学在解释世界时，借用了唯物主义要素即"物质"。——译注

的混沌,而是另一种原始的东西,它在自然中使事物的进程失去效力,打断事物的进程,对它说不,拒绝它,并自由选择自己的道路:这就是人。从笛卡尔到萨特,这种观点在整个传统中都得到了强有力的维护。而黑格尔捡起这种观点,是为了给它赋予一种更深刻的意义。他把虚无从人类主体那里分离出来,是为了使它成为所有(无主体的)过程的辩证法的一个环节,否定性的环节,而"否定物的劳动"① 就发生在这个环节。这种劳动也可以是工人在面对懒散的主人时的劳动,或否定的历史的劳动,这时历史就摧毁旧形式以使新形式从中产生出来。

这就是存在论的天命:以一种关于存在的理论开始,却必然以一种关于虚无的理论结束,因而自相矛盾。而停留在这种矛盾中,黑格尔肯定会在其中看到一种新形式的"否定物的劳动"。关于他对存在的思考,他自己已经说得相当清楚,在他眼里,它只是虚空的抽象,是最虚空的东西,是没有任何意指的词语,所以是乌有,所以等同于虚无。因此,黑格尔在一种实际说来是特殊类型的哲学理论中,认可了存在与虚无的同一,所有存在论都在——无意地或公然地(视情况而定)——不断颂扬的同一。

关于存在论的问题,恕我谈一个本来无关紧要的案例,但它是由我们都知道的现实和意识形态压制手段所强加进来的:我指的是由许多② 当代苏联哲学家及其西方追随者用"认识

---

① 参见第166页正文和译注。——译注
② 初稿为"大多数"。

论"① 和"存在论"语言对"马克思主义哲学"的阐释。在这种错误阐释的基础中，显然存在着彻底的误解。这些作者都采用了存在优先于诸存在，甚至存在优先于思维②——正如我们所见，说到底就是虚无优先于存在——的唯心主义论点，把它等同于马克思关于物质优先于思维的唯物主义论点。有人会说，这只是些词汇上的细微差别。并非如此，因为当我们引入一些以同样的方式由相同的术语表达出来的范畴（例如，存在对于思维的优先性）时，为了在这种相近或这种混淆中看得更清楚，我们知道，就必须引入这些范畴的**体系**：因为只有从这个体系出发，才能得出某一个别范畴的意义，即便它在两种情况下具有相同的名字。

在这种混乱中，正是"认识论"让我们看清楚了一些事情。我们早就看到，只有当马克思主义的唯物主义承认认识论的可能性时，它才是一个问题。然而，尽管列宁和马克思的一些文本禁止这种可能性，或至少把它当成一个难题，苏联作者却从屈服于这一点开始，修修弄弄，搞起一种"马克思主义的"认识"论"③来。一旦放弃了这条阵线，涌入并占据这个位置的，就是以存在论形式出现的整个资产阶级唯心主义哲学。要对这整个机制进行重组并不困难，最后也并不有趣，而且每个人都可以通过阅读这些作者或其本土追随者的作品来给自己制造一种宗教。但更有趣的是：为什么会产生这种错误的阐释？第一

---

① "认识论"原文为"gnoséologie"，详见第 116 页译注。——译注

② "思维"原文为"pensée"，一般也译为"思想"。——译注

③ "'马克思主义的'认识'论'"，原文为"«théorie marxiste» de la connaissance"，也可译为"关于认识的'马克思主义理论'"。——译注

种回答可能是：他们偏离了马克思。但为什么会偏离？有人会说：因为教条主义。但为什么会有教条主义？有人会说：由于资产阶级意识形态的影响，后者得以从内部占据①马克思主义哲学。我们已经通过第二国际的修正主义知道了这样的例子。事实上，这已经是比较好的说明了。但是有人会说：为什么我们没有从马克思主义方面去了解资产阶级意识形态的影响，或者未能抵抗它？缺乏警惕性吗？这种回答太主观了。所以必须回到存在于苏联的社会关系，并据此来整理以上相继提供的近乎正确的回答。

是的，马克思主义在苏联"消失"了；是的，资产阶级意识形态在那里占支配地位，虽然很大程度上披着马克思主义术语的临时外衣。因为尽管苏联不是一个典型的资本主义国家②，也不是一个社会主义国家，但它却自称是社会主义国家。但是无论如何，它是一个国家，并且像任何国家一样，这个国家需要一种与在那里占支配地位的阶级斗争的力量对比相适合的意识形态支持和补充。最终，被阐释为认识论和存在论的马克思主义哲学很好地——当然是在它的水平上——扮演了这个角色。它满足了人们的期待，因为苏联哲学家花了三十多年的时间才最终决定生产这种人们期待于他们的、阶级斗争状态向他们所要求的东西：这种对马克思和列宁思想的哲学扭曲。就像一切商品一样，这种产品已经被出口到国外。这种现象既不能仅仅用观念的感染，也不能用苏联的国家力量，尤其不能用一种罕

---

① "占据"原文为"investir"，也有"投资"的意思，作为军事用语，也译为"围困"——译注

② 初稿为"还不是一个典型的资本主义国家"。

见地平庸的哲学的辐射作用来解释；它只能用我们各国的阶级斗争的状态来解释，在这些国家，阶级斗争是由各共产党——通过大家非常熟悉的那些实践——来领导的，而那些共产党本身也同样需要这种哲学来维持它们对自己战士的统治。

然而，在这种哲学中，从意识形态上和政治上来说，重要的是存在论基础。刚才我说过，*存在的唯一有效定义是：存在就是这样，而不是别样。* 言下之意：禁止对既定秩序有任何改变，禁止搞错一定的秩序，禁止不服从一定的秩序①。我们知道，说这种奢望并不基于任何东西（基于虚无），这是不对的，因为苏联各阶级和阶级斗争（以人们所能想到的非典型形式）的存在（existence）并非什么也不是②。但是，为了平息一切争端，对于那些进行统治和发号施令的人来说，重要的是明确说出，事情就是它们所是的那样而不是别样，在它们的秩序背后找不到任何东西，没有任何对权利或事实的辩解可供援引或讨论，**因此无需讨论**。这就是虚无等同于存在的含义：无需讨论，因为对于所作出的决定没有任何理由。这是事实的王国（règne），人们可以在一种认识论的伪饰下，自称在为这个王国寻找正当的理由③。但搞这些把戏，只是为了装装样子；整个这套关于认识的话语，只是无知者的话语，正如整个这套关于存在的话语只不过是关于虚无的话语、空洞无物的话语。但对于那些

---

① 这两处"秩序"原文均为"ordres"，即第一个"秩序"（ordre）的复数形式。这个词也有"命令"的意思。——译注

② "什么也不是"原文为"rien"，即前文的"不……任何东西"。——译注

③ "正当的理由"原文为"les raisons de droit"，其中"droit"也译为"权利""法"。——译注

胆敢质疑这些事实的人，那种行政的、刑事的、监狱的或生命的虚无（死亡）会迅速让他们遵守一种秩序：他们的职责①，他们的奢望的虚无。这种虚无所肩负的任务，就是使他们忍受一个"全民国家"②（让我们记住这一点），而这个国家知道自己的职责：不仅是对哲学和人类的职责，还有对统治阶级的职责。

当然，存在论的问题无限多，这些思考并没有穷尽它们。因为一旦提出关于存在的论点，我们就会发现它的机制比我们所说的要更灵巧一些。存在不仅仅"就是这样"，这个人物还擅自进入施工详图。它不属于那种说"后勤部门跟上"③的人。它进入现场，并理所当然地对各种事物进行安排，因为毕竟那些事物都属于它。它在存在中——即诸存在的整体中——建立秩序。它根据一种极为考究的等级秩序，一级一级令它们各就其位。那种等级秩序保障了所有那些存在之间必要的有机联系，以使它们的"合谋"不会威胁到建筑物的主人④——后者也是

---

① "职责"原文为"devoir"，通常也译为"义务"，它与另一个通常被译为"义务"的词"obligation"的区别是："devoir"的动词形式"devoir"，意为"应该""应当"；"obligation"的动词形式是"obliger"，意为"强迫""迫使"；作为名词的"devoir"更多地指根据道义或良心，人们必须做的事，是主观上的"应当"，而"obligation"则更多地指道义、风俗、法律条文等强加给人要做的事，是客观上的"被迫""不得已"。为了统一译名，也为了有所区别，本书中"devoir"统一译为"应当"或"职责"，"obligation"统一译为"义务"。——译注

② "全民国家"原文为"État du peuple entier"，直译即"全体人民的国家"。——译注

③ 原文为"l'intendance suit"，其中"intendance"有"（军队的）后勤部门""（国家的）经济政策"等意思。——译注

④ "建筑物的主人"原文为"maître d'œuvre"，意为"承建商"、"监理"、"（中世纪的）"工程指挥"。"建筑物（作品）的主人"系直译。——译注

国家元首——，而是他以最温和的形式确立其统治地位。在这里，我们找到了我们前面曾提到过的诸秩序的秩序的理由，找到了这种分类法的理由，这种分类法纠缠着西方的存在论思想，从亚里士多德甚至柏拉图这些伟大的分类者，到莱布尼茨和现代逻辑新实证主义者。不过这一次，我们在这里找到了基本满意的回答，知道为什么存在（existe）这个诸秩序的秩序，从而为什么存在（existe）这些秩序：因为存在（Être）存在（est）。这一次，这个秩序终于得到了奠基，这令人安心落意，因为以前我们很不幸总会追问：它到底是不是偶然的和意外的？如果明天——像休谟所追问的那样①——太阳没有升起，如果我的妻子离我而去，如果我的工人罢工，如果我的阿尔及利亚人回了他们自己家，那将是多么悲惨的事！而现在，人们对自己的事情有了把握。我知道你们会对我说，这对我们毫无用处，因为鉴于黑格尔强有力地向我们解释了存在就是空气②，所以存在与否，不会改变任何事情。但是亲爱的朋友，你们是在为自己说话，你们的头脑清除了所有偏见，或者充满了偏见，所以想想其他人——他们没有偏见，或者只有偏见——然后问问你们自己：知道这是得到保证的，知道就是这样而不是别样，较之发现自己仍然处于虚空之中，因而面临着改变自己生活中某

---

① 《人类理智研究》（*Enquête sur l'entendement humain/An Inquiry Concerning Human Understanding*），双语版，马勒布（M. Malherbe）翻译、编辑，巴黎，弗兰出版社（Vrin），2008年，第96—97页及以下。（参见休谟《人类理智研究》，吕大吉译，商务印书馆，1999年，第19页。——译注）

② "空气"原文为"du vent"，意为"风""空气""气流""屁"，引申为"虚无的东西""空话"。——译注

些事情的诱惑——这难道丝毫不会改变他们的生活、他们的信念和他们的服从状态吗？

因此，存在就是秩序，诸存在的秩序的建立在存在中被奠基，并由存在所规定和预先决定。鉴于存在的无所不能，这个秩序自然可以是无限多样的。

它可以像人行道一样是**平直的**，就像笛卡尔的空间一样，像博斯平原一样，无边无际。我们知道，这个笛卡尔①逻辑相当一贯，为的是——在森林不再覆盖整个地球的时代——向我们解释：一个在森林里迷路的人，只要下定决心朝着任何一个方向笔直前进，就必定会到达一片视线开阔的田野。对于那些漫步于乡村的人或监狱逃犯来说，有一个平直的秩序该多好啊！

但这个秩序也可以是**圆形的**。康德②注意到了这一点。他

---

① 《谈谈方法》（*Discours de la méthode*），前引，第三部分，第 595 页。（参见笛卡尔《谈谈方法》，王太庆译，前引，第 20—21 页："我的第二条准则是：在行动上尽可能坚定果断，一旦选定某种看法，哪怕它十分可疑，也毫不动摇地坚决遵循，就像它十分可靠一样。这样做是效法森林里迷路的旅客，他们决不能胡乱地东走西撞撞，也不能停在一个地方不动，必须始终朝着一个方向尽可能笔直地前进，尽管这个方向在开始的时候只是偶然选定的，也不要由于细小的理由改变方向，因为这样做即便不能恰好走到目的地，至少最后可以走到一个地方，总比困在树林里面强。为人处世也是这样，我们的行动常常必须当机立断，刻不容缓。"——译注）

② 《道德形而上学》第一部《法权论》（*Métaphysique des mœurs*, Ire partie : *Doctrine du droit*），费罗内科（A. Philonenko）翻译、编辑，维莱（M. Villey）序，巴黎，弗兰出版社（Vrin），1993 年，第 13 节，第 138 页。（参见《康德著作全集》第 6 卷《道德形而上学》，李秋零主编，中国人民大学出版社，2007 年，第 271 页："这种与作为一种随意的，因而是获得的、持续的占有的那种驻地不同的占有，是因作为球形的地球表面的一切场所的统一性而有的一种共同的占有；因为如果地球表面是一个无边无际的平面，人们就可能在上面如此走散，以至于他们根本就无法进入任何彼此之间的共联性，因而这种共联性就不会是他们在世上存在的一个必然后果。"——译注）

发现这一点，不单单是由于这同一个地球的圆形，还由于私有财产。他说，我们不能无边无际地延展它，因为地球是圆形的，定居在先辈旁边的土地占有者，不可避免地最终会与处于对趾点的其他人聚合到一起，然后就完了！美国式的"边疆的终结"，再也没有完全自由的企业，必须解决争端，于是社会契约来了，随之而来的是有形的财产权。请注意，既然康德还有头上的星空和内心的道德法则，所以他除了这种圆形的秩序，还有另一种资源：简而言之，还有一种——如果可以这样说的话——由上部和内部所补足的圆形秩序。终其一生，康德一直在寻找这三者之间的关系，并且自认为已经在《判断力批判》①中找到了，海德格尔②以自己的方式确认了这一点。但在康德之前，已经有卢梭，在他之后，还有黑格尔，他们都更有意思。

卢梭③，他也知道地球是圆形的，我的老天！但是，与笛卡尔的观点不同，他认为，在起源的时候，在"自然原始状

---

① 《判断力批判》(Critique de la faculté de juger)，第56节注释一（A238 - 239）及第59节（A 255/ B 258 -25）。（参见康德《判断力批判》，邓晓芒译，杨祖陶校，人民出版社，2002年，第188—190页、第198—202页。——译注）

② 《康德与形而上学难题》(Kant et le problème de la métaphysique)，威尔汉斯（A. de Waelhens）和比梅尔（W. Biemel）翻译、导言，巴黎，伽利玛出版社，"哲学图书馆"（«Bibliothèque de la philosophie»）丛书，1953年，第31节，第217—228页。（参见海德格尔《康德与形而上学疑难》，《海德格尔文集》，孙周兴、王庆节主编，王庆节译，商务印书馆，2018年，第175—186页。著作名的翻译有修改。——译注）

③ 《论人与人之间不平等的起源和基础》(Discours sur l'origine et les fondements de l'inégalité parmi les hommes)，凡·斯塔昂（C. Van Staen）编，《著作全集》（Œuvres complètes）第五卷，前引，第99页。（参见卢梭《论人与人之间不平等的起因和基础》，李平沤译，商务印书馆，2007年，第90—91页。著作名的翻译有修改。——译注）

态"时期，地球完全被森林覆盖，没有任何林中空地或自由田野，所以无法通过笔直前进到达平原上的空旷地带；也无法像康德说的那样抵达对趾点，然后通过向前笔直前进回到出发点（这是一条道德法则箴言，但也适用于1789天环游地球①，那个日子令康德大为震惊，他那天没有拉出任何东西②）。处于"原始自然状态"③ 的人在树林里游荡，甚至不知道那是树林，因为他从未见过也见不到任何其他东西，尤其是平原，几乎看不到天空，也从未遇到任何人。这个人确切地说没有任何机会走出树林。卢梭确实就是这样认为的，他写道：如果没有黄道的意外事件，事情将永远不会改变④。所以正是由于这次意外事件或其他意外事件（大陆的分裂、岛屿的出现等等），事情才发生了变化，使人摆脱了天生的、舒适的愚昧状态；而由于随之出现了季节变化，他就必须去劳动，开垦森林以种植小

---

① "1789天环游地球"原文为"les voyages du tour du monde en 1789 jours"，这个短语由"1789"和"……天环游地球"组成，分别暗指1789年的法国大革命和凡尔纳的《八十天环游地球》（*Le Tour du monde en quatre-vingts jours*）。阿尔都塞这里显然在玩文字游戏，同时暗示康德对法国大革命的态度。——译注

② "他那天没有拉出任何东西"原文为"qui n'en avait pas pissé ce jour-là"，其中"pissé"原形"pisser"，意为"拉尿"，这里指"随便大量生产"，可能同时也暗指康德那天没有去散步，从而没有在散步途中拉尿，参见第140页相关内容。——译注

③ 这里"原始自然状态"原文为"l'état de première nature"，与前文"自然原始状态"（premier état de nature）不同。——译注

④ 《论气候对文明的相对影响》（«Considérations sur l'influence des climats relativement à la civilisation»），戈亚尔-法布尔（S. Goyard-Fabre）编《著作全集》（*Œuvres complètes*）第五卷，前引，第643—644页："如果黄道与赤道相重合，也许就永远不会有人迁徙，并且每个人——由于受不了与自己出生地不同的气候——永远都不会离开出生地。对于既不需要手来行动也不需要声音来说话的他来说，稍微倾斜一点世界轴线，就等于对人说，去覆盖整个地球并成为社会的人。"

麦；于是整个辩证法被启动了。但是至少这次，我们知道为什么笛卡尔会告诉我们他那个关于人可以笔直穿过森林的故事：那是因为森林四周已经是被开垦的田野。当然，尽管是以一种稍有变化的形式，事情还是走上了这样的轨道，对此康德会说：地球是圆形的，这是私有财产的过错；财产是私有的，这是圆形的地球的过错。一种圆形的秩序，又一次出现了，但这次有一点不同：这种将地球划分为种种有限的私有财产（但其价值可以无限增长）的秩序，建立在血淋淋的无秩序（désordres）的基础上，除非有人——比如马基雅维利、霍布斯或马克思，或者还有卢梭自己，甚至谈论过"非社会的社会性"① 的康德——向我们解释，这种无秩序有属于它自身的、我们能够认识的秩序。证明是，他们都用人类的激情来向我们进行解释，而人类的激情丝毫不想知道理性法则和道德法则。所以在这个秩序中是什么样的无秩序！需要追问的是，对这个秩序的断言——它是平直的、圆形的，或是任何其他什么样的——在这方面是不是陷入了视觉陷阱，为的是使人们（那些必须忍受它的人，还有你们，亲爱的朋友）相信这个秩序存在，总之相信它应该存在，以便这个秩序、这个（糟糕

---

① 《世界公民观点之下的普遍历史理念》（«Idée d'une histoire universelle au point de vue cosmopolitique»），收入康德《论历史文集》（Opuscules sur l'histoire），雷诺（P. Raynaud）编，皮奥贝塔（S. Piobetta）译，巴黎，加尼耶-弗拉马里翁出版社（GF-Flammarion），2014年再版，命题四，第74页："**大自然使人类的全部禀赋得以发展所采用的手段就是人类在社会中的对抗，但仅以这种对抗终将成为这个社会的合法秩序的原因为限。我这里所说的'对抗'，是指人的非社会的社会性。**"（参见康德《历史理性批判文集》，何兆武译，商务印书馆，1997年，第6页。篇名和译文有修改，黑体为原文所标。——译注）

的)既定秩序①的简单秩序(在 200 个家族中没那么高的要求②)能支配一切。而因为那种秩序建得糟糕,所以要通过一个**额外的秩序**来加固它。但是,当你们进入这些笛卡尔的小路——既然它们会通往某个地方(它们可不是海德格尔的那些路!③)——时,要当心不吉利的后果④,因为你们会闻到太多的火药味⑤。这不是通往斯万家那边⑥,而是通往马克思那边。

在黑格尔那里,事情更加激进。秩序是圆形的,没问题:一切都是圆圈⑦,整体⑧就是诸圆圈的圆圈⑨,无穷无尽。更确

---

① "(糟糕的)既定秩序"原文为"l'ordre (mal) établi",直译即"被(糟糕地)建立的秩序"。——译注

② 欧洲流行一种旧观念,认为世界由 200 个家族统治着。在《黑母牛》中,阿尔都塞批评法共关于"一小撮剥削者"的观念,是"不点名地重复了关于 200 个家族的旧观念"。参见阿尔都塞《黑母牛:想象的访谈(二十二大的缺憾)》[*Les vaches noires: Interview imaginaire* (Le malaise du XXIIe Congrès)],戈什加林(G. M. Goshgarian)编,巴黎,法国大学出版社(PUF),2016 年,第 402—403 页。——译注

③ 指海德格尔的"林中路",参见第 55 页、第 141 页正文和译注。——译注

④ "不吉利的后果"原文为"retour de bâton",在军事用语中,也有"反冲"的意思。——译注

⑤ "火药味"原文为"souffre"(容忍),为"soufre"(硫磺)之误,根据法文版编者发给译者的"勘误表"更正。——译注

⑥ "斯万(Swann)家那边"典出普鲁斯特长篇小说《追忆似水年华》(*À la recherche du temps perdu*)第一部"在斯万家那边"。——译注

⑦ "圆圈"原文为"cercle",也译为"循环""圆""圈子"。——译注

⑧ "整体"原文为"le Tout",前文中的"一切"原文为"tout",所以这里也可译为"这个一切"。关于该词的译法,参见第 100 页译注。——译注

⑨ 在晚年写的《论偶然唯物主义》(*Du matérialisme aléatoire*,1986)一文中,阿尔都塞重新提到了这个命题。参见《诸众》(*Multitudes*)第 21 期,2005 年夏季号(Été, 2005)第 180—194 页。中文版参见《论偶然唯物主义》,吴子枫译,《马克思主义与现实》2017 年第 4 期。译文有修改。——译注

切地说，再也没有康德和卢梭的圆形秩序（即地球是圆形的）与另一个维度之间的那种对立。这另一个维度毫不弯曲，它涉及的是高和低：康德垂直二元论中的星空与道德法则。黑格尔是逻辑一贯的。一旦进入某个圆圈或球体内部，就无法从它们的圆形中走出来：你确实在这个世界中吗？你想要给它加上天空吗？好吧，这样一来，你所在的这个圆形的世界，既被屋顶上的天空所环绕，也被你怀抱的这种道德法则所环绕，因为它就在你心中。因此，我们就处于这个绝对的球体中。怎么走出去？不可能①。而且从中走出去的问题没有任何意义，因为那不可能，那是"嘴巴上说说"②，正如《鸭鸣报》——我们低估了这份报纸的哲学水平——所说的那样。我们就在这里，在我们所在的地方而不是别处。你们会说这是由于有一些栅栏、障碍、界限、带刺的铁丝网，或一些边界。而那些边界的背后是平原，所有的囚犯，哪怕没有越狱，都知道这一点。铺路石下面是沙子③，1968

---

① 《法哲学原理》(*Principes de la philosophie du droit*)，凯韦冈（J.-F. Kervégan）编、译，巴黎，法国大学出版社（PUF），"战车"（«Quadrige»）丛书，2013年再版，序言，第132页。(参见黑格尔《法哲学原理》，邓安庆译，前引，第13页，可能是指"序言"中下面一段话："哲学的任务是要把握**这个现在所是的东西**，因为这个所是，就是理性。就个体而言，每个人本来都是**他时代的产儿**；那么，哲学也就是**被把握在思想中的它的时代**。妄想一种哲学超出它的现在世界，就像一个人妄想跳出他的时代之外，跳出罗陀斯岛一样，是愚蠢的。如果它的理论确实超越了时代，而建设一个依照应然存在的世界，那么这个世界诚然也存在，但只存在于它的意见——一堆散沙中，人们可以随意添加任何想象的成分。"黑体为原文所标。——译注）

② "嘴巴上说说"原文为"parole verbale"，直译为"口头言语"。——译注

③ 来自五月运动时期的一句口号，参见《事实（1976年）》，收入《来日方长》，蔡鸿滨译，陈越校，上海人民出版社，2013年，第368页："那时每个人都相信'想象力掌权了'，相信自己在铺路石下面发现了沙地的柔软。"译文有修改。——译注

年五月运动中的造反派梦想家们如是说。不，黑格尔说，在那些界限后面什么都没有，原因很简单：**不存在界限**。否则你们就会陷入康德的愚蠢中，后者就像笛卡尔在谈到森林时一样，不停地在界限这个范畴中进行思考。何况你们非常清楚界限这个范畴在康德那里的意义。是人民的智慧把它直截了当地说了出来："一旦越过界限，就不再有边界。"这是所有国家元首、教会首领、政党领袖、工会头头和家族首领所采用的语言。康德不是他们中的任何一员，但他对自己的世俗责任有一种神圣感，对他来说，这说出了真相。他有个很好的现成的例子，淋淋的鲜血构成的全新的例子：法国的恐怖。不是说黑格尔赞成恐怖，不，但他毕竟赞成逻辑，这使他的话更有力量：不存在界限，甚至在偏离常轨时也不再有边界。之所以不存在界限，首先是因为，我们并非像康德所想的那样在有限①中，而是在无限中；其次是因为，**外部不在外部，而在内部**：恰恰必须在你自己——有限-无限的人——身上，去寻找并找到自己的界限，因为它们只在你身上。如果没有外部是因为外部就在内部，那么一切都说清楚了。

一切，除了那个一直困扰着黑格尔之后整个哲学的问题：如果既没有外部，也没有界限，那为什么还要谈论界限、诸圆圈的圆圈，为什么还要谈论圆形的秩序？

所以必须找到一种方法（这并不容易），来同时思考这种

---

① "有限"原文为"le fini"，也可译为"完成的"，相应地，下文的"无限"（l'infin）也可译为"未完成的"；"有限-无限的"（fini-infini）也可译为"完成的-未完成的"。——译注

圆形的——从而被它的弯曲所限定的——秩序和这种无-外部（non-dehors）即弯曲和界限的不在场。简言之，一种无-界限（non-limite）的界限，一种没有外部的圆圈。我们又一次想到了卢梭，想到了从海洋中涌现出来的那些岛屿，它们不与任何其他陆地相连；我们想到了从实践的无知的海洋中出现的那些科学大陆。我们想到了在一个被自私所撕裂的世界中出现的某位圣徒；想到了热拉尔德①唱的不可能的爱："如果你爱我，如果我爱你，我会多么爱你"；我们想到了像加图②这样的国家元首，他们在指挥所种植家茄；我们想到了研究耳朵呈酸模形的女人的科学家；想到了在安德烈·布雷东③头上做醋栗果酱的鸟④。还有什么呢？我们对这类事情知道得足够多，所以无论如何，知道这个问题是非常严肃的，甚至可能是问题中的问题，必须妥善对待，即便它是由我们的唯心主义哲学家朋友最先给我们奉上的。

好吧，海德格尔对这个问题有自己的想法，从某种意义上说，他是第一个——与逻辑新实证主义一道——认真对待这个问题的人。但逻辑新实证主义通过十足的存在论，为你们提供

---

① 热拉尔德（Paul Géraldy，1885—1983），法国诗人和剧作家，著有《你和我》（*Toi et moi*）等。——译注

② 加图（Caton，前234—前149），指老加图，罗马共和国时期的政治家、演说家。——译注

③ 安德烈·布雷东（André Breton，1896—1966），法国诗人和评论家，超现实主义创始人之一。代表作有《超现实主义宣言》（*Manifeste du surréalisme*）等。——译注

④ 原文为"un oiseau qui ferait des confitures de groseilles sur la tête d'André Breton"，意译即"在安德烈·布雷东头上拉屎的鸟"。——译注

了处理这个问题的一种毫不鼓舞人心的方式。尽管它尊重集合论（集合论非常关注界限问题，因为尽人皆知，当水壶装满时，一滴水就足以使它溢出来），但它还是说，它不想听到人们谈论界限，后者是一个宗教、形而上学、精神分析和马克思主义的问题（砰!），它感兴趣的是**事实**。并且就是这样而不是别样①（熟悉的提法）。如果你不喜欢这样，那就滚开，走得远远的。② 它还补充说，自己如此不被理解，又如此为当今的哲学家所轻视，真是一种不幸；但鉴于普遍的堕落（在这个生产率攀升、妇女和同性恋者不断得到解放的时代，人们并不很清楚堕落何在），这毕竟也很正常，只要等待就够了，就算问题不能自行解决，上帝也会承认自己的一切（对不起！上帝，这只是一种说法，因为我们不信它：太遗憾了）。是的，海德格尔更有意思，因为他考虑到了这个问题，并思考了如何解决它。他通过把事情搞乱③，通过抹去这个界限，通过把界限同时推到它自己这边和那边而走出来，这造成了一种几乎无法阅读的语言，因为您倒是把这些事说清楚啊！总之，他认识到这件事，却又深陷其中，因为他没有平等站队，而是作为一个十足的唯灵论者——他实质上依然是个唯灵论者——，使存在优先于存在者。可惜我无法用三言两语把这个思想说得更清楚，它以其

---

① 参见第 189 页及以下。——译注

② 这句话原文为"Et si ça ne vous plaît pas, vous n'avez qu'à aller voir ailleurs si j'y suis, ou vous payer un voyage aux Antilles."安得列斯群岛（Antilles），指西印度群岛中除巴哈马群岛以外的全部群岛，位于南北美大陆之间，与法国距离遥远。这句话直译是："如果你不喜欢这样，就到别处去看看我是不是在那里，或者自己去安得列斯群岛旅行。"——译注

③ "把事情搞乱"原文为"brouillant les cartes"，直译即"洗牌"。——译注

晦涩难懂为自己赢得了深奥之名。我宁愿立即直奔那个已经把这一切看得一清二楚的人，那个暂时解决了，而且尤其是用非常容易理解的方式解决了这个问题的人：我的朋友雅克·德里达①。

德里达②以一种非常令人信服的方式指出，必须从**边缘**那边去寻求对——一种不是界限的——界限问题的回答。每个人都知道什么是边缘：这页纸就有边缘。完满空间旁边的虚空③空间。要相信，没有虚空就不可能有完满，反之亦然。这诚然意味着在这两者之间有一个界限，但这个界限不是某种秩序，它在任何情况下都不从属于某种秩序，因为我们可以改变边缘，从而可以改变那个界限。不管边缘是两厘米还是三厘米，都无所谓，只要与排字工人达成一致就行。所以德里达看到，这种"游戏"对边缘很重要，就像边缘对界限一样重要。但是，当然，这种"游戏"改变了一切，因为它是自由的，而不是被强制的；它自我解放着，因而也把我们从一切秩序中解放出来，无论是平直的秩序还是圆形的秩序，一元论的秩序还是二元论的秩序，甚至扭曲的秩序。如今，在承受了我们的绝望之后，这种边缘开始寄托我们的希望。因为位于边缘的东西是边缘的：疯子、儿童、异常的人、哲学家、精神病人、精神错乱的艺术家或正常的艺术家、反常的人等等。然而事实证明，一旦正常

---

① 初稿为"我的同志和朋友雅克·德里达"。
② 参见第146页，注释③（参见第145页注释②。——译者）。
③ "完满"原文为"plein"，"虚空"原文为"vide"，这对词也可译为"实的"和"空的"。——译注

状态得以去神秘化（继斯宾诺莎和尼采之后，康吉莱姆①极大地帮我们理解了这一点），我们就会注意到一些有趣的事情发生在边缘那边：在官方社会的边缘，在被剥削劳动者那边，在移民劳动者那边，在儿童——真理早已从他们口中说出——那边，在最伟大和最卑微的艺术家那边（布雷东②和他的朋友介于这两者之间），在精神贫困的人——当他们是圣徒（哪怕他们对此一无所知）时——那边，在疯子那边，在某些被监禁者尤其是苏联或拉美的被监禁者那边，等等。边缘也是海滩，当我们最终乘着无产阶级专政的小船渡过这条社会主义的可怕河流后，每个人都将登陆这个海滩，在那里享受阳光。到那时，在共产主义的海滩上，将是边缘的自由王国，再也没有文本，再也没有写出来的法（droit）③，再也没有写出来的法律（loi），再也没有写出来的秩序，再也没有书写；只有活生生的踪迹（traces），言语的踪迹，词语交换和财富交换的踪迹，但没有货

---

① 《正常与病态》（*Le Normal et le Pathologique*），巴黎，法国大学出版社（PUF），"战车"（«Quadrige»）丛书，2013 年（1943 年）。参见路易·阿尔都塞《1958—1959 年讲义》（«Cours de 1958—1959»），收《阿尔都塞与其他几位：1958—1959 年讲义笔记》（*Althusser et quelques autres. Notes de cours, 1958—1959*），雅莱（E. Jalley）编，巴黎，Harmattan 出版社，2014 年，第 40—41 页。以及同前引，《马舍雷〈乔治·康吉莱姆的科学哲学：认识论和科学史〉一文"引言"》（Présentation de P. Macherey, «La philosophie de la science de Georges Canguilhem. Épistémologie et histoire des sciences»），《思想》（*La Pensée*）杂志第 113 期，1964 年 2 月，第 50—54 期。（参见康吉莱姆《正常与病态》，李春译，西北大学出版社，2015 年。——译注）

② 指安德烈·布雷东。——译注

③ "写出来的法"原文为"droit écrit"，一般也译为"成文法"，这里及下文中的"écrit"译为"写出来的"，是为了照顾德里达的书写理论。——译注

币和（写出来的）账目；只有目光、声音①、爱和恨的交换的踪迹，但没有商品上的欺骗。这将是书写的专政的终结、语言的专政的终结；我告诉你们啊，这将是普遍的边缘和普遍的家庭的王国，白色的王国，我们将通过眼白②看到，这是白人的普遍的王国，也就是说白色人种的普遍的王国——但所有人种都将是白色人种，所以也就是所有有色人种的王国。只有毛头小伙子③必须行为规矩，除非他们都变成白色的乌鸦④，而且所有的乌鸦都将是白色的。这将是对黑色的废除，对一切悲哀和一切可避免的苦难的废除。

令人鼓舞的是——因为我认识你们，知道你们会说我在痴人说梦——边缘不是乌托邦，它确确实实就存在于今天的现实中，不仅见证了德里达的理论，还见证了所有被统计的边缘者和所有未被统计的边缘者的存在。它存在并且正在发展。在所有国家，甚至在苏联⑤，它都在完美地发展。总有一天我会向你们解释这一点，但很遗憾，我今天没时间。这就是告诉你们，德里达在把边缘问题置于指挥所⑥时，并没有把自

---

① 被删除的文字："（拉康将忙于他的对象小 a）"。
② "眼白"原文为"le blanc des yeux"，其中"blanc"与前文的"白色"和后文的"白人"是同一个词。"dans le blanc des yeux"也可译为"目不转睛地"。——译注
③ "毛头小伙子"原文为"blancs-becs"，一般指"毛头小伙子""初出茅庐的年轻人"，从字面直译是"白色的喙（嘴）"。阿尔都塞在这里玩了一个文字游戏。——译注
④ "白色的乌鸦"原文为"merles blancs"，乌鸦一般全身黑色、黑褐色或乌褐色，所以这个词组的转意为"罕见的人或物"。——译注
⑤ 初稿为"尤其是——你们或许不相信——在苏联"。
⑥ 初稿为"以非常毛主义的方式置于指挥所"。

己的事情搞砸①。德里达的研究旨趣是要表明，哲学和政治在某种程度上是一回事。一种边缘理论，比如德里达的边缘理论，会直接导致与政治理论②的相遇，并通过某种拐弯抹角的方式预见共产主义，以全部的明证性对后者作出证明，而无需任何注解。

但是，必须说，从理论的观点来看，对这种引入了边缘概念（notion）的界限的思考，夺得了一定的自由，一种严肃的自由。它借助的是形式本身，而不仅仅是已知的几何形式：不仅仅是平直的或圆形的形式，还有（微分的）界限或扭曲的形式（拉康所爱的莫比乌斯环③），甚至是柔软的形式，粘稠的形式——萨特④之后，固体物理学开始关心这种形式。必须说，在形式这个问题上，所有已知的科学，尤其是自它们拜倒在数理逻辑面前以来，在那些形式面前——我们可以在人类关系中、在"主体间性"或无意识（在那里，幻想的无定形⑤占支配地位）中观察到那些形式——都表现出一种可悲的贫困。但那些科学通常丝毫不想认识这些东西，那会搞乱它们由以思考专属于它们自己的事物（从而适用于它们）的形式。

---

① 被删除的文字："（在我们当中，毛是一位值得注意的作家。他的著作并非总是很正确，但他有一种天才，可以找到一些无法替代的提法。此外，德里达提出了一整套书写理论，就像马克思提出了一整套无产阶级专政理论——可惜被我们的领导人误认了）。"参见第282页注释①（参见第277页注释②。——译注）。

② 初稿为"无产阶级专政理论"。

③ 《研讨班第十卷：焦虑》（*Le Séminaire, Livre X : L'Angoisse*），米勒（J.-A. Miller）编，巴黎，色伊出版社（Seuil），2004年，第113、140页及以下。

④ 《存在与虚无》（*L'Être et le Néant*），前引，第672页及以下。（参见萨特《存在与虚无》，陈宣良等译，杜小真校，前引，第737页及以下。"粘稠的"在该译本中译为"粘滞的"。——译注）

⑤ "无定形"原文为"Informe"，也可译为"无形式""不成型"。——译注

然而，这并不是说，自牛顿的远距离作用以来，科学自己就没有发明过一些出人意料的秩序形式。牛顿的那种远距离作用（一颗行星对另一颗行星的吸引，推而广之，一个物体对另一个物体的吸引，由此得出重力、潮汐等等），明显颠覆了自亚里士多德以来人们一直据以进行思考的那些旧形式，即**自然运动**与**受迫运动**的区分：前者使物体趋向于自己的位置，如石头向低处坠落，烟雾往高处升起，或使人趋向于他自己的位置，奴隶居于下，君主或主人位于上；后者通过某种出人意料的推动力违反自然运动，多亏了它，人们可以射出杀死敌人的利箭或炮弹，多亏了它，感谢上帝，人们还可以迫使那些自认为是自由人的奴隶们屈服。

而且，这种已经被现代粒子物理学和爱因斯坦物理学放弃并更新了的远距离作用的概念（notion），你们想想吧，它并非与哲学毫无瓜葛。哲学也以自己的方式是一种远距离作用，因为，我们别忘了，哲学永远只在哲学自身中起作用（agit），它仅仅在只在自身中起作用的条件下才在外部起作用。但这里不是推进这项研究的地方，因为无论所谓的自然科学在形式创新方面取得了怎样的进步，我们都有可能遭遇无定形的东西①，而这种无定形的东西不仅在人类无意识中占支配地位（你们想想吧，它完全无视矛盾原则！），而且也在政治实践、审美实践、家庭实践、道德实践甚至（我们要到哪里为止！）宗教实践的某些边缘地带占支配地位。因此，我们将让本章保持开放状态，我们确信，科学工作、哲学家的思考以及艺术家和政治家的想象，会懂得如何继续下去并使它明确起来。

---

① "无定形的东西"原文为"l'informel"，也可译为"无形式的东西""不成型的东西"。——译注

十四

确实是时候谈一谈这个等着我们去好好关注的另一个范畴了,因为我们此前将它和对象传唤到了自己小小的理性"法庭"前。我要说的是主体 S①。

在谈到对象时,我们已经注意到,并通过其真理即存在(Être)展现了这一点:这些范畴显然不仅关系到认识论,还关系到整个哲学。正是本着这种精神,我们要对主体问题说上几句。

主体②可以是我们所谈论的东西,即便我们在谈论对象:无论如何,主体这时是**被视为同一的**(*identifié*)③。主体可以是说话者,他会说"我",会对在场的对话者说"你",会在提到

---

① 这里"S"指代首字母大写的"Sujet"(主体)。——译注
② "主体"原文为"sujet",也有"主题"的意思,在语言学中也指"主语",即被谈论的对象。根据具体情况,本书中分别将它译为"主体""主题"。——译注
③ *identifié* 的原形为"identifier",有"视为同一""辨认""识别"等意思。它的反身动词"s'identifier(à)"意为"与……同化""自认为与……相同""认同",其名词形式"identification",在精神分析中也译为"认同"。——译注

某个非人称的或不在场的第三者时说"他/它"①。邦弗尼斯特②说得好,"他/它就是不在场的那个",不在场的人,非人称的人。这等于说,要使用语言,尤其是动词,就必须要有同一化(identification),从而要有**主体**的**同一**(identité)③。主体代表说话的人,说话的对象,以及所说的内容,无论是单数的还是复数的。同一化,同一:确实是我,确实是你,确实是他,对这个人不可能出错,否则任何讲话都是不可能的。没有任何现实不是可视为同一的(identifiable),没有任何东西会与自我不是同一的(identique),没有任何东西不是一。这个一。

这就是主体对存在补充的东西:确实是他/它,而不是另一个。这个个体之所以是这样的,是因为我们不能将其劈成两半。黑格尔讲的所罗门的故事就是这样,所罗门在两个争称自己是孩子母亲的妇女之间作出权威审判:既然她们都说他是自己的孩子,那就将他劈成两半!这使她们惊恐地大叫起来,因为顾名思义,个体(individu)④ 的概念不能分,它比任何将其分裂或分割的依法推定的⑤所有权都要牢固。必须最终抵达低于一

---

① "他/它"原文为"il",在法语中,这个词既可指人(他),也可指物(它),下文中我们将根据情况译为"他"或"它"。——译注

② 《代词的性质》(«La nature des pronoms»),收入《普通语言学的难题》(*Problèmes de linguistique générale*),第一卷,巴黎,伽利玛出版社(Gallimard),"Tel"丛书,1966 年,第 251 页。

③ "主体的同一"中的"主体"原文是复数"sujets",这句话的意思是各种主体都必须有各自的同一性。——译注

④ "individu"从构词法来说即"不分的东西"(in + dividu)。——译注

⑤ "依法推定(的)"原文为"putative",指根据法律"被推定(为正式或合法)的"。——译注

切主体的东西，抵达无意识，才会承认——正如弗洛伊德所说的，正如梅拉妮·克莱因①就小孩所指出的——存在着部分对象②的幻想，因而承认分割可以成为一种存在（existence）形式，承认主体的不分（l'indivis）预设了这种最初的分割。这种最初的分割必须在俄狄浦斯情结③中被超越，为的是达到主体的存在（existence）：它是一，是不可分的（indivisible），就像共和国，就像上帝。因为确实，在哲学中和在政治中一样，任何分裂都是致命的。

确实是他/它，而不是另一个，而且他/它是一、是不分（indivis）：起初，这就是主体。因而正是他/它让我们能够将任何对象、任何现实视为同一，因为它们在空间和时间中与自我是同一的。所以主体就是自我（确实是他/它，而不是另一个），即黑格

---

① 《性学三论》（«Trois essais sur la théorie sexuelle»），科泰（P. Cotet）和加莱（F. Rexand-Galais）译，收入西格蒙德·弗洛伊德《全集》（Œuvres complètes），前引，"第六卷：1901—1905"，巴黎，法国大学出版社（PUF），2006年，第114—133页。《躁郁症状态的心理发生导言》（«Contribution à la psychogenèse des états maniaco-dépressifs», 1934），收入梅拉妮·克莱因（M. Klein）《精神分析论集：1921—1945》（Essais de psychanalyse, 1921—1945），若纳（E. Jones）"导言"，德里达（M. Derrida）译，巴黎，帕约出版社（Payot），"关于人的科学"（«Sciences de l'homme»）丛书，1998年，第311—340页。（参见弗洛伊德《性学三论》，收入《弗洛伊德文集》第5卷《爱情心理学》，车文博主编，九州出版社，2016年，第3—91页。——译注）

② "对象"原文为"objet"，作为精神分析术语，以往也译为"客体"。本书中统一译为"对象"，详见第131页译注。"部分对象"指部分驱力所针对的一种对象类型，因为驱力的对象不必然是整个人，而可能是真实的或幻想的身体部分（如乳房等）。——译注

③ 原文为"l'Œdipe"，这里指"complexe d'Œdipe"（俄狄浦斯情结）。——译注

尔所说的 Selbst①，它能够说"确实是我而不是另一个"，是一，且与自我是同一的，这种同一性是那个一对作为主体的自我的反思。

显而易见的是，主体这个范畴（我们通过其哲学功能来定义它），哪怕它不顶着它在我们的语言中所具有的名字——我们的语言已经被资产阶级法律意识形态严重感染了，我们会看到为什么——，哪怕它顶着另一个名字，也是任何哲学所必不可少的，无论是为了支持它还是为了拒绝它。

因为，存在一旦被提出来，我们要怎么办，才能使它以这样那样的"一"的形式和同一的形式表现出来，并有能力（如果它们有说话能力的话）说：是的，确实是我，我就是这块石头，这条狗，诸如此类（因为对于有说话能力的那些存在，我们可以相信它们，但有这个保留：既然它们天生会说话，所以它们也可能说谎，也就是说，它们不仅可能欺骗自己，也可能欺骗别人）？存在一旦被提出来，那么除非提出主体或与之相等的东西，否则如何能通过其**个体性**和同一性来思考那些特殊的存在呢？

柏拉图就这样——只举这些例子（因为这种例子比比皆是）——提出了**分有理论**②。每个个体，具体的、与自我同一的个体，只有通过分有柏拉图的这个观念即理式③才存在：一个美

---

① "Selbst"，德文，意为"自我、自己"。——译注

② 《巴门尼德篇》（*Parménide*），129a–133c；《斐多篇》（*Phédon*），100c–e。（参见柏拉图《巴门尼德篇》，《柏拉图全集》第二卷，王晓朝译，人民出版社，2003年，第759—765；以及柏拉图《斐多》相关部分，《柏拉图四书》，刘小枫编、译，生活·读书·新知三联书店，2015年，第509页。——译注）

③ "理式"原文为"Idée"，即上文中"观念"（idée）的首字母大写形式，在本书中，当涉及古希腊哲学家尤其是柏拉图时，译为"理式"；当涉及近现代哲学家尤其是黑格尔和康德时，译为"理念"。——译注

的男孩,一个"美的"女孩,只有分有了美(Beau)的理式才成为美的。但这还不够,因为这样一种分有仅仅赋予他们美(beauté)的一般性,而不是主体的存在的独特性。恰恰在此时,柏拉图想象出了他的混合物理论①,这种混合物就这样悖论性地奠定了诸主体的个体区分的基础,从而解释了那些主体的最独特的个体性。那么,是什么东西混合了起来构成这种独特性呢?一些"存在的种类"(《智者篇》),存在与非存在,一般的东西与特殊的东西,美的东西与丑的东西,同样的东西与不同的东西,等等。这些存在的种类已经预见了亚里士多德那些著名的范畴。

因为亚里士多德发现②,柏拉图的理论不仅是矛盾的(因为用来为非混合物、区分以及主体的独特性奠定基础,从而对它们作出保证的,恰恰是混合物),而且还无力产生他想要的结果:你们永远也无法通过把一些一般的观念混合起来(哪怕是无限混合),就成功得到一种**具体的独特性**,即"确实是他/它,而不是另一个"的那种具体的独特性。因此,亚里士多德着手进行相反的分析:不是从一些理式开始,即假设对于每一种具体的存在(être),都有一个纯粹的理式与之相对应,并赋予它以存在(existence)和规定性(某种程度上,这就是从存在③开始,后者被设想为绝对的、不含糊的、完满且完整的现

---

① 《智者篇》(*Le Sophiste*),249d 及以下。(参见柏拉图《智者》,詹文杰译,商务印书馆,2016 年,第 63 页及以下。——译注)

② 《形而上学》(*Mètaphysique*),A. 9(992 *b* 18 - 24,993 *a* 7 - 10);Z,12 - 16(1037 *b* 8 - 1041 *a* 5)。(参见亚里士多德《形而上学》,吴寿彭译,前引,第 33、34 页,第 167—177 页。——译注)

③ 注意,本书中所有楷体"存在"原文均为"Être",详见第 101 页译注。——译注

实)。相反,亚里士多德从具体的东西,从每个人都能在此时此地看见、触摸,并能记在心里以便可以对其进行思考的东西开始。正因为如此,我们可以名正言顺地把亚里士多德视为经验主义之父。关于经验主义的问题,我们稍后再讨论。

通过这样对现实事物进行分析,亚里士多德发现它们是多样的、有区别的和无限的,但是,尽管如此,在这个作为它们的**存在**(existence)(这是存在的第一种意义)的存在中,它们显出的不是一些形式,而是一些独特的形态(modalités),后者是它们共有的东西:数量、质量、时间、空间、位置、绵延等等,这是存在的另一些意义 [原文如此]①。与柏拉图不同,亚里士多德惊讶地发现,这些形态在数量上是**有限的**,这个后来被康德②接受了的有限的数量,引起了黑格尔极大的愤慨。亚里士多德把这些形态称为**范畴**③(尽管这个词与我们的范畴类

---

① 方括号及其中的内容,系根据法文版编者发给译者的"勘误表"补加。——译注

② 《纯粹理性批判》(Critique de la raison pure),前引,第92—98页(B 102 - 116/A 76 - 84),《实践理性批判》(Critique de la raison pratique),前引,第一部分,第一卷,第二章,第68—69页。(参见康德《纯粹理性批判》,邓晓芒译,杨祖陶校,前引,第69—78页;康德《实践理性批判》,《康德三大批判合集》下卷,邓晓芒译,杨祖陶校,前引,第79—80页。——译注)

③ 《工具论一:范畴篇》(Organon, I: Catégories), 4 (1 b 25 - 2 a 4)。亚里士多德列举了十个范畴:实体(substance)、动作(action)、激情(passion)、时间(temps)、位置(lieu)、姿态(position)、数量(quantité)、质量(qualité)、关系(relation)、习惯(或拥有)[habitus (ou possession)]。参见《形而上学》,E, 2 (1026 a 35 - 1026 b 2)。[这里十个范畴根据法文原文译出,另参考亚里士多德《范畴篇,解释篇》,方书春译,商务印书馆,2013年,第11页:"每一个不是复合的用语,或者表示实体,或者表示数量、性质、地点、时间、姿态、状况、活动、遭受。"另,"范畴"(κατηγορία)在亚里士多德那里主要指"谓项"或"谓项的种类"。——译注]

似，但它在这里没有我们所说的意义）。亚里士多德正是通过同时结合存在（existence）的存在和与诸范畴的存在相关的诸形态的组合（"存在是在多种意义上而言的"），通过在实际上把存在的哲学范畴等同于存在的语言范畴（各种性、数、格变化的形态和各种变位的形态），声称获得了柏拉图没有获得的结果：最终抵达了**现有主体的独特性**。

然而，亚里士多德本人也仍然停留在一般性的抽象中，以至于承认没有"关于个体的科学"①。因为如果你们承认有一个主体存在（existe），那么好：你们就把存在赋予了它，并在存在底下思考了它。如果你们另外补充说，它以数量、质量、位置等形态存在（existe），那么好：你们就明确了这种存在（existence）的形态。但是，谁能向你们保证，在你们的范畴组合下面，不存在（n'existe pas）大量的主体？最重要的是，谁能向你们保证，你们确实抵达了这些主体或这个主体——如果它是一个独特的主体，比如太阳（在其种类中只有它一个）或苏格拉底（他是无可替代的，因为一旦死去，他就只能留在人们的记忆和哀悼中）——的内在**本质**？

亚里士多德试图通过一种奇怪的理论来摆脱由他自己所引起的这种矛盾，该理论同时是一种关于实体、本质和个体性的理论。他首先建立了一种关于**实体**的理论，因为在种种属性——这些属性的范畴与某个确定的存在有关——下面必须先

---

① 《形而上学》，B，6（1003 a 12–17）；M，10（1086 b 33）。（参见亚里士多德《形而上学》，吴寿彭译，前引，第62—63页、第318—319页。——译注）

有一个主体，即一个 upokeiménon①，其字面意思是某种向下延长的东西，马克思在《资本论》中会说那是一个"承担者"②。但这样说仍然很笼统。这可能让我们能够把一些规定性赋予某个主体，赋予那个实体，因而这只是让我们能够去谈论（这是亚里士多德的对手们的诡辩专门禁止人们去进行的活动，而他的全部著作都在批评那些诡辩），并且不仅仅是谈论，而且还（因为亚里士多德不是唯名论者）通过一些词语将一些实在的属性赋予一些实在的存在。

但这里没有任何东西使**实体**获得**作为主体**的资格。因此，我们必须给实体理论补充一种**本质**理论。最有趣的是，可能从进入本质理论的那一刻开始，亚里士多德就想引入同一个范畴、同一个词 ousia③，来既指本质又指实体。这样一来，实体就不再是 l'upokeiménon，即"向下延长的东西"、"基础"或

---

① 《形而上学》，Z, 3（1028 *b* 34 – 1029 *a* 8）。（"upokeiménon"，拉丁文形式的希腊语，意为"置于下方的""向下延长的"，加上冠词"l'upokeiménon"意为"置于下方的东西""向下延长的东西"。《形而上学》中译本译为"底层"。参见亚里士多德《形而上学》，吴寿彭译，前引，第143页："'本体'一词，如不增加其命意，至少可应用于四项主要对象；'怎是'与'普遍'与'科属'三者固常被认为每一事物的本体，加之第四项'底层'。这里我所说'底层'〈主题〉，是这样的事物，其他一切事物皆为之云谓，而它自己则不为其他事物的云谓。作为事物的原始底层，这就被认为是最真切的本体，这样，我们应得先决定底层的本性。"——译注）

② 《资本论》（*Le Capital*），前引，德文版第一版序言，第37页："我决不用玫瑰色描绘资本家和地主的面貌。不过这里涉及的人，只是经济范畴的人格化，是一定的阶级关系和利益的承担者。"（参见马克思《资本论》，人民出版社，2004年，第10页。——译注）

③ "ousia"，拉丁文形式的希腊语（οὐσία），相当于"essence"（本质）和"substance"（实体）。在《形而上学》中译本中译为"本体"。——译注

"承担者"①。因为 ousia 表明了另一种企图：最终说出在特性上构成某个存在的东西，说出"专属于那个个体的存在——而不是另一个②存在——的本质究竟"是什么。因此，在亚里士多德那里有一整套本质理论，让人以为这个目标已经实现，以为我们确实是在面对一种**通过其本质**对**主体**作出的定义。但这太简单了，因为本质仍然是个一般的、可用于任何存在的概念（notion）。本质要确实成为某个存在的个体的本质，这一要求本身也是一般的。

正因为如此，亚里士多德——尽管被撕裂，但仍保持清醒——继续投入工作，追问**使主体个体化**的是什么（我们这里的意思是既从存在方面又从其定义方面个体化，因为这两种理论，即关于存在的理论和关于定义的理论，在亚里士多德那里始终是结合在一起的）。当然，由于走进了死胡同，他给出了多种回答③：使主体个体化的，一会儿是**质料**④（但什么是质料呢？它在亚里士多德那里含糊不清。亚里士多德——尽管有一些暂时的朦胧愿望——并不是唯物主义者），一会儿是**偶性**，一会儿是**形式**。

---

① 《形而上学》，Δ，8（1017 b 10 – 26）；Z，4（1029 b 12 及以下）。（参见亚里士多德《形而上学》，吴寿彭译，前引，第107—108页，第145页及以下。——译注）

② "而不是另一个"原文为"et pas une autre"，参见第217页正文。——译注

③ 《形而上学》，Z，4 – 6（1029 b 13 – 1032 a 10）；Z，10 – 13（1034 b 20 – 1038 b 34）；概括性表达见 H，1（1042 a 5 – 33）。（参见亚里士多德《形而上学》，吴寿彭译，前引，第145—152页、第159—171页、第180—181页。——译注）

④ "质料"原文为"matière"，也译为"物质"，与下文"唯物主义者"（matérialiste）相对应，但在涉及亚里士多德哲学时，一般将其译为"质料"。——译注

应该把这些表达方式翻译成日常语言吗？如果使主体个体化的是**质料**，就意味着定义某块石头、某只野兽或某个人的，不仅是这种质料的多样性，还有这种质料的独特安排（这只狗的毛是红色的，这个人有长鼻子，等等），以及它的存在（existence）的时间和位置（我的母狗的公狗，面包师的妻子，我的孩子的母亲，1976 年的共和国总统）。如果使主体个体化的是**偶性**，就意味着——仅以人为例——斜眼造就了笛卡尔深爱的那个女人，口吃造就了茹韦①，跛足造就了奇怪的勒萨日②，想睡就睡造就了拿破仑，总是昏昏欲睡造就了库图佐夫，等等。最后，如果使主体个体化的是**形式**（它寄托了亚里士多德全部未实现的希望，因为形式是其对象最高的和最切近的原因），那么这就意味着，是**目的**、目标、归宿，定义了主体的个体性，它们的个体目的，因为，在一些特殊情况下——尽管"所有公墓里都葬满了无可替代的人"③——我们非常清楚地知道，这些个体并非是可以相互替换的，我不是你，我的妻子不是我（感谢上帝！），亚里士多德不可能被任何人取代，亚历山大大帝更无人能替代，世界由"我们永远不可能看见两次的"④ 诸

---

① 茹韦（Louis Jouvet，1887—1951），法国喜剧演员和导演。——译注

② 勒萨日（Alain-René Lesage，1668—1747），法国戏剧家和小说家，著有《吉尔·布拉斯·德·桑蒂亚纳传》（*Histoire de Gil Blas de Santillane*）等。——译注

③ 这里指那些人尽管是无可替代的，但最终都葬在公墓，因而有一个共同的"终点/目的"（fin）或"归宿"（destination）。——译注

④ 阿尔弗雷·德·维尼（Alfred de Vigny），《牧羊人的房子》（«La Maison du Berger»），收入《诗全集》（*Poésises complètes*），布韦（A. Bouvet）编，巴黎，Cluny 出版社，1937 年，第 147 页。（此注系根据法文版编者发给译者的"勘误表"补加。——译者）

存在构成，所以，为此原因，必须或者热爱它们，或者消灭它们。

当亚里士多德这样谈到**形式-目的**时，他不是指功能，因为任何功能都可以由随便什么职员来履行（只要招募职员就够了）；而是指合目的性，一种不可替代的合目的性，因为世界就是这样形成的：一个地方不能被两个存在占据，一把椅子上不能坐两个人，除非取代占据那个位置的存在，并真正把它赶到外面去，这种事违反自然，违反 physis①——它最后出现，为的是力图对这种留有空隙的配置实现理论焊接。

是的，有一种自然（月下的②自然：我们的底层世界③。月亮和星星不需要变化，因为它们绕着圆圈转，而动物和人类则被判不能绕着圆圈转，因此他们是必死的），是的，因此，有一种自然，并且这种自然是一种秩序，诸秩序的秩序，它在自己的组织的整体中为每一个个体的存在指定其位置和功能。正是由于自然，才有一些人是"天生的奴隶"④，并且只要"梭不

---

① "physis"，拉丁文形式的希腊语（φυσικ），意为"自然""物理"。——译注

② "月下的"原文为"sublunaire"，也意为"地球上的""尘世的"，在亚里士多德那里指"地球与月球轨道间的"。——译注

③ "底层世界"原文为"bas-monde"，去掉连接号的"bas monde"意为"今世""现世"。——译注

④ 《政治学》（*Politique*），卷一，2（1252 a 2 - 3）。（"天生的奴隶"原文为"esclaves par nature"，也可译为"自然造就的奴隶"，其中"nature"即前面的"自然"，也有"本性""性质"等意思，所以《政治学》中文本也译为"自然而为奴隶""天然是奴隶""本性上就是奴隶"等。下文中的"天生的国家元首"同此。参见亚里士多德《政治学》，吴寿彭译，商务印书馆，2014 年，第 3—18 页。——译注）

能自动（绕着圆圈）转"①，他们就会一直是奴隶。正是由于自然，才有一些天生的国家元首，并且很自然，还有一些天生的哲学家来制造关于这种自然的理论。在自然的沉默中有极为政治化的东西，但感谢上帝，哲学家会为它代言，为的是让所有人都接受强加于他们的位置，以便一切都运转正常②：是的，运转正常，因为这种并非运转正常的运动和变化，当人们算总账③时，感到它们是运转正常的，账单始终相同，政治构成的历史就是证明：它总是经历相同的阶段，君主制、共和制、僭主制。而亚里士多德在这方面是内行，他依据某种理论为那些国王和国家元首提供建议，那种理论总是得到各种事件的证实，只有一两次例外，其中一次导致他最终被剥夺公权——但没有离开雅典。因为自然中有例外，尽管它"从不徒劳"，尽管它"不会飞跃"④。那些例外确切地说是些**畸形物**，诚实的亚里士多德没有放过这个（机会：这个人也提出了关于机会的理论），

---

① 同上注，卷一，4（1253 b 3）；卷一，5 及以下（1254 a 2 及以下）。（参见亚里士多德《政治学》，前引，第 12 页："倘使每一无生命工具都能按照人的意志或命令而自动进行工作……倘使每一个梭都能不假手于人力而自动地织布……匠师才用不到从属，奴隶主（家主）才可放弃奴隶。"——译注

② "运转正常"原文为"tourne rond"（原形是"tourner rond"），字面意思是"转得圆"；前文的"绕着圆圈转"原文为"tourner en rond"，阿尔都塞在这里玩了一个文字游戏。——译注

③ "算总账"原文为"fait l'addition"，直译为"做加法"，其中"addition"即下文的"账单"。——译注

④ "不会飞跃"原文为"«ne fait pas de saut»"，来自莱布尼茨的格言"La nature ne fait pas de saut"（自然不会飞跃），指在古物理学的根本假设中，存在（自然）具有连续性。——译注

也提出了关于它们的理论①。

以上就好像是，当某种主体理论在靠一种存在理论和本质理论来支持时，一个聪明人在尽力设法摆脱其中的困境。我们看到，他最终未能明确提出一套关于这种"个体种类"即主体——黑格尔曾讽刺性地谈到这种个体种类——的理论。根据经常出现在他著作中的"坏主体"——从不愿接受自己是奴隶的奴隶，到不愿保持"适度"②的激情，[其间还有]那些任由自己野心膨胀或拒不听天由命③的政治人物，以及那些坏哲学家，即不同意把猫叫作猫的诡辩家，等等——的数量来看，我们不得不认为在这种理论基础上那④是不可能的。

但亚里士多德这样来安慰自己，他想象在某个地方存在（existe）一种作为真正个体的**存在**（Être），不掺杂任何质料和任何偶性，一种**作为纯粹形式的存在**，并且它远在太阳之上，——太阳这个个体有个缺点，它只能是（由难以捉摸的火构成的）质料，——因为它是纯粹的智慧：神（dieu）。为了不陷入亚里士多德的所有麻烦，这个神不是去思考世界（你们谈的是一种冒险），而是满足于思考自己，满足于成为思考自己的

---

① 指亚里士多德的"畸形物（怪物）理论"。——译注
② "适度"原文"juste milieu"，也可译为"中庸"，直译即"正中间"。根据亚里士多德，过度与不及都是恶，只有正中间才是善和正义。——译注
③ "拒不听天由命"原文为"n'acceptent pas le destin que leur fixe la nature"，直译即"不接受自然为他规定的命运"。——译注
④ "那"原文为"[parce] que ce"（因为这），根据法文版编者发给译者的"勘误表"，删除"[parce]"。"那"指前文所说的"明确提出一套关于……主体的理论"这件事。——译注

思想。"Noèsis noéseos"①，所以它很安静。而且，作为思想，它满足于从远处对自然（月上的和月下的自然）进行沉思，满足于像个十足的哲学家一样远距离地（已经!②）对自然起作用，成为自然的目的，并因此（已经!）对自然产生有益的引力。当然，这是省掉上帝（Dieu）的一种方式，这为亚里士多德赢得了唯物主义的名声。在阿拉伯哲学家中，西班牙的阿威罗伊③使这一点系统化了，而圣托马斯却对此大为恼火，与之不懈战斗。但这也是一种把作为最高范畴的上帝撇在一边、使它远离一切争辩的方式；无论如何，哲学需要这个范畴以思考它所思的东西：世界以及它自己的种种差错。但这也是——非常具体的东西就在这里——对"自然"即既定秩序作出保证的一种方式，这种既定秩序当然既是已获得的认识——哪怕这些认识还要得到发展（亚里士多德建立了有史以来第一个"国家科研中心"④）——

---

① 《形而上学》，Λ, 9 及以下 (1074 b 15 及以下)。（参见亚里士多德《形而上学》，吴寿彭译，前引，第 281 页及以下。"Noèsis noéseos"，拉丁文形式的希腊语，意为"思想的思想"。——译注）

② 这里两个"已经"，是为了强调亚里士多德在牛顿之前就思考了远距离作用和引力。参见第 232 页正文。——译注

③ 阿威罗伊（伊本·鲁施德），《〈形而上学〉详注》[Grand commentaire (Tafsīr) de la Métaphysique]，博洛瓦（L. Bauloye）编、译，巴黎，弗兰出版社（Vrin），"原文如此与否"（«Sic et non»）丛书，2002 年；托马斯·阿奎那，《反对阿威罗伊》[《论统一理智斥阿威罗伊学派》]（Contre Averroès [L'unité de l'intellect contre les averroïstes]），利贝拉（A. de Libera）编、译，巴黎，弗拉马里翁出版社（GF-Flammarion），1999 年。[阿威罗伊（Averroès），即伊本·鲁施德（Ibn Rušd, 1126—1198），著名伊斯兰哲学家和医生。——译注]

④ "国家科研中心"原文为"CNRS"，后者是"centre national de la recherche scientifique"[（法国）国家科学研究中心]的缩写。这里指亚里士多德建立的"吕克昂学园"（Lyceum）。——译注

的秩序,也是社会秩序和政治秩序。在一个阶级斗争随时会以不可预测的方式导致政变和社会动荡的时代,这种秩序成为迫切的需要。

十五

这里我想顺便作一个简要说明。那就是,一位真正的哲学家(如亚里士多德)会思考,而且是在自己的哲学前提的基础上以前后一贯的方式思考。哲学家不是随意抓住出现在自己面前的东西的人。他以自己的方式,不是向自然,而是向他自己的问题"提问",然后将问题推进,直到得出其结论。而如果他是个唯心主义者(唯物主义者的情况稍后再讨论),当他推进问题直到得出其结论时,就会不断遇到一些困难,这些困难源于他的前提和问题的想象性质并与经验事实相矛盾。为了应对这些困难,他要预先建立一些理论,而这些理论也是一些逃避,它们将先前未解决的问题转换为新问题,而新问题又是难以解决的,直到最后,为了解决所有悬而未决的矛盾以及他的矛盾的理论,哲学家最终返回家里,回到自己的起点(自然是不知不觉地):回到他曾假装想知道的关于存在的观念,但同时又给它补充了他所作出的巨大思想努力作为它的属性。正因为如此,存在变成了思维,而且是思考自己的思维,也就是说,变成了哲学家本人的化身,他掌握着自己发表过的全部艰涩话语,为的是向读者保证,向他们能够影响的人保证:自然秩序

（即既定秩序）、社会秩序和政治秩序，是"符合自然的"，也就是说是好的，触犯它是一种犯罪。

有人会说，这种巨大努力是徒劳，因为它是同义反复的。这样说不对。因为在这样做的过程中，通过提出这样那样的问题，哲学家不知不觉就触及了一些真正的难题；更准确地说，他制造了一些理论范畴和理论概念来帮助人们提出那些科学难题，并解决它们。哲学史以一种惊人的显而易见性证明了这一点。亚里士多德早牛顿二十个世纪就思考过远距离作用的范畴，早弗洛伊德二十二个世纪就思考过不动的原动力的范畴，后者以最近似的方式概括了精神分析师的立场，并以足够引人注目的方式指明了它。例如，有一位捷克数学家刚刚揭露，人们在亚里士多德那里发现了可以预示非欧几里得几何学的东西（这本身并不令人惊讶，亚里士多德的位置理论是与存在联系在一起的，而不是与欧几里得几何空间联系在一起的）。仅根据一些不那么引人注目同时也更朴实的例子，我们都非常清楚地知道，被他以相对单义的方式固定在其唯心主义哲学位置上的实体和本质范畴，直到18世纪末，一直统治着哲学乃至科学中的全部思考。

有必要作出上述说明，以表明哲学（不仅在最为明显的社会和政治领域，而且在哲学和科学上）通过什么来表现这种悖论：一方面，作为想象的思辨，它完全没有价值；另一方面，具体说来它又非常有用。我在这里谈论的是最困难的情况，即唯心主义的情况，在唯物主义的情况下，事情要更为明显，因为那些功能更加自觉得多。这尤其解释了为何科学家（甚至数学家）不在乎哲学，为何他们似乎不需要哲学。他们认为哲学是一种无报酬的游戏,而事实上——尽管他们不知道这一点——他们当然摆脱不了哲学。哲学可能是他们的障碍,也可能是未被察觉的援助。无论如何,它都存在于他们的理论实践领域,并依据形势在那里发挥或多或少的重要作用。至于他们没想到这一点,显然对这件事没有丝毫改变。这并不是人们和科学家被某种必然性推着走的第一个例子,这种必然性被他们体验为是自己的自由,但它实际上却在牵着他们的鼻子走。一直走到哪里?又是如何做到这一点?我们将在其他地方见分晓。

十六

我无法从亚里士多德直接过渡到资产阶级唯心主义主体理论,而是必须在一个极端重要的、与唯心主义传统相抵触的哲学事件前停下来:这就是斯多葛派和伊壁鸠鲁的所作所为。

在他们那里发生了一场哲学革命,直接关系到唯物主义的艰难创立。因为斯多葛派①(我不是按历史顺序来谈)制定出了一种惊人的逻辑,终结了存在逻辑的前提,并因此迷住了现代逻辑学家们(哪怕他们是新实证主义者,也暂时无关紧要)。因为他们放弃了将种种存在和事实归入(纳入)一些预先存在的(préexistantes)范畴之下。总之他们拒绝从起源或存在开始,并敢于从无开始:从这种**意义的无**②——确切地说就是事

---

① 我们可以参考第欧根尼·拉尔修(Diogène Laërce),《名哲言行录》(*Vie et doctrines des philosophes illustres*),巴洛代(J.-F. Balaudé)等人编,巴黎,袖珍书出版社(Livre de poche),"袖珍图书馆"(«Pochothèque»)丛书,1999年,第七卷,古莱(R. Goulet)译,第41—48节,第819—845页。

② "这种意义的无"原文为"ce rien de sens",其中"rien de sens"一般译为"无意义"。另,"sens"也有"方向"的意思。——译注

实——开始。

斯多葛派的整个推理方法可以概括为这个简短的句子："如果……那么……。"如果人是会死的，那么就没有另外的生活，那么就必须在人世间寻求幸福，那么就必须以可能的形式为这种幸福而斗争（对他们来说，不动心①，不动感情，在由阶级斗争和可怕的战争统治的世界中是有某种意义的），等等。总之，他们从事实出发，对事实进行研究，并从中得出已经包含在事实中的结论，不添加任何其他内容。在实验科学中，我们已经习惯了这种理论和实践。但是，我们必须估计到它的革命性意义。再也没有理念作为世界的模型先行于世界，以自己的力量统治世界，并将世界引向其不可避免的终点。再也不用寻找通过实体和本质而作出的对个体主体的定义。

只有一个世界（但无限多个世界是可能的，而这种无限性的假设只有一种意义：它让我们看到任何世界从而也包括这个世界的偶然性），这个世界既没有起源也没有目的②。人们生活在这个世界，他们的全部视野来自对这个世界的感知和自己在这个世界上的所作所为，他们必须设法应对这种不幸，而不能指望任何神仙或主人会救他们于困惑，帮他们摆脱自己的有限性。这并不妨碍他们根据"如果……那么……"的原则生活、

---

① "不动心"原文为"ataraxie"，斯多葛派哲学家用语，指心灵不受外界干扰的境界。——译注

② "起源"和"目的"的原文分别为"origine"和"fin"，也译为"起点"和"终点"。所以这句话也可译为"这个世界既没有起点也没有终点"。详见第73页译注。——译注

增加自己的认识，并根据这种推论作出行动。但他们既不能指望自然——它存在；也不能指望神仙——它们即便存在，也是完全不动感情的。斯多葛派就是这样来对待神仙的，送他们远居他乡，一如新君处置自己的对手。在确认［原文如此］① 对手永远无法恢复足够的力量来重新对政权发起进攻的条件下，这是极为高明的政治，不必流血。对于一些弱小的神仙，这很管用。这一简单的思想，在时机成熟时，必定在科学和政治领域带来不可思议的发展，同时也给我们带来反对宗教和专制的武器。

伊壁鸠鲁②走得远得多。他不满足于通过多个世界的假设来指出这个世界的偶然性，而是深入细节，通过对它进行思考，让人看到这种起作用的偶然性。他也不是从某个起源出发（起源从来都是意义和目的的起源：正是在这个起源中，完整地包含着事物的全部真理，并且与其真理一起，包含着它们不可避免的目的，即它们的归宿，从而包含每个个体在存在中扮演的角色）。他受到德谟克利特的启发，从一个奇怪的"事实"出发。这个事实就是，自古以来③（因为世界是永恒的。真正的唯物主义论点），世界是由原子即不可分割的有

---

① 中括号里的文字为法文编者所加。但这里似乎并无必要。——译注
② 《致希罗多德》（«Lettre à Hérodote»），收入伊壁鸠鲁《书信、格言及其他》（Lettres, maximes et autres textes），莫雷尔（P. -M. Morel）翻译、导读，巴黎，弗拉马里翁出版社（GF-Flammarion），2011年，第40—44，49，61，73—74节，第61—63，64—65，70，74—75页。
③ "自古以来"原文为"de toute éternité"，其中"éternité"意为"永恒"，与下文"永恒的"（éternel）相照应。——译注

形微粒构成的（这种微粒是完满的个体，因为它不可分，这解决了一部分主体问题），它们像雨点一样在虚空中平行下落。我们在卢克莱修的伊壁鸠鲁派诗作《物性论》① 中发现了这种雨的形象。在这种假设中，显然什么都没有发生。然而，重要的是，在一切开始之前，什么都没有发生，所以是事件的虚无而不是物质的虚无支配一切；同样重要的是，这种物质并不是无定形的，而是非常明确，它由完全相同的原子组成，在虚空中受重力作用，一旦出现机会，随时会产生事件。因此，为了形成世界，就必须在世界开始之前不发生任何事情，但必须存在能够形成它的全部物质；否则我们就成了完全唯心主义的。那世界怎么才能开始呢？凭借其自身的某种特质，**偏斜**（"clinamen"②），原子以难以觉察的方式（以一种微不足道的差异）偏离其降落的直线。当这种情况发生时，偏离直线的原子就必然会与相邻的原子相遇。由此我们可以看到，根据伊壁鸠鲁的说法，恰恰是**离经叛道**，是偏向③，才是世界之始。

---

① 《物性论》(De rerum natura/De la nature des choses)，第二卷，第216—293行，第五卷，第432—494行。(参见卢克莱修《物性论》，方书春译，商务印书馆，2012年，第82页："当原初物体自己的重量把它们/通过虚空垂直地向下拉的时候/在极不确定的时刻和极不确定的地点/它们会从它们的轨道稍为偏斜——/但是可以说不外略改变方向/因为若非它们惯于这样稍为偏斜/它们就会像雨点一样地/经过无底的虚空各自往下落/那时候，在原初的物体之间/就永不能有冲突，也不会有撞击/这样自然就永远不会创造出什么东西。"——译注)

② "clinamen"，拉丁文，伊壁鸠鲁哲学中的"原子的偏斜"。括号前黑体"偏斜"的原文为"déclinaison"。——译注

③ "离经叛道"和"偏向"的原文分别为"déviance"和"déviation"，它们都是前文动词"偏离"(dévier)的名词形式，前者强调行为规范上的"异常"和"离经叛道"，后者强调空间上的"偏离既定轨迹"。——译注

是偏向而不是规范，构成了对一切规范——逻辑的、法律的、道德的、政治的或宗教的规范——的彻底批判，扫除了世界舞台上的一切偏见，并使事物得以根据偏向和聚集的必然性而产生。

实际上，不同的原子相遇和聚集，产生了我们所知的那些独特的存在，后者构成了这个世界，这个我们所知的唯一的世界。不同的聚集产生了不同的构造、形式和外表，这以简单的方式解决了个体主体的问题。这个理论的要点，除了离经叛道-偏向这个论点，还涉及**相遇**，它是由偶然性发展而来的概念。因为没有任何东西能够预先决定（pré-destine）某个原子与另一个原子相遇，但正是由于这种在物质中发生并以物质为本原的偶然相遇，一切才得以产生。通过这个关于相遇的论点，伊壁鸠鲁将一种具有非凡意义的思想引入了哲学中，迄今为止，除了马基雅维利、斯宾诺莎和马克思，几乎还没有人有意识地注意到这一点。一切都是相遇，要么是基本微粒的相遇，要么是复合物体的相遇或复合主体的相遇；一切相遇都以另一种相遇，即时间和空间以及它们的内容的相遇的方式发生——我们把这另一种相遇叫作形势（这个词重复了"相遇"，只不过是在"接合"的形式下重复①）；在上述条件下，一切相遇都是偶然的，且必然是偶然的：以上开启了关于事件、从而关于历史和时间的史无前例的观点。

---

① "形势"原文为"conjoncture"，由前缀"con"（共同、一起）加"joncture"（连接）构成，其中"joncture"（连接）与"jonction"（接合）的词根相同。——译注

因为一场相遇①，如果会发生，就也可能不发生：它可能完全错失而不发生（14世纪的意大利资产阶级和资本主义生产方式：错失的相遇）；也可能只是一场短暂的相遇（一个男人，一个女人）（路易十四和大土耳其，美国和中国）；还可能是一场持久的相遇（成功的爱情，马克思和恩格斯，等等）。它还可能是一场过早的相遇（亚里士多德和非欧几里得几何学），因而没有引起注意；或是一场身后的相遇，在某种情况下富有成果（马克思和斯宾诺莎），而在其他情况下则徒劳无功（莱昂·布卢姆②和马克思）。

但是，如果我们在相遇的概念上走得更远，同时考虑到它获得成功和遭遇失败的条件，我们不得不说，相遇只有在**某物"凝结"**③ 时才发生：原子必须是钩形的才能相互钩住。当相遇

---

① 参见阿尔都塞1969年3月15日写给玛契奥琪（M. A. Macciocchi）的信，收入玛契奥琪《从意大利共产党内致阿尔都塞的信》（*Lettere dall'interno del P. C. I. a Louis Althusser*），米兰，费尔特里内利出版社（Feltrinelli），1969年再版，第338—361页。该信法文版依然未出版，法文原稿保存在卡昂的当代出版纪念研究所（IMEC）。"相遇可能发生，也可能不发生。它可能是一次'短暂的相遇'，相对意外的相遇，从而并不会导致融合［……］。相遇如果真正是或如果真正变成长时间的相遇，就必然会采取一种融合的形式。"（参见意大利文版第344—345页）。

② 莱昂·布卢姆（Léon Blum，1872—1950），法国政治家、作家，毕业于巴黎高等师范学校。《人民报》创办者，曾任人民阵线联合政府首脑，是法国第一位社会党籍（也是第一位犹太人）总理。——译注

③ 阿尔都塞在1966年一个文本中提出了"凝结"这个概念，这篇《关于话语理论的三个笔记》（«Trois notes sur la théorie des discours»）在其生前一直未发表，收入《精神分析论集》（*Écrits sur la psychanalyse*），前引，第143页："［……］这里我是在人们所谓的蛋黄酱已经'凝结'这个意义上使用'prendre'这个词的。"（"prendre"是法语中一个用法非常广泛的动词，意思有"拿、捉住、吃、喝、使用、攻占、遭遇、呈现、采取、凝结"等等。——译注）

"凝结",是因为它发生了。当然,我们可以规定这种"凝结"的条件,但这只有在事后(nachträglich①,正如弗洛伊德②无意中重复伊壁鸠鲁的一个观念时所说的)才一定是可能的,事前当然不是不可能,但那是一种相对偶然的(aléatoire)可能性,只有当人们能够掌握已经在某些条件——对这些条件的变化的认识保障了这种掌握——下发生过的事件的重复的规律性时,才能得到保障。

因此,相遇就这样"凝结",就像水"凝结"并变成冰,就像蛋黄酱"凝结",就像一个国家的权力"凝结"为人们的意识,就像一种生产方式"凝结"。而且这种"凝结"会引起惊奇、误解、夺回(重新抓住)、遗弃、控制③等等;在德语中,则会引起所有那些与构想或把握(begreifen, Begriff④)等有关的东西。这些都值得注意和研究。但我想说的是,伊壁鸠鲁通过他关于**偏向—相遇—凝结**的理论,为我们提供了

---

① "nachträglich",德文,弗洛伊德用语,意为"事后的",法文一般译为"après coup"。——译注

② 比如见《神经症病因中的性》(«La sexualité dans l'étiologie des névroses»,1898),阿尔图尼安(J. Altounian)等人译,《著作全集》(Œuvres complètes),前引,"第三卷:1894—1899",巴黎,法国大学出版社(PUF),1989年,第234—235页:"看起来性驱动力应该储存在人类存在身上[……],仅仅在最微小的范围内,它们才会在它们突如其来时发挥作用;它们的事后作用更有意义得多,而这种作用只会在成熟以后的时期出现。"

③ 这里的"惊奇、误解、夺回(重新抓住)、遗弃、控制"原文分别为"surprise, méprise, reprise, déprise, emprise",都是"凝结"(prise)的同根词。——译注

④ "begreifen"和"Begriff",都是德文,分别意为"理解"和"概念",它们的词根都是"Griff"(把握,相当于法文中的"prise")。——译注

足够的手段,去正确理解唯心主义者瞄准了却未打中①的东西,即一个主体——是它而非另一个主体——的突然出现。

---

① "未打中"原文为"raté",原形为"rater",前文中也译为"错失"。——译注

十七①

这种鲁莽简单却很少被人理解的构想，随着资本主义的兴起，很快就被一种完全［不同的］观念所（胡塞尔会说）覆盖，这种观念的推动力在于资产阶级法权②，后者是在一种恰好允许它"抓住"或"重新抓住"的形势中从罗马法那里重新抓住的③。然后，主体的模型发生了变化，成了**权利的主体**④，并且这个模型几乎在所有路线上都获得了胜利。它并不是将仍然在履行其功能的旧范畴（实体、本质等）逐出哲学世界，而是恰恰通过几乎原封不动地保留它们的服务并同时对其进行监

---

① 本章重新抓住了在《论再生产》（«La reproduction des rapports...»）中草草提出过的一些论点，同前引，第93页及以下。（参见阿尔都塞《论再生产》，吴子枫译，前引，"第五章：法"，具体见第141页及以下。——译注）

② "法权"原文为"droit"，有"法""权利""公正的""正当"等含义。详见第64、156页译注。——译注

③ "抓住""重新抓住""重新抓住的"原文分别为"prendre""reprendre""repris"，关于这个词，详见第239、240页译注。"重新抓住"有时也译为"重复"。——译注

④ "权利的主体"原文为"le sujet de droit"，其中"权利"即前文中的"法权"，所以也可译为"法的主体"。——译注

督来接手它们①。

那么，这个权利的主体是什么呢？请注意，它不是如实地直接出现在哲学中②，而是通过其法律意识形态的替代物的形式——即主体—起源—所有者—作者—积极参与者，简言之，**作为主体的人**，或者人类的人（personne humaine）——出现在哲学中。但为了理解为何人一般③会被思考为一个主体，就必须回到权利的主体。

对于资产阶级法权来说，一切人类个体都是权利的主体。"……的主体"是指他具有一定的法律能力（capacités）：最重要的是，拥有财产并能够在商品交换中转让财产的能力。因此，权利的主体就是其财产的所有者；但是，为了［成为这种所有者］，他必须首先成为他自身和他的意志的所有者，这样他的意志才是自由的。他完全自由地拥有其财产，完全自由地通过与第三方订立自由的交换契约来转让财产。法律**自由**是一切人的自由，因此，作为权利的主体，人人**平等**。这种条件绝不像人们所认为的那样是乌托邦式的梦想，因为它只不过定义了商品交换条件本身的事实，这个事实当时还要得到推广。**权利关乎事实，也只讲事实**。它所讲的事实可能是商业权利的事实，但在这种情况下，权利和事实相符，这是唯心主义哲学曾借助

---

① "接手它们"的原文为"prit leur relève"，其中"prit"的原形也是"prendre"。阿尔都塞这里特意一直使用这个词。——译注

② "出现在……中"原文为"intervint（原形为intervenir）... dan"，一般也译为"干预"。——译注

③ "人一般"原文为"l'homme en général"，是仿照马克思的"生产一般"而提出来的，阿尔都塞还有"哲学一般""理论一般"等提法，也是如此。——译注

其幻想徒劳地追求过的财产。

出于一些值得关注的原则上的原因，正是这种权利（droit）的事实在法律意识形态中被重新抓住。因为人们可以合法地问：既然法（droit）看起来能够满足自己的需要，那为什么它还要夹杂法律意识形态，或者要后者来补足自己呢？然而事情很简单，因为如果法是在形式上对所有商业活动进行认可，那它就既不能强制（这是国家和警察的事务），也不能强迫①（这是道德的事务）。所以它需要国家和道德意识形态的双重补充，而道德意识形态并非与宗教意识形态无关，至少当宗教存在时是这样的。因此所谓**法律意识形态**，就是这种介于纯粹的法和道德－宗教的意识形态之间的居间意识形态，这种意识形态肩负（assume）法的各种范畴，为这些范畴赋予一种可被道德和宗教接受的形式。这种转移和转化操作是通过主体范畴的移位来完成的，主体不再是单纯的**权利的主体**（具有有限的属性），而是变成了**人类主体**，它不但能够具有法律范畴的属性，还能具有道德范畴和宗教范畴的属性。因此，这一新主体在所有权、自由和平等这些范畴之外，加上了博爱、慷慨、道德良知、善意、公正意识等道德范畴，以及一些关于有限的创造物的宗教范畴。这种有限的创造物为了自身的得救而被创造，经过原罪和救赎，它的永生得到了保障。而由于这些法律的、道德的和宗教的意识形态显然触及了人对自然界的实践或人对人的实践（生产和政治）的意识形态，因此，这个新主体还变成了一个

---

① "强迫"原文为"oblige"（原形为obliger），意为"使承担义务"，其名词形式"obligation"一般译为"义务"。——译注

主动的和能动的主体,他对自己的行为负责,对自己的计划有意识,是(或不是)自己行动的主人,并会在末日来临时为这一切付账,不是在上帝面前,而是在不是法庭的历史法庭面前:除非对那些硬要说世界——哪怕这个世界已经是世俗的、资本主义的世界——有某种意义的执迷不悟的唯心主义者来说,那才是法庭。

马克思已经指出,整个资产阶级哲学正是建立在法律意识形态的基础上。可以说,康德就是资产阶级哲学最完美的代表,至少在资产阶级渴望权力的时代是这样。从资产阶级的观点来看,康德是一个真正的唯物主义哲学家。他终结了存在论,继续从事着洛克和休谟为了反对莱布尼茨而开创的对存在和实体的批判。他把宗教从科学和道德的领地驱逐出去,把它打发到实践理性的悬设的小角落,成为对于道德来说完全可有可无的附属品。宗教只是康德从道德行为的纯粹性中得出的观念,他说,世上找不到任何纯粹的道德行为的例子:所以有必要保证(总是"保证")它们在某个地方的存在(existence),否则就会落入他错误地看作是经验主义的陷阱中。就像基督把商人逐出神殿,康德把一切伪科学、没有对象的科学(关于存在的形而上学、心理学存在论、存在论心理学、存在论神学)逐出科学认识。他生产了一套认识论(《纯粹理性批判》和《判断力批判》),这套理论完全致力于扫除存在,并捍卫这样一种观念:人类认识要处理的不是存在而是现象,这些认识有一部分是先天的,也就是说,独立于一切经验,以其纯形式存在,无论是知觉的纯形式,还是知性和理性的纯形式。他表明，cogito① 不是存在论的（笛卡尔的"我思"），更不是心理的即经验论的，而是"先验的"（即超出一切经验），因为它提供的统一只能是先天的，这种先天的统一把一切要素联系在一起，无论它们是知觉的要素，还是科学判断的要素，也无论那种科学判断是先天的（数学，物理学的纯粹部分）还是经验的（物理学的实验部分）。

　　康德为了道德而对纯粹的良知②所做的事情，与他为了认识而对纯粹的主体所做的事情如出一辙。他指出，如果没有这种先天的即不带丝毫经验动机的善良意志，唯一的纯粹的行善意志，任何道德行为都是无法想象的③。康德表明了——出人意料，因为他不是萨特——这种纯粹的善良意志带来了实践理性即道德理性的一整套结构，后者本身也具有自己的纯粹范畴，自己的纯粹判断，自己的纯粹理性，以及自己的纯粹目的。这在某种意义上是正常的，既然道德中的一切都是纯粹的；但这同时又是必需的，因为道德在现实生活中从来都不纯粹，所以应该在这里把作为条件的纯粹的东西与不纯粹的东西区别开来，即便这意味着把那种不纯粹推卸给人类的激情和利益，推卸给人类可能自古以来在一种原罪中"自由地"选择的"病

---

① "cogito"，拉丁文，即笛卡尔的"我思"。——译注
② "良知"原文为"conscience"，一般译为"意识"。——译注
③ 《道德形而上学的根基》（*Fondements de la métaphysique des mœurs*），前引，第57页："善良意志并不因它造成或者达成的东西而善，并不因它适宜达到任何一个预定的目的而善，而是仅仅因意欲而善，也就是说，它就自身而言是善的[……]。"（参见康德《道德形而上学的奠基》，《康德著作全集》第四卷，李秋零主编，前引，第401页。篇名和译文有修改。　　译注）

态",因为他是如此地与这种病态联系在一起,以至于他终其一生——与实践理性的纯粹性背道而驰——都被它支配着。

我并不想强调这个众所周知的事实,即这同一种关于纯粹主体的构想在康德那里也支配着艺术理论、社会理论和历史理论。他在所有这些问题上并没有什么创新,因为18世纪哲学家,休谟、洛克及其后继者(休谟那伙人①),早已在这种构想上领先于他。

这种构想具有巨大的优势,可以确保世界上现有的存在都**确实是主体**,一方面是纯粹的主体,另一方面是经验的主体,因为这些主体不仅是认识的主体,而且是权利的、道德的、政治的、趣味的和宗教的主体。因此,他们是否"确实是这样的而非别样的主体"的问题就在原则上解决了。但是还有一点依然悬而未决:我们无法推断出某一特殊主体的**独特性**的事实,虽然它作为主体一般②的形式得到了确保。这就是康德拒绝认为心理学——同样地还有历史——有任何构成科学的可能性的原因之一,因为既然我们只能将数量应用于它们,既然质量本身是一个抽象范畴,所以数量和质量必定总是抓不住个体性的 quid③(特有的东西)。真实的历史必定表明康德是错的,而且他恰恰错在将自己的整个构想都建立在关于主体的法律意识形态上。

---

① "休谟那伙人"原文为"Hume et Cie",其中"Cie"为"compagnie"(公司、小集团)的缩写。在《马克思恩格斯全集》中文版里,"...et Cie"通常译为"……之流"。——译注

② "主体一般"原文为"sujet en général",也是仿照马克思的"生产一般"而提出来的。——译注

③ "quid",拉丁文,意为"谁""什么"。这里指某一特定主体的个体性所特有的东西。——译注

十八

然而，在康德之前，有人带着魔鬼般的机灵，小心谨慎地选择了另一条道路：唯物主义道路。他就是斯宾诺莎。斯宾诺莎十分干脆地从上帝开始。他写道："其他人从思想（笛卡尔）或存在（圣托马斯）开始。"而他从上帝开始①。这是一个闻所未闻的大胆举动，因为历史上很少有这样的。因为从上帝开始，就是同时从起源和目的开始，因而准确地说——从其思想的后果的观点看——等于把这个构成了哲学中一切唯心主义的对子放进了括号里。从上帝开始，就等于说，除了上帝，世界上不存在任何别的东西。这等于当着所有神学家——他们在这方面没有搞错——的面说，既然上帝存在于一切事物中，那么它就

---

① 《关于斯宾诺莎的伦理学》（«Über Spinozas Ethik»），见莱布尼茨（G. W. Leibniz）《著作和书信全集》（Sämtliche Schriften und Briefe），前引，第六辑：《哲学著作》（Philosophische Schriften），第三卷，柏林，学院出版社（Akademie），1980年，第384—385页：" 蒙斯·齐恩豪斯（Mons. Tschirnhaus）跟我讲了很多关于斯宾诺莎这本书的事［……］。他声称要通过上帝来证明万物［……］普通的哲学家从创造物开始，笛卡尔从思想开始，他（斯宾诺莎）从上帝开始［Vulgus philosophiam incipere a creaturis, Cartesium incepisse a mente, se（Spinoza）incipere a Deo］。"

不存在于任何事物中,所以它就不存在。但斯宾诺莎也需要上帝,为的是给它赋予所有可能的(数量上无限的)属性,这些属性表现了它固有的本质,与它固有的本质合为一体,它们与它的本质绝对无法区分,因为它们与它的本质混合在了一起。所以他需要上帝,为的是预先说明所有独特主体(无论是石头、狗还是人)的独特力量(puissance)。而即便如此,事物没有结构也不行,因为属性是无限的(人唯一知道的两种属性是广延——物质——和思维①),所以为了从上帝抵达独特的个体即有限的样式(样式=一种属性的变化、形态),要有一种中间物。对斯宾诺莎来说,这些中间物就是无限的样式(例如,几何空间和知性),它们共同组合产生了种种排列,斯宾诺莎用一个奇特的、让评论家望而却步的(盖鲁除外)② 词把那些排列叫作"facies totius universi"③,即"宇宙的全部面貌",这些面貌可能是一些最一般的法则,它们一方面支配着全部物体,另一方面支配着全部精神。

---

① "思维"原文为"pensée",也译为"思想"。——译注

② 《斯宾诺莎第一部分:论上帝》(《伦理学》第一部分)[*Spinoza I. Dieu (Éthique, I)*],巴黎,奥比耶-蒙田出版社(Aubier-Montaigne),1968年,第318页;《斯宾诺莎第二部分:论心灵》(《伦理学》第二部分)[*Spinoza II. L'Âme (Éthique, II)*],巴黎,奥比耶出版社(Aubier),1974年,第169页及以下。(参见斯宾诺莎《伦理学》,贺麟译,前引,第44页及以下。——译注)

③ "facies totius universi",拉丁文,意为"宇宙的全貌"。参见《斯宾诺莎书信集》,洪汉鼎译,商务印书馆,1996年,第248页:"最后,您要举的第一类例子,在思想方面是绝对无限的理智,但在广延方面则是运动和静止;第二类例子是宇宙的全貌(facies totius universi),虽然宇宙的全貌以无限的方式在发生变化,然而却永远保持同一个东西。关于这个问题,参阅第二部分命题十四前的附释到补则七。"——译注

显然，在这样一种构想中，跳过了主体与对象之分，跳过了权利的问题，跳过了真理的问题，跳过了真理标准的问题，所以认识论从一开始就消失了。取而代之的是一种奇特的关于"三种认识"的理论①，该理论作为事实被给出来，排除了任何有关权利的问题。在这种理论中，他向我们谈到第一种认识或想象，而既然斯宾诺莎已经警告过我们，必须拒绝官能（faculté）的范畴，所以这第一种认识或这种伪官能似乎更多地是指一个世界，即直接的世界。斯宾诺莎没说意识形态的世界，但我们可以这样想，尤其是在读了《神学政治论》之后。在这部著作中，想象的东西就是人人都感知到并相信的东西，包括处于想象的东西的前哨的先知们，因为他们听见上帝对自己说话，尽管他们不懂他说的是什么，却相信它是真的②。因为这种想象的奇怪之处在于，它包含了一部分真东西，部分的真，不完全的真，它指向完全的真，亲身在场且未戴面具的第二种认识。在第二种认识那里，真具有共同真理（vérités communes）的外观，科学和哲学就在这些共同真理中工作③。

但是有人会问：那主体呢？它们在第一种认识中是想象的；在第二种认识的共同真理中，它们有可能被认识，但只是被抽象地认识。好了，斯宾诺莎为它们保留了一个惊喜：第三种认识，专门准备的关于它们的认识。因为它恰好提供了对**独特本**

---

① 参见第165页正文和译注。——译注

② 《神学政治论》（Traité théologico-politique），前引，第54页："撒加利亚的启示过于暧昧，没有解释，预言家是不懂的。这可见之于预言家对这些启示的叙述。但以理所见的幻象就是在加以解释之后，预言家本人还是不能理解。"（参见斯宾诺莎《神学政治论》，温锡增译，前引，第39页。译文有修改。——译注）

③ 参见斯宾诺莎《伦理学》，贺麟译，前引，第77—80页。——译注

质的认识。毫无疑问，在他著名的关于有不同方式抵达第四项比例数的认识的例子背后①，斯宾诺莎并没有隐瞒另一些有着完全不同意义的例子：对人类个体的认识，以及对他们的历史的独特性的认识，或对历史的独特性的认识，乃至对一个民族的历史中某些时刻和瞬间的认识，正如我们在《神学政治论》中看到的有关犹太民族的情况那样。必须要知道，时代反对他，所以他无法公开说出一切。

无论如何，主张这种惊人的构造包含了某种足以让人想到唯物主义的东西，这并非不可能。尤其是以批判的和否定的方式：毫无疑问，但这是一种在马克思之前没有任何哲学家可以超越的方式。因为在这种哲学中，有比唯物主义的拒绝更多的东西（我不会再回到这一点上来：这个方面是显而易见的）。也有一些成果惊人的论点。比如，属性的无限性这种观念②（当

---

① 《知性改进论》(Traité de la réforme...)，前引，第79页及以下；《伦理学》(Éthique)，前引，第二部分，命题四十，附释二，第167页。(参见斯宾诺莎《知性改进论》，贺麟译，前引，第27页；斯宾诺莎《伦理学》，贺麟译，前引，第80页。——译注)

② 《伦理学》(Éthique)，前引，第一部分，界说六，第14—15页。正是基于斯宾诺莎的属性模型，阿尔都塞思考了科学的"一般理论"，人们正是借助于这种"一般理论"来生产认识的。他由此断言"一般理论 [……] 是我们的属性"[《关于话语理论的三个笔记》(«Trois notes...»)，前引，第150页]；在与保罗·利科 (P. Ricœur) 的辩论中，他也援引了这个关于属性的无限性的论点，来为存在着几块彼此没有联系的科学"大陆"的论点辩护 [《列宁与哲学》(«Lénine et la philosophie»)，收入《马基雅维利的孤独及其他》(Solitude de Machiavel et autres textes)，伊夫·桑多默 (Yves Sintomer) 编，巴黎，法国大学出版社 (PUF)，1998年，注r，第139—142页]。(参见斯宾诺莎《伦理学》，贺麟译，前引，第3页："神，我理解为绝对无限的存在，亦即具有无限'多'属性的实体，其中每一属性各表示永恒无限的本质。")

我们真正开始认识的只有算术、几何、分析法和物理学时，当我们在历史理论中仍然逡巡不前时），就为未来的发现敞开了大门。只举下面两个例子：除了两种已知的属性（数学、物理学），斯宾诺莎本人已经通过《神学政治论》打开了历史大陆，马克思将要在这片大陆上坚定前行；斯宾诺莎还正式——我说的就是正式——为另一片大陆打开了大门，弗洛伊德后来要进入的就是这另一片大陆。比如这另一种观念，即平行论的观念，诚然可以说在某方面是唯心主义的，却在事实上为物质对于思维的优先性的问题打开了大门。最后，比如这种强有力的关于因果性的观念——这种因果性在自己的后果中起作用并只存在于自己的后果中——显然宣告了一个马克思后来必须重新抓住的观念，这就是关于关系对于把关系构成为关系（如生产关系）的那些要素的因果性的观念，或结构对于其要素的因果性的观念（结构的因果性）。显然，斯宾诺莎缺乏辩证法的观念来给这些天才的直觉赋予一定的意义。黑格尔责备他缺乏辩证法的观念时有道理，但对于这个在斯宾诺莎那里保持沉默并由黑格尔提出的问题，真正可能作出回答的并不是黑格尔，而是马克思。

然而，黑格尔似乎继承了斯宾诺莎的精髓：对一切认识论的批判，对权利的批判①，对法律主体、道德主体和政治主体的批判，对社会契约论的批判，对道德性的批判，对作为道德附属品的宗教的批判。黑格尔正是从这里开始批判康德，就像

---

① 即"对法（droit）的批判"。参见黑格尔《法哲学原理》，《黑格尔著作集》第7卷，邓安庆译，前引。——译注

斯宾诺莎批判笛卡尔一样，并且是在同一个方面，几乎完全一样。此外，黑格尔还把斯宾诺莎正好缺乏的东西即辩证法或"否定物的劳动"① 引入哲学。正是通过这种方式，现存于世界上的每个独特的存在，才最终被视为同一的，成为"这一个而非另一个主体"，而无论这种独特的个体性具有怎样的形式（被感知的世界的某种变化，个体意识的某种面貌，某种历史的个体性，一个人或一个民族的历史的个体性，等等）。关于存在的唯心主义问题，这个虚空的问题，似乎终于获得了自己的回答，因为它被以另一种方式来提出。唉，可惜我们这位哲学家并没有告别唯心主义，他只是将唯心主义禁锢在……辩证法本身中。

因为亚里士多德关于目的和 télos② 的决定作用、关于目的论的古老思想，在黑格尔辩证法那里被发挥到极致，并带着十分的确信被公开宣布。因为每个存在在其自身中都远未占有自己的本质，而是看着自己的本质在自己的目的中③、在另一个存在中得以完成，而这另一个存在是它的发展形式，并代替它实现自己的本质：这一切的借口是，存在要成为"自为的"，而第一种存在只是"自在的"。就这样，黑格尔为物质的、精神的和社会的自然恢复了目的化秩序，在这种秩序中，所有存在都必须占据由世界的目的、世界的精神为它规定的位置，并占有由它们规定的本质；曾经是它的真理的存在，只是充当暂

---

① 参见第166页正文和译注。——译注
② "télos"，拉丁文形式的希腊语，意为"目的"。——译注
③ 初稿为"看着自己的本质远远地逃离自己"。

时的中介。世界的精神从一开始就严格控制了事物的全部行程——包括历史的"虚假费用"①，作为十足的资本主义生产理论家，黑格尔毫不犹豫地承认这种费用并将其登记入账。"为什么天下雨要下到大海里，下到沙丘上和大路上？"马勒伯朗士曾被这个问题所困扰；另一方面，他又说，上帝之所以创造出山谷，那是为了让山上的水流下来。好了，黑格尔负责这些历史的残骸，说它们是历史的生产所必需的，尽管它们什么都不生产。这种虚无就这样进入了肯定的辩证法，带来了邪恶、战争以及一切在神学家看来引起丑闻的东西②。

但是需要一名会计师，恰恰是他，黑格尔，而不是上帝（他已被从哲学职员中除名），保管着这些账目。这恢复了亚里士多德式的哲学家形象，这种哲学家知道一切，是关于绝对知识（savoir）③的哲学家。黑格尔率先鼓起勇气说出绝对知识的名字。绝对知识当然不是上帝，而是上帝的意识；当然不是君主——君主无非是上帝的人间形象，而是君主的意识。所有这些都发生于法国大革命和王朝复辟时期，黑格尔从这段充满事件和反思的时期得出历史已经终结的结论，因为资产阶级那时

---

① "虚假费用"原文为"«faux frais»"，也译为"意外开支"。——译注

② 《历史哲学》(*La Philosophie de l'histoire*)，前引，第61、67页："必须在总体上认识世界上的恶，包括恶的东西；思维的精神必须与否定的东西和解［……］在世界历史上，甚至在任何地方，都找不到比抵达这种和解的认识更迫切的要求［……］。""但是就算我们把历史看作是各民族幸福、各国家智慧和各个人德性横遭宰割的屠场，这个问题也必然出现在思想中，即这些巨大的牺牲究竟**为了谁**，究竟要达到什么最后的目的［……］"（参见黑格尔《历史哲学》，王造时译，前引，第14、19页。译文有修改。——译注）

③ 详见第0页译注。　　译注

仍然相信自己是永恒的——因为它刚刚掌权。而由于历史已经终结，概念就具体地存在于概念的形式中。这个表达晦涩难懂，有必要加以翻译：真理终于降临人间，人人都是国家的公民，自由的公民，自由和平等的公民，他们是公正的①，他们说话时从不说谎，因为这显示在他们脸上，或者如果他们把它隐藏起来，就会有善良的警察让他们说出来，因为警察是"理性的代表"——自布伦士维格以来，这对我们来说已经成了众所周知的事情，这个不幸的人，在他必须逃避警察之前，就已经把这一点说了出来。

历史已经终结，这个断言一直被误解。它并不是说时间已经停止，而是说政治事件的时间已经过去，再也不会发生任何事件：你们可以回家忙自己的生意，"让自己富起来"，一切都会好起来，你们的财产（propriété）会得到保证。整个这种保证的历史，这种漫长而痛苦的保证的概念史，最终就这样可笑地终结于对私有财产的保证。随之而来，对事物的所有权（propriété）、对事物的特质（propriétés）、对事物和每个人的特性（propre）作出保证——从而对主体作出保证的整个漫长的历史，以同样的方式终结了。这种主体总会有一双干净的（propre）手，因为他不是坏主体，或者如果他是个坏主体，就会有法院和精神病院收容并改造②他。大家都可以安心睡觉，老实人在家里睡，小偷在监狱睡，疯子在医院睡：理性的国家

---

① "公正的"原文为"droits"，关于"droit"的译法，参见第242页译注。——译注

② "改造"原文为"rééduquer"，意为"给……重新教育"，作为医学术语，指"施行操练疗法"。——译注

在看护着他们,这个国家就是——正如葛兰西采用了不知道是谁发明的表达所说的那样——"守夜人"①。白天,国家消失不见,因为有公民们在看护着。这是一种杰出的经济学,资产阶级剥削的经济学。正如世界上最美丽的姑娘一样,资产阶级所能给予的只是它自己所拥有的东西②。这已经算不错了。

---

① 《关于马基雅维利、政治和现代君主的笔记》(«Notes sur Machiavel, sur la politique et sur le Prince moderne»),收入《文本》(*Textes*),前引,第 288 页及以下。[有人认为"国家是守夜人"出自亚当·斯密的《国富论》,但在这部著作里并没有出现这个提法。实际上这个提法来自拉萨尔。另外,无论是拉萨尔,还是葛兰西本人,都对这种国家观持批判态度。参见《葛兰西文选》,李鹏程编,人民出版社,2008 年,第 206 页:"'国家是守夜人'的说法就等于意大利人说'国家是警察'一样,意思是说国家的职能只限于维护公共秩序,保障法律尊严。但这种说法掩盖了下列事实:在这种政体中(除了在理论上作为一种限制性前提外,它无论如何从未实际存在过),对其历史发展的领导权属于民间力量,属于市民社会——它也就是'国家',而且是事实上的国家本身。'守夜人'之说似乎出自拉萨尔,其讽刺意味比'国家是警察'更浓。"——译注]

② 这里化用了法国谚语"La plus belle fille du monde ne peut donner que ce qu'elle a"("世界上最美丽的姑娘所能给予的也只是她自己所拥有的东西",意指如果不借助别的东西,她无法创造出新东西来。相当于中国谚语"巧妇难为无米之炊"。但法国人有时会在这句话后面加上一句"但她却能索取很多")。——译注

十九

这不是马克思的意见,马克思只是高声说出了无产者的低声想法。

我再说一次,除了少许暗示,马克思并没有为我们提供任何哲学著作,恩格斯给我们留下的也只有一本论战性著作《反杜林论》;而除了《唯物主义和经验批判主义》,列宁交给我们的也只有一些阅读黑格尔的笔记。他们还有其他事情要做,我们稍后会看到为什么。他们完全有道理:历史的原动力并非哲学①。但事实是,他们让我们陷入了困境。特别是因为马克思像其他所有人一样也曾经年轻过,并在他的所谓青年时期著作中记录下了某些思想,而那些思想只能是借来的;像其他所有人一样,他当时也受到以黑格尔和费尔巴哈为首的占统治地位的唯心主义哲学大师的影响。我本人在自己的"青年时期"(可惜它来得太迟了)也曾力图对这些可能的混乱作一点梳理

---

① "历史的原动力",也译为"历史的火车头",参见马克思《1848年至1850年法兰西阶级斗争》,《马克思恩格斯文集》第二卷,人民出版社,2009年,第161页:"革命是历史的火车头。"——译注

260 甄别,因为当时所有那些有意背叛马克思以便在马克思的思想方面欺骗马克思主义者和无产阶级的人,都对这些混乱进行了相当严重的盘剥利用。但去阅读《导言》①(1859年)和《资本论》(1867年),以及列宁、葛兰西和毛的著作,就丝毫不能怀疑:存在着一种马克思主义的唯物主义哲学,而我们必须费尽心力去对这一哲学的种种论点进行重构;因为除少数例外,它们并没有经过马克思的精心加工。除此之外,还必须补充这样一种容易理解的情况:尽管在马克思的文本中存在一个看得见的决裂和"断裂",但他并没有一劳永逸地摆脱占统治地位的资产阶级意识形态。那种意识形态,既然是占统治地位的,所以不管怎样,并没有停止统治着他;而且尽管他作出了种种努力,某些仍然散发着唯心主义气味的旧表达方式仍然在他那里得到保留。必须要有一整项工作,去清点这些残余物和这些细微的差别。这项工作尚未开始②。

---

① 《〈政治经济学批判〉导言》(Contribution à la critique de l'économie politique),收入《政治经济学批判和〈(1857年)大纲〉导言》(Contribution à la critique...),前引,第59—218页。(参见《〈政治经济学批判〉导言》,《马克思恩格斯全集》第三十卷,人民出版社,1997年,第21—53页。——译注)

② "在黑格尔与马克思之间存在一种真正的断裂"并且这种"断裂可以定位于[……]1845年",这是阿尔都塞最初的提法,但这个论点"太突兀了"[参见《〈资本论〉第一卷告读者》(«Avertissement aux lecteurs du Livre I...»),前引,第21页],自1967年以后,阿尔都塞用另一个论点取代了它,那另一个论点认为,那只是一种开始于1845年的"持续的断裂",尽管它"不可逆转"[《人道主义论争》(«La querelle...»),前引,第488—489页]。参见《自我批评材料》(Éléments d'autocritique),前引,第17页及以下。(参见阿尔都塞《〈资本论〉第一卷告读者》,《列宁和哲学》,杜章智译,前引,第93页,篇名和译文有修改。另参见阿尔都塞《自我批评材料》,《自我批评论文集》,杜章智、沈起予译,前引,第128页及以下。——译注)

尽管如此，我们还是差不多可以这样说：马克思像斯宾诺莎和［黑格尔］——因为黑格尔重复了斯宾诺莎的某些东西——一样，彻底拒绝了整个唯心主义的难题性。对他来说，唯物主义的第一个要求，就在于使哲学与它实际上、实践上所是的东西相符，也就是说，在于**在哲学自身中确保实践对于理论的优先性**。这个论点是唯物主义的，所以宣布它的是唯物主义哲学理论。在这一唯物主义哲学理论中确保实践对于理论的优先性，是个简单的观念，但如果它在实践上确实得到了实现，那么它本身就是革命性的。

因为确保这种优先性，就是要如其所是地，不是通过其理论，而是通过其实践来看待哲学。我们已经看到，哲学理论千变万化，从一个极端到另一个极端；但从其实践来看，哲学是什么呢？斗争，永久的和先发制人的——因为它是普遍的——战斗。哲学就是一个战场，在这里展开着这场在大量战士之间进行的永久的战争。但是这些战士，通过他们的补给，即他们所提供的支援或他们所怀抱的企图，最终使所有人都站在了两大阵营中的某一方。这两大阵营——唯心主义阵营和唯物主义阵营——汇集了世界上所有哲学家。在这两大阵营之间可能有一些信使，一些想象的或确实有关的斡旋信息的传递者，他们会提出一些折中方案和自己的提法；这些人，比如康德，从资产阶级的观点来看是相当唯物主义的，但从无产阶级的观点来看，准确地说是"羞羞答答的唯物主义"、"不可知论的［原文如此］①"

---

① "不可知论的"原文为"agnosticistes"（形容词、复数），法文版编者认为有误。这里实际上应该是"agnostiques"（不可知论者）。——译注

（列宁语）①。实际上，没有任何哲学家是中立的，哪怕他自认为是中立的，哪怕他为自己建立了一片享有哲学的治外法权的区域，可以在其中享有交换自由和商品清关自由，从而能够为自己赢得一种印象：他置身混战之外，甚至可以为疲劳困顿或被追逐的战士提供自己的土地作为他们的庇护所。在哲学的战场上，无论那些形形色色的战士站在什么旗帜下，这个旗帜（经验主义、唯名论、实在论、感觉论等等）都可以根据战斗的发展而改变其客观意义。在这个战场上，不可能存在任何中立性：所有哲学家，无论供认与否，都直接或间接地要么属于唯心主义阵营，要么属于唯物主义阵营。

唯物主义从中得出的结论是（唯心主义也一样，但正如它没有把这一点说出来，它也坚持认为自己未曾选择且无可选择）：必须**选择自己的阵营**，任何哲学总是选择自己的阵营，

---

① 《唯物主义和经验批判主义》（*Matérialisme et empiriocriticisme...*），前引，第 223、230 页；《哲学笔记》（*Cahiers philosophiques*），韦南（L. Vernant）和博蒂戈利（É. Bottigelli）译，巴黎，社会出版社（Éditions sociales），1955 年，《阿贝尔·莱伊〈现代哲学〉一书批注》（«Notes sur Abel Rey, *La philosophie moderne*, Paris, 1908»），第 324 页："不可知论＝羞羞答答的唯物主义。"参见《路德维希·费尔巴哈和德国古典哲学的终结》（*Ludwig Feuerbach...*），前引，第 39 页："［……］在实践上只是一种暗中接受唯物主义而当众又加以拒绝的羞羞答答的做法。"［参见列宁《唯物主义和经验批判主义》，前引，第 19 页；参见列宁《哲学笔记》，《列宁全集》第五十五卷，前引，第 488 页。另参见恩格斯《路德维希·费尔巴哈和德国古典哲学的终结》，《马克思恩格斯文集》第四卷，前引，第 280 页："如果新康德主义者企图在德国复活康德的观点，而不可知论者企图在英国复活休谟的观点（在那里休谟的观点从来没有绝迹），那么，鉴于这两种观点在理论上和实践上早已被驳倒，这种企图在科学上就是开倒车，而在实践上只是一种暗中接受唯物主义而当众又加以拒绝的羞羞答答的做法。"——译注］

而唯物主义者要成为唯物主义者,就必须选择唯物主义阵营(否则他将只是个口头上的唯物主义者,事实上却停留在唯心主义阵营或其从属阵营里)。这就是列宁所说的哲学中的"**党派斗争**"①。这种党派斗争带来了一个重要的后果:那就是它显然不可能是单纯的声明,而[必须]是有实效的。在认识了原因之后选择唯物主义阵营的人,必须认清②这个阵营的地形,以准确了解它所占据的阵地③,他必须同样向对手的阵营(唯心主义阵营)前进:他必须详细认清它("谁要了解敌人,**就**

---

① 《唯物主义和经验批判主义》(*Matérialisme et empiriocriticisme...*),前引,第六章,第 4 节"哲学上的党派和哲学上的无头脑者"。参见《列宁和哲学》(*Léninie et la philosophie*),前引,第 41—42 页,以及《路德维希·费尔巴哈与德国古典哲学的终结》(*Ludwig Feuerbach...*),前引,第 390 页:"最新的哲学像在两千年前一样,也是有党性(esprit de parti)的。唯物主义和唯心主义按实质来说,是两个斗争着的党派(partis aux prises)[……]"。[原注有误:1)脚注引文引自列宁《唯物主义和经验批判主义》"结论"部分(中文版见前引,第 378 页:"在经验批判主义认识论的烦琐语句后面,不能不看到哲学上的党派斗争,这种斗争归根到底表现着现代社会中敌对阶级的倾向和思想体系。最新的哲学像在两千年前一样,也是有党性的。唯物主义和唯心主义按实质来说,是两个斗争着的党派,而这种实质被冒牌学者的新名词或愚蠢的无党性所掩盖。")而非《路德维希·费尔巴哈与德国古典哲学的终结》;2)关于《路德维希·费尔巴哈与德国古典哲学的终结》,应该是参见第 39 页即前引中文版第 280 页,而非"第 390 页"。另,"党派斗争"原文为"prise de parti",直译为"加入党派""立场的选择",与此相关,"prendre parti pour"在有的地方译为"选择站在……一边";"prendre parti"译为"选择立场""选边站";"prendre le parti de"译为"选择……立场"。——译注]

② "认清"原文为"reconnaître",一般也译为"承认""认出"。——译注

③ "阵地"原文为"positions",其单数形式一般译为"立场"(但也存在复数的"立场"),详见第 109 页正文和译注。——译注

得深入敌巢"。语出歌德,列宁引述①),以便清楚了解对手的阵地。这个建议丝毫也不明确,因为阵营并非一劳永逸地构成,阵地也不是一劳永逸地占据。哲学是一场持续千年的堑壕战,躲在堡垒后面的对手们相互迎击,他们虽然并非始终看见彼此,但即便在远处射击或飞行,也从未脱离接触。根据战斗的情况,前线也会移动,它还会根据战斗的赌注而移动,而那些赌注又随着历史和战争的曲折变化而变化:有时是一座必须强占的小山头,有时是一片山谷的凹地,或者是一个由对手加固过但暂时废弃了的旧堡垒,一旦攻克,就可以恢复它的用途。就这样,随着战斗的进行,唯名论会从一个阵营转到另一个阵营,经验主义、实在论也都一样,甚至唯心主义或唯物主义的称呼也会变,因为在这场战争中就像在任何战争中一样,人们会用尽各种诡计和假动作欺骗敌人。斯宾诺莎就这样出其不意地攻取了上帝,并从上帝的高度统治了整个战场,此后再也没有任何人能把他从那里赶走。海德格尔就这样也出其不意地——尽管有人看见他从远处过来——夺取了物(Chose),并让它掉转头来反对黑格尔。马克思就这样——对抗着唯心主义——夺取了思维,使它从属于物质的优先性,或从属于实在对象与思维对象

---

① "Wer den Feind will verstehen, muss in Feindes Lande gehen"(要了解你的对手,就得深入对手自己的领地),由屠格涅夫(I. S. Tourguéniev)改编自歌德(Goethe)的两句诗"Wer den Dichter (le poète) will verstehen / Muss in Dichters Lande gehen"(谁要了解诗人,就得深入诗人的国家),列宁在《唯物主义和经验批判主义》中曾有引述,前引,第348页。(参见列宁《唯物主义和经验批判主义》,前引,第334页。列宁引用的是屠格涅夫《处女地》中的人物仿照歌德"谁要了解诗人,就得深入诗人的国家"而说的一句话。——译注)

之间（唯名论的）差异的优先性，等等。

哲学史类似于一场漫长的战争史：随着阵线推移，它在自己身后留下一个个小村庄的名字，就像要塞一样多，它们永远铭刻在战士们的记忆中。今天谁还记得托马斯主义的 impetus①？然而，那曾是一场血腥战争的爆发地，伽利略物理学的诞生与之息息相关。谁还记得松果体？然而，它曾是笛卡尔心理学命运上演的地方的名称。自从开普勒和伽利略证明了地球围绕着太阳转之后，谁还记得古希腊人和亚里士多德那个在世界中心一动不动的地球？但胡塞尔还记得它，尽管这个要塞被废弃了，他还是重新夺取了它，并以自己的方式、用自己本人的武器，重新武装了它，并宣布"作为原初本原的地球不动"②。再说一遍，范畴和论点没有任何确定的意义，它们的意义是由它们在一定的哲学范畴体系中被分配的角色赋予的，而那种哲学本身由当前的斗争形势支配着。

---

① "impetus"，拉丁文，意为"攻击""冲力""冲动"。——译注
② 《地球不动》（*La terre ne se meut pas*），弗兰克（D. Franck）译，巴黎，午夜出版社（Minuit），"哲学"（«Philosophie»）丛书，1989 年（1934 年）。

二十

正因为如此,很难以详尽无遗的方式列举出唯物主义论点(但无论如何,我们知道这些论点与唯心主义论点一样,在数量上是无限的),因为它们的表达方式随着对手和形势的变化而变化。这并不是说把它们陈述出来是不可能的,但我们应该知道,它们的表达方式会随着形势及其赌注的变化而变化。比任何时候都更应该把这些论点理解为一些立场,理解为是一组立场①。

在实践对于理论的优先性(第一号论点)之外,这里必须提到第二个基本论点(第二号论点):物质或存在对于思维或意识的优先性。这个论点让我们能够证明所有历史唯物主义分析的合理性,这些分析取代了唯心主义所谓的认识论。当然,这个论点不会预先规定用来证明这些分析具有合理性的那些派生的哲学形式[这里"证明……(具有)合理性"②一词不是在道德意

---

① "立场"原文为"positions",一般译为"阵地",这里为复数的"立场"(position),详见第109页正文和译注。——译注

② "证明……(具有)合理性"原文为"justifier",一般也译为"为……辩护""使合法""证明"。——译注

义上说的，而应该理解为"表示……（更）正确"]，因为后者在很大程度上取决于形势的发展。但重要的是要注意，这个论点只出现在第二位，正如人们用军事语言所说的那样，它受到第一个论点的"掩护"，因为这种掩护阻止第二个论点滑向唯心主义，阻止它在物质/思维这类对子下，恢复存在/思维或主体/对象①这类旧唯心主义对子，甚至恢复"反映"这个范畴：因为我们发现这个范畴在列宁某些简短的段落——尽管那些段落并非模棱两可——中，在他的大量评论者那里发挥了功能。

第三号论点内在于第二号论点，它可以这样来陈述：实在对象对于认识对象的优先性。这个第三号论点通向第四号论点，后者直接取自列宁关于绝对认识和相对认识的论断②：[它]断言了绝对真理对于相对真理的优先性，从而驳斥了一切历史主义。我们可以这样无限继续下去。读者可以通过这种练习获益。

但是，只要在它们的关系中考虑所有这些唯物主义论点，就足以发现它们本身包含另一类论点，我们可以把后者叫作**辩证**的论点。在马克思主义的唯物主义中，如何理解辩证法，是一个棘手且经常引起争议的问题。人们很乐意说马克思是一个唯物主义者，并且会在我刚才提到过的那些论点中认出自己③。

---

① "主体/对象"原文为"sujet/objet"，以往也译为"主体/客体"，关于"objet"的译法，详见第131页译注。——译注

② 《唯物主义和经验批判主义》（*Matérialisme et empiriocriticisme...*），前引，第154—156页。参见《亚眠答辩》（«Soutenance d'Amiens»），前引，第157页。（参见列宁《唯物主义和经验批判主义》，前引，第128—135页，列宁原文说的是"绝对真理"和"相对真理"；另参见阿尔都塞《在哲学中成为马克思主义者容易吗?》，《哲学与政治：阿尔都塞读本》，陈越编，前引，第204页。——译注）

③ "认出自己"原文为"se reconnaît"，也意为"自我承认"。——译注

但是，他与黑格尔之间既含糊不清又难以割断的关系，似乎——正如我们在恩格斯①那里清楚地看到的那样——引起了这样的想法，即认为马克思从黑格尔那里继承的只有辩证法，而且他已经把辩证法从黑格尔"**体系**"中分离了出来，因为那个体系是不好的、反动的；认为他有权这样做，因为辩证法说到底是一种**方法**，一种普遍的方法。

再没有什么比这更不符合实际的了。任何哲学方法都是唯心主义认识论不可避免的副产品，我们无法理解像黑格尔体系这样一种糟糕的体系，要通过什么奇迹［才能］这样与一种非凡的、革命的且普遍的方法奇迹般地结合在一起。尽管如此，关于它的漫画式的观念还是留了下来，我们在大多数苏联哲学家及其西方追随者那里依然发现这种观念：辩证法不是唯物主义，唯物主义是关于存在的理论②或存在论，而辩证法就是"它

---

① 《路德维希·费尔巴哈和德国古典哲学的终结》（*Ludwig Feuerbach...*），前引，第85、23页："特别重视黑格尔的体系的人，在两个领域（宗教和政治领域）中都可能是相当保守的；认为辩证方法是主要的东西的人，在政治上和宗教上都可能属于最极端的反对派。"也参见《自然辩证法》（*Dialectique de la nature*），博蒂戈利（É. Bottigelli）译，巴黎，社会出版社（Éditions sociales），1968年，第41页。（参见恩格斯《路德维希·费尔巴哈和德国古典哲学的终结》，《马克思恩格斯文集》第四卷，前引，第273页；恩格斯《自然辩证法》，人民出版社，2015年，第47页："去除这一切之后，剩下的就只是黑格尔的辩证法。马克思的功绩就在于，他和'今天在德国知识界发号施令的、愤懑的、自负的、平庸的模仿者们'相反，第一个把已经被遗忘的辩证法、它和黑格尔辩证法的联系以及差别重新提到人们面前，同时在《资本论》中把这个方法应用到一种经验科学即政治经济学的事实上去。"——译注）

② "关于存在的理论"原文为"la théorie de l'Être"，也译为"存在论"。——译注

的"方法。不幸的是，我们发现恩格斯①在《自然辩证法》中表达了同样的观念：辩证法的本质是运动，运动是物质的真正特质，因而存在就是运动着的物质，这就是我们可以同时谈论存在的规律（唯物主义）和运动的规律（辩证法）②的理由！如果从字面上、从"规律"③这一科学范畴出发来理解，辩证法的规律——尽管列宁也有一两次脱口而出提到它（但我们一定要不惮于改正它）——这一观念，准确地说是荒谬的：它声称要创立但实际上是恢复了这样一种观念，即认为要对唯心主义存在论作出回应，就应该存在（exister）唯物主义存在论，后者要提供关于存在的规律（唯物论）和关于存在的运动的规律，即关于其变化的规律，既客观又主观的辩证法的规律（吕西安·塞夫）④，因此它涵盖了所有问题，也就是说，涵盖了所有想象中的困难——我的意思是对手的困难。

必须说，今天（因为明天这个阵线可能会改变其划分），马克思主义哲学发展的主要障碍，正是在这里，在马克思主义

---

① 《自然辩证法》(Dialectique de la nature)，前引，第52页及以下，第220页。参见《路德维希·费尔巴哈和德国古典哲学的终结》(Ludwig Feuerbach...)，前引，第83页："[……] 辩证法（在'被颠倒之后'）就归结为关于[……] 运动的一般规律的科学。"（参见恩格斯《路德维希·费尔巴哈和德国古典哲学的终结》，《马克思恩格斯文集》第四卷，前引，第298页。另参见恩格斯《自然辩证法》，前引，第121页及以下。——译注）

② "规律"原文为"lois"，也译为"法则""法律"。——译注

③ 这里"规律"为单数"loi"。——译注

④ 参见阿尔都塞《来日方长》(L'avenir dure longtemps)，收入《来日方长：附事实》(L'avenir dure longtemps suivi de Les Faits)，巴黎，弗拉马里翁出版社(Flammarion)，"田野"丛书随笔系列（«Champs essais»），2013年再版，第255页。（参见阿尔都塞《来日方长》，蔡鸿滨译，陈越校，前引，第238页。——译注）

哲学内部。**没有辩证法的规律，只有辩证的论点。**辩证法属于哲学，不提供对其对象的伪规律的认识，只陈述论点。通过一个困难我们就可以看到，断言存在着辩证法的规律的企图是多么荒谬，这个困难就是辩证法规律的数量难以统计。通常人们只宣布其中的三到四条：现象的相互依存、质变、否定之否定、矛盾。但吕西安·塞夫本人——他以自己的方式主张辩证法的规律这一观念是正确的——通过自己的研究为我们揭示了其他补充性规律，而我们知道它们实际上是无限的，不过这种无限性与它们作为论点的特性而不是作为规律的特性有关。

因此，必须断言辩证法生产论点，换句话说——因为有权在这里陈述某些论点而不是其他论点的，不是任何特殊的情况——有一些辩证的论点，更准确地说，**所有这些论点都既是唯物主义的又是辩证的**。其证明就是，到此为止所列出的全部唯物主义论点的共同特性是：它们都谈到了"……优先于……"的关系。然而在这种关系中，我们看到了什么？一种差异，一种等级结构，从而看到了一种矛盾。不是矛盾一般①，而总是一种特殊化的矛盾，它具有一个主要方面。而且我们还注意到，在这一系列相互矛盾的论点之间，总有一个主要矛盾和一个次要矛盾。这无非是在唯物主义哲学内部反映了唯物主义哲学与迎击着它的唯心主义哲学之间的对抗性的和被统治的（或有朝一日占统治地位的）关系。如果哲学归根到底是理论中的斗争，那就一定是这样的。

---

① "矛盾一般"原文为"contradiction en général"，也是仿照马克思的"生产一般"而提出来的。——译注

当列宁说辩证法的本义是"帮助我们（是的，帮助我们）构想事物内在本质中的矛盾"①时，他只是总结了这个特性而已，而由于它是以一个论点的形式得到陈述的（但这是任何论点的本义），所以就被当作普遍的东西给出来。并且他完全有理由谈论"事物的内在本质"，而又不会陷入存在论之中，因为他已经带着唯物主义的谨慎——这与斯大林不一样（关于这一点，请参见多米尼克·勒古在《李森科》中的清晰证明）——将辩证法的论点定义为能够"帮助我们构想"矛盾，而不是像斯大林那样说矛盾是对立面的发展的规律②。列宁也据此断言了一个对于马克思主义来说——更确切地说是对于历史唯物主义来说，对于阶级和阶级斗争理论来说——绝对根本性的论点，即矛盾对于对立面的优先性。我们刚才罗列的那些唯物主义论点的顺序"证明了"这个论点的"合理性"③。

所以显然，在这些基础上，存在与思维之间的唯心主义区分站不住脚了，只有一个世界，只有一种现实，认识这个世界的过程确实具有某种相对自主性，但归根到底要服从自然的过

---

① 《哲学笔记》（*Cahiers philosophiques*），巴黎，1973年，前引，第239页："从本来的意义说，辩证法是研究对象的本质自身中的矛盾。"（参见列宁《哲学笔记》，《列宁全集》第五十五卷，前引，第213页。但在相关地方没有找到正文中"帮助"的提法。——译注）

② 勒古（D. Lecourt）《李森科》（*Lyssenko*）（阿尔都塞注）。[《一门"无产阶级科学"的真正历史》（*Histoire réelle d'une «science prolétarienne»*），巴黎，法国大学出版社（PUF），"战车"（«Quadrige»）丛书，再版，1995年（1975年），第134—135页。]

③ "证明了……合理性"原文为"justifiée"。另参见第264页正文和译注。——译注

程，这可以从生产与科学史之间的关系看出来。至于辩证法，就像在黑格尔那里一样，它的功能是禁止认识过程停止在一些固定概念上，从而禁止这一过程停止不前。但它无论如何不能代替通过这种认识过程在自然和人类历史中发现的规律。它不仅反对唯心主义偏见，打开认识空间，使道路畅通；而且还完全像唯物主义论点一样，为认识过程提供了构成、更新和追求这个过程所必不可少的范畴。但我们要稍后才会看清这一点。

二十一

因为在当前触及的这个点上,我们无法避开一个基本问题。诚然,我们观察到了哲学战场的存在;诚然,哲学是永久的战争;诚然,归根到底,在哲学中有两个阵营:唯心主义阵营(它仍然占统治地位)和唯物主义阵营;诚然,这场战斗沿着一条阵线而展开,我们看到,这条阵线以惊人的方式随着形势的变化而变化,旧的、被废弃了的军事阵地被征服者重新投入使用,诸如此类。但是,**为什么人们要在哲学中交战**?因而为什么这种形势能够千变万化,并能够在阵线的划分上产生这些变化,直到我们所说的局势发生惊人的逆转?在这里,我们必须深入其中,深入现在还只能是关于哲学的科学理论草图的东西。

人们无法反对我们说,这样的科学理论在原则上就是不可能的,因为我们已经说过哲学不是科学:我们要提出的科学将不是哲学,而是关于哲学的科学。但人们还是可以反对我们说,既然哲学是一个战场,那么任何投身于这个战场以从中得出关于它的理论的人,都会暴露在交叉火力之下,而且他自己也必须选择立场①,否则他就会处于这个战场之外,就会触摸不到

---

① "选择立场"原文为"prendre parti",详见第261页译注。——译注

自己的对象。这个反对意见站不住脚。它本身只抓住了一种混淆的外表：这种混淆想把关于哲学的科学化约为哲学的一种变体，想让人相信，就人类的事情和关于哲学的理论而言，客观性是不可能的。然而，这个在马克思之前没有任何哲学家能够驳倒的反对意见，当还不存在关于阶级斗争规律的科学（我们这样以最简洁同时也最正确的方式来定义历史唯物主义）时，是言之有据的。当时的确如此，除了关于哲学的哲学理论之外，不可能有任何关于哲学的理论，也没有任何人有能力走出这个恶性循环：要么是没有科学的哲学，要么是仍然是某种哲学的关于哲学的科学。

那么，要从什么原则出发，一种科学的理论才不仅是可能的，而且对于无产阶级及其盟友的阶级斗争来说也是必需的呢？

马克思在他足够著名的历史唯物主义理论中陈述了那些原则。他证明了生活在社会中的人是由他们在其中生活和繁殖的社会形态的阶级结构所决定的（显然，这是对于阶级社会而言的）。他证明了一切社会形态都是根据"一定的生产方式"得到安排的，对人们物质生存进行生产的这种方式为物质财富的生产分配了一项功能，即后者归根到底决定上层建筑的全部后果。这必须以社会形态中基础和上层建筑的共同存在为条件：前者是在生产关系制约下的生产中进行自我再生产的生产力；后者一方面包括法和国家，另一方面包括不同的意识形态。

因而马克思证明了一切阶级社会的社会形态都取决于生产关系，后者也是一种剥削关系；这种剥削关系随着生产方式的变化而变化，但无论如何，它都要保障对直接生产者——他们受到生产资料持有者的剥削——剩余劳动的榨取。他证明了只有资本主义生产方式具有这样一种生产关系,即直接劳动者(无产者)享有和生产资料持有者(资本家)同样的法律自由和法律平等;证明了无产者以一定的工资向资本家出卖自己的劳动力,但工资的计算是为了让他们能够将自己和自己的家庭再生产出来,而不是为了把他们生产的价值出让给他们。这个价值中超出工资的部分,代表了资本家阶级在法权的伪装下强行占为己有的剩余价值。因为在这件事情上,涉及的不是个人的、主体间的或"人类"的关系,而是阶级关系,因而涉及的是阶级斗争。正如马克思所说,无产者和资本家一样,是他自己的种类的代表①,也就是说,是他自己阶级的代表。所以我们必须从这些阶级出发来理解那种强加到个人头上的状况,正如我们必须从阶级斗争出发来理解阶级。矛盾对于对立面的优先性这个唯物主义论点,在阶级斗争对阶级的决定作用这个科学概念中找到了自己的回声。

但马克思并没有止步于此。他指出,一种社会形态之所以存在(这是一个事实),是因为它一直存在至今;而它之所以能一直存在至今,是因为它能够再生产其生产的部分条件。人类社会的特性的确在于从直接自然那里获得自己的生存②,但

---

① 参见《德意志意识形态》中对麦克斯·施蒂纳的批判,前引,第191页:"在圣桑乔(麦克斯·施蒂纳)那里常见的一个说法是:每个人通过国家才完全成为一个人,这种说法实质上是和资产者只是资产者的类的一个标本这种说法相同的;这里所持的出发点是,资产阶级在构成这个阶级的个人尚未存在之前就已经存在了。"(参见马克思、恩格斯《德意志意识形态》,《马克思恩格斯全集》第三卷,前引,第85页脚注,中文版这里没有用"圣桑乔"代指"施蒂纳"。——译注)

② "生存"原文为"subsistance",即前文"一直存在"(subsister)的名词形式。——译注

条件是必须改造①它，必须对它进行"耕作"②。渐渐地，人类生存的生产过程变得越来越独立于原始自然，转而依靠一个被改造过的自然，这样一来，为了生产就必须进行再生产。一种社会形态要存在，它就必须被再生产。一种社会形态在历史中存在，就是被再生产和自我再生产。如果一种社会形态出于这样或那样的原因（发生灾难、战争等等）无法保障其再生产的手段，那它就会彻底消亡。正是在这种条件下，"我们这些文明，我们知道我们是必死的"（瓦莱里③）。

生产条件的再生产显然是在广义上的生产中实现的。广义上的生产，既包括直接的物质生产，又包括其法律、政治和意识形态条件的生产。在物质生产中得到保障的是材料④或机器的再生产，必须用它们去替补在生产中消耗的材料或磨损的机器。但在这同一生产中，（通过工资及其现代的"间接"社会

---

① "改造"原文为"travailler"，一般译为"劳动""工作""加工"。——译注

② "耕作"原文为"cultiver"，也可译为"培养"，其名词形式"culture"即"文化""教养"。——译注

③ 《精神的危机：第一封信》（«La crise de l'esprit：Première lettre»），收入《杂论集（一、二卷）》（*Variétés I et II*），伽利玛出版社（Gallimard），"对开本"丛书随笔系列（«Folio essais»），1998 年（1919 年），第 13 页："我们这些人，文明，现在我们知道我们是必死的。"（参见瓦莱里《精神的危机：第一封信》，《瓦莱里散文选》，唐祖论、钱春绮译，百花文艺出版社，2006 年，第 221 页："我们这些人，文明，现在我们知道我们是必死的。我们听说过，有些世界全部消失[……]。"译文有修改。另，阿尔都塞正文中的引文与法文版编者脚注中的引文稍有出入。——译注）

④ "材料"原文为"matières"，这里应指"matières premières"（原料）。其中"matière"也译为"物质"，与"物质生产"（production matérielle）中的"matériel"（物质的）同词根。——译注

形式）劳动力的再生产也得到了保障。然而，这还没有详尽说明再生产的过程。此外，当我们从基础过渡到上层建筑时，还必须稍稍改变一下字眼，我们必须谈论的与其说是再生产，不如说是永久化或保存。因为上层建筑中的期限长度与基础中的不同。在基础中，再生产是以非常短的周期进行的，这个周期甚至以天来计算（在日结工资的情况下），并且通常以一个公历年为基础来进行核算。在上层建筑中，再生产的周期由一个更长的间歇构成，而且在某些情况下（比如哲学），它几乎是不确定的，甚至过着"永恒"般的生活。

因为上层建筑的功能是保障生产的一般条件的永久化，从而是保障剥削、阶级斗争、剥削阶级的阶级统治和被剥削阶级的服从的一般条件的永久化。所以显然，这项任务得以展开的时间跨度，以及它得以实现的周期，都与经济的下层建筑[①]中的时间跨度和周期完全不同。

首先，国家、国家机器必须准备就绪，这不仅要求新兴阶级夺取国家政权，而且还要求上述阶级对国家、国家机器进行改造，以使它适应其剥削和压迫：没有经济、政治和意识形态上的总是非常漫长的阶级斗争，就不可能做到这一点。其次（对于资本主义来说，这就是以前发生过的事情），必须

[①] "下层建筑"原文为"infrastructure"，它和"superstructure"通常被译为"基础"和"上层建筑"，但在本书中，为了与"base"（基础）相区分，也为了突出阿尔都塞在《论再生产》中强调过的这个对子的"隐喻的""描述性的特征"（详见阿尔都塞《论再生产》第四章，吴子枫译，前引，第131—138页），我们把这两个词译为"下层建筑"和"上层建筑"，相应地，凡译为"基础"的地方，原文一般是"base"。——译注

确立法权①，或至少要使法权发挥功能。国家必须保障法院和警察的强制性，以使法权完全像流通钱币的价值一样得到承认——法权认可资本主义商品关系，货币认可商品价值之间的平等。这个国家还必须掌握军队，以保障资本主义资产阶级为了自己的发展所需要的国内市场的完整。最后，国家必须为自己准备一套意识形态国家机器，来专门保障统治阶级的意识形态统一以及它对被剥削阶级的领导权。历史表明，要完成这一总任务（保障再生产和生产的法律、政治和意识形态条件），一个新阶级需要几个世纪的时间。资产阶级始于 13 世纪末的英格兰，现在它存在于世界上非常多的国家，但其中大多数国家的资产阶级革命尚未完成②。

我曾力图指出③意识形态由什么构成，以及为什么不可能在构想它时不考虑以下因素：1）阶级斗争；2）社会实践；3）为国家赋予身体和力量的国家机器，哪怕那些"机器"从法律上看来是私人的（如教堂、某些学校④等等）。

在这方面，经常有人问我是否完全分享了葛兰西的观点，

---

① "法权"原文为"droit"，也译为"法""权利"等。详见第 64、156 页译注。——译注

② 被删除的文字："除了第三世界国家，我们还可以举意大利、苏联等为例。"

③ 指在《意识形态和意识形态国家机器》（«Idéologie et Appareils Idéologiques d'État（AIE）»）一文中。这篇文章由从 1969 年所写的手稿《论生产关系的再生产》（«Sur la reproduction des relations de production»）中抽出的几个片段拼合而成，发表在 1970 年《思想》杂志（La Pensée）上。上述手稿和发表在《思想》杂志上的文章，以及 1976 年写的《关于意识形态国家机器的说明》（«Note sur les AIE»）一文，都已收入《论再生产》（Sur la reproduction），前引。（参见阿尔都塞《论再生产》，吴子枫译，前引，第 413—501 页。——译注

④ 在法国，很大一部分学校、剧场和广播电视机构是国有的。——译注

因为他表达了一些与我非常接近的看法（我第一次写作时还不知道那些看法）。要对葛兰西作出判断并不容易，因为他的工作条件非常恶劣，还要考虑到法西斯政权对他施加的审查压力所带来的表达方式上的影响。何况葛兰西是在可怕的政治和意识形态条件下进行思考的：当时都灵委员会①的革命刚刚失败，墨索里尼的法西斯主义猖獗一时，斯大林偏向处于转折点，他又缺少关于世界上当时所发生的一切的一手信息。然而，我可能不会完全像葛兰西那样处理这个问题。我比葛兰西更强调意识形态国家机器的特性，强调它们客观上与统治阶级的连接，强调那种——从这个统治阶级的利益的观点看——由镇压性国家机器-意识形态国家机器的结合体所代表的紧凑结实的力量。

对于一个具有现实性的问题即无产阶级专政问题来说，这种细微的差别并非无关紧要②。如果我们确实把意识形态机器（并非偶然，葛兰西谈到了领导权机器）想象为与国家紧密连接并打上了国家的印记，我们就会强调通过国家手段得到保障的阶级专政的力量，并不可避免地从中得出对阶级斗争中力量

---

① 指都灵工厂委员会。——译注

② 1976 至 1977 年间，阿尔都塞领导了一场公开的战斗，对法共（PCF）即将放弃无产阶级专政概念表示反对，为此他专门撰写了一部篇幅长达 200 页的论战著作，该书于 1976 年秋天完成，但尚未出版［《黑母牛：自我访谈》(Les Vaches noires. Auto-Interview)］。20 世纪 70 年代，葛兰西经常被共产党员理论家如塞夫（L. Sève）、格吕克斯曼（C. Buci-Glucksmann）、普朗查斯（N. Poulantzas）和乔瓦尼（B. De Giovanni）所援引，以反对阿尔都塞式的"正统"。{《黑母牛：想象的访谈（二十二大的缺憾）。同志们，这行不通！》［Les Vaches Noires, Interview imaginaire (le malaise du XXIIe Congrès) Ce qui ne va pas, camarades！］，已由戈什加林（G. M. Goshgarian）整理，法国大学出版社（PUF）出版，2016 年。中文版吴子枫译，即将由商务印书馆出版。——译注｜

283 对比的不同估计：这次不会低估对手。但是，如果我们像葛兰西所做的那样，倾向于把意识形态机器与他（继黑格尔之后，尽管在完全不同的意义上）称之为"市民社会"——对他来说，"市民社会"就是意识形态机器和政治机器的领域——的东西连接在一起，我们就特许它们有一种超出其实际力量的自主性。这意味着反过来，人们倾向于低估国家的力量，因而低估掌握政权的阶级的统治力量。由此导致了一种人们可以在意大利甚至西班牙（但在西班牙更有趣）观察到的战略，它就在于从内部占据意识形态机器。这是可能的，因为那些机器并不十分强大，一旦从内部占领了政治机器和意识形态机器，无产阶级就可以说拥有了国家，从而也就拥有了国家政权……而无须事先夺取它。我在其他地方谈到过我对这种战略构想的看法：我认为它不符合当前的力量对比，尽管它以某种方式反映了某一国家（如意大利）中资产阶级国家及其意识形态机器的软弱无力。没有能力为自己建立一个资产阶级有机国家的意大利资产阶级的实际的软弱无力状况，可能就这样给葛兰西留下了深刻印象，使他从中得出了一些不仅在一般的理论方面而且或许在意大利历史方面都错误的结论。因为即便资产阶级软弱无力，它也从来不是独自为战：帝国主义就在那儿，可以为它提供它所缺少的力量，必要时可以直接对它的国家进行干预，让它能够解决自己无法独自解决的难题。

二十二

因此，让我们回到意识形态，因为如果没有对意识形态的清晰认识，就不可能建立起一种关于哲学的理论。必须理解的是：1）意识形态的普遍性；2）意识形态的实践性；3）意识形态的政治性；4）任何意识形态理论的（事后）递归性。

我们都知道"灵魂一直在思考"①（笛卡尔）。弗洛伊德甚至向我们表明，灵魂会无意识地思考。无论如何，人一直都有一些观念，至少从他们生活在社会中并掌握了语言（恩格斯）开始。但多亏了人种学家的工作，我们越来越了解到，我们所认识的最原始的人的观念，实质上并非个体的或心理的观念，并非对自然或对自己同类的纯粹的直接感知；相反，它们以不可避免的方式被结构在一些表述体系中。后者将所有已知的存在——天上的、地上的、动物的、植物的、人类的和其他的（神的）存在——按照一种非凡的秩序整合在一起。其中有一

---

① 《对第五组反驳的答辩》（«Réponses aux cinquièmes objections»），前引，第797—798页："但是，既然它是一种在思考的实体，那它为什么不一直思考呢？而我们不记得它在母亲腹中或昏睡时的思想，这岂不是咄咄怪事［……］?"（参见笛卡尔《第一哲学沉思集》，庞景仁译，前引，第359页。译文有修改。——译注）

些流通规则保障了从一种存在范畴向另一种存在范畴的过渡，保障了将一种话语（自然的、政治的、家庭的、性的、宗教的话语）翻译为另一种话语，保障了一种内在的同构（形式的相似性），而这种同构本身又保障着所有这些可能性。因此，在所有这一切中，没有任何东西是直接的，或是经验活动的结果；在所有这一切中，没有任何东西是心理的和主观的。相反，这是一种由一系列特别确定的表述构成的秩序，它在所谓原始的社会的生产实践（对自然的关系）和社会实践中显然起调节作用和认识作用。

因此，必须一劳永逸地抛弃这一观念，也就是说抛弃这种资产阶级的意识形态观，即认为**意识形态仅仅是一些观念**。人们在一切意识形态中发现的那些观念，一方面构成了一个多少有些严密的体系（原始社会，这里没有阶级）或多少有些松散的体系（阶级社会，在这里是阶级斗争将这种"游戏"和这种灵活性——它可能是极端的——引入这个体系中①）。但另一方面，它们又要么是实践的观念，要么是与实践直接或间接相关的观念，无论这种实践的形式是什么：语言的、生产的、社会的、宗教的、审美的、道德的、家庭的、性的等等。

原始社会不存在阶级，但存在一些社会区分，不过这种区分并非基于生产资料持有者对一部分人口的剥削。所以在原始社会，这些观念对实践的关系，尽管带有巨大的想象属性，却并非真正想象性的：一切都在现实中被实践和体验，而且是当

---

① "这个体系中"原文在括号后面，这里根据法文版编者发给译者的"勘误表"更正。——译注

作实在的东西来实践和体验。在一个以海狸为图腾的部落，部落的所有成员都实在地是海狸，依此类推。所有这些表述都确实是实在的——这一点的证明，是由它们的有效性提供的：魔法、入会仪式、异族通婚等等的有效性。它们以积极的①方式完美地保障了无论如何都非常复杂的人对自然和人与人之间的关系。关于这些社会，人们谈到了"原始共产主义"。马克思和恩格斯用这个词，是为了说明共产主义与这种存在形式毫不相干。实际上，这种存在形式付出了不菲代价，不仅包括自然对"社会"的压倒性统治，而且尤其包括为保障这种平衡而必须付出的人类生命的牺牲：无论这种牺牲来自战争，还是来自为谋求平衡的至高统治而进行的仪式性谋杀。这些看似和平的社会是人类历史上最残酷的社会。

当然，阶级的出现，从而阶级斗争的出现，彻底改变了意识形态的存在形式。在阶级社会，劳动分工②——它也存在于无阶级的社会，但那时它是共同体的分工——服从于阶级斗争及其后果，并由于它们而成倍增加。结果导致了具有阶级意味的实践的社会划分，以及同样具有阶级意味的明显的意识形态分割。只有在意识形态的制约下并通过（部分是关于这种实践的）意识形态才会有实践，这一原则已经一般化了，在一般化的过程中，哪怕它屈从于——正在确立的——意识形态的阶级划分，最终还是构成了不同的实践。与这些不同的实践相对应

---

① "积极的"原文为"positive"，也意为"肯定的""实证的"。——译注

② "劳动分工"原文为"la division du travail"，关于它的译法，详见第135页译注。另，其中的"division"在下文中也译为"划分"。——译注

的有不同的意识形态,所以我们可以把它们称为**局部的**和**领域性的**(régionales)实践意识形态。说得极端一点,每种工匠都可能有自己的意识形态,因为那是一种与原材料的关系,是一种劳动和休息的节奏,这些东西会在人们的思想中留下印记。很久很久以前,甚至远早于赫西俄德,人们就注意到"劳动"①在何种程度上决定着人们的思想:农民并不像水手那样思考,水手并不像商人那样思考,商人并不像政治家那样思考,依此类推。但这种从细枝末节出发的意识形态划分,尽管看起来是任何意识形态与其实践之间关系的最后基础,却不能掩盖意识形态的重大政治划分和阶级划分。没有劳动的社会分工,这些细微的意识形态就不会存在,而劳动的社会分工本身以独立于这些细小的意识形态的方式,生产着属于自己的意识形态,因为这种分工首先是从阶级的划分发展而来的,因而首先是从阶级斗争中发展而来的。

因此,这种双重的观察使我们承认,意识形态以双重划分甚至三重划分的形式存在:1)根据实践的多样性的划分来划分意识形态,这里立即出现了科学实践;2)按照意识形态的领域(régions)来划分意识形态,与之对应的是各种实践的意识形态,它们干预阶级斗争以保障生产关系的永久化(经济生产的意识形态,法律的、道德的、政治的、宗教的、审美的、哲学的、家庭的意识形态等等),这些意识形态将采取意识形态国

---

① "劳动"原文为"travaux",在赫西俄德著作中译本里一般译为"工作",参见赫西俄德《工作与时日》,《工作与时日。神谱》。张竹明、蒋平译,商务印书馆,2006年。 译注

家机器的形式；3）按照意识形态的倾向来划分意识形态，与之对应的是经济的和政治的阶级斗争的不同倾向。

绝不能将这三种划分想象为单纯的不同的实体，甚至也不能把它们想象为几个环节，好像第一个环节得到了保障，就能从中得出第二个环节，诸如此类。这种区分本身是历史过程的结果，在这个过程中，比如，每种实践的意识形态得以被认出①，是因为它是通过与另一种不同的或对立的实践的区分来构成自己的，并且这种自我构成还受到各领域性的（régionales）意识形态以及它们在那些对立的政治倾向中的划分的制约。这是一场规模宏大的划分与统一的进程，始终处于重组过程中，永远不会达到最终的形式，因为阶级斗争总是在那里重新对既定结果提出质疑。

然而，这整个进程都倾向于确立一种非常明确的、能为统治阶级利益服务的部署②。它倾向于将现有意识形态的一切要素——甚至不顾它们的多样性，并通过这种多样性（动用一切当前手段）——构成为一种**占统治地位的意识形态**。这种意识形态能通过它的内容和它占据的立场③在观念的阶级斗争中服务于统治阶级。为什么统治阶级（其定义是夺取了国家政权、在行使其阶级专政的阶级）需要一种占统治地位的意识形态？不仅仅是为了统治被统治阶级的观念，也是并且首要是为了保

---

① "被认出"原文为"se reconnaît"，也译为"被承认"。——译注
② "部署"原文为"dispositif"，在有的地方也译为"装置""配置"。——译注
③ 这里"立场"原文为"positions"，一般译为"阵地"，这里应理解为复数的"立场"（position），详见第109页正文和译注。——译注

障它自身的意识形态统一。这种意识形态统一对于它的政治统一是必不可少的，否则它将随时面临被剥削者的造反。因为统治阶级并非从一开始就是统一的。相反，它要竭尽全力克服自己的内部分歧，因为它的构成既包括已经归附于它的旧的统治阶级的要素，又包括它自己的所有分支，后者对应着所讨论的生产方式下不同的经济功能（对于资本主义资产阶级来说，有工业资本、商业资本和金融资本，更不用说从封建生产方式的解体中产生的那些中间阶层：在城市和农村中从事生产的小资产阶级、知识分子、自由职业者、小商人等等）。作为统一的阶级的统治阶级在意识形态上的（和政治上的）这项统一化工作，不是靠单纯的声明和单纯的出版物的功效，不是靠宣传和鼓动来完成的。它是通过一场持久的阶级斗争来完成的，在这场斗争中，资产阶级通过同时反对旧的统治阶级和新的被统治阶级，赢得了自身的统一和自己作为统治阶级的同一。

占统治地位的意识形态（即统治阶级的意识形态）反对被统治阶级的意识形态的斗争，正是在这场漫长的斗争中发生的，并且总是以（经济、政治和意识形态中的）阶级斗争的形式展开。因为存在一种被统治阶级的意识形态，尽管它只有通过非常艰难的努力才能够承认自己、统一自己、使自己更加强大。被统治阶级的这种意识形态，正是产生于工人和农民的被剥削劳动的具体实践，产生于以劳动者为对象的这种劳动剥削和压迫的形式。正如我们所见，那些实践离不开基本的意识形态形式。资本主义阶级斗争中的剥削与压迫的经验和考验，自然滋养着这种自发的意识形态；所以马克思强调资本主义生产的组织和劳动纪律①发挥了对无产阶级意识形态有利的意识形态教育作用,并非没有道理。资本主义生产使大量工人集中在大工业中,并使他们服从那些被灌输给他们的纪律形式:除了一些真正的认识,还有组织习惯和纪律习惯。这是马克思主义哲学辩证的论点的一个令人信服的例子,它表明事物的本质本身中有对立面的同一,因为资本主义阶级斗争的形式,更明确地说,剥削的组织形式,直接有助于工人阶级的意识形态构成为阶级的意识形态,进而有助于工人阶级进行工会组织和政治组织,将这种意识形态付诸实践。资产阶级就这样生产了"自身的掘墓人"②。

---

① "纪律"原文为"discipline",这个词在福柯著作中被译为"规训"。——译注

② 《共产党宣言》(«Le Manifeste communiste»),《著作集》(Œuvres)第一卷,前引,第173页。(参见马克思、恩格斯《共产党宣言》,人民出版社,2015年,第40页:"它首先生产的是它自身的掘墓人。资产阶级的灭亡和无产阶级的胜利是同样不可避免的。"——译注)

二十三

所有这些都可能不会造成困难。但是,当涉及在这个整体中来说明科学的存在和哲学的存在时,事情就变得更困难了。因此,让我们尽力在这里看得更清楚一点。

科学并不是从来就存在①。相反,从来就存在一些实践认识,它们的结果是通过极端灵巧的经验过程得出的,无论那些经验过程是对恒星、动物、植物、海洋和风的运动的简单观察,还是对物质——其中火和铁起了至关重要的作用——的特质的简单观察。这些实践认识从来都与生产力及其发展联系在一起(首先是工具,然后是简单的机器,如水泵等)。它们首先是个体生产者的功绩,然后逐渐成了在某些技术方面有专长的劳动

---

① 这个论点类似于列宁在讨论国家时引用过的恩格斯的一个论点。列宁在《国家与革命》第一章曾引用恩格斯的话:"……国家并不是从来就有的。曾经有过不需要国家,而且根本不知国家和国家权力为何物的社会。在经济发展到一定阶段而必然使社会分裂为阶级时,国家就由于这种分裂而成为必要了。"参见《列宁选集》第三卷,人民出版社,2012年,第121页。恩格斯的话可参见《家庭、私有制和国家的起源》,《马克思恩格斯文集》第四卷,人民出版社,2009年,第193页。与此类似,阿尔都塞还提出过"哲学并不是从来就存在"的论点,参见阿尔都塞《论再生产》,吴子枫译,前引,第67页。——译注

者的财产；铁匠就这样在稍微发达的原始社会发挥了决定性作用，就像巫师、萨满等人一样，他们按照合适的巫术征兆来安排劳动和狩猎节奏。实践认识中的劳动分工，以及劳动工具的生产技术，就像对物种的生物学再生产的认识和对社会秩序的认识一样，也在一点一滴地增加，但还没有脱离经验的范畴。

直到有一天，世界上突然出现了第一门科学，关于数字和关于图形的科学，算术和几何。关于它们的可信起源，我们曾有过寥寥数语。这门科学一经诞生，就像在它和它的史前期之间出现了一个"断裂"。因为它不再是针对相同的对象，也不再使用相同的技术来产生结果。它对一种抽象的对象（数字、空间、图形）进行加工，通过纯粹的证明来展开，抽象掉一切具体的规定性。所以无论它们面对的具体对象是什么，所得的结果都是客观有效即普遍有效的。这是整个认识领域中的一场革命，也是与现有认识联系在一起的全部实践中的一场革命。

正是随着世界上第一门科学的突然出现，哲学诞生了。当柏拉图在自己学园的三角楣上铭刻"非几何学家免入"① 时，他注意到这一事实，并要求每位候选哲学家都必须事先懂数学，而他本人则负责教他们应该通过认识数学来懂得什么。

哲学从数学中汲取了什么呢？恰恰是关于对象和证明的这样一种观念，即对象和证明要是纯粹的，也就是抽象的、严密的、详尽的，并且要是客观的即普遍的。另外还有这样的观念，

---

① 根据一个较晚的传统，最早的见证者似乎是菲洛彭诺斯（Jean Philopon, 公元 6 世纪左右）。参见他对亚里士多德《论灵魂》（De Anima）的评注，收入《希腊文亚里士多德评注》（Commentaria in Aristotelem graeca），第十五卷，海德鲁克（M. Haydruck）编，柏林，赖默尔出版社（Reimer），1897 年，第 117 页，l. 29。

即认为在实践认识和纯科学认识之间,存在着我曾经说过的那种"断裂",从而认为这种"断裂"提出了一些哲学必须思考且必须回答的问题,如果它想"保全"真正的"面子",并且不仅让那些仍然停留在实践认识中的人,而且让那些统治国家的人听到自己的声音。柏拉图的全部著作都建立在这个基础上,不仅仅是那些理式,而且还有它们与感性世界的对立,意见(doxa①)和数学理智②(dianoia③)之间的区分;以及这两种认识类别与哲学认识之间的区分,即哲学认识高于一切,并且能够思考和克服这种差异;上行的辩证法和下行的辩证法,分有、关于本质和关于本质的彼岸的理论;等等。

如果停留在这个观点上,就可以从中得出结论说,哲学的诞生是第一门科学突然出现的一个后果。但是,如果细加考察,事情就更复杂。因为数学的问世并不是中立的。它是作为一个处于危机中的世界中的某一危机的解决办法而出现的,那个世界还没做好"消化"它的准备——更准确地说,它在一个对它的意识形态抵抗很敏感的地方撕开了一个口子。因而可以将哲学视为对这种威胁的回击和解救,视为对占统治地位的意识形态编织物的统一体④的裂缝的"缝补"。必须准备应付最紧急的情况,夺取数学并掌握它,使它重新回到它扰乱了的秩序中。

---

① "doxa",拉丁文形式的希腊语,意为"意见"。括号前面的"意见"原文为法文"opinion"。——译注
② "理智"原文为"entendement",一般(尤其是涉及康德哲学时)译为"知性"。——译注
③ "dianoia",拉丁文形式的希腊语,意为"理智"。——译注
④ "统一体"原文为"unité",也译为"统一""统一性"。——译注

我们也可以用同样的方式来阐释柏拉图，因为正是这位要求所有哲学家都必须是数学家的作者，在其哲学中以一种独特的方式对待数学：他在认识中把数学降到次要位置上，使它服从于哲学，而哲学恰恰通过对数学作出保证来控制数学，并且是以善的名义控制它，也就是说以政治（城邦的善）的名义控制它。

二十四[①]

但是,哲学之所以这样"缝补"或"缝合"因科学——它总是同无神论和唯物主义直接或间接地联系在一起——的颠覆性的突然出现而在占统治地位的意识形态中产生的裂缝,哲学之所以这样以哲学的方式重新恢复某种意识形态——尽管它是占统治地位的,却突然感觉自己受到某种神秘危险的威胁——中的秩序,这是因为哲学与这种占统治地位的意识形态之间有勾结,因为哪怕它彻头彻尾不是意识形态的,它至少在这种场合履行了无可争辩的意识形态功能。

---

① 接下来的三章重新抓住了在《哲学的改造》(«La transformation de la philosophie») 中提出的一些观念,后者是阿尔都塞于1976年春在格拉纳达和马德里发表的讲演稿,该文本于1976年以西班牙文出版,法文本在作者去世四年后收入《论哲学》(Sur la philosophie) 一书出版,巴黎,伽利玛出版社 (Gallimard),"无限"(«L'Infini») 丛书,1994年。这三章的其他内容来自1976年7月阿尔都塞在巴塞罗那发表的论无产阶级专政的讲演稿。巴塞罗那讲演稿的原始法文本发表于2014年9月4日的《时代》杂志 (Période),题为《路易·阿尔都塞一篇未刊文本:在巴塞罗那关于无产阶级专政的讲演》(«Un inédit de Louis Althusser. Conférence sur la dictature du prolétariat à Barcelone»),电子版见 http://revueperiode.net/un-texte-inedit-de-louis-althusser-conference-sur-la-dictature-du-proletariat-a-barcelone/。

因此，哲学似乎具有一种奇怪的地位：一方面，它给自己赋予了科学的所有外表①，而且不仅是外表，还赋予了一些科学的理论武器；但另一方面，它至少在一些非常明显和重要的情况下，行使了某种意识形态功能。在这里，似乎恰恰是科学构成了它即哲学必须化解的危险——为的是让它在这种情况下所服务的那种意识形态恢复自己的统一和安宁。然而，我们会注意到，在这种表面的对称和对立中，事物并不是对等的。因为如果说哲学与科学相关是由于其**形式**，即其范畴的抽象性、其推理的证明性，尽管这种推理总是一种关于纯"对象"——因为它们是抽象的，即剔除了所有经验内容——的纯推理；那么哲学与意识形态相关，却完全不是由于其形式，而是由于其**功能**，由于其形式本身在为占统治地位的意识形态服务时所发挥的作用。如果意识形态的最终（归根到底的）功能就是服务于阶级斗争，如果占统治地位的意识形态的最终功能就是服务于统治阶级的阶级斗争（如果被统治的意识形态——当它已构成时——的最终功能就是服务于被统治阶级的阶级斗争），从而如果意识形态的最终功能是政治的；那么就也不要害怕为哲学承认这一点，不要害怕与毛、列宁和葛兰西一起说：哲学就其功能而言是意识形态的和政治的。

但是在这种情况下，哲学似乎是双重的：就其功能而言是政治的，就其形式而言是科学-理论的。在这种双重面向中，政

---

① "外表"原文为"apparences"，以往也译为"表象"，但为了与"représentation"相区分，本书中一般将它译为"外表"，详见第182页译注。——译注

治功能代表其本质的规定性。

这让我们有可能理解，哲学是从这种构成其特异性的科学-理论的形式开始的，并且哲学的开始被打上了这种形式的印记。因为哲学的内容（功能）在哲学家的哲学诞生之前就已经广泛存在了。如果这种内容是占统治地位的意识形态的内容，那么一旦在阶级社会中存在占统治地位的意识形态，人们就会遇到它，它那时会以一种尽管还不具备哲学的合理性和证明性，但毕竟还是有一定的逻辑性的形式存在（正如我们在关于存在的宗教问题上所看到的那样）。正因为如此，有些伟大的宗教问题和政治问题（后者通常被乔装改扮为宗教问题）远远早于哲学的诞生并在哲学诞生后继续存在，因为代表着新的阶级利益的哲学，长期以来一直遭到宗教问题的统治。在这种情况下，我们可以理解，一门科学（第一门科学）——它本身也与明确的社会利益相关——的问世，为哲学的诞生提供了机会，因为它为哲学提供了纯粹的抽象性、合理性和证明形式，而这些东西后来就构成了哲学的特征。

但这样一来，我们同时也就理解了，采用这种形式并没有损害哲学的政治-意识形态功能，毋宁说这种功能由于这些新的论辩和证明形式的加持而得到了增强。这种非常特殊的局面，让我们有可能理解第一位举世闻名的伟大的唯心主义哲学家柏拉图对数学——也就是当时的科学——所持的"双重立场"：要成为哲学家，就必须先成为数学家，这使得科学被摆在第一位；但是一旦哲学家谈论它，就是为了把它摆到第二位，摆在哲学本身之后。这证明了在哲学本身中政治对于科学的合理性形式的优先性：哲学在自己的实践中承认了这一点。

但是，如果情况确实如此，就不得不提出一个难题：哲学对占统治地位的合理性和科学性的形式的借用，能够为什么服务？从而，通过占有这种合理性提供的服务，占统治地位的意识形态可以获得什么？因为无论如何，这种占有既不会从根本上改变占统治地位的意识形态的功能，也不会改变它的对象，也不会改变它的赌注。必须解决这个难题。

然而，如果不回到占统治地位的意识形态及其与国家的关系，就无法解决这个难题。我们强调过意识形态存在于（意识形态）国家机器中这个事实。我们也强调过，要把即将变成统治阶级的新兴阶级的意识形态构成为占统治地位的意识形态，离不开漫长的阶级斗争过程。① 在这里千万不要陷入关于阶级斗争的唯心主义，认为所有这些斗争，从经济斗争到政治斗争和意识形态斗争，都是为了取乐或声望，或只是为了获得胜利。实际上这些斗争都有**一些赌注**，后者不仅包括国家政权（这是最高赌注）或国家机器，或诸多国家机器（镇压性机器和意识形态机器）之一；甚至还包括剥削，同时也就包括生产关系。换句话说，这些阶级斗争的赌注，不仅包括那些关系或机器（那些机器构成了这些斗争得以展开的形式）；这些斗争的赌注，而且是底注，还包括强加和承受剥削的**那些实践**（其中也有科学实践和技术实践）。在所有这些斗争中，最高赌注是掌握或夺取国家政权和国家机器；最低赌注是根据把社会分为各阶级的阶级对抗，对不同的实践进行控制并为它们确定方向。

我说过，只有在意识形态的制约下才会有实践，我同时还

---

① 具体可参见阿尔都塞《论再生产》，吴子枫译，前引。——译注

谈到了在每种实践场合产生并同时支配着那种实践的那些细微的意识形态①。我力图表明，占统治地位的意识形态的构成，征募所有那些局部的继而领域性的（régionale）意识形态，其方式是让它们服从自己。但它显然是在宏大的阶级观念的统一形式下征募它们的，如果征募成功的话，占统治地位的意识形态就可以围绕它们而构成。甚至在哲学家的哲学存在之前，就有一项政治任务，即一项意识形态中的阶级斗争任务，我们可以完全指出其特征的任务：首要的就是围绕出现在统治阶级阵地上的几个宏大观念，把局部的继而领域性的极度多样的意识形态全部统一起来，以构成对其双重作用必不可少的占统治地位的意识形态的统一。双重作用指：1）帮助统治阶级统一自己；2）通过吞并被统治阶级的意识形态的危险要素来使被统治阶级服从自己。历史表明，这项政治-意识形态任务，在哲学问世之前，通过一个重要的领域性的意识形态得到了保障。这个重要的领域性的意识形态——比如宗教的意识形态或政治的意识形态——把自己强加于其他领域性的意识形态。随着哲学的问世，这项任务采用了一种相对较新的手法。

我的意思并不是说哲学已经取代了那个领域性的（régionale）意识形态，后者在它之前好歹已经统一了整个为统治阶级服务的意识形态领域。恰恰相反，历史表明，就其实质而言，**在资产阶级意识形态的统一方面发挥主要作用的并不是哲学**，而是**法律意识形态**。而且正因为如此，我们能够看到，资产阶级哲学本身是以资产阶级法律意识形态为基础而构成的，

---

① 参见第282页。——译注

它不仅从后者那里借用了主体范畴，而且从中借来了这样一种观念，即要对所有存在的东西——世界上的各种存在和认识——甚至对世界本身、对上帝，提出有关权利的问题①。然而无论如何，哲学在这个大合唱中发挥了非常特殊、非常明确的作用，而这种作用又重新让我们回到将哲学与现有科学的合理性联系起来的那种关系。

在我看来，以资产阶级哲学为例，差不多可以这么说：在占统治地位的资产阶级意识形态被构成从而得到统一的百年大业中，是**法律意识形态起决定作用**，是**哲学占统治地位**。至少直到19世纪上半叶，法律意识形态都提供了对于构成资产阶级自由意识形态必不可少的主要观念，并且整个统一工作正是围绕那些观念而完成的。当时哲学已经能够在其中发挥自己的作用了：其途径是在理论上制造一些问题、给出一些回答，从而制造一些论点和范畴。那些论点和范畴一方面是这种法律意识形态的表达，另一方面能够加工现有意识形态观念，以朝着统一的方向对它们进行改造。为了实现这一目标，必然要生产一些抽象概念（notions），因为，否则怎么能够统一那些局部的或领域性的意识形态，怎么能够占领对手的阵地（它们都是极度多样的）？

不能想象哲学家的哲学在历史上垄断了抽象，垄断了**这种类型的抽象**。在哲学存在以前，占统治地位的领域性的意识形态自身也生产并实践了一种非常特殊的抽象，最常见的是隐喻

---

① "权利的问题"原文为"question de droit"，其中"droit"也译为"法""法权"。详见第64、156页译注。——译注

性的抽象，这种抽象使它能够完成其意识形态统一的任务。唯一的区别在于，哲学抽象是从科学抽象中借来的。这是一个事实，也许这里应该重新谈到科学的问世在文化世界——其政治-意识形态平衡很不稳定——中造成的"裂缝"。事实是，可能因为过于利益攸关（但我们在这一点上的研究非常欠缺），所以从历史上的某个时期开始，**占统治地位的意识形态的统一再也少不了哲学的服务**，哪怕这种哲学当时是用来服务于神学的（这种情况也印证了我们先前的看法：这并非不可避免，因为到目前为止，从来不是哲学决定着占统治地位的意识形态）。

二十五

如果我们同意构成占统治地位的意识形态的整个过程只是阶级斗争的一种形式，如果我们同意这种阶级斗争的基本赌注，在国家的形式背后，是生产资料的占有以及与之相关的各种实践，包括科学实践；那么就有可能在哲学上看得更清楚。

我们说过，在一门科学有一个对象的意义上，哲学没有对象。在此过程中，我们注意到，相反，哲学在阶级斗争——它使哲学在理论中与自己的哲学对手相对立——中有一些目标。现在我们可以说，哲学之所以有目标，是因为它有一些赌注，就像任何不是唯心主义的斗争一样。然而，在哲学这一理论中，阶级斗争的赌注是相当特殊的：它们不在触手可及的范围内，而是距离遥远，它们甚至与哲学的阶级斗争实践相去如此之远，以至于人们不禁要怀疑哲学怎么够得着它们。除了对这样那样的哲学论点进行反驳（但由于哲学不是科学，所以在哲学中从来没有可认定的错误，因而就从来没有错误的、无法辩护的论点），那些赌注是什么呢？确切地说它们是一些实践，**是在这些实践中所发生的事情**。首要的是在阶级斗争（经济的、政治的、意识形态的阶级斗争）的实践中发生的事情，同时也包括与自然科学紧密联系在一起的所有其他物质实践中发生的事情，还包括在最多样化的社会实践（性的、家庭的、法律的、文化的等等实践）中发生的事情。对于统治阶级来说，关键是要控制这些实践以及作为这些实践当事人的那些人，并使这些实践朝着自己阶级利益的方向发展。对这些实践的控制不仅通过掌握生产、交换和研究的资料来进行，还通过寄居在这些实践中并把这些实践作为自己对象的意识形态来进行。正是这种要求，为占统治地位的意识形态的统一赋予了全部意义。因为正是通过意识形态的统一，即它们的占统治地位的观念的渗透，统治阶级对那些实践和当事人的控制和统治才得以进行。哲学正是在这里发挥其作用：因为它，就像在实验室一样，根据法律意识形态的订单①进行工作，以制定②问题、论点和范畴，而占统治地位的意识形态将强占这些东西，使它们渗透进统治着那些实践及其当事人的意识形态形式中，直至其最深处。

哲学史上一直像谜一样存在的一个事实，正是由此最终得到澄清，这个事实就是：哲学以**体系**的形式存在。虽然不是全部哲学，但绝大多数哲学是这样的。恩格斯在这个难题上说了些蠢话——这证明唯物主义者永远不可能彻底不受唯心主义侵袭——他在《路德维希·费尔巴哈》③中说，哲学体系"产生

---

① "订单"原文为"commande"，也意为"支配""命令"。另参见第176、308页正文和译注。——译注

② "制定"原文为"élaborer"，与上文"实验室"（laboratoire）为同根词。——译注

③ 即《路德维希·费尔巴哈和德国古典哲学的终结》（*Ludwig Feuerbach et la fin de la philosophie classique allemande*）。——译注

于人类精神的永恒的需要，即克服一切矛盾的需要"①。这关系到**矛盾**，他说得对；但是提到"人类**精神的矛盾**"，这就唯心主义了。这些矛盾是非常真实的，是统治阶级在构成自己占统治地位的意识形态的过程中遇到的矛盾，因而它们归根到底是阶级矛盾。不用说，在人与自然的关系中，在个体与其自身的无意识关系中，还存在着其他矛盾。然而统治阶级力求解决那些矛盾，这也是千真万确的，因为那些矛盾与它的阶级统治无法相容。把意识形态统一为占统治地位的意识形态，恰恰是解决阶级矛盾的一种手段。大多数哲学的**体系性形式正是为了回应这个要求**，从柏拉图到黑格尔和孔德等等，整个唯心主义传统向哲学提出的这个"对象"②，即"思考整体③"，正是为了回应这个要求。当哲学将自己的目标设定为"思考整体"时，它本身就供认了：在占统治地位的意识形态的统一事业中，它承担了理论的部分、抽象的部分。此外，千万不能被非体系性哲学——如克尔凯郭尔或尼采的哲学——的存在蒙蔽：因为它们是"反应的"哲学，要依靠它们所批判的那些体系；而且它们通过充当魔鬼的辩护人，为在占统治地位的意识形态中表述反对意见作出了贡献，而那些反对意见如果继续停留在沉默中

---

① 《路德维希·费尔巴哈和德国古典哲学的终结》(*Ludwig Feuerbach...*)，前引，第21页。(参见恩格斯《路德维希·费尔巴哈和德国古典哲学的终结》，《马克思恩格斯文集》第四卷，前引，第272页："在一切哲学家那里，正是'体系'是暂时性的东西，这恰恰因为'体系'产生于人类精神的永恒的需要，即克服一切矛盾的需要。"——译注)

② "对象"原文为"objet"，但正如下文所示，这里该词应该理解为"目标"(objectif)。——译注

③ "整体"原文为"le tout"，参见第100页译注。——译注

或不为所知的话,将是非常危险的。当然,这个看法也是有限度的,正如我们已经看到的那样,哲学在占统治地位的意识形态的构成中的作用也是有限度的。

所有这些都的确很漂亮,而且在某种程度上也站得住脚,但是既然归根到底是阶级斗争在支撑着这种解决办法①,那么科学呢?在这个朴素的问题的地平线上,出现了科学的阶级性质和科学的客观性的阶级性质的幽灵。关于这最后一点,我要请大家参考多米尼克·勒古的著作②。但对于这个原理,必须解释清楚。因为科学实践是一种实践,所以作为实践,它也在一定的意识形态的制约下进行,这种意识形态就像一切实践的自发意识形态一样,反映了这种实践的某种真理。过去,我认为自己能够表明③,可以在"科学家的自发哲学"中区分出两种要素:要素1来自科学内部,具有唯物主义倾向;要素2具有唯心主义倾向,源自外部,也就是说,归根到底源自占统治地位的意识形态,而哲学在这种意识形态中扮演着我们所知的角色。因此,任何研究者都在某种意识形态的制约下加工某种物质对象,无论这个对象是具体的还是抽象的。这里说的意识形态也包括哲学范畴,这些范畴此时早已进入了生活,以至于不再像是哲学范畴,但它们身上叠加了过多的哲学回声并由这

---

① 指前文所说的"解决阶级矛盾"的办法。——译注
② 《李森科》(*Lyssenko*),前引,第 141 页及以下。
③ 《哲学和科学家的自发哲学》(*Philosophie et philosophie spontanée...*),前引,第 100—101、121—153 页 [《附录:论雅克·莫诺》(«Appendice sur Jacques Monod»)]。(参见阿尔都塞《哲学和科学家的自发哲学》,《哲学与政治:阿尔都塞读本》,陈越编,前引,第 83—84、99—126 页。—— 译注)

些哲学回声过度决定着。这些范畴来自现有的甚至是过去的哲学，对于研究者的理论实践，它们既可以构成研究的障碍，也可以构成对研究的支持。一般来说，研究者并不知道这一点，他只满足于借助自己的实验装置，解决由他的对象的性质所提出的难题。整个这项工作自然产生了一种唯物主义复位①，一种现实态的（en acte）对那些范畴和观念——研究者正是在它们的制约下展开工作的——的唯心主义内容的唯物主义批判：这种复位导致了客观认识的生产，把虚假的或部分虚假的观念——这个进程时不时受到它们的诱惑或统治——抛回到虚无中。科学家一言不发地摆脱那些观念。对他来说，错误是不存在的：要么他身处错误之中，那他就不能思考它；要么他消除了错误，那它就从他脑海中消失了。因此，当他刚刚摆脱其他现成的观念，却没有重视这一点时，就容易受到再次出现在他面前的意识形态的现成观念的影响，却对此一无所知。

如果有人问，为什么从来没有任何严肃的努力去克服科学家陷入其中的这种恶魔般的陷阱呢？再明显不过的是，这个账要记在资产阶级唯心主义意识形态头上。后者在科学家不知情的情况下操纵他，把他一直带到他所生产的认识的门槛前，然后又再次将他引入歧途。无论官方的声明如何，对于资产阶级而言，科学家在意识形态上的服从比研究的生产能力（productivité）重要得多。尽管唯物主义哲学拼命警告科学家，甚至把那种神秘化机制和他受盘剥利用的机制清楚告诉他，也都无济于事。因为这种哲学——尤其是在它自己被统治的

---

① "复位"原文为"réduction"，通常也译为"化约""还原"。——译注

立场①上——撞到了意识形态的阶级统治这个巨大的障碍物上。

17 世纪和 18 世纪的哲学家希望改进人类的知性，包括国王和科学家的知性。他们在这上面栽了跟头。人的知性并不是走在前面，而是走在决定性的阶级斗争后面。要改变人的观念，就"必须改变国家"②（马克思）。

然而，刚才关于哲学以及——通过（在局部的意识形态层面上得以兑现的）占统治地位的意识形态这个中介——关于哲学在占统治地位的意识形态的统一中的作用所说的一切，解释了我们由以出发的这个命题：**人人都是哲学家**。当然，说他们是哲学家，不是在哲学家的哲学的意义上来说的——他们并不懂那种哲学；说他们是哲学家，是因为他们也通过哲学范畴来思考。这些范畴首先由学者③根据占统治地位的意识形态的订单在哲学实验室制定出来，然后渗透进了统治着人们实践的那些意识形态中。他们就这样成了哲学家，但他们通常并不自知；虽然正如葛兰西所正确地指出的那样，人民的智慧能觉察到这一点。从阶级斗争实践的观点看，这一特点非常重要，因为它

---

① "立场"原文为"position"，其复数形式"positions"一般译为"阵地"，详见第 109 页正文和译注。——译注

② "就'必须改变国家'"原文为"il «faut changer l'État»"。在马克思的著作中未找到完全对应的提法。意思相近的提法可参见马克思《关于费尔巴哈的提纲》，《马克思恩格斯文集》第一卷，前引，第 500 页："关于环境和教育起改变作用的唯物主义学说忘记了：环境是由人来改变的，而教育者本人一定是受教育的。因此，这种学说必然会把社会分成两部分，其中一部分凌驾于社会之上。环境的改变和人的活动或自我改变的一致，只能被看做是并合理地理解为**革命的实践**。"——译注

③ "学者"原文为"savants"，源自"savoir"（知道、知识），在上文中译为"科学家"。——译注

让我们能够理解阶级斗争中哲学的必要性，理解战士们和那些属于最广泛群众的人初步学习哲学语言——他们原则上能搞清楚它们——的可能性。

既然现在我们有了对于哲学理论来说足够的基本概念，我们就可以回答下面这个难题了：马克思主义的唯物主义哲学能够是什么？我们将通过重复我们的定义来作出回答：它只能在一种条件下存在，即彻底自觉地接受哲学的性质和机制。正如哲学意味着党派斗争，马克思主义哲学则意味着在哲学的阶级斗争中选边站；它归根到底是理论中的阶级斗争，由于意识到自己所代表的阶级利益，它选择站在唯物主义阵营一边①，站在无产阶级立场②上。因此，它在战斗：哲学家就是在理论中战斗的人。不是随便反对谁，不是在随便的时间以随便的方式进行，而是要认出当下的主要对手，认识他们的矛盾、优点和缺点，认清可以抓住以便发起进攻的"最薄弱环节"，并选择最佳的据点和最好的盟友（好的论点、好的范畴），永远不失去对它们的控制，等等。

马克思主义哲学家如何战斗？像任何哲学家一样：通过去实践哲学③，不过是借助于一种能使他避开唯心主义（尤其是

---

① 这句话中的"党派斗争"原文为"prise de parti"，"选边站"原文为"prend parti"（前文也译为"选择立场"），"选择站在……一边"原文为"prend parti pour"，详见第261页译注。——译注

② 这里"立场"原文为"positions"，一般译为"阵地"，这里应理解为复数的"立场"（position），详见第109页正文和译注。——译注

③ 注意，这里的"实践哲学"不是偏正结构的名词短语"实践哲学"（philosophie de la praxis），而是动宾结构的"实践哲学"（pratiquant la philosophie，原形为 pratiquer la philosophie）。——译注

当它钻进自己的队伍中时）陷阱的**新的哲学实践**①。他通过提出一些新论点而进行战斗，阶级斗争的历史让对手占据了多少阵地，那些新论点就要构成多少攻击武器。这些论点由范畴组成，有时候为了回答一个前所未闻的问题，他还要生造一些范畴。他知道，这些范畴如果"校正"得当，也可以服务于科学实践和政治实践，从而与他离得很远，因为他是在后撤了一段距离的哲学理论中工作的，尽管他同时也在马克思列宁主义阶级斗争组织中战斗着。他既不会陷入愚蠢，要在唯物主义和辩证法之间进行区分，也不会陷入认识论和存在论。他也不会把所谓的人文科学当作科学，因为它们只是资产阶级意识形态的理论形态。他知道，必须借助历史唯物主义的原理和概念，用科学的认识即关于阶级斗争规律的科学去攻克这个被对手占领的领域。

总之，他不会陷入资产阶级的最后幻象：相信存在一种"马克思主义哲学"。然而，这个观念在许多本身是马克思主义者的人当中广为流传。这并非不是基于一个大胆的思想，因为根据他们的观念（我自己有几年也分享了这个错误的观念②），

---

① 《列宁和哲学》（«Lénine et la philosophie»），前引，第44—45页："马克思主义不是一种（新的）**实践哲学**，而是一种（新的）**哲学实践**。"（参见阿尔都塞《列宁和哲学》，《哲学与政治：阿尔都塞读本》，陈越编，前引，第169页："马克思主义理论的核心是一门科学：一门完全与众不同的科学，但仍然是科学。马克思主义给哲学贡献的新东西，是一种新的**哲学实践**。马克思主义不是一种（新的）**实践哲学**，而是一种（新的）**哲学实践**。"——译注）

② 比如参见《历史唯物主义和辩证唯物主义》（«Matérialisme historique et matérialisme dialectique»），载《马列手册》（Cahiers marxistes-léninistes）第11期，1966年4月，第97、113页："通过创立这一新科学（历史科学），马克思同时创立了另一种理论学科，**辩证唯物主义**或马克思主义哲学［……］辩证唯物主义的对象是［……］**作为认识的认识生产史**［……］。马克思的哲学革命［……］使哲学从一种意识形态状态过渡到了一种科学状态"。参见《答约翰·刘易斯》（Réponse à John Lewis），前引，第55页。(另参见阿尔都塞《答约翰·刘易斯》，《自我批评论文集》，杜章智、沈起予译，前引，第48—49页。——译注）

马克思同时创立了一门新科学和**一种**新"**哲学**"。但是,更仔细来考察,这个观念是站不住脚的。因为如果说科学史上的确存在一些"断裂"的话,哲学却是这样被构成的:它没有真正的历史,因为它的伪历史无非是通过千变万化的形式重复表现某种唯一的、相同的功能。

因此马克思在现有的哲学中思考,他并没有创立一种新哲学。他只是以一种革命的方式实践现有的哲学,从中采纳一些表达了无产阶级革命的阶级立场的论点。但如果事情确实如此,我们就有理由说,**不存在也不可能存在马克思主义哲学**,因为一种哲学,无论它是古代的、中世纪的还是资产阶级的哲学,都要求一种特殊的存在形式即体系性。我们已经知道为什么要有这种体系性:为了支持对范畴进行统一的工作,而那些范畴是用来帮助实现占统治地位的意识形态的统一。在这里出现的,最终是一种阶级的理由①,因而是一种属于阶级社会的理由。

然而,尤其值得注意的是,马克思实际上对哲学保持了沉默。从原则上说他是对的。当时必须把完全不同的阶级斗争形式摆到首要位置上来。马克思仅仅在其科学工作和政治工作中实践了哲学,而列宁在很大程度上做了同样的事情:他们默默地但真正有效地实践着哲学。但我认为还不止这些。如果占统治地位的意识形态的构成与国家及其权力联系在一起——这是不言而喻的——那么,正如整个哲学史已经证明的那样,**国家与哲学之间**,国家与占统治地位的统一的意识形态之间,从而国家与剥削阶级的哲学的体系性之间,**就存在着密切的关系**。

---

① "理由"原文为"raison",一般也译为"理性",下同。——译注

315 然而我们可以说,这种体系性的形式,正如恩格斯关于运动中的物质的不幸尝试和其他不断重复的例子所证明的那样,对于被统治阶级来说,也代表了一种意识形态陷阱。如果无产阶级哲学去模仿资产阶级哲学,乃至借用其体系形式,那它将处于危险之中,而它也的确处于危险之中了。因为除了以一种漫画般的形式,无产阶级意识形态统一的条件还没有得到实现。哪怕它们得到了实现,无产阶级掌握了政权,摆在无产阶级面前的历史任务也是打碎资产阶级国家及其机器,然后把国家引向消亡。在这第二种远景中,实践一种体系性的哲学是不合适的,因为这种哲学只会强化国家——当然,是在它自己的层面上强化国家。这就是为什么在我看来可以正确地说,**在哲学一词的经典意义上不可能存在马克思主义哲学**,马克思主义在哲学中带来的革命,在于以新的方式,根据历史唯物主义所知的哲学的真实性质,站在无产阶级的阶级立场上来实践哲学。

二十六

但是，必须给整个这套分析补充一些重要的东西，使它变得更精确。

因为，为了构成占统治地位的意识形态，阶级斗争把哲学招募到了自己那些相互对立的队伍中，从这个意义上来说：如果一切哲学的特性，就在于通过范畴和论点的校正来协助占统治地位的意识形态的统一；因而如果一切哲学的特性，在这种功能方面，都由新兴阶级或统治阶级所必需的某个意识形态领域所决定；那么无论如何，这种决定作用都打上了阶级界限的烙印。

无论怎么做，我们都会不由自主地把哲学想象为资产阶级哲学，它建立在资产阶级法律意识形态基础上并被这种意识形态所决定，它"归根到底"由它在阶级斗争中的作用来定义，从而无法避免一种主观的阶级的决定作用①。

如果我们转向这种哲学，或转向工人阶级——为了统一其阶级斗争的意识形态——所需要的新的哲学实践，我们会发现自己（如果我们的定义正确的话）面临同样的决定作用。这种

---

① "决定作用"原文为"détermination"，也译为"规定性"。——译注

新的"哲学实践",无论乐意与否,哪怕这个提法让人反感,也是一种新型的无产阶级的"政治的婢女"①。我们都知道青年卢卡奇是如何对付这个问题的②,他赋予无产阶级一种"普遍的"本质,后者引起了一种预期的巧合:一方面是无产阶级的**主体性**,另一方面是从这一**客观**事实而来的这种主体性的**普遍性**。但马克思主义不能同意这种唯心主义解决办法。

实际上,马克思主义掌握了唯物主义解决办法的原理,这种解决办法与马克思创立的关于阶级斗争的条件和形式的科学相一致。因为,马克思在这方面带来了什么新东西呢?一种关于辩证法的理论,它把阶级斗争的不同层面联系在一起,因而该理论让我们有可能思考在阶级斗争的不同层面(经济的、政治的、意识形态的、理论的层面)之中以及在它们之间发生的事情的必然性和客观规律。马克思尤其为我们提供了一些手段来画出一幅关于哲学的理论草图,以解释哲学在理论的阶级斗争中的作用,以及哲学在意识形态的阶级斗争中、在领域性的和局部的意识形态中——并经由它们,在不同的实践中——的后果和影响。最后,他让我们能够看到,在把现有的种种意识形态统一为占统治地位的意识形态的过程中,承担着理论制定作用的哲学,本身并不决定这一作用。这种作用的各种形式,是由占统治地位的意识形态

---

① "政治的婢女"是对托马斯·阿奎那"哲学是神学的婢女"这一提法的改写。——译注

② 《历史与阶级意识》(*Histoire et conscience de classe*),阿克谢洛斯(K. Axelos)和布瓦(J. Bois)译,巴黎,午夜出版社(Minuit),"论据"(Arguments)丛书,1960年。(参见卢卡奇《历史与阶级意识》,杜章智等译,商务印书馆,2004年。 译注)

为了统治阶级的实践和它的阶级斗争，从外部向它"订购的"①。

可以说，在马克思之前，哲学发挥其作用，却不知道决定这种作用的条件，所以它是盲目地发挥作用。而由于它对"在背后"支配着自己的规律毫无所知，所以它认为自己没有"背面"，并把它自己的性质仅仅等同于它对自己的意识，等同于它对被自己看作是自己"对象"和归宿的东西——对真理、意义、起源和目的的揭示——的意识。它把自己的历史视为这种揭示的种种形式的历史，这种揭示悖论性地总是达到目的，又总是重新开始。

通过为从事工人的阶级斗争的战士谋得任何阶级社会的哲学家和政治家都无法认识的东西，马克思，有史以来第一次，为他们提供了一个掌握哲学的关键办法，但它不是哲学的而是科学的办法。通过让他们知道哲学归根到底是什么——是披着对真理进行研究或揭示的伪装而进行的理论中的阶级斗争——马克思为他们提供了一些手段，去科学地认识哲学的作用，以及无产阶级政治意识形态对哲学中的马克思主义实践发挥决定作用的条件，从而根据工人的阶级斗争的战略目标去调整和校正这种决定作用。

对哲学的存在条件和作用的认识，绝不会导致用关于其存在条件的科学来取代哲学，一如对重力规律的认识不会导致重力的消失。但是，正如对物体下落规律的认识使我们有可能根据重力的后果采取行动并发现抵消重力的手段一样，对无产阶级政治意识形态决定马克思主义哲学实践的规律的认识，从原则上说也使我们有可能对这种决定作用的各种后果进行批判，改变它们的方向，以避免主观的阶级的决定作用的盲目自动性。

---

① "订购的"原文为"《commandées》"，参见第298、302页正文及译注。——译注

这种哲学并没有因此变成一种客观的科学，但它可以避免阶级的政治主观性①在其重大历史考验中经历过的自我蜷缩的诱惑，并越来越多地服务于各种社会实践的解放。

这就是为什么在以马克思主义危机为标志的历史时期，如果不恢复关于阶级斗争规律的科学，就不可能恢复马克思主义的哲学实践。因为不借助这门革命科学的成果的帮助，马克思主义哲学就再也不能控制其政治的决定作用，就会陷入阶级的主观主义。当局势被资产阶级支配时（而它现在就是这样），哪怕马克思主义的术语仍然作为一种门面继续存在（参见斯大林），这种主观主义也永远是资产阶级主观主义的一种**形式**。今天，只要提出这个问题就够了：马克思主义在哲学中情况如何？回答是：一方面有苏联哲学家的存在论和认识论，另一方面有形形色色的小资产阶级极左派②。但这一切中有什么是无产者阶级的呢？除了口号，什么都没有。

你们刚刚读过这些页文字的人要知道，我刚才所说的这种辩证唯物主义的马克思主义哲学实践，可以在马克思和列宁的理论著作和政治著作中找到。你们也可以在工人阶级站在正确立场——这些立场本身很难得到制定和捍卫——上所进行的勇敢而艰苦的斗争中找到它。无论如何，这种哲学活在这些著作中，活在这些斗争中。这些战斗的传统把它传给了我们，而我们在这个世界上并不孤单。

但是你们还应该知道，如果你们到大多数欧洲共产党领导

---

① "主观性"原文为"subjectivité"，也译为"主体性"。——译注
② "极左派"原文为"gauchisme"，也可译为"左倾主义"。——译注

人的官方声明中，或者到那些党承认的"马克思主义哲学家"的评论中，更不用说到苏联和东欧社会主义国家"马列主义教授"的课堂和著作中，去寻找这种传统，你们就只能找到关于它的漫画般的形象。我不会向任何人扔石头①。但是，在帝国主义统治时期发生的规模巨大的阶级斗争，已经使社会主义陷入了斯大林偏向，而且工人运动和国际共产主义运动在战胜法西斯主义之后，还没有从这场史无前例的危机中走出来。对法西斯主义的胜利，是以一种理论上和哲学上令人咋舌的自我封闭为代价的，所以确切地说，可以认为这是一次失败。

但是你们还应该知道，工人运动的失败不同于军事失败：因为即便处于失败中，工人的阶级斗争也不会停止。它知道并发明了一些新形式，它会重新出现在人们意料不到的地方，它甚至会在看起来已经完全销声匿迹的国家继续进行。当前正在发生的事情就是见证：虽然马克思主义被资产阶级意识形态所碾压，虽然马克思主义理论确切地说已经"消失了"；但是看吧，它正从帝国主义在大都市和"第三世界"国家激起的阶级斗争中复活，新一代的战士、工人和知识分子一点一点地恢复了它。他们抓住它，因为他们需要它；而为了抓住它，他们投入工作，去重新发现和研究马克思主义理论，从中获得可能指导他们政治实践和理论实践的新认识、新论点。

我要对今天所有怀疑哲学的人，对那些怀疑马克思主义有能力以一种正确有效而非任意主观的方式干预哲学的人说：看看你们周围发生的事情吧！看看事情如何瞬息万变！看看这些由青年

---

① 典出《新约·约翰福音》8：7："耶稣就直起腰来，对他们说：'你们中间谁是没有罪的，谁就可以先拿石头打她。'"——译注

人和老年人并肩展开的斗争吧,马克思主义理论因这些战斗而重新焕发了青春,变得更加强大了!看看过去的错误如何得到了纠正!看看我们面前开启了怎样的远景,未来离我们多么接近!

你们在参加工人和民众的阶级斗争吗?请记住:阶级斗争需要哲学即"理论中的阶级斗争"。

你们想成为哲学家吗?请记住:哲学家就是在理论中战斗的人,当他理解了进行这场必要的战斗的理由时,就会加入工人和民众的阶级斗争队伍。

请记住,1845年,马克思在一页纸上草草写下几行文字。那时,1848年尚未出现在地平线上,那是最黑暗的压抑时刻。马克思主义理论尚未在其基础上站稳脚跟。但马克思至少懂得,要想在历史方面干一番科学事业,必须"变换场地"①,必须放弃资产阶级的哲学立场,转变到无产阶级的理论立场上来。于

---

① "变换场地"原文为"changeant de terrain"。这个提法来自马克思亲自修订过的法文版第一卷《资本论》(原文为"changeait ainsi de terrain"),参见根据该法文版翻译的《资本论》,《马克思恩格斯全集》第四十三卷,人民出版社,2016年,第565页:"古典经济学以为用这种办法就已经从劳动的偶然价格进到劳动的实际价值。然后,它用维持和再生产劳动者所必需的生活资料的价值来决定劳动的实际价值。这样,它就**不知不觉地变换了场地**。"(译文有修改)德文版《资本论》此处表述有较大差异,参见根据德文版翻译的《资本论》,人民出版社,2004年,第617页:"政治经济学以为用这种办法就可以通过劳动的偶然价格进到劳动的价值。然后认为,这一价值也和在其他商品的场合一样,是由生产费用来决定的。但是生产费用——工人的生产费用,即用来生产或再生产工人本身的费用,又是什么呢?这个问题在政治经济学上是**不自觉地代替了原来的问题**,因为政治经济学在劳动本身的生产费用上只是兜圈子,没有前进一步。"黑体为译者所标。另外,阿尔都塞较早提到"变换场地"或"场地的变换"(changement de terrain)的文本,是《阅读〈资本论〉》(*Lire Le Capital*),具体参见《读〈资本论〉》,李其庆、冯文光译,中央编译出版社,2001年,第17—23页正文和第73—74页注释。——译注

是就有了《关于费尔巴哈的提纲》，以及这个我们依然要靠它来生活的简短句子：

"迄今为止，哲学家们只是用这样那样的方式解释世界，而关键在于改造世界。"①

1976 年 7 月

---

① 《关于费尔巴哈的提纲》（«Thèses sur Feuerbach»），前引，第十条，第462页："哲学家们只是用不同的方式**解释**世界，而重要的在于**改变**世界。"（原注有误，这句话实际是"提纲"的第十一条。参见马克思《关于费尔巴哈的提纲》，《马克思恩格斯文集》第一卷，前引，第506页："哲学家们只是用不同的方式**解释**世界，而问题在于**改变**世界。"阿尔都塞正文中的引文和法文版编者注释中的引文稍有差别，且都与中文版略有不同。马克思笔记本中这一条的德文原文是"Die Philosophen haben die Welt nur verschieden *interpretirt*, es kommt darauf an sie zu *verändern*"。——译注）。

附 录
Annexe

人人都能搞哲学吗?[①]

路易·阿尔都塞

1957年春,让-弗朗索瓦·雷韦尔的《哲学家何为?》由朱利亚尔出版社出版。这本小册子的基本论点是,哲学的时代已经过去,它要做的就是给科学和精神分析让路;哲学在它们问世之前勉勉强强发挥的作用,从今以后要落到它们身上了。雷韦尔给出的证据是,在矫揉造作和故作高深的掩饰下,海德格尔、拉康、列维-斯特劳斯、梅洛-庞蒂、萨特以及其他赫赫有名的人物的哲学思想(或自认为的哲学思想)贫困得可悲。他的讽刺性小册子激起了一些骚动。拉康——他的《郊区的马拉美主义》为雷韦尔提供了靶子——可能在研讨班践踏(这里用

---

① 《开放的圈子》(*Cercle ouvert*),《人人都能搞哲学吗?》(«Chacun peut-il philosopher?»)。第九次报告讨论会(conférence-débat),巴黎,Nef 出版社,1958年1月,第13—16页。("搞哲学"原文为"philosopher",前文中有时也译为"探讨哲学""进行哲学探讨"。——译注)

的是这个词的本义①）过《哲学家何为?》。梅洛-庞蒂利用自己1958年2月接受玛德莱娜·沙普萨尔采访之机，对这本书进行了几乎与拉康同样优雅的抨击（"这本书让人想到斯大林对最美好时代的叙述"）。萨特在一份他可能没有宣读过的讲演稿中，指责了一位可能得出结论说"哲学家只能扔给狗吃"的"非哲学家"粗人。列维-斯特劳斯在《结构人类学》一书中摆出一副小学老师的姿态，长篇大论地解释为什么"雷韦尔先生不得跟我争辩"②。

阿尔都塞对这本书另有看法。他在1957年写给一位女友的信中说："这种鲁莽放肆让我特别高兴。"毫无疑问，尤里姆街的这位"辅导教师"③很喜欢这种挑衅。此外，雷韦尔当时还

---

① "践踏"原文为"piétiner"，本义为"踩脚""踩"，引申为"诋毁"。——译注

② 关于拉康，参见让-弗朗索瓦·雷韦尔（J.-F. Revel）的《回忆录。空房子里的小偷》(*Mémoires. Le voleur dans la maison vide*)，巴黎，Plon出版社，1997年，第356页；玛德莱娜·沙普萨尔（Madeline Chapsal）对梅洛-庞蒂（M. Merleau-Ponty）的采访，收入沙普萨尔（Chapsal）的《作家面对面》(*Les Écrivains en personne*)，巴黎，1960年，朱利亚尔（Julliard）出版社，再版；梅洛-庞蒂，《双程：1951—1961》(*Parcours deux, 1951—1961*)，拉格拉斯（Lagrasse），Verdier出版社，"哲学"(«Philosophie»)丛书，2000年，第285—301页；列维-斯特劳斯（C. Lévi-Strauss），《结构人类学》(*Anthropologie structurale*)，第一卷，巴黎，Plon出版社，"广场/口袋"(«Agora/Pocket»)丛书，1974年（1958年），第397—401页；萨特（J.-P. Sartre），《哲学家何为》(«Pourquoi des philosophes»)，《辩论》杂志（*Le Débat*），1984年3月，第29期，第29—42页（这是该会议文本的首次出版）；让-弗朗索瓦·雷韦尔（J.-F. Revel），《哲学家何为?》(*Pourquoi des philosophes ?*)，巴黎，朱利亚尔（Julliard）出版社，1957年。（参见列维-斯特劳斯《结构人类学》，张祖建译，《斯特劳斯文集》第一卷，前引，第357—361页。译文有修改。——译注）

③ "辅导教师"原文为"Caïman"，意为"宽吻鳄"，通用于称呼巴黎高师的辅导教师。——译注

是阿尔都塞的朋友，后者那时打算和他一起出一套批评文集。但是雷韦尔的书——在同一封信中，阿尔都塞承认它"不是特别有力"——让他感兴趣的一个根本原因是：他以自己的方式分享了这种反-哲学的灵感。

具体是以什么方式呢？请读者自己来判断。1957年10月8日在巴黎雷恩（Rennes）街44号，当时由雅克·南特主持的一系列名为"开放的圈子"的报告讨论会上，发生了一场围绕《哲学家何为？》的辩论。这场题为"人人都能搞哲学吗？"的辩论，参加者有弗朗索瓦·沙特莱、莫里斯·德·冈迪拉克、吕西安·戈德曼、罗贝尔·米斯拉伊和让·瓦尔。阿尔都塞在辩论之后讨论中的发言——根据他第二天一封信中的说法，一次"凯旋"——两个月后发表在《开放的圈子》杂志上。我们把它原封不动地转载如下。

* * *

我在想这个主题①——尽管它已经被提出来了——是否值得花这么长时间来研究。人人都能搞哲学吗？我认为米斯拉伊说得很有道理：无论你怎么定义哲学，很明显，没有准备就不可能搞哲学。学搞哲学和学走路一样困难。尽管如此，我还是相信，我们能听到的这些陈述，引出并触及了许多重要难题。

---

① "主题"原文为"sujet"，一般也译为"主体"。详见第216页正文和译注。——译注

第一个难题是①哲学语言的难题，或者用马克思的话说，可以称之为"哲学行话"的难题。这个难题很重要，但它是个屏蔽难题②，所以相对而言是个假难题。因为人们总相信可以表明哲学有权拥有一套技术语言，难题在于哲学是否有权将自己视为一门专门的学科。因此，在我看来，这个哲学行话的难题不能从它本身来考虑，而是必须把它与构成其正当性、其合法性，即哲学作为哲学而存在的权利，直接关联起来。这似乎就是从这场辩论中浮现出来的基本难题。

无论我对雷韦尔的著作可能有什么保留意见——今晚我已经听了很多保留意见，我可以从自己的角度重复它们——我实质上都分享了他的工作的主要灵感。我相信，雷韦尔以自己的方式，专属于他的方式，凭其个人天赋，从某个侧面触及了一个当代人关注的核心难题，尽管这个难题并非始自今日。实际上正如沙特莱和戈德曼所说，它始于18世纪。

这个难题就在于，就哲学的自我奢望来说，就将哲学与其他学科、其他活动、其他精神和知识姿态区别开来的东西来说，我们是否实际上不必摆脱哲学，至少不必在其基本的本质方面摆脱哲学，就像我们必须摆脱宗教一样。

世界上存在着整个一系列不同的精神姿态，它们都想证明自己的合法性，但它们并不能因此逃避一种批判，一种人们可

---

① "是"原文为"et"（和），应为"est"（是）之误。——译注

② "屏蔽难题"原文为"problème-écran"，仿照弗洛伊德的"souvenir-écran"（屏蔽记忆）——指兼具异常鲜明性和内容明显无重要性等特征的儿童期记忆——而来，这里指浮在表面而实际上不重要的难题，但这种难题屏蔽了其他更重要的难题。——译注

以针对它们的凭证进行的考察。当我们问哲学是否能够存在、是否已经存在、是否有权存在时,我们提出的问题与人们在19世纪可能对宗教提出的问题是同一种问题:它有权存在吗?也就是说,它能以什么凭证不仅证明自己在当前存在的合法性,而且还证明自己在未来继续存在这一奢望的合法性?

我认为,除非在一种历史的视野中,否则今天几乎不可能提出这个难题。对历史稍加回顾,就可以发现哲学可以提出的凭证、它与不同学科之间保持的关系,是随着时间的变化而变化的。尽管如此,哲学最本质的东西似乎就在于,它是根据一种同样的基本奢望来证明自己的合法性的。

我要建议的是努力去确定哲学可能是什么,它为自己提供的凭证可能是什么。可以肯定,雷韦尔能够有助于这种批判,因为他指出,哲学强占来自外部的难题,哲学只是关于已经解决了的难题的科学。因此,当哲学消灭了一切具有异质起源的东西,当它面对它自身,哲学如何能证明自己的合法性,如何能定义自己,而且它能提出什么凭证来为自己辩护?

有两种方式进入这个难题:一是尽力让哲学家说话,二是尽力看清楚哲学家的话语如何出现。如果是让哲学家说话,我们最终要问他,他凭什么能证明他的奢望具有合法性。哲学家首先会说,正是他在追问事物的原初①意义——这是一个伟大的传统,柏拉图、笛卡尔、康德、黑格尔、胡塞尔、海德格尔都是如此。哲学家总是或多或少知道什么是事物的根本起源。

---

① "原初(的)"原文为"originaire",即下文"起源"(origine)一词的形容词形式。——译注

正是他通过一种在一切现有的意义以内进行的反思，掌握了一切可能的意义和一切现有的意义的起源。实际上，正是他知道别人所不知道的东西，并知道别人所知道的东西的真正意义是什么、别人所掌握的意义的意义是什么、别人所作出的姿态的意义是什么，知道人们所从事的行为的意义；正是他以某种方式声称自己甚至从起源上就掌握了真理的出生证。无论他是柏拉图学派哲学家，还是变成那种百科全书式哲学家（历史上曾有过几个例子），又或者他对人类经验的总体化的必要性不那么敏感，总归永远是他在努力从起源上去发现一切具有意义的东西的意义本身是什么。这实质上就是哲学家为哲学作出的辩护。

现在，我想以另一种方式来提出这个问题，去追问由哲学家本人为哲学家作出的这种辩护是怎么出现的。我想在一种更为历史性的视野中提出这个问题。我这里要说的东西非常笼统，它们需要从细节上得到辩护。我希望不要触犯到我的听众的敏感处。

无论是柏拉图、笛卡尔、康德、黑格尔、胡塞尔还是海德格尔，在我看来，当哲学家以这种奢望来定义自己时，他事实上站在一个模棱两可的、矛盾的立场上。让·瓦尔先生刚才说，根据马尔罗的说法，艺术家根据其他艺术家来定义自己，诗人根据其他诗人来定义自己。那么，在哲学家那里，至少在伟大的哲学家那里，令人感到惊讶的是，他们事实上是根据他们所拒绝的哲学来定义自己的，并且他们多少意识到了这一点。换句话说，我们现在正在为摆脱哲学所做的努力，是历史上所有伟大哲学家都进行过的努力。我们看到，柏拉图力图清算一种哲学，诡辩派哲学，主观论哲学，在他看来，后者是他的时代的威胁；笛卡尔力图摆脱他所谓的虚假的形而上学，经院形而上学；康德发展了整个一套对形而上学的批判，等等。在这方面，我们只是他们的继承人，我们追随着同样的灵感，我们使这种灵感得到延续。

为什么那些哲学家觉得有必要摆脱现有的哲学呢？因为他们认为它们在某些方面具有威胁性，认为它们会危害某些相关的事业，某些具有历史重要性的事业。无论是柏拉图时代客观反思的构成，还是康德对牛顿物理学的捍卫；无论是自然科学在其中得到发展的客观性领域的构成，还是胡塞尔对19世纪末（物理学危机之后不久）威胁着所有自然科学和人的科学（sciences de l'homme）的主观主义的斗争；我们看到哲学家都试图摆脱在他们看来对人类未来有危险的哲学。

因而正是在这里，上演了这个哲学难题的主要悲剧：甚至在伟大的哲学家试图摆脱哲学时，为了摆脱它（即为了忠于我们所关注的目标），他也要创立一种哲学。以康德或胡塞尔为例。就康德而言，他力图摆脱相对主义经验论的努力，实际上导致了对在他看来具有威胁性的整个一种意识形态形式的斗争，但为了承担这项任务，他只能创立一种哲学，也就是说，重新回到他认为的一切意义（signification）① 和一切客观性的起源的东西。在我看来，伟大的哲学家为了摆脱哲学而付出的这种努力的必然对等物，就是对我们称作哲学的东西的求助。在这场战斗中，想要摧毁哲学的哲学家，在某种程度上躲进了应该称

---

① 这里的"意义"原文为"signification"，与其他地方的"意义"（sens）不是同一个词。该词在语言学中也译为"意指（作用）"。——译注

之为哲学的背后世界①的地方。也就是说，他从我们这个世界走了出来，这个世界是一个鸡蛋，他就是从外面观察这个鸡蛋的人；他从中走出来，就是为了宣布它是一个鸡蛋，宣布他从中走出来的这个鸡蛋的意义是这样的，然后他要把这种意义陈述出来。在我看来，哲学家相对于他想要为之奠基的意义（signification）的这种后撤，完全是哲学的本质自身的构成部分。

既然我使用了"根基"②一词，我认为，哲学家生活在一种情感中，即为了证明他所捍卫的事业的合法性，他必须从该事业出现的领域本身中走出来，也就是说，从这项事业受到捍卫和攻击的那个世界走出来；并且在他看来，有必要对这个世界保持一种原初的距离。正因为如此，我们才在伟大的哲学家身上看到这种双重的战斗在上演，这既是一场破坏战又是一场奠基③战。

我们面临的难题是：有没有可能恢复这个伟大的哲学传统，批判的传统，去破坏现时代的意识形态，而又不重新创立哲学（这次是非常精确意义上的哲学），不躲避到这种无论是时间上还是空间上都退隐的点——它对哲学家来说，将是一切可陈述的事物的起源，一切可断言的事物的根基——上去？我们有没

---

① "背后世界"（arrière-monde），作为哲学概念，源自尼采。参见尼采《查拉图斯特拉如是说》，钱春绮译，生活·读书·新知三联书店，2007年，第27页："从前查拉图斯特拉也曾像一切背后世界论者那样驰骋幻想于世人的彼岸。"——译注

② "根基"原文为"fondement"，其动词形式"fonder"在本书中一般译为"创立""为……奠基""奠定基础"。——译注

③ "奠基"原文为"fondation"，它也是由动词"fonder"转化而来的。另参见第67页译注。——译注

有可能在不创立哲学的情况下拒绝哲学？

关于这一点，似乎已经得出的观点是，就自然科学来说，哲学发挥过自己的作用，且自然科学已经从哲学中挣脱了出来。但人文科学（sciences humaines）的情况却不相同：戈德曼已经正确地指出，现有的社会关系模式不容许表现一种可能使对抗变得多余的精神状态。

这里我想举马克思为例——我不是说他解决了这个难题，他恰恰力图在哲学看起来甚至最活跃的领域即人文科学领域摧毁哲学。马克思关于哲学终结的文本世人皆知。他宣告了在人文科学的基础领域，确切地说是在历史领域，终结哲学的必要性。在我看来，实际上重要的还不是这个断言，而是马克思抵达这一点所走的道路。我们都知道，这条道路就是青年马克思著作的道路，他在那些著作中挣脱了黑格尔和费尔巴哈的影响，最终达到了自己思想的成熟状态。

关于人文科学，马克思已经意识到，哲学一词，即这种找到历史意义——因为这里关键的是历史——的奢望，在哲学家那里最终等于与一个时代对自己的幻觉相一致，也就是说，与占统治地位的意识形态相一致。而且在马克思那里方式非常明确，终结历史领域中的哲学，就是对现有意识形态进行批判，对现有意识形态与相关的整个历史体①之间的联系进行批判。这种批判只有从关于历史的科学理论被构成的那一刻起才成为可能。戈德曼在一个特殊领域所做的这一尝试，马克思对黑格

---

① "整个历史体"原文为"tout le corps historique"，亦可勉强译为"历史的整体"，其中"corps"前文中也译为"物体""身体"。——译注

尔也做过。他对自己在其中得以成长的哲学进行了批判，并从中挣脱了出来。对他来说，"终结哲学"的口号有一个极其明确的具体目标，这个口号只有与一门可以帮助他建立一种哲学理论的历史学科同时产生①才有意义。

　　我相信如果有人问：哲学将会变成什么？在任何情况下，都可以把变成哲学史指定为它的任务。这里的哲学史不是在古典哲学家所理解的意义上，而是在马克思主义的意义上说的，在这种意义上，哲学史就在于追问一种哲学是从哪一刻开始诞生、飞速发展和死亡的。

---

　　① "与……同时产生"原文为"conincider avec"，前文中也译为"与……相一致"。——译注

作者的目录[①]

序 9

在哲学中成为马克思主义者 43

叙述形式　57

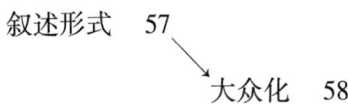

　　　　　　大众化　58

$\begin{cases}哲学语言\\范畴　61\end{cases}$　≠日常语言　59

[①] 法文纸质版只有这个目录,是法文版编者根据作者遗稿整理的。在给译者的电子稿中,编者新增了一个传统格式的"目录"(Table des matières),此前的目录则被重新命名为"作者的目录"(Table des matières de l'auteur)。译者把新增的"目录"用在中文版正文之前,把"作者的目录"附在这里。读者可以根据这份"作者的目录",更好地把握本书的主题和思路。此目录中的页码系原版页码,即中文版页边码。——译注

$\begin{cases}开始\ 63\\ \qquad\qquad 笛卡尔\\ \qquad\qquad （绝对的开始）\ 64\\ \qquad\qquad 黑格尔\\ \qquad\qquad （没有绝对的开始）\ 71\\ 起源/目的\ 73、145\end{cases}$

无主体的过程 75、81

$\begin{cases}（唯心主义的）哲学虚构\ 77\\ 绝对真理\ 78\end{cases}$

唯心主义/唯物主义 79

问题/难题 83

（哲学/科学） 84

$\begin{cases}一切科学都有一个（限定的）对象\ 85\\ \qquad\qquad\qquad 大陆\ 85\\ 哲学对科学的盘剥利用\ 88\\ 理论装置（证明）\ 93\end{cases}$
$\qquad\qquad$ 实验 95

$\begin{cases}哲学没有对象\ 97\\ 整体\ 101\\ 分类学\end{cases}$
$\qquad\qquad$（秩序）105

$\begin{cases} 论点\ 109 \\ 哲学战争\ 112 \\ 干预\ 117 \end{cases}$

$\begin{cases} 正确性\ 121 \\ 校正\ 122 \end{cases}$

真理 129

斯宾诺莎 130

$\begin{cases} 认识论\ 131 \\ 主体/对象\ 132 \\ 真理的叠加\ 134 \\ 保证\ 135 \\ 一切都很好\ 136 \\ 根基\ 141 \end{cases}$

$\begin{cases} 认识\ 147 \\ 实践的/理论的\ 148 \\ 唯心主义\ 149 \end{cases}$

$\begin{cases} 唯物主义哲学\ 152 \\ 哲学史\ 153 \end{cases}$

{ 认识论的衰落　157
　实证主义　161

{ 一元论　165
　反映　166
　平行论　168
　黑格尔　169

{ 马克思　172
　实践的优先性　174
　经验/概念　176
　认识的过程　179
　　　　　　　（既没有主体也没有目的，既没有主体
　　　　　　　　也没有对象）
　认识对象　180
　　　　　　　（斯宾诺莎/马克思）
　永恒性　186

{ 从认识论到存在论　189
　存在（Être）　190
　存在（existence）　　（"就是这样"）　191
　虚无　195

马克思主义的认识论和存在论
　　　　　　　　苏联　198
教条主义　199
秩序
　　　　　（圆形的秩序）　201

　　　　　康德　204
　　　　　卢梭　205
　　　　　黑格尔　　界限　208
　　　　　海德格尔　210
　　　　　德里达　　边缘　212

主体　215

　　　柏拉图　220
　　　亚里士多德　　　（实体）　220
　　　　　　　　　自然　226
　　　　　　　　　上帝　227
　　　　哲学的循环　229
　　斯多葛派
　　　（从事实出发的新逻辑）　233
　　伊壁鸠鲁（偏斜）　235
　　权利的主体　241
　　　　康德　246
　　　　斯宾诺莎　（上帝）　249

黑格尔　（否定物的劳动）　253
　　　马克思　259

{
实践对于理论的优先性　260
党派斗争　261
哲学阵线　262
物质对于思维的优先性　267
辩证法
　　　（辩证法的规律）　268
}

{
关于哲学的非哲学的科学理论　275
阶级斗争　276
国家　280
　　　　葛兰西（意识形态机器/意识形态国家
　　　　　　　　机器）　281
意识形态　285
占统治地位的意识形态　290
}

{
科学　293
哲学（起源）　294
　　　——缝补　295
哲学的意识形态（政治）功能　297
　　　柏拉图　300
　　　资产阶级哲学　302
体系　305
科学家的自发哲学　307
}

马克思主义的唯物主义哲学　309
一种新的哲学实践　315

附录
路易·阿尔都塞:《人人都能搞哲学吗?》　327

译名对照表

一、重要词语[①]

a priori：先天（的）
absolu：绝对的
abstrait：抽象的
accumulation：积累
actif：主动的
action：作用、行为（活动）
adéquation：相符
agent：当事人
ajustage：调整
ajustement：校正
aléatoire：偶然的
âme：灵魂
anhypothétique：无假设的

[①] 非法文词语以斜体表示。——译注

antagonisme：对抗
antériorité：先在性
anticipation：预支、预见
anti-philosophe：反-哲学家
anti-philosophie：反-哲学
anti-thèse：反论点
arbitraire：任意性、武断的
arrière-monde：背后世界
ataraxie：不动心
athéisme：无神论
atomisme：原子论
attribut：属性
automatisme：自动性
beau：美
Begriff：概念
biologie：生物学
bon：善
but：目标
caractéristique universelle：普遍特征
catégorie：范畴
causalité：因果性
certitude：确定性
champ de bataille：战场
chaos：混沌
chimie：化学

cogito：我思

combinaison：组合

commencement：开始

conception：构想、观念

concours：巧合

conjonction：汇合

conjoncture：形势

connaissance：认识

conscience de soi：自我意识

conscience：意识、良知

contenu：内容

contexte：语境

contingence：偶然性

contrat：契约

corps：身体、物体（……体）

correspondance：一致

coupure：断裂

Dasein：此在

dédoublement：一分为二

destin：天命（命运）

destination：归宿

détermination：规定（性）、决定作用

déviant：偏离的、离经叛道的

déviation：偏向

dictature：专政

Dieu：上帝
dieu：神、神仙
différance：延异
différentiation：作出区分
discours：话语、演讲
dispositif：装置（配置、部署）
distanciation：拉开距离（离间）
distinction：区分
divers：杂多
diversité：多样性
dogmatisme：教条主义
dogme：教义
droit：权利、法、法权
économie politique：政治经济学
économique：经济学、经济的
égoïsme：自私
empirique：经验的
empirisme：经验主义
en soi：自在（地）
entendement：知性
épistémé：认识论
erreur：谬误、错误
espace：空间
esprit：精神
essence：本质

étant：存在者
état naturel：自然状态
État：国家
état：状态
étendue：广延
éternité：永恒性
être：存在、是、成为
être-là：此-在（此在）
évidence：显而易见
évolutionnisme：进化论
existence：存在
expérience：经验
expérimentale：实验的
expérimentalisme：实验主义
expérimentation：实验
exposition：叙述
faculté：官能
falsifiabilité：可证伪性
fantasme：幻想
feinte：假动作（假装）
fin dernière：最终目的
fin：目的、终点、终结
fini：有限的
finitude：有限性
fonctionnalisme：功能主义

fond：基础、实质

fondation：奠基（创立）

fondement：根基

fonder：创立、奠定基础（为……奠基）

force：力、力量

formaliste：形式主义的

forme：形式

généralité：一般性

guerre de tranchée：堑壕战

guerre：战争

humaniste：人道主义（的）

hypothèse：假设

idéaliste：唯心主义（的）

idée：观念

Idée：理式、理念

identification：同一化

identifié：被视为同一的

identique：同一（的）

identité：同一（性）、身份

idéologie：意识形态

idéologique：意识形态的

illusion：幻象

imagination：想象（力）

impassibilité：不动感情

impassible：不动感情的

imposture：欺骗

inactif：不起作用的、不活跃的

inactualité：不切实际

inconscien：无意识

inconscient：无意识的

indéfini：不确定的

individualiser：个体化

individualité：个体性

individuel：个体的、个人的

infini：无限的

infinité：无限性

informe：无定形

informel：无定形的

injuste：不正义的

intempestif：不合时宜的

intentionnalité：意向性

inter-subjectivité：主体间性

juridique：法律的

juste：正确的、正义的

justesse：正确性

justice：正义

Kampfplatz：战场

Kehre：转向

l'accident：偶性、意外事件

l'analysant：被分析者

l'analyste：分析者
l'imaginaire：想象的东西
le général：普遍（的东西）
le particulier：特殊（的东西）
le vrai：真（的东西）
léniniste：列宁主义的
liberté：自由
lieu：位置、地点
limité：（被）限定的
limite：界限、极限、限度
linguistique：语言学
littéraire：文学的
logique mathématique：数理逻辑
loi：法则、规律、法律
lutte：斗争
Mallarméisme：马拉美主义
marchandise：商品
marxisme：马克思主义
matérialisme aléatoire：偶然唯物主义
matérialiste：唯物主义的、唯物主义者
mathématique：数学的
mathématiques：数学
mathématisation：数学化
matière：物质、质料
métaphysique：形而上学（的）

modalité：形态

mode：样式、方式

modèle：模型

moi：自我、我

monde：世界

monisme：一元论

monstre：畸形物

morale：道德（的）

mouvement naturel：自然运动

mouvement violent：受迫运动

néant：虚无

nécessaire：必然的

négativité：否定性

néo-positivisme logique：逻辑新实证主义

neutralité：中立性

nœud accidentel：意外交叉点

nominalisme：唯名论

non-idéaliste：非唯心主义的

non-juste：不正确的

normalité：正常状态

objective：客观的

objet：对象

opposition：对立

ordre：秩序、命令

oricntation：方向、定向（方针）

originaire：原初的

origine：起源、起点

paix perpétuelle：永久和平

parallélisme：（身心）平行论

parole：发言、发言权

participation：分有、参与

particularité：特殊性

passif：被动的

passions：激情

pensée：思想、思维

perception：知觉

perceptive：感觉的

perfection：完美（性）

philosophe：哲学家

philosopher：搞哲学（哲学探讨）

philosophie：哲学

physique：物理学

politique：政治（的）

populaire：大众的（大众化的）

positif：积极的（正面的）

position：立场（位置）

positions：阵地［（复数的）立场］

positivisme：实证主义

positiviste：实证主义的

positivité：实证性

pour soi：自为（地）

pouvoir：权力（政权）、能力、能够

pratique：实践

présence：在场

prétention：奢望、声称、企图、自命不凡

primat：优先性（优先）

principe：原则、本原

problème：难题

procès：过程

processus：进程

profane：世俗的

promesse：承诺

propre：特性

propriété：所有权、财产、特质

Providence：神意

psychanalyse：精神分析

psychologie：心理学

psychologique：心理的

psychologisme：心理主义

puissance：力量

qualité：质量

quantité：数量

question：问题

raison：理性、理由、原因

réactif：反应（性）的

réaction：反应
réactionnaire：反动的
réalisme：实在论
réalité：现实（性）
redoublement：叠加
réel：实在的、真实的
réformiste：改良主义的
relatif：相对的
religion：宗教
rencontre：相遇
réponse：回答、答案
représentation：表述、代表、表象
respect：尊重、尊敬
rien：无
science：科学
scientifique：科学的
sens：意义、方向、感觉
sensation：感觉
sensualisme：感觉论
sentiment：感受
signification：意义、意味
singularité：独特性
singulière：独特的
société：社会
sociologie：社会学

solution：解决办法

sophiste：诡辩派（家）

spécificité：特异性

spiritualiste：唯灵论的

stoïciens：斯多葛派

structuralisme：结构主义

structuraliste：结构主义的

subjectivité：主体性（主观性）

substance：实体

sujet：主体、主题

supériorité：优越性

système：体系、系统

tautologique：同义反复的

taxinomie：分类学

taxinomique：分类学的

téléologie：目的论

téléologique：目的论的

temps：时间、时代

tendance：趋势、倾向

thème：主题

théologie négative：否定神学

thèse：论点

tout：一切、整体、全部、所有、任何

traces：踪迹

trahison：背叛

transcendantal：先验的

transfert：移情（转移）

tromperie：欺骗

unité：统一（统一体/性）

univers：宇宙

universalité：普遍性

vérité：真理（真实性）

Vernunft：理性

Verstand：知性

vide：虚空（真空）、空的

visée：目的、企图

vrai：真、真的

Wissenschaft：科学

二、人名①

Alexandre le Grand：亚历山大大帝

André Breton：安德烈·布雷东

Antonio Negri：安东尼奥·奈格里

Aristote：亚里士多德

Augustin：奥古斯丁

Averroès（Ibn Rušd）：阿威罗伊（伊本·鲁施德）

---

① 这里的人名，根据本书正文中出现的具体情况列出，有的有名有姓，有的只有名或姓。本书原编者注或中译者注中出现的人名，一律在译名后附注原文，此表中不再列出。——译注

Badiou：巴迪乌

Baron de Coubertin：顾拜旦男爵

Benveniste：邦弗尼斯特

Bergson：柏格森

Berkeley：贝克莱

Bernoulli：伯努利

Bichat：比夏

Bossuet：博絮埃

Brunschvicg：布伦士维格

Canguilhem：康吉莱姆

Casanova：卡萨诺瓦

Caton：加图

Comte：孔德

Condorcet：孔多塞

D. Lecourt：多米尼克·勒古

Démocrite：德谟克利特

Denys l'Aréopagite：伪狄奥尼修斯

Descartes：笛卡尔

Dietzgen：狄慈根

Diogène Laërce：第欧根尼·拉尔修

Durkheim：涂尔干

É. Balibar：艾蒂安·巴利巴尔

Eckermann：爱克曼

Einstein：爱因斯坦

Épicure：伊壁鸠鲁

Euclide：欧几里得

F. Matheron：弗朗索瓦·马特龙

Fermat：费马

Fernanda Navarro：费尔南达·纳瓦罗

Fichte：费希特

Foucault：福柯

François Châtelet：弗朗索瓦·沙特莱

François Jacob：弗朗索瓦·雅各布

Freud：弗洛伊德

Galilée：伽利略

Gassendi：伽桑狄

Géraldy：热拉尔德

Giordano Bruno：乔尔丹诺·布鲁诺

Goethe：歌德

Goshgarian：戈什加林

Gueroult：盖鲁

Hegel：黑格尔

Heidegger：海德格尔

Hélène Rytmann：埃莱娜·里特曼

Hérodote：希罗多德

Hesiod：赫西俄德

Hobbes：霍布斯

Hume：休谟

Husserl：胡塞尔

I. S. Tourguéniev：屠格涅夫

J. Bide：雅克・比岱

J. -A. Miller：米勒

Jacques Derrida：雅克・德里达

Jacques Monod：雅克・莫诺

Jacques Nantet：雅克・南特

Jaurès：饶勒斯

Jean Wahl：让・瓦尔

Jean-François Revel：让-弗朗索瓦・雷韦尔

Jouvet：茹韦

K. Popper：卡尔・波普尔

Kant：康德

Kierkegaard：克尔凯郭尔

Koutouzov：库图佐夫

Lacan：拉康

Lachelier：拉舍利耶

Leibniz：莱布尼茨

Lénine：列宁

Léon Blum：莱昂・布卢姆

Lequier：勒齐耶

Leroi-Gourhan：勒儒瓦-高汉

Lesage：勒萨日

Lévi-Strauss：列维-斯特劳斯

Lucien Goldmann：吕西安・戈德曼

Lucien Sève：吕西安・塞夫

Lucrèce：卢克莱修

Ludwig Feuerbach：路德维希·费尔巴哈
Lukács：卢卡奇
M. Caveing：莫里斯·卡韦英
Machiavel：马基雅维利
Madeleine Chapsal：玛德莱娜·沙普萨尔
Maine de Biran：曼恩·德·比朗
Malebranche：马勒伯朗士
Mallarmé：马拉美
Malraux：马尔罗
Maria-Antonietta Macciocchi：玛丽亚-安东尼塔·玛契奥琪
Marr：马尔
Marx：马克思
Maspero：马斯佩罗
Maurice Clavel：莫里斯·克拉韦尔
Maurice de Gandillac：莫里斯·德·冈迪拉克
Maurice Thorez：莫里斯·多列士
Mélanie Klein：梅拉妮·克莱因
Ménon：美诺
Mercier de la Rivière：梅西耶·德·拉里维埃
Merleau-Ponty：梅洛-庞蒂
Mersenne：梅森
N. Poulantzas：普朗查斯
Newton：牛顿
Nietzsche：尼采
Œdipe：俄狄浦斯

Ostwald：奥斯特瓦尔德

Parménide：巴门尼德

Pascal：帕斯卡尔

Pierre Boutang：皮埃尔·布唐

Pierre Macherey：皮埃尔·马舍雷

Pierre Raymond：皮埃尔·雷蒙

Platon：柏拉图

Plekhanov：普列汉诺夫

Pythagoras：毕达哥拉斯

Reich：赖希

Robert Misrahi：罗贝尔·米斯拉伊

Rousseau：卢梭

Russell：罗素

saint Jean de la Croix：十字架上的圣约翰

Saint Paul：圣保罗

Saint Thomas：圣托马斯

sainte Thérèse d'Avila：阿维拉的圣特蕾莎

Salomon：所罗门

Sartre：萨特

Schelling：谢林

Socrate：苏格拉底

Spinoza：斯宾诺莎

Staline：斯大林

Thalès：泰勒斯

Thomas More：托马斯·莫尔

Valéry：瓦莱里
Verlaine：魏尔伦
Voltaire：伏尔泰
Weber：韦伯
Wittgenstein：维特根斯坦
Wolff：沃尔夫

三、著作和出版物

«À propos du marxisme en linguistique»：《论语言学中的马克思主义》（即《马克思主义和语言学问题》第一部分，斯大林）

«Althusser et le concept de philosophie spontanée des savants»：《阿尔都塞与科学家的自发哲学概念》（马舍雷）

«Avertissement aux lecteurs du Livre I du Capital»：《〈资本论〉第一卷告读者》（阿尔都塞）

«Conjoncture philosophique et recherche théorique marxiste»：《哲学的形势和马克思主义理论研究》（阿尔都塞）

«Considérations sur l'influence des climats relativement à la civilisation»：《论气候对文明的相对影响》（卢梭）

«Contribution à la psychogenèse des états maniaco-dépressifs»：《躁郁症状态的心理发生导言》（梅拉妮·克莱因）

«Courant souterrain du matérialisme de la rencontre»：《相遇的唯物主义潜流》（阿尔都塞）

«Exzerpte aus Benedictus de Spinoza, Opera, ed. Paulus»：《保罗编〈别涅迪克特·德·斯宾诺莎著作〉摘录》（马克思）

«Huis clos Pièce en un acte»：独幕剧《隔离审讯》（萨特）

«Idée d'une histoire universelle au point de vue cosmopolitique»：《世界公民观点之下的普遍历史理念》（康德）

«Idéologie et appareils idéologiques d'État（notes pour une recherche）»：《意识形态和意识形态国家机器（研究笔记）》（阿尔都塞）

«Il faut défendre la société». Cours au Collège de France, 1976：《必须保卫社会：法兰西学院演讲（1976）》（福柯）

«Introduction aux Grundrisse（dite de 1857）»：《〈（1857年）大纲〉导言》（即《政治经济学批判大纲·导言》，马克思）

«La crise de l'esprit：Première lettre»：《精神的危机：第一封信》（瓦莱里）

«La querelle de l'humanisme»：《人道主义论争》（阿尔都塞）

«La Science et la vérité»：《科学与真理》（拉康）

«La sexualité dans l'étiologie des névroses»（1898）：《神经症病因中的性》（弗洛伊德）

«La transformation de la philosophie»：《哲学的改造》（阿尔都塞）

«Le ciel est par-dessus le toit»：《天空在屋顶上》（魏尔伦）

«Le malaise dans la culture»：《文化中的缺憾》（即《文明及其缺憾》，弗洛伊德）

«Le Manifeste communiste»：《共产党宣言》（马克思、恩格斯）

«Le Traité théologico-politique vu par le jeune Marx»：《青年马克思眼中的〈神学政治论〉》（马特龙）

«Lénine et la philosophie»：《列宁和哲学》（阿尔都塞）

«Lettre sur l'humanisme（Lettre à Jean Beaufret）»：《关于人道主义的书信：致让·博弗雷》（海德格尔）

«Mallarméisme de banlieue»：《郊区的马拉美主义》（拉康）

«Marx à la rencontre de Spinoza»：《马克思遇上斯宾诺莎》（吕贝尔）

«Matérialisme historique et matérialisme dialectique»：《历史唯物主义和辩证唯物主义》（阿尔都塞）

«Note sur les AIE»：《关于意识形态国家机器的说明》（阿尔都塞）

«Notes sur Machiavel, sur la politique et sur le Prince moderne»：《关于马基雅维利、政治和现代君主的笔记》（葛兰西）

«Socialisme idéologique et socialisme scientifique»（1966—1967）：《意识形态社会主义和科学社会主义》（阿尔都塞）

«Sur l'évolution du jeune Marx»：《论青年马克思的演变》（阿尔都塞）

«Sur Lévi-Strauss»：《论列维-斯特劳斯》（阿尔都塞）

«Thèses sur Feuerbach»：《关于费尔巴哈的提纲》（马克思）

«Trois essais sur la théorie sexuelle»：《性学三论》（弗洛伊德）

«Trois notes sur la théorie des discours»：《关于话语理论的三个笔记》（阿尔都塞）

«Über Spinozas Ethik»：《关于斯宾诺莎的伦理学》（莱布尼茨）

Althusser et quelques autres. Notes de cours，1958—1959：《阿尔都塞与其他几位：1958—1959 年讲义笔记》

Anthropologie structurale：《结构人类学》（列维-斯特劳斯）

Anti-Dühring：《反杜林论》（恩格斯）

Cahiers marxistes-léninistes：《马列手册》（杂志）

Cahiers philosophiques：《哲学笔记》（列宁）

Cahiers Spinoza：《斯宾诺莎手册》

Canard enchaîné：《鸭鸣报》

Cercle ouvert：《开放的圈子》（杂志）

Conjectures et réfutations. La croissance du savoir scientifique：《猜想与反驳：科学知识的增长》（波普尔）

Contre Averroès（*L'unité de l'intellect contre les averroïstes*）：《反对阿威罗伊》（《论统一理智斥阿威罗伊学派》，托马斯·阿奎那）

Critique de la faculté de juger：《判断力批判》（康德）

Critique de la raison pratique：《实践理性批判》（康德）

Critique de la raison pure：《纯粹理性批判》（康德）

De Anima：《论灵魂》（亚里士多德）

De la recherche de la vérité：《论对真理的探求》（马勒伯朗士）

De rerum natura/De la nature des choses：《物性论》（卢克莱修）

De Trinitate/La Trinité：《论三位一体》（奥古斯丁）

*Descartes selon l'ordre des raisons*t. I：*L'âme et Dieu*：《遵循理性秩序的笛卡尔》第一卷《灵魂与上帝》（盖鲁）

Dialectique de la nature：《自然辩证法》（恩格斯）

Dialogues：《对话录》（柏拉图）

Digraphe：《二重字》杂志

Discours dela méthode：《谈谈方法》（笛卡尔）

Discours sur l'histoire universelle：《论普遍历史》（博絮埃）

Discours sur l'origine et les fondements de l'inégalité parmi les hommes：《论人与人之间不平等的起源和基础》（卢梭）

Disquisitio metaphysica/Recherches métaphysiques, ou doutes et instances contre la métaphysique de R. Descartes et ses réponses：《形而上学研究》/《形而上学研究，或对勒内·笛卡尔的形而上学和他的答辩的疑问和例证》（伽桑狄）

Écrits philosophiques et politiques：《哲学与政治文集》（阿尔都塞）

Écrits sur la psychanalyse. Freud et Lacan：《精神分析论集：弗洛伊德和拉康》（阿尔都塞）

Écrits：《文集》（拉康）

Éléments d'autocritique：《自我批评材料》（阿尔都塞）

Enquête sur l'entendement humain/An Inquiry Concerning Human Understanding：《人类理智研究》（休谟）

Entretiens sur la métaphysique, sur la religion, et sur la mort：《关于形而上学、宗教和死亡的对话录》（马勒伯朗士）

Essais de psychanalyse, 1921—1945：《精神分析论集：1921—1945》（梅拉妮·克莱因）

Essais de Théodicée. Sur la bonté de Dieu, la liberté de l'homme et l'origine du mal：《神正论》（莱布尼茨）

Éthique：《伦理学》（斯宾诺莎）

Être et temps：《存在与时间》（海德格尔）

Être marxiste en philosophie：《在哲学中成为马克思主义者》（阿尔都塞）

Filosofía y marxismo：《哲学和马克思主义》（西班牙文版，阿尔都塞）

Fondements de la métaphysique des mœurs：《道德形而上学的根基》（也译为《道德形而上学的奠基》，康德）

Génération des animaux：《动物志》（亚里士多德）

Glas：《丧钟》（德里达）

Grand commentaire（Tafsīr）de la Métaphysique：《〈形而上学〉详注》[阿威罗伊（伊本·鲁施德）]

Grande Logique：《大逻辑》（黑格尔）

Histoire et conscience de classe：《历史与阶级意识》（卢卡奇）

Initiation à la philosophie pour les non-philosophes：《写给非哲学家的哲学入门》（阿尔都塞）

Introduction à la Critique de l'économie politique：《〈政治经济学批判〉导言》（马克思）

Introduction à la philosophie marxiste：《马克思主义哲学导论》（塞夫）

Introduction à la philosophie mathématique：《数理哲学导论》（罗素）

Kant et le problème de la métaphysique：《康德与形而上学难题》（即《康德与形而上学疑难》，海德格尔）

L'avenir dure longtemps：《来日方长》（阿尔都塞）

L'Essayeur de Galilée：《伽利略的试验器》（文集）

L'Être et le Néant：《存在与虚无》（萨特）

L'Évolution des sciences：《科学的进化》（乌尔维格）

L'Histoire et les sciences：《历史与科学》（皮埃尔·雷蒙）

L'Idéologie allemande：《德意志意识形态》（马克思）

La Crise des sciences européennes et la phénoménologie transcendantale：《欧洲科学危机和先验现象学》（胡塞尔）

La Généalogie de la morale. Un écrit polémique：《论道德的谱系：一篇论战檄文》（尼采）

La Logique des stoïciens：《斯多葛派的逻辑》（会议论文集）

La Pensée：《思想》杂志

La Société ouverte et ses ennemis：《开放社会及其敌人》（波普尔）

La Tâche historique de la philosophie marxiste：《马克思主义哲学的历史任务》（阿尔都塞）

La terre ne se meut pas：《地球不动》（胡塞尔）

Le Capital：《资本论》（马克思）

Le Contratsocial：《社会契约论》（卢梭）

Le Geste et la parole, t. I: *Technique et langage*：《姿势和言语》第一卷《技术和语言》（勒儒瓦-高汉）

Le Normal et le Pathologique：《正常与病态》（康吉莱姆）

Le Séminaire, Livre X: L'Angoisse：《研讨班第十卷：焦虑》（拉康）

Leçons sur l'histoire de la philosophie：《哲学史讲演录》（黑格尔）

***Lénine et la philosophie* suivi de *Marx et Hegel devant Lénine*：**

《列宁和哲学。附"马克思和黑格尔在列宁之前"》（阿尔都塞）

Les Commentaires sur le premier livre des Éléments d'Euclide：《评欧几里得〈几何原本〉第一部》（普罗克鲁）

Les Faits：《事实》（阿尔都塞）

Les Méditations métaphysiques：《形而上学的沉思》即《第一哲学沉思集》（笛卡尔）

Les Noms divins：《论圣名》（狄奥尼修斯·阿里奥巴多）

Les Vaches noires. Auto-Interview：《黑母牛：自我访谈》（阿尔都塞），即《黑母牛：想象的访谈（二十二大的缺憾）。同志们，这行不通!》[*Les Vaches Noires, Interview imaginaire (le malaise du* XXIIe *Congrès*) Ce qui ne va pas, camarades!]

Lettere dall'interno del P. C. I. a Louis Althusser：《从意大利共产党内致阿尔都塞的信》（玛契奥琪）

Lettres à Hélène, 1947—1980：《致埃莱娜：1947—1980》（阿尔都塞）

Lettres, maximes et autres textes：《书信、格言及其他》（伊壁鸠鲁）

Léviathan：《利维坦》（霍布斯）

Lire le Capital：《阅读〈资本论〉》（阿尔都塞等）

Logique de la découverte scientifique：《科学发现的逻辑》（波普尔）

Logique：《逻辑学》（黑格尔）

Ludwig Feuerbach et la fin de la philosophie classique allemande：《路德维希·费尔巴哈和德国古典哲学的终结》（恩格斯）

Lyssenko：《李森科》（多米尼克·勒古）

Marges de la philosophie：《哲学的边缘》（德里达）

Marx-az elmélet forradalma：《马克思：理论革命》（文集）

Matérialisme et empiriocriticisme：《唯物主义和经验批判主义》（列宁）

Ménon：《美诺篇》（柏拉图）

Métaphysique des mœurs：《道德形而上学》（康德）

Métaphysique：《形而上学》（亚里士多德）

Montesquieu, la politique et l'histoire（1959）：《孟德斯鸠：政治与历史》（阿尔都塞）

Nouveaux essais sur l'entendement humain：《人类理解新论》（莱布尼茨）

Organon, I：Catégories：《工具论论一：范畴篇》（亚里士多德）

Parménide：《巴门尼德篇》（柏拉图）

Période：《时代》杂志

Phédon：《斐多篇》（柏拉图）

Phénoménologie de l'Esprit：《精神现象学》（黑格尔）

Philosophie de l'histoire：《历史哲学》（黑格尔）

Philosophie et marxisme：《哲学和马克思主义》（阿尔都塞）

Philosophie et philosophie spontanée des savants：《哲学和科学家的自发哲学》（阿尔都塞）

Philosophischer Briefwechsel：《哲学通信集》（莱布尼茨）

Physique：《物理学》（亚里士多德）

Pour Marx：《保卫马克思》（阿尔都塞）

Pourquoi des philosophes?:《哲学家何为?》(让-弗朗索瓦·雷韦尔)

Principes de la philosophie du droit:《法哲学原理》(黑格尔)

Problèmes de linguistique générale:《普通语言学的难题》(邦弗尼斯特)

Projet de paix perpétuelle. Esquisse philosophique:《永久和平论：一部哲学的规划》(康德)

Questions III et IV:《问题三和问题四》(海德格尔)

Réponse à John Lewis:《答约翰·刘易斯》(阿尔都塞)

République:《理想国》(柏拉图)

Revue de l'Enseignement Philosophique:《哲学教育评论》杂志

Romance sans paroles:《无言的浪漫曲》(魏尔伦)

Sämtliche Schriften und Briefe:《著作和书信全集》(莱布尼茨)

Science de la Logique:《逻辑科学》(即《逻辑学》/《大逻辑》，黑格尔)

Science et politique. Les conclusions générales du Cours de philosophie positive:《科学与政治：实证哲学教程的一般结论》(孔德)

Solitude de Machiavel et autres textes:《马基雅维利的孤独及其他》(阿尔都塞)

Sophiste:《智者篇》(柏拉图)

Soutenance d'Amiens:《亚眠答辩》(即《在哲学中成为马克思主义者容易吗?》，阿尔都塞)

Summa theologica:《神学大全》(托马斯·阿奎那)

Sur l'origine radicale des choses:《论事物的根本起源》(即

《论万物的终极根源》,莱布尼茨)

Sur la dialectique matérialiste:《关于唯物辩证法》(阿尔都塞)

Sur la philosophie:《论哲学》(阿尔都塞)

Sur la reproduction (*Sur la reproduction des rapports de production*):《论再生产》(即《论生产关系的再生产》,阿尔都塞)

The Humanist Controversy and Other Writings:《人道主义论争及其他》(阿尔都塞)

Théorie de la contradiction:《矛盾理论》(巴迪乌)

Théorie du sujet:《主体理论》(巴迪乌)

Timée:《蒂迈欧篇》(柏拉图)

Totem et tabou:《图腾与禁忌》(弗洛伊德)

Traité de la nature et de la grâce:《论自然和神恩》(马勒伯朗士)

Traité de la réforme de l'entendement:《知性改进论》(斯宾诺莎)

Traité théologico-politique:《神学政治论》(斯宾诺莎)

Une crise et son enjeu (*Essai sur la position de Lénine en philosophie*):《一场危机及其赌注:论列宁的哲学立场》(勒古)

Utopie:《乌托邦》(莫尔)

Vie et doctrines des philosophes illustres:《名哲言行录》(第欧根尼·拉尔修)

四、其他专名

Akademie:学院出版社

Albert Blanchard：阿尔贝·布朗夏尔出版社

Albin Michel：阿尔班·米歇尔出版社

Aubier：奥比耶出版社

Classiques Garnier：加尼耶经典出版社

Éditions Julliard：朱利亚尔出版社

Éditions Sciences marxistes：马克思主义科学出版社

Éditions sociales：社会出版社

Feltrinelli：费尔特里内利出版社

Gallimard：伽利玛出版社

Garnier-Flammarion：加尼耶–弗拉马里翁出版社

Grasset：格拉塞出版社

Grenade：格拉纳达

Grenelle：格勒内勒

Hachette littérature：阿歇特文学出版社

Institut mémoires de l'édition contemporaine（**IMEC**）：当代出版纪念研究所

Kossuth：科苏特出版社

La Découverte：发现出版社

Livre de poche：袖珍书出版社

Manucius：马努提乌斯出版社

Maspero：马斯佩罗出版社

Matignon：马提翁

Minuit：午夜出版社

MLF（**Mouvement de Libération de la Femme**）：妇女解放运动

Payot：帕约出版社

PCF：法共

Presses universitaires de France（PUF）：法国大学出版社

Reimer：赖默尔出版社

rue d'Ulm：尤里姆街

Seuil：色伊出版社

Siglo XXI Editores：二十一世纪出版社

URSS：苏联

Vrin：弗兰出版社

译后记

关于这部遗稿的写作、修改和整理出版情况，关于它所包含的阿尔都塞的哲学观及其与"早期"和"晚年"阿尔都塞哲学观之间的关系，本书"法文版序"中有详细介绍和深入讨论，这里不再赘述。

鉴于这部遗稿写于 1976 年，是阿尔都塞 20 世纪 70 年代诸多遗稿之一；鉴于近些年来写于这一时期的大量重要遗稿整理出版，一个七十年代阿尔都塞的形象逐渐变得清晰，并日益引起学界重视；所以我想在这里对七十年代阿尔都塞作一番简要介绍，以助于读者更好理解本书在阿尔都塞全部著作中的位置和重要性。

七十年代阿尔都塞的发现

"七十年代阿尔都塞"作为一个理论概念，出自 2021 年陕西师范大学文学院举办的"七十年代阿尔都塞的发现及其意义"论坛，而为这个概念的提出奠定材料和思想基础的，则是本书整理者，也是近些年整理阿尔都塞遗稿用力最勤的学者戈什加林（G. M. Goshgarian）先生。与这个概念相对应的，应该是"六十年代阿尔都塞"和"八十年代阿尔都塞"，但后两者此前更多地被称为"早期阿尔都塞"和"晚年阿尔都塞"（或"最后的阿尔都塞"）：在"早期"和"晚年"之间，被认为存在一个"转向"，七十年代阿尔都塞由此被当成了"转向"时期的阿尔都塞。

这种"转向"的框架，强化了人们对"早期"阿尔都塞和"晚年"阿尔都塞的重视。

"早期"阿尔都塞，被认为是"结构主义马克思主义"哲学家的阿尔都塞（尽管他本人对结构主义作出过非常内行的批评①），也是以"理论的反人道主义"之名"保卫马克思"的阿尔都塞——《保卫马克思》和《阅读〈资本论〉》等是其核心文本。

"晚年"阿尔都塞，指杀妻悲剧之后的阿尔都塞，被认为是"偶然唯物主义"或"相遇的唯物主义"哲学家的阿尔都塞，也被认为是从阶级政治退回纯哲学的阿尔都塞——《论偶然唯物主义》《相遇的唯物主义潜流》（后者"很快就引发了人们对最后的阿尔都塞的迷恋"②）等是其核心文本（如果不限于理论文本的话，还可以加上那部不断被误读的自传《来日方长》）。

"转向"的框架也暗示了"转向"的原因，那就是20世纪

---

① 参见拙稿《阿尔都塞与上层建筑问题》中的相关论述。
② 参见本书法文版序第2页。

70年代阿尔都塞关于马克思主义在西方陷入危机的宣言①。人们往往忽视该宣言文本中所包含的严肃理论探索，而把它读成阿尔都塞本人思想危机的症状。在这样的框架里，整个七十年代的阿尔都塞，似乎就只是处于思想危机中的阿尔都塞，而思想危机既造成了现实的"悲剧"，也造成了思想的"转向"。

这种"转向"的框架，加上这一时期阿尔都塞公开发表的几篇政治干预文本中"不合时宜的思想"，更导致了人们对七十年代阿尔都塞的简化和轻视。对此，戈什加林指出：

> 甚至一些好心肠的评论家，除了极少数例外，也在相遇的哲学家的前身周围拉了一圈警戒线。他们从20世纪70年代这个"落空的空论家"那里，仅仅抓住了关于马克思主义陷入危机的宣言——那些宣言宣告了"阿尔都塞的转向"（安东尼奥·奈格里）。至于转向之前的那些文本所提出的解决危机的办法，人们几乎普遍认为它们属于另一个时代。②

但是最近这些年由戈什加林整理出版的几部七十年代阿尔都塞的遗稿让我们发现：首先，并不存在所谓的"转向"，或者如

---

① 在1977年11月《宣言报》组织的关于"后革命社会中的权力和对立"威尼斯研讨会上，阿尔都塞作了题为《马克思主义终于危机了！》（*Enfin la crise du marxisme！*）的发言。该发言文本后收入《宣言：后革命社会中的权力和对立》（*Il Manifesto：Pouvoir et opposition dans les sociétés postrévolutionnaires*），色伊出版社（Editions du Seuil），巴黎，1978年，也收入阿尔都塞另一文集《马基雅维利的孤独》（*Solitude de Machiavel*），伊夫·桑多默（Yves Sintomer）整理并评注，法国大学出版社（PUF），1998年。

② 参见本书法文版序第3页。

果有所谓的"转向",那也是以"回归"的形式出现的。比如说"晚年"的"偶然""相遇"等概念,实际上只是把他六、七十年代关于"形势"的思考翻译成了伊壁鸠鲁的语言而已。其次,七十年代的阿尔都塞不仅有关于马克思主义陷入危机的宣言,更有大量关于摆脱"危机"的深入思考乃至实际干预。如果把整个七十年代阿尔都塞的全部文本放到一起来阅读,那些孤绝而极端的思考,绝对无法用"属于另一个时代"而轻易打发掉——相反,它们今天仍可以为我们走出危机提供资源,指点方向。

七十年代阿尔都塞的终点很明确,就是发生于1980年的悲剧事件,原因自不必说。而它真正的起点(而非纯自然时间起点),是写于1969年3—4月的遗稿《生产关系的再生产》①(以下称《论再生产》)。后者实际上开启了七十年代阿尔都塞思考的双重方向(即后文所说的"两条明线"),并为其他一系列理论思考和政治干预提供了科学基础。

在这个起点和终点之间差不多十年时间里,阿尔都塞写了近五十个文本(不含书信)。除了两篇画评、三个自传材料和几篇给自己主编的"理论丛书"著作写的封面介绍,其他大多数文本都具有很强的理论性、政治性,不少文本的重要性完全不亚于《保卫马克思》和《阅读〈资本论〉》以及"晚年"那些哲学文本。

---

① 除阿尔都塞从中抽取一些片段以《意识形态和意识形态国家机器》为题于1970年发表在《思想》杂志外,该手稿其余部分一直处于未发表状态,直到1995年雅克·比岱将它与其他几篇文章收在一起,以《论再生产》之名出版。具体参见《论再生产》,吴子枫译,西北大学出版社,2009年。

对于中国读者来说，这近五十个文本中相对重要的文本，有我们比较熟悉的（生前已经发表，或生前虽未发表但整理出版较早且中译本出现较早），如《论青年马克思的演变》（1970年）、《意识形态和意识形态国家机器（研究笔记）》（1970年）、《马基雅维利和我们》（1971—1972 年，1975—1976 年）①、《自我批评材料》（1972 年）、《答约翰·刘易斯》（1972年）、《亚眠答辩》即《在哲学中成为马克思主义者容易吗？》（1975年）、《哲学的改造》（1976年）、《关于意识形态国家机器的说明》（1976年）、《今日马克思主义》（1978年）等；有我们还不太熟悉的（要么生前已发表但还没有中译本或中译本出现较晚，要么生前未发表但整理出版较早却没有中译本），如《马克思主义和阶级斗争》（1970年）②、《论移情和反移情》

---

① 阿尔都塞于1962年第一次在巴黎高师开设关于马基雅维利的课程，1971—1972 年间，他在此基础上写了一个全新的文本，并于1972年第二次开设关于马基雅维利的课程。1975—1976 年左右，他在前述文本基础上进行了修改补充。1986 年左右，阿尔都塞又对前稿进行了修改，并亲自加上了《马基雅维利和我们》的标题准备出版，但计划未果，直到去世后才收入《哲学与政治文集》第二卷（*Écrits philosophiques et politiques*. Tome II，Stock/IMEC，1995 年）。所以这个被认为属于"晚年阿尔都塞"的文本，其实主要完成于七十年代，可以看作是七十年代阿尔都塞的著作。

② 《马克思主义和阶级斗争》（« Marxisme et lutte de classe »）一文是阿尔都塞给智利学者玛尔塔·哈奈克尔（Marta Harnecker）的手册《历史唯物主义基本原理》（*Principes élémentaires du matérialisme historique*，siglo，XXI Mexico）第二版所作的"序言"（Prefazione），最早以西班牙语发表于该手册，法文版最早作为"阿尔都塞四篇未刊稿"之一附于索尔·卡茨《理论与政治：路易·阿尔都塞》（Saül Karsz，*Théorie et politique：Louis Althusser*，Fayard 1974，第321—323页）之后，文本最后标明时间为1971年1月；后来阿尔都塞将它收入了自己的文集《立场》（*Positions*，Editions Sociales，1976年），并加上了目前这个标题，文本最后标明时间为1970年1月。

(1973年)、《弗洛伊德医生的发现》(1976年)、《关于马克思主义理论与国际共产主义运动危机的若干问题》(1976年)①、《论马克思和弗洛伊德》(1976年)、《二十二大》(1976年)、《马基雅维利的孤独》(1977年)②、《马克思主义终于危机了!》(1977年)③、《马克思主义作为"有限的"理论》(1978年)、《不能在共产党内继续下去的事情》(1978年)、《局限中的马克思》(1978年)④ 等;更有此前我们对其一无所知的(因为它们长期处于隐匿状态,直到2014年后才被整理出版),如长篇遗稿《帝国主义论稿》(1973年)⑤、《黑母牛:想象的访谈

---

① 《关于马克思主义理论与国际共产主义运动危机的若干问题》(« Algunas cuestiones de la crisis de la teória marxista y del movimiento comunista internacional »),原文系西班牙文,其法文版首次发表于2014年,标题为《路易·阿尔都塞一篇未刊文本:在巴塞罗那关于无产阶级专政的讲演》(« Un texte inédit de Louis Althusser. Conférence sur la dictature du prolétariat à Barcelone »),收入"周期:马克思主义理论在线期刊"(Période. Revue en ligne de théorie marxiste),http://revueperiode.net/author/louis-althusser/。该文是1976年7月6日"在巴塞罗那关于无产阶级专政的讲演"(法文版)的另一个版本。

② 《马基雅维利的孤独》(Solitude de Machiavel),标明日期为1977年5月,是阿尔都塞1977年6月11日在巴黎国家政治科学基金会所作讲演的书面稿。这个文本直到那场讲演十多年后才发表,先是德文版,然后是英文版,最后在哲学家去世前几个月,才在《先将来时》杂志上发表了法文版。

③ 此文虽早有中文译本《如何看待马克思主义的危机》(载《哲学译丛》,1985年第4期),但那只是一个摘译本,且由于时代原因,其中的理论探讨当时并没有得到学界严肃对待。

④ 《局限中的马克思》(Marx dans ses limites)(未完稿),后收入《哲学与政治文集》第一卷(Écrits philosophiques et politiques. Tome I, Stock/IMEC, 1994年)。

⑤ 《帝国主义论稿》(« Livre sur l'impérialisme »),收入《论历史文集》(Écrits sur l'histoire),法国大学出版社(PUF),2018年。

(二十二大的缺憾)》(1976年)①、《在哲学中成为马克思主义者》(1976年)②、《写给非哲学家的哲学入门》(1977—1978年)③、《怎么办?》(1978年)④ 等。其中除了《帝国主义论稿》《怎么办?》未完稿,另外三部都写得非常完整,甚至生前已有出版计划。所谓七十年代阿尔都塞的"发现",最大的发现之一,就是指这五部遗稿的发现(或许还可以加上早两年根据讲课录音整理的《卢梭讲稿》⑤)。

但七十年代阿尔都塞的"发现"还有另两重意思:一是通过他写于20世纪70年代大量遗稿的发现,我们发现了他在七十年代一些先前不为人知的思想脉络和主题;二是以这些遗稿为中介,我们也发现了他在七十年代公开出版的那些文本之间的关系,以及它们与他"早期"和"晚年"思想之间的内在联系。这三重发现,不仅在内容上丰富了阿尔都塞的思想,更在某种程度上重构了他的总体形象。

如果考虑到六十年代阿尔都塞的代表作《保卫马克思》其实是一部论文集,《阅读〈资本论〉》只是他与学生合作研讨班的成果,写于八十年代的长篇著作也只有《来日方长》,那么

---

① 《黑母牛:想象的访谈(二十二大的缺憾)》[Les vaches noires: Interview imaginaire (Le malaise du XXIIᵉ Congrès)],法国大学出版社,2016年。

② 《在哲学中成为马克思主义者》(Être marxiste en philosophie),法国大学出版社,2015年。

③ 《写给非哲学家的哲学入门》(Initiation à la philosophie pour les non-philosophes),法国大学出版社,2014年。系对《在哲学中成为马克思主义者》的重写。

④ 《怎么办?》(Que faire?)(未完稿),法国大学出版社,2018年。

⑤ 《卢梭讲稿》(Cours sur Rousseau),是阿尔都塞1972年在巴黎高师关于《论人类不平等的起源和基础》的三次讲稿,由 Yves Vargas 根据自己的录音整理,樱桃时节出版社(LE TEMPS DES CERISES),2012年。

我们可以说，阿尔都塞真正成规模成体系的大部头著作，几乎都写于七十年代。如果再考虑到七十年代阿尔都塞对自己六十年代一些重要思想的自我批评，考虑到他七十年代以著作形式对此前以论文形式讨论的诸多主题进行了系统整合与深化，考虑到他八十年代不少文本的主体部分实际上写于七十年代，我们甚至可以说，七十年代才是阿尔都塞的真正理论成熟期和丰产期。

七十年代阿尔都塞文本的几条线索

七十年代阿尔都塞文本的一个特点，就是在自我批评的基础上，持续思考马克思主义理论危机和国际共产主义运动危机，并为这双重危机寻找解决办法。

而他自我批评的一个明显倾向，就是越来越强调阶级斗争或政治在马克思主义理论中的作用。无论是1970年7月《论青年马克思的演变》对青年马克思演变原因的解释，还是1972年7月《答约翰·刘易斯》中对哲学的重新定义，都更多地倾向于其中阶级斗争的作用。对于青年马克思的演变来说，正是政治立场的决裂，带来了理论立场的转变。对于哲学的定义来说，他也从先前更多强调哲学与科学的关系，转向更多强调哲学与政治即阶级斗争的关系。

在1973年为自己主编的"理论丛书"写的介绍《什么是"理论丛书"？》① 一文中，他明确指出第一批"理论丛书"的

---

① 《什么是"理论丛书"？》（*QU'EST-CE QUE LA COLLECTION THÉORIE*?），是阿尔都塞主编的"理论丛书"的介绍，以活页形式附在《答约翰·刘易斯》一书中，原文未署名。从文风和表达方式看，基本可以推断是出自阿尔都塞本人之手。

"理论主义"倾向,并极力推荐读者关注第二批丛书,"尤其要读一读《答约翰·刘易斯》:它要'可读'得多,清楚得多,简单得多,也非常政治"。

具有象征意味的是,从纯自然时间来看,七十年代阿尔都塞的第一个文本是《马克思主义和阶级斗争》(1970年1月),这个文本一开始就强调"马克思整个理论的中心和核心,是阶级斗争"①,文章结尾引用的也是毛泽东的话"千万不要忘记阶级斗争!"。

正是在这种思想状况下,七十年代阿尔都塞回到了《论再生产》中所说的"马克思列宁主义理论的那些基本原理——关于资本主义剥削、压迫和意识形态化的性质的原理"②。他要从"阶级斗争"这个"马克思理论的中心和核心"出发,更系统更细致地思考和阐明那些原理。

我把写于1969年的《论再生产》当作七十年代阿尔都塞的真正起点,是因为正如《论再生产》的"告读者"所示,它是这个庞大研究计划的起点和组成部分。这项研究原计划写两卷,最初主题是"什么是马克思列宁主义哲学",大体的思路和构想为:(1)提出"什么是马克思列宁主义哲学"的问题。为了探讨这个问题,提出"什么是哲学"的问题(即《论再生产》第一章的内容)。为了回答后一个问题,提出必须兜一个大圈子,搞清楚"什么是社会"。(2)为了搞清楚"什么是社

---

① 参见《马克思主义和阶级斗争》,吴子枫译,载2015年《新史学》第十四辑。

② 参见《论再生产》,前引,第45页。

会",对马克思的社会形态理论进行总结和完善,因为不存在抽象的"社会",存在的是种种"社会形态"。于是提出关于上层建筑的理论:因为马克思的社会形态理论中缺少"国家理论",所以其上层建筑理论是不完善的。《论再生产》的主要内容,就是从"再生产"的观点出发,通过补充"法权"理论和"意识形态"理论,对以"国家"为中心的上层建筑进行更细致的考察,去完善马克思的社会形态理论[所以这部书稿的另一个标题是《论上层建筑(法—国家—意识形态)》]。(3)在探讨完上层建筑从而完善了马克思的社会形态理论之后,再来探讨"资本主义社会中的阶级斗争"。因为"哲学"在一个社会形态中属于上层建筑,是意识形态斗争的理论小分队,归根到底是理论中的阶级斗争,所以只有搞清楚了"资本主义社会中的阶级斗争",才能搞清楚当前哲学的性质。(4)最后回到一开始的研究主题"什么是哲学""什么是马克思列宁主义哲学"。但此时问题的提法必然发生改变,因为如果"哲学"归根到底是理论中的阶级斗争,那么就不存在马克思列宁主义哲学,只存在马克思主义的哲学实践,所以重要的就不是"成为马克思主义哲学家",而是"在哲学中成为马克思主义者"。

虽然《论再生产》作为原计划的第一卷,只包含上述(1)(2)两部分内容。但从前文列出的那些文本和它们处理的主题来看,这个计划在整个七十年代不但被坚持下来,而且在实施规模上远远超出了最初设想,因为围绕上述(3)(4)两部分写出的文本,远不止一卷的篇幅——本书《在哲学中成为马克思主义者》及其重写版《写给非哲学家的哲学入门》①就都属于第（4）部分。

仅根据《论再生产》"告读者"中透露的这个计划，我们可以从七十年代阿尔都塞文本中捋出**两条明线**：

明线之一，是他对什么是哲学、什么是马克思列宁主义哲学的持续探讨。在这个过程中，他发展了马克思的历史科学。这条线以《论再生产》为起点，中经《答约翰·刘易斯》（1972年）、《自我批评材料》（1972年）、《亚眠答辩》（1975年）和《哲学的改造》（即1976年3月在西班牙格拉纳达大学做的讲演），结束于本书《在哲学中成为马克思主义者》和本书重写版《写给非哲学家的哲学入门》。这最后两部遗稿，对前面那些文本——加上六十年代后期的《哲学和科学家的自发哲学》（1967年）、《作为革命武器的哲学》（1968年）与《列宁和哲学》（1968年）等——中关于哲学的思考，进行了批判性总结和发展，并以最完整的形式将阿尔都塞的哲学观呈现了出来。而以往被认为是阿尔都塞晚年哲学总结之作的《哲学和马克思主义》②，其实是其对话者费尔南达·纳瓦罗根据这两部遗稿的内容和思路，摘录阿尔都塞六七十年代一些文本，拼凑起来的③。

明线之二，是他沿着《论再生产》中的思路，继续对国家、阶级专政等经典马克思主义理论问题进行深入研究，并用

---

① 参见本书法文版序第41—42页。
② 收入《论哲学》，伽利玛出版社，1994年。
③ 参见本书法文版序第1—3页。

所得出的基本原理，去分析当代资本主义社会中的阶级斗争，思考帝国主义形势下的共产主义战略。期间他不断总结国际共产主义运动的经验尤其是教训，批判当时法共和欧洲其他共产党放弃无产阶级专政的战略方针（所谓"欧洲共产主义"），并以论战方式进行实际的政治干预。这条线以1973年的遗稿《帝国主义论稿》为起点，后续公开的论战文本有1974年评法共二十一大决议的《某些新东西》，1976年12月在索邦大学批评法共二十二大的讲演《二十二大》（1977年在伦敦出版），1978年4月在《世界报》发表的《不能在共产党内继续下去的事情》等。而1976年在西班牙巴塞罗那《关于无产阶级专政的讲演》（即《关于马克思主义理论与国际共产主义运动危机的若干问题》的另一版本），也是这条线上的重要组成部分，因为与上述那些现实政治问题密切相关的理论问题之一，就是无产阶级专政。但所有这些文本中的重要思考，要么此前就已经存在于、要么此后被整合进了《黑母牛》当中。所以他在这方面最系统的思考，是1976年完成的遗稿《黑母牛》。1978年的未完稿《怎么办？》和《局限中的马克思》，也以各自的方式属于这条线。

以上只是对由《论再生产》出发的两条明线的一种简单勾勒。但纵观七十年代阿尔都塞的全部文本，除了这两条明线，还有两条暗线：

暗线之一，是他对精神分析的持续关注。阿尔都塞在不同的场合多次提到过人类历史上几次科学认识大陆的开辟：第一次是泰勒斯，开辟了"数学大陆"；第二次是伽利略，开辟了"物理学大陆"；第三次是马克思，开辟了"历史科学大陆"；

而几乎与马克思同时代,弗洛伊德开辟了第四块科学认识的大陆,即"人的无意识"。所以在他看来,弗洛伊德和马克思是出生于19世纪的两个最伟大的人物。正因为如此,早在1963年,阿尔都塞就写了《精神分析在人文学科中的地位》一文,思考精神分析在整个人文学科中带来的知识变革。而后他又持续思考弗洛伊德、拉康的精神分析与马克思的历史科学之间的关系,试图把这两块科学大陆连接起来。我们可以在《论再生产》的最后一章"论意识形态"中,看到这种连接的初步成果。他在提到意识形态一般没有历史时作了一个类比,说意识形态没有历史,即它是永恒的,恰好就像无意识一样。他断言这种相似是有理论根据的:"因为事实上,无意识的永恒性归根到底以意识形态一般的永恒性为基础。"[1] 这是一个非常大胆的论断,它意味着我们应该用另一种方式、在另一个"基础"上去考察"无意识",给"无意识"一种新的解释。这如何可能呢?正是在这个地方,阿尔都塞加了一个脚注,为未来提出了一项研究任务,他说:"总有一天要用另一个肯定性的术语来称呼弗洛伊德用否定性的术语即'无意识'所指的现实。这个肯定性的术语,将与'意识'没有任何联系,哪怕是否定性的联系。"[2]

这条暗线上的文本还有1973年的重要遗稿《论移情和反移情》,发表于1976年的《弗洛伊德医生的发现》和《论马克思和弗洛伊德》[3],以及《写给非哲学家的哲学入门》第十四章

---

[1] 参见《论再生产》,前引,第344页。
[2] 参见《论再生产》,前引,第344页注。
[3] 它们后来都被收入《精神分析论集》(*Écrits sur la psychanalyse*),STOCK/IMEC出版社,1993年。

"论精神分析实践"等。这些文本的特点之一,是打破理论上的"宗派主义",深入弗洛伊德开辟的科学认识大陆,尝试将它与马克思开辟的历史科学大陆联系起来。在我看来,这条暗线上发生的这种知识上的相遇与新知识火花的产生,是法国结构主义运动最重要的成果之一,但它至今还没有引起我们足够的重视。

暗线之二,是他对霍布斯、卢梭尤其是马基雅维利等政治哲学家的深入研究。这条线上的文本,有 1972 年的《卢梭讲稿》、1971—1972 年的霍布斯讲稿①,还有 1975 年的讲演稿《马基雅维利的孤独》,以及几乎是从 1962 年一直写到 1986 年的《马基雅维利和我们》。这些研究使阿尔都塞对资产阶级上升时期的政治哲学有了深入理解,摸清了敌营。尤其是对马基雅维利的研究,成了他整个七十年代政治理论思考的重要参考。在我看来,从马基雅维利那里,他至少获得了三种重要思想:(1) 关于国家的暴力起源的理论。通过对《君主论》的解读,阿尔都塞让我们看到,马基雅维利在思考如何创建意大利民族国家的同时,揭露了现代国家的真实起源,即人们只能通过暴力创建一个国家。这与卢梭、霍布斯和洛克等关于国家起源于契约的事后意识形态合理化完全不同。(2) 关于政治行动的理论。政治人物需要在形势中进行思考,用代表政治人物主观能力的"德性(virtù)",抓住代表客观形势的"命运(fortune)",创造出新的有利局面,使现实朝自己的目标前进。这种关于形势

---

① 该讲稿收入《政治与历史:从马基雅维利到马克思》,吴子枫译,西北大学出版社,2018 年。

的理论，关于在形势中政治行动的理论，也是阿尔都塞晚年偶然唯物主义思想的来源之一（另一个来源是伊壁鸠鲁）。并且在我看来，关于形势的理论，关于政治行动的可能性的理论，关于偶然唯物主义的理论，也就是关于"自由"的可能性的理论——马克思早年也曾从伊壁鸠鲁的原子论中寻找过这种可能性。(3) 关于任何一个政权建立后，都要先有一个"专政环节"的理论①。西方资产阶级政权经历了这个阶段，无产阶级在夺取政权后进入共产主义前，也要经历这个阶段。没有专政的环节，就不能巩固政权，因为旧势力总不会甘心退出历史舞台，总要在很长一段时期内力图复辟。

所以这条暗线，既是阿尔都塞从理论上理解资产阶级革命的门径，也成了他思考无产阶级政党应该如何行动，社会主义革命应该如何展开，以及社会主义过渡期为什么不能放弃无产阶级专政等问题的理论资源，同时还是他思考偶然或相遇的唯物主义的理论资源。巴利巴尔说："阿尔都塞关于马基雅维利的遗著《马基雅维利和我们》（写于1972—1976年）出版后，也让我们能更好地了解那些关于意识形态臣服形式再生产的思考，是如何与关于集体政治行动的思考接合在一起的，因为政治行动总要以'挫败'意识形态为前提。"②

---

① 这个理论当然也部分来自对霍布斯的研究。在1971—1972年巴黎高师的政治哲学讲义中，阿尔都塞明确指出"霍布斯是第一个制定上升阶级的革命专政的人；他确保了资产阶级安全的条件（在罗伯斯庇尔之前）。"参见《政治与历史：从马基雅维利到马克思》，前引，第485页。

② 参见巴利巴尔《中文版阿尔都塞著作集序》，本书第11页。

七十年代阿尔都塞思考的重要主题之一

上述两明两暗四条线索，在阿尔都塞的思想和写作过程中是交织的，但其中两条暗线更多是作为相对外来的理论资源而得到研究。七十年代阿尔都塞思考的几个重要主题，都位于两条明线上。

这些主题包括：(1) 对马克思主义哲学问题的思考：什么是哲学？什么是马克思列宁主义哲学？(2) 对马克思所创立的科学的思考：什么是历史科学？它的对象是什么？它目前的局限性何在？(3) 对阶级专政理论与共产主义战略问题的思考：什么是阶级专政？为什么要坚持无产阶级专政？帝国主义的当代发展要求什么样的共产主义战略？欧洲共产主义错在哪里？(4) 对葛兰西的批判（这种批判贯穿了阿尔都塞对上述所有问题的思考，葛兰西是阿尔都塞的主要理论对话对象）：葛兰西在理解马克思主义哲学和历史科学时抱有哪些错误观念？葛兰西的"领导权"理论问题何在？葛兰西的欧洲共产主义战略为什么不符合实际？

关于后三个主题，我们以后将在适当的时机详细展开讨论。鉴于本书处于第一个主题的核心位置，所以接下来只对第一个主题稍加展开。

六十年代初阿尔都塞曾沿用苏联正统马克思主义的提法，认为马克思既创立了一门新科学即历史唯物主义，又创立了一门新哲学即辩证唯物主义。而后者作为哲学，被他定义为"理论实践的理论""知识生产的理论"，甚至一度被认为也是"一种科学"。以致 1966 年他否认马克思主义哲学是一种科学时,仍把它称为一种"具有科学性质的哲学"①。直到 1967 年,他才通过《保卫马克思》"英文版致读者"和《阅读〈资本论〉》"意大利文版前言",承认自己在这两部著作中"关于哲学是理论实践的理论的定义是片面的,因而是不确切的",并预告"我们将在以后的一系列论文中,对术语作出更正并修正关于哲学的定义"②。

接下来,从 1967 年 10—11 月"为科学家讲的哲学课"的讲稿《哲学和科学家的自发哲学》开始,阿尔都塞对哲学提出了一些新论点,如"哲学没有对象""哲学的问题不是科学的难题"等等③(这些论点在 1968 年的《作为革命武器的哲学》与《列宁和哲学》中得到发展)。可是在这个讲稿中,阿尔都塞还"没有打算提出一门关于哲学的理论",而只是去"描述哲学的存在方式和它的行动方式"④。

但当我们来到七十年代阿尔都塞的起点,阅读写于 1969 年的《论再生产》时,却发现阿尔都塞已经很自信地宣布:

> 如果我们想提出一种哲学定义,让它不再是关于哲学的简单的、主观的,即唯心主义的、非科学的"自我意识",

---

① 参见阿尔都塞《哲学的形势和马克思主义理论研究》(1966 年),吴子枫译,载《国外理论动态》2014 年第 1 期。
② 参见阿尔都塞《读〈资本论〉》,李其庆、冯文光译,中央编译出版社,2001 年,第 2 页。
③ 参见阿尔都塞《哲学和科学家的自发哲学》,《哲学与政治:阿尔都塞读本》,陈越编,吉林人民出版社,2003 年。
④ 参见《哲学和科学家的自发哲学》,前引,第 6 页。

而是一种关于哲学的客观的、从而是科学的认识，我们就必须求助于别的东西而不是哲学本身：求助于能够让我们科学地认识哲学一般的某门科学或某几门科学的理论原理。我们寻找的正是这些东西。大家会看到，我们将不得不将某些原理阐述得更明确，并尽我们所能地把一些认识向前推进。①

也就是说，到写作《论再生产》时，阿尔都塞已经站在"哲学"的外部，在"历史科学"的地基上，努力重新对"哲学"进行定义，以提出一套"关于哲学的理论"了。

与"什么是哲学"这个问题相关的是：什么是马克思列宁主义哲学？如前文所述，《论再生产》的出发点本来就是这个问题。通过《论再生产》及其后续研究，阿尔都塞倾向于认为，马克思只创立了一门新科学，即历史科学，但没有创立一门新哲学。只有这门历史科学才是理解哲学的基础，因为它为我们提供了关于意识形态的清晰认识，而"如果没有对意识形态的清晰认识，就不可能建立起一种关于哲学的理论"②。正是在这个基础上，才有了七十年代被不断重复和修正的关于哲学的新论点，以及他至死都坚持的关于哲学的新定义："哲学**归根到底**是理论中的阶级斗争"。

在这样的定义中，哲学不再是关于某个对象的客观认识体系，而是一种没有对象、只有目标和赌注的斗争，在整个社会结构中，它属于上层建筑领域，是意识形态斗争的理论小分队。哲学斗争的目标是意识形态领导权；哲学斗争的赌注，是一切

---

① 参见《论再生产》，前引，第54—55页。
② 参见本书正文第279页。

社会实践，首要的是科学实践和政治实践——因为哲学可以通过对哲学本身进行干预，远距离地"调整或校正"那些实践。

根据这个新定义，就不存在马克思主义哲学，而只存在马克思主义的哲学实践，即站在无产阶级政治立场上的理论斗争。而所谓辩证唯物主义，只不过表达了这种斗争的立场和方法。不存在辩证法的规律，只存在无数辩证的论点，这些辩证的论点（以"……优先于……"的形式）可以为**正确的**实践开辟道路。

阿尔都塞对"什么是哲学""什么是马克思列宁主义哲学"等问题最系统的论述，就出现在本书和它的重写版《写给非哲学家的哲学入门》中。它们在批判性总结此前关于哲学的思考的同时，还尤其历史地考察了西方哲学的体系性和它的核心问题：认识论和存在论。

在考察哲学的体系性时，阿尔都塞对当时在苏联和欧洲流行的马克思主义哲学进行了批判，他认为那些马克思主义哲学家企图思考一切/整体（Tout），并把认识论当作自己的根本问题之一，实际上是陷入了资产阶级哲学的陷阱。因为资产阶级哲学之所以企图思考一切/整体，并将认识论作为自己哲学问题的核心，为的是完成资产阶级意识形态的统一。而将意识形态统一为占统治地位的意识形态，是解决阶级矛盾的一种手段——以往大多数哲学的体系性形式正是为了回应这个要求。但对于被剥削、被统治阶级来说，体系性的哲学则代表了一种意识形态陷阱。无产阶级不应该模仿资产阶级，也去生产一种体系性哲学。因为无产阶级最终要消灭阶级，从而消灭国家，所以哪怕无产阶级在革命之后掌握了政权，他们的任务也是打碎资产阶级国家机器，促使国家走向消亡。在这种远景中，创立一种体系性的哲学也是不合适的，因为这种哲学只会以自己的方式强化国家。所以正如无产阶级要建立的是"非国家"的国家一样，哲学中的马克思主义者，也要从事一种"非哲学"的哲学，也就是对统治阶级的意识形态和作为其理论基础的哲学进行不断的批判。

认识论曾是阿尔都塞在《关于唯物辩证法》和《亚眠答辩》等文本中处理过的重要问题，但它还从来没有像在本书中这样与"存在论"联系在一起被深入探讨。

阿尔都塞在这里进行了一场惊人的理论冒险，论证了"认识论无非是一种声称能解释什么是真理的哲学理论"①，但"真理"问题其实是哲学为了掩人耳目而作出的一个"假动作"，它使"权利"优先于"事实"，假装自己掌握着"真理"的最终审判权，能为科学认识提供"保证"，但这只是为了对它自己所说的一切作出"保证"，包括对它所要维持（或重新建立）的知识秩序、世界秩序作出"保证"。所以哲学借"真理"范畴对认识论问题作出的讨论，是它对科学认识进行盘剥利用的一种形式，归根到底是披着对"真理"进行研究的伪装而进行的理论中的阶级斗争②。他还指出，当代哲学中认识论的衰落，是因为现在资产阶级对自己事实上的权力已经有了把握，"它已经变成了有领导权的"③，所以不再需要这种"真理"的"保证"了。它现在只需要"实证主义"的意识形态："这个社会除了需要自己的警察（一些非常积极的人）和自己的哲学家

---

① 参见本书正文第 130 页。
② 参见本书正文第 309 页。
③ 参见本书正文第 158 页。

(一些非常实证主义的人)的保证,不再需要任何保证。"① 所以当前资产阶级的头号哲学,是实证主义哲学,它也是无产阶级意识形态斗争最大的敌人。

同样,阿尔都塞还论证了"存在"范畴就像是一个哲学"拨浪鼓":存在论自称要为一切奠基,但实际上只是通过讨论"存在之为存在",要么让人们"承认"现有的一切,要么为现有的一切重新确立某种秩序和方向;哲学家对世界本原问题的探讨,也都无一例外地通向某种目的论,所以归根到底是在拐弯抹角地为自己也为他人确定方向,因而指向某种政治目标。

在《写给非哲学家的哲学入门》中,阿尔都塞还把"存在论"中的"起源/起点(origine)"和"目的/终点(fin)"问题,同(人类、世界)存在的"意义/方向(sens)"问题联系起来,对同样属于传统哲学核心问题的"意义"问题进行了深入剖析。在他看来,人类生存和人类历史的意义的问题,是**"一个没有意义的问题"**②,因为这个问题的前提是这样一种宗教的世界观,即**"认为有一个万能的存在预先就给世界上所有的存在都设定了一个目的和功能"**③。对此,他提出了唯物主义的反驳:

> 为什么不承认世界本来就充满了**"毫无用处"**的事物

---

① 参见本书正文第 159 页。
② 参见《写给非哲学家的哲学入门》,前引,第 68 页。
③ 参见《写给非哲学家的哲学入门》,前引,第 69 页。

呢？更进一步说，为什么不承认无论是这个世界，还是人类存在，还是人类历史，都没有意义（没有终结，没有预定的目的）呢？这会令人气馁吗？可是我们想想看，为什么不坦率承认，为了能在世界中行动，为了能改变世界进程，从而为了能通过劳动、认识和斗争，给世界带来意义，最可靠的条件就是承认**世界没有意义**（由某个纯粹虚构的万能存在所预先确定、规定的意义）？①

阿尔都塞还借助伊壁鸠鲁、斯宾诺莎等伟大唯物主义哲学家的思考和"没有主体的过程"这个唯物主义范畴，解构了传统哲学围绕认识论和存在论提出来的一系列假问题，把它们揭露为一场彻头彻尾的理论欺骗。比如"主体"问题，实际上认识的生产过程和历史一样，是一个既没有起源/起点，也没有目的/终点，从而是没有"主体"的过程。认识论中的"主体"范畴，是由资产阶级法律意识形态生产出来的，它的模型是资产阶级"权利的主体"（这个问题在《论再生产》中只匆匆提了一句）。

总之，阿尔都塞就像本书开篇虚构的那场哲学交流中听完列宁故事的"外邦人"那样，改变了难题的提法，从而像安东把驴子从橡树上解开那样，把作为西方哲学成规的认识论、存在论问题解开了。

通过这两部著作，阿尔都塞最终也回答了那个从《论再生产》开始就想回答的问题："什么是马克思列宁主义哲学？"他的结论很明确："**在哲学一词的经典意义上不可能存在马克思**

---

① 参见《写给非哲学家的哲学入门》，前引，第69页。

主义哲学，马克思主义在哲学中带来的革命，在于以新的方式，根据历史唯物主义所知的哲学的真实性质，站在无产阶级的阶级立场上来实践哲学。"①

七十年代阿尔都塞的总体形象

以上只是对七十年代阿尔都塞思考的几个重要主题之一的简要概括，而如果把他对另外几个主题的思考都考虑进来，从整体上来把握处于真正理论成熟期和丰产期的七十年代阿尔都塞，我们会发现，他完全不像安德森在批评"西方马克思主义者"时所指责的那样，"故意闭口不谈那些历史唯物主义经典传统最核心的问题：如详尽研究资本主义生产方式的经济运动规律，认真分析资产阶级国家的政治机器以及推翻这种国家机器所必需的阶级斗争战略。"② 因为如上文所述，实际上整个七十年代的阿尔都塞都在以不同方式深入探讨这些核心问题。哪怕那些探讨哲学的文本，也并不如安德森所指责的那样，是马克思的路线的"颠倒"③。

---

① 参见本书正文第306页。这个总结在《写给非哲学家的哲学入门》中虽然表述不同，但意思大体一致。

② 参见佩里·安德森《西方马克思主义探讨》，高铦、文贯中、魏章玲译，人民出版社，1981年，第60—61页。

③ 参见佩里·安德森《当代西方马克思主义》，余文烈译，东方出版社，1989年，第47页："马克思本人在研究工作中相继从哲学转到政治学再转到经济学，西方马克思主义颠倒了他的路线。大萧条之后，马克思主义框架中对资本主义大量的经济分析大都消失了；随着葛兰西的销声匿迹，对资产阶级国家的政治探讨已偃息下去；关于通往可实现的社会主义道路的策略讨论几乎已完全停顿。逐渐取代的是哲学的讨论本身的复兴。"

因为一方面,阿尔都塞关于马克思列宁主义哲学问题的探讨,绝非与上述那些核心问题无关,而是深深地内嵌在那些问题当中(比如通过与意识形态的关系,哲学就与国家和阶级专政问题密切联系在一起);另一方面,阿尔都塞的所有哲学探讨,并非是要退回"哲学"本身,建立某种新的哲学体系,而是在从事一种"新的哲学实践",即在他自己发展了的关于社会形态的科学、关于阶级斗争条件和机制的科学的基础上,更自觉地进行理论中的阶级斗争。

因此,七十年代阿尔都塞的总体形象,绝不是安德森意义上的"西方马克思主义者"。① 这个"**在努力成为马克思主义者,也在努力变成共产党人**"② 的七十年代阿尔都塞,不但忠于经典马克思主义传统,而且为保卫和发展这个传统付出了不懈努力。他在这方面作出的贡献,今天还远没有得到清楚的认识和应有的评价。

首先,他对国家、法权和意识形态等上层建筑同生产关系再生产问题的探讨,填补了马克思主义国家理论的"空白",完善了马克思的社会形态理论,为我们发展马克思主义历史科学提供了新起点。其次,他在这门科学的基础上对哲学性质的科学分析,对西方传统哲学核心问题的剖析所达到的深度,远超我们的想象,为我们重新看待马克思主义"哲学"和一些经典哲学问题提供了新思路。他作为知识分子在理论中进行的斗

---

① 对把阿尔都塞当作"西方马克思主义者"加以批评的反驳,也参见拙稿《阿尔都塞与上层建筑问题》。

② 参见《什么是"理论丛书"?》,前引。

争，为我们树立了在哲学中成为马克思主义者的典范。

此外，他对国际工人运动历史经验和教训的总结，对帝国主义在当代发展的关注和对资本主义社会中阶级斗争情况的具体分析，对社会主义过渡期和共产主义战略的探讨，乃至对法国共产党政治路线的具体干预，为我们描画了一位忠诚的共产党人形象，这个形象比我们先前认为得要高大得多。他作为共产党人对无产阶级革命运动中政治难题的严肃思考，也为我们探索今后的道路提供了宝贵资源。

总之，七十年代的阿尔都塞，是在不放弃马克思主义基本原理的前提下，直面马克思主义理论危机和国际共产主义运动危机，作出艰巨理论思考与不断政治干预的马克思主义者和共产党人。在危机时刻，他走在列宁和毛泽东的路线上，在对他们的理论和实践作出总结的同时，通过"自己思考"①，为马克思主义的当代发展作出了重要理论贡献。**阿尔都塞的思考开辟了从"左面"批判斯大林主义和苏联式社会主义的道路，并构成葛兰西理论和欧洲共产主义的批判性参照。**

以上只是笔者基于自己对七十年代阿尔都塞部分文本的初步阅读，根据个人理解作出的简要梳理和概括。要真正全面理解七十年代的阿尔都塞，还有待将上面提到的那些文本以及更多没有提到的文本系统翻译过来，加以深入研究——这需要时

---

① 马克思曾要求他的读者"自己思考"，参见《资本论》第一版序言，《资本论》第一卷，人民出版社，2004 年，第 8 页："因此，除了价值形式那一部分外，不能说这本书难懂。当然，我指的是那些想学到一些新东西、因而愿意自己思考的读者。"

间和耐心。

但仅从上面的简要梳理和概括也能看出,只有把本书及其姊妹篇《写给非哲学家的哲学入门》当作《论再生产》的哲学续篇,并将它们放到这个七十年代阿尔都塞的思想整体中,才能更全面更准确地理解其意义。

* * *

感谢阿尔都塞几部重要遗稿的整理者戈什加林先生,他一直关心着这些著作的中文翻译和出版进展情况,并为我解答了一些在本书翻译过程中遇到的文本理解方面的疑难问题。

感谢本书策划编辑王忠波先生,他对我为保证译文质量而一再拖延时间保持着耐心。感谢他慨然同意我们将此书纳入中文版"阿尔都塞著作集",作为其中的一种使用统一装帧和版式。

本书翻译过程中,我还就一些语言问题向金桔芳博士多有请教,在此向她表示由衷的感谢。

谢谢陈越老师,他通读了本书译文初稿,提出了大量修改意见和建议,为我后续校订译文提供了参考。

* * *

2020年春节前,一场突如其来的新冠肺炎疫情在神州大地暴发。其时我已从南昌返回乡下老家过年,于是每天躲在家里,一边关注疫情,一边翻译本书最后几章。2020年2月3日(正

月初十),本书正文部分初译稿完成,我在微信朋友圈发了一条动态:

> 本书最后几章译于新型冠状病毒肆虐期间,作为一介书生,在这样的时刻自感百无一用,只能以更努力更认真的劳动,向那些日夜战斗在前线的医务人员,向那些以各种形式和最广大人民群众站在一起抗击病毒的人致敬。

现在,两年半时间过去了,尽管人们因长时间地持续"抗疫"感到有些疲惫,也忘却了"抗疫"初期那种"一方有难,八方支援;万众一心,众志成城"的悲壮与豪情,甚至逐渐对"抗疫"变得无感乃至反感,但如果能够的话,我仍希望将这部译作献给在新冠肺炎疫情暴发期间为抗击疫情而默默奉献的无数中华儿女。

吴子枫

2022 年 9 月 9 日于南昌艾溪湖畔

著作权合同登记号：图字 01-2016-1104
Originally published in France as：
Être marxiste en philosophie by Louis Althusser
© PUF/Humensis, 2015
Current Chinese translation rights arranged through Divas International, Paris
巴黎迪法国际版权代理（www.divas-books.com）

图书在版编目（CIP）数据

在哲学中成为马克思主义者／（法）路易·阿尔都塞
（Louis Althusser）著；吴子枫译. ——北京：北京出版社，2022.10
ISBN 978-7-200-16102-1

Ⅰ. ①在… Ⅱ. ①路… ②吴… Ⅲ. ①马克思主义哲学-研究 Ⅳ. ①B0-0

中国版本图书馆 CIP 数据核字（2021）第 009144 号

策划编辑：王忠波　　　责任编辑：陈　平
责任营销：猫　娘　　　特约编辑：刘　瑶
责任印制：陈冬梅　　　封面设计：周伟伟

在哲学中成为马克思主义者
ZAI ZHEXUE ZHONG CHENGWEI MAKESI ZHUYI ZHE
［法］路易·阿尔都塞　著
吴子枫　译

出　版	北京出版集团 北京出版社
地　址	北京北三环中路6号（100120）
网　址	www.bph.com.cn
发　行	北京伦洋图书出版有限公司
印　刷	北京华联印刷有限公司
开　本	880毫米×1230毫米　1/32
印　张	13.5
字　数	280千字
版　次	2022年10月第1版
印　次	2024年4月第3次印刷
书　号	ISBN 978-7-200-16102-1
定　价	108.00元

如有印装质量问题，由本社负责调换
质量监督电话：010-58572393